권호경 목사 회고록

역사의 흐름, 사람을 향하여

기독교 민주화운동 인물 06
권호경 목사 회고록
역사의 흐름, 사람을 향하여
© 권호경 2019

2019년 12월 30일 초판 1쇄

지은이 권호경
펴낸이 서진한
펴낸곳 대한기독교서회
편집책임 편집2팀

등록 1967년 8월 26일 제1967-000002호
주소 서울시 강남구 테헤란로103길 14(삼성동)
전화 출판국 02-553-0873~4, 영업국 02-553-3343
팩스 출판국 02-3453-1639, 영업국 02-555-7721
e-mail editor@clsk.org
http://www.clsk.org
facebook.com/clskbooks
instagram.com/clsk1890

책번호 2294
ISBN 978-89-511-1989-1 94230
　　　978-89-511-1978-1(세트)

The Christian Literature Society of Korea, Seoul
Printed in Korea

＊ 책값은 뒤표지에 있습니다.

권호경 목사 회고록

역사의 흐름,
사람을 향하여

권호경

대한기독교서회

옥산초등학교 졸업사진

좌 봉일천 제1기갑사단 시절
우 한영고등학교 졸업사진

한신대 학생 시절, 한국기독학생사회사업연합회 회장을 맡았다.

위 서울제일교회 '형제의 집' 대학생들(윗줄 오른쪽부터 권호경, 이창식 등)
아래 서울제일교회 전도사로 있다가 1973년 11월 부목사로 취임했다.

위 허버트 화이트 목사 방문 시 '수도권' 주민조직 관계자들과 함께
아래 '수도권' 식구들과 제주도에 사는 모갑경 목사 집 방문. 박형규 목사 내외, 이규상, 허병섭, 김동완, 모갑경 등

위 필리핀 톤도에서 만난 비톡(동네 주민), 리프노(지역 리더), 라방 신부 등
아래 필리핀 톤도에서 함께 일한 빅트리시아 수녀

위 1974년 긴급조치 1호로 구속된 후 1975년 2·15조치로 석방된 영등포교도소 앞. 손학규, 박창빈
아래 왼쪽부터 이은자(이규상 누나), 이은자(아내), 권호경, 전용환

위 3차 감옥행. '수도권' 선교자금사건으로 법정에 서다. 왼쪽부터 박형규, 김관석, 조승혁, 권호경
아래 한국교회사회선교협의회 총무 시절. 오른쪽 조화순

위 박형규, 조화순, 장성룡, 김재열, 정철범, 이명남 등
아래 한국기독교교회협의회(KNCC) 인권위원회 사무국장 시절, 천안 지역 인권위원회 조직

위 URM 선배들. 왼쪽부터 권호경, 타드 부인, 나이난 부인, 조지 나이난, 이은자, 조지 타드
아래 인도 URM 친구들과 인도 뭄베이에서

위 1989년 KNCC 총무 취임, KNCC 직원들과 함께
아래 KNCC 총무 시절 직원들과 함께한 야유회

위 남북나눔운동 제10차 총회
아래 공산권 성경찬송보내기운동 당시 한국교회를 방문한 러시아정교회 키릴 신부와의 만남

위 한중 양국교회 합작봉사연구토론회
아래 토론회 참가자 단체사진

위 1991년 스위스 글리온에서 열린 남북교회 평화통일협의회
아래 1993년 한독교회협의회(독일 베를린 근교 Bad Saarow에서 개최)

위 중국기독교협회 정광훈 주교 한국 방문

아래 정광훈 중국기독교협회 회장(중국 정치협상회의 부주석)은 한국 방문 시 연세대에서 명예박사 학위를 받았다. 왼쪽부터 이재정, 중국대사, 김성수, 정광훈, 권호경, 정철범

위 중국 쪽의 백두산 천지에서(KNCC 총무 시절)
아래 1989년 미국 NCC 남북한교회 대표 초청 평화통일대회(미국 워싱턴 D. C.)

위 북한 방문. 왼쪽부터 강영섭, 권호경, 김일성, 박경서, 고기준
아래 1936년 KNCC 창립 이후 처음으로 판문점에서 남북한 기독교가 만났다.(1992) 남측 대표 권호경, 장기천, 북측 대표 고기준, 김운봉

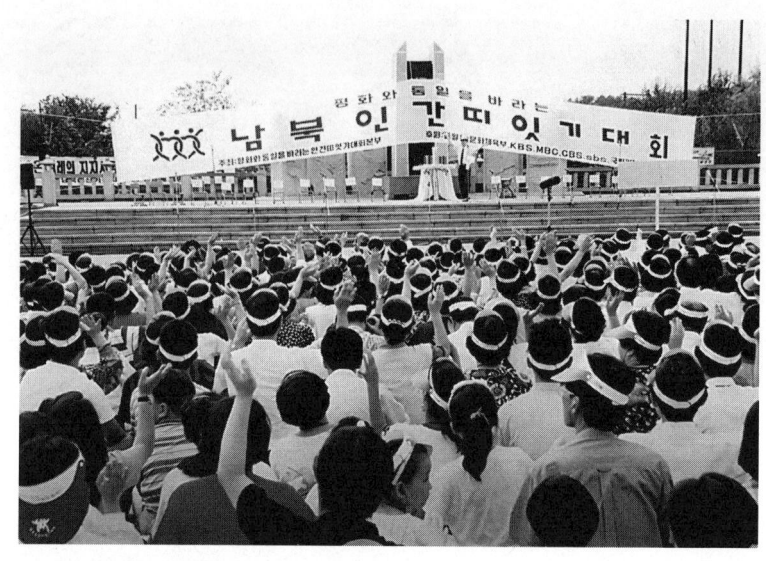

위 남북인간띠잇기대회에는 총 6만 4,480명이 참가했다.
아래 남북인간띠잇기대회는 CBS 라디오로 생중계되었다.

위 기독교방송(CBS) 사장 취임식
아래 2000년 8월 언론사 사장단 방북

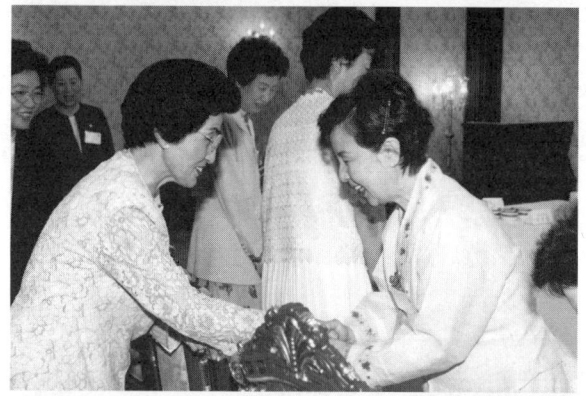

위 CBS 재직 시 만난 김대중 대통령
중간 이희호 여사(왼쪽)와 아내 이은자
아래 CBS 재직 시 만난 김영삼 대통령

인도 델리 어린이들과 함께

위 2018년 민주지사로 선정되어 서대문 형무소 역사전시관에 족적을 남겼다.
아래 아내 이은자, 딸 선인, 사위 에알 막크만, 아들 주표, 며느리 백경윤

환갑 때 모인 일가친척. 외손녀 솔, 외손주 길, 손녀 지우, 지아, 손자 순수

자택 마당에 선 부부

발간사

요즘 팔순을 계기로 회고록을 내는 사람들이 부쩍 늘고 있다. 너나 할 것 없이 힘들었던 과거를 회상하는 일은 유쾌하지 않지만 부끄러우면 부끄러운 대로 털어놓는 것도 회고록을 읽는 재미에 보탬이 된다.

권호경 목사는 팔십 평생을 살아온 자신의 삶을 돌아보며 "그래도 역사는 사람을 위한 방향으로 흐른다"라는 주관적인 해석을 이 회고록에 담고 있다. 지성이면 감천이라는 말을 믿고 혼신을 기울여 살아온 젊은 날의 기록이 생생하게 수록되어 있다. 어려운 여건을 이겨내는 용기 있는 젊은이의 모습과 한 번 목표를 세우면 꼭 이루어내는 불굴의 정신이 눈에 띈다. 불철주야 바쁘게 움직이는 모습은 오늘의 권 목사를 있게 만든 힘이라는 것도 쉽게 알 수 있다. 이 모든 힘은 바로 하나님을 믿는 믿음에서 왔다는 사실도 분명하게 드러난다.

권 목사의 삶을 크게 나누면 이렇다. 우선 목회를 통한 성직자의 모습이다. 하지만 그의 삶은 빈민선교, 인권선교, 도시농촌선교, 방송선교, 복지를 앞세운 사회선교로 요약된다. 그러나 그의 전 생애를 아우르는 방점은 에큐메니컬 운동이라는 것을 일관되게 보여주고 있다.

우리 주변을 아무리 살펴보아도 이만한 사람을 찾아보기 힘들다.

그는 믿음이 바탕을 이룬 데다 마치 샘에서 흘러나온 물처럼 도도하게 흐르다가 웅덩이를 만나면 꽉 채워 흘러넘칠 때까지 참았다가 여정을 이어가는 지도자의 면모를 유감없이 드러낸다.

권 목사는 한국과 아시아를 무대로 일하면서 힘없는 사람들의 친구가 되어 자신을 아낌없이 내어주는 본보기가 된 인물이다. 말하자면 입지전적인 삶이 돋보인다. 그는 복지야말로 너 나 할 것 없이 누려야 할 가치라고 믿고, 전 생애를 이 분야에 맞추어 살고 있다. 참으로 자랑스럽고 본받고 싶은 인물이다.

나는 50여 년을 권 목사와 친구로 지내고 있다. 그의 부지런함과 헌신적인 태도, 명석한 판단과 과감한 행동, 관대한 아량과 아낌없는 배려는 그 누구도 따를 수 없는 그만의 덕목이다.

『역사의 흐름, 사람을 향하여』라는 권호경 목사의 회고록이 많은 사람에게 읽히기를 기대한다. 이 책을 출간하기 위해 힘을 모아준 출판위원들과 (사)한국기독교민주화운동 관계자 여러분께 감사를 표한다.

권호경 목사와 이은자 사모, 그리고 자녀손과 친척 모두에게 하나님의 복과 위로와 평강이 함께하기를 기원한다.

권호경 목사 회고록 출판위원회 출판위원장
안재웅 목사

회고록 집필을 위해 함께 노력해주신 분들
안재웅 김영주 윤길수 손학규 박종철 최종덕 진산전 오용식 최성균 구창완 천영초 나상기

프롤로그

저 멀리 옥산저수지가 보이기 시작했다. 22만 평에 달하는 드넓은 옥산저수지는 나를 태어나게 한 곳이다. 옥산저수지 동쪽에 자리잡은 비홍산 아래 비홍부락이 나의 고향이다. 고향 땅에 일군 텃밭을 돌보느라 주말이면 서울에서 내려오곤 했지만, 그곳에 소나무를 심고 난 몇 년 전부터는 시간이 날 때마다 찾아와 고향 땅을 돌보고 있다.

18살 까까머리로 떠난 고향 땅은 크게 달라지지 않았다. 길이 포장되고, 새로 지붕을 얹은 집이나 새로 지은 집도 몇 채 보이지만, 어릴 때 풍광을 그대로 간직하고 있다. 내가 태어난 집도 그대로 있고, 장에 내다팔 나무를 하기 위해 형님과 오르던 비홍산 산자락도 여전하다.

산천은 그대로인데, 사람만 가고 없다. 한평생 농사를 지으며 땅에 순명하신 아버지와 기도와 믿음으로 나를 지켜주신 어머니도 오래전에 하나님의 품으로 돌아가셨다. 내게 늘 다정했던 누님들과 특별한 의지처이자 내 인생의 거목이던 형님도 세월을 잃고 돌아가신 지 한참 되었다.

그렇지만 내가 잊지 않고 기억하는 시간이 있는 한 여전히 그들은 나의 곁에서 살아난다. 고향은 그런 의미에서 내게 되살아오는 공간

부여군 옥산면 홍연리에 있는 고향집

이다. 나의 부끄러움과 나의 반성이며, 나의 자랑이자 나의 희망이다.

  몇 해 전 나는 이곳의 얼마 되지 않는 땅에 소나무를 심었다. 어린 소나무들은 어느덧 밑둥을 키우고 키를 올려 한참 올려다볼 만큼 자랐다. 내가 해준 일이라고는 고작 거름을 뿌리고, 잡풀을 뽑고, 주변의 가시덤불을 정리하는 것이었다. 돌이켜보면 나는 소나무들을 돌보듯이 살아온 것 같다. 스스로 살아갈 수 있도록 땅을 만들고, 거친 풀을 뽑으며, 필요에 따라 거름을 부어준 것이다. 그 과정에서 상처와 아픔을 겪은 이들도 많았을 것이다. 모두 나의 부족함 때문이리라. 그럼에도 불구하고 비를 내리고 빛을 주신 하나님의 적극적인 개입으로 이 땅의 나무들은 자랄 수 있었고, 숲을 이루어낼 수 있었다.

몇 해 전부터 고향 땅에 소나무를 심어 돌보고 있다.

고향 마을 뒷산은 비홍산(飛鴻山)이다. 날아가는 기러기를 닮았다 하여 그러한 이름이 붙여졌다. 기러기는 먼저 날아가는 새를 꼭짓점으로 해서 브이(V) 자 형태로 날아간다고 한다. 그래야 먼 길 떠나는 데 힘이 덜 들기 때문이다. 내가 살아온 세월도 나를 이끌어주신 선배와 동기, 후배들이 있었기에 제대로 지나올 수 있었다. 힘이 덜 들 수 있었다.

오늘도 비홍산은 날개를 편 채 어딘가로 날아가고 있다. 하늘 밝은 곳에 가닿을 때까지 그 날개 또한 접지 않을 것을 나는 믿는다.

차례

발간사	27
프롤로그	29

1 가족이라는 울타리 35

2 사회복지에 관심을 쏟은 대학 시절 59

3 우리 모두 감시받고 살았다 79

4 목회를 시작하다 91

5 주민조직운동의 길로 들어서다 123

6 유신체제에 반기를 들다 189

7 한국교회사회선교협의회를 통한 그라스루트 연대 253

8	인권운동의 광장으로 나아간 한국기독교교회협의회 인권위원회	269
9	배고픈 아시아 사람들과 함께한 CCA-URM	291
10	정부당국의 음모로 흔들리는 한국기독교교회협의회	313
11	한국기독교교회협의회 총무로 취임하다	321
12	마지막 시간을 함께하고 있는 NGO 라이프오브더칠드런	407
13	그래도 역사는 사람들이 원하는 방향으로 흐른다	415

에필로그	420

부록 1	한국교회사회선교협의회 세미나 보고서	423
부록 2	성명서_부산 미국문화원 방화사건에 대한 우리의 견해	455
	Our Viewpoint with regard to the Incident of Arson at the American Cultural Centre in Pusan	461

1
가족이라는 울타리

땅을 향해 사신 아버지, 하늘을 향해 사신 어머니

나의 아버지는 농부였다. 한평생 땅을 일구고 거기서 나온 소출로 가족들을 건사했다. 아버지는 농부의 삶에서 딱 한 번 벗어난 적이 있는데, 1929년 대규모로 시행된 저수지 공사에서 일하게 됐을 때였다.

아버지(권영기, 안동 권씨 추밀공파 34대손)는 어머니와 결혼을 하고 충남 부여군 옥산면 가덕리에 소재한 할아버지의 집에서 살다가 분가를 했다. 어머니의 신앙 때문이었다. 어머니(최병학)는 부여군 내산면 금지리에서 4남 2녀 중 장녀로 태어났는데, 먼 동네인 옥산면 가덕리에서 중신이 들어오자 무조건 결혼할 결심을 했다고 한다. 이 역시 신앙 때문이었다.

어머니는 '뚜'라는 중국인 전도부인의 전도로 일찍이 예수를 믿게 되었다. 뚜 부인은 사람이 많이 모이는 곳을 찾아 나섰는데, 그곳이 마침 외할아버지가 하던 서당이었다고 한다. 뚜 부인은 한문에 밝은 어머니를 눈여겨보고 전도를 했다. 예수를 믿게 된 어머니는 홍산면에 있는 홍산교회를 다니기 시작했다. 그곳은 걸어서 두 시간이나 걸리는 데다 높은 고개를 넘어야만 하는 곳이었지만 어머니는 아랑곳하지 않고 열심히 다녔다. 이름도 없이 '최 씨'로만 불리던 어머니는 항렬자인 '병'과 배울 '학'을 합쳐 스스로 병학이라는 이름도 지었다. 어머니에게 교회는 신앙의 터전일 뿐만 아니라 사람으로 대접받는 거듭남을 준 곳이었을 것이다.

외할아버지는 한학을 하신 분이라 딸이 교회에 다니는 것을 몹시 언짢아하셨다. 하지만 어머니의 고집과 열정은 더 대단했다. 먼 거리를 다녀야 하는 딸이 혹시 해를 당하기라도 할까 봐 딸을 따라 교회에 다니던 외할머니도 결국 예수를 믿게 되었다. 외할아버지는 외할머니까지 예수를 믿게 되자 더욱더 못마땅한 생각에 어머니를 일찍 시집보내려고 여러 군데 중신을 놓았다. 그리하여 옥산면 가덕리로 시집을 가게 된 18살의 어머니는 속으로 '하나님, 감사합니다!' 하고 외쳤다고 한다. 가덕리에서 홍산교회까지는 넓은 들판과 냇가만 건너면 되었기 때문이다.

그런데 또 다른 문제가 생겼다. 갓 시집온 새색시가 명주 치마저고리를 곱게 차려입고 넓은 들판을 가로지르는 모습을 본 동네 사람들의 시선이 마냥 곱지만은 않았던 것이다. 동네 사람들의 입방아에 오르내리다 보니 시아버지의 귀에까지 소문이 들어갔고, 결국 며느리가 드나드는 곳이 교회인 것을 알게 되었다. 노발대발한 할아버지는 그 길로 아버지와 어머니를 쫓아내버렸다. 한밤중에 쫓겨난 부모님이 도착한 곳은 옥산면의 '안동 굴'이었다. 아버지는 그곳에 자리를 잡고 떳장을 올린 떳집을 지었다고 한다. 하루아침에 농사꾼 자리를 잃게 된 아버지가 할 수 있는 일이라곤 아무것도 없었다. 다행히 집 근처에서 저수지 공사를 한다는 소문을 듣고 그 공사판의 인부가 되었다. 그 저수지가 지금의 옥산저수지이다. 아버지는 그곳에서 일해서 모은 돈 13원으로 홍연리 108번지에 집을 마련했다.

마침 집에서 작은 들판만 하나 건너면 되는 곳에 홍연교회가 있었다. 어머니는 비가 오나 눈이 오나 빠지지 않고 새벽기도를 다녔다. 뚜 부인을 따라다니며 전도도 하고, 예수 믿는 사람들과 어울려 다니며 복음도 전했다. 어머니의 이런 열성으로 인해 그 근방에서 어머니를 모르는 사람이 없을 정도였다. 아버지는 이런 어머니에게 질렸는지 교회를 다니지 않았다. 큰누님 역시 아들이 장로인데도 끝내 교회를 나가지 않았다.

형님의 장남인 조카 권주만은 우리 부모님과 같이 오래 살았기 때문에 어머니에 대해 잘 알고 있다. 그는 내가 고향을 떠나 서울에 있을 때에도 어머니와 같이 살았다. 조카의 말에 따르면, 연로하신 어머니는 눈이 많이 오는 날 새벽기도를 갔다가 고무신이 벗겨진 줄도 모른 채 집에 오시곤 했다고 한다. 그러면 날이 밝는 대로 조카들이 들판에 나가 고무신을 찾아왔다.

나에게도 어머니는 특별한 분이었다. 어머니는 사람이 어떻게 살아야 하는지에 대해 내게 모범을 보이셨다. 한국전쟁 때 받은 충격 때문인지 동네에는 정신이상자들이 많았다. 특별히 기억나는 사람이 있는데, 그는 종종 우리집 뒷산에 올라가 밤새도록 울면서 소리를 지르다 아침이 되면 동네로 내려와 밥을 얻어먹었다. 동네 사람들은 그와 대면하기를 꺼려했다. 하루는 그 사람이 우리집으로 밥을 얻어먹으러 왔다. 그런데 어머니는 그를 조금도 무서워하지 않고, 우리집 대문간에 상을 차려 내왔다. 그것을 보고 우리집 식구들만 놀란 게 아니었다. 무슨 구경거리가 난 듯 동네 사람들이 몰려와서 그 사람이 밥을 먹는 것을 구경했다.

어머니는 어려운 사람이 있으면 주저하지 않고 도와줄 수 있는 만큼 도와주었다. 한번은 모시베를 짜던 옆집 아주머니가 먹을 것이 없어서 굶주린 채 일을 하고 있다는 사실을 알게 된 어머니가 우리가 먹던 밥을 조금씩 덜어 고추장에 비벼서 가져다준 적도 있다. 당시는 우리집도 먹을 것이 넉넉하지 않아 밥에 온갖 시래기를 넣어 먹을 때였다. 하지만 어머니는 어렵게 사는 이웃을 모르는 척하지 않았다. 어머니는 동네사람 모두에게 관심이 많았다. 특히 가난한 집일수록 더 잘 챙기고 살뜰하게 살폈다. 누구네 집이 배를 곯고 있는지, 어떤 사정이 생겼는지, 관심을 가지고 있는 힘껏 도우려고 했다. 지금도 고향에 가면 연세 많은 어르신들은 나를 '최병학 권사의 아들'이라고 부른다. 그 어른들에게 나는 새벽기도를 열심히 다니던 최병학 권사의 기도로 오늘을 살고 있는 권호경인 것이다.

아버지는 1965년 1월 1일(음력) 65세를 일기로 고향집에서 돌아가

아버지 권영기, 어머니 최병학

셨고, 어머니는 1980년 6월 22일 74세를 일기로 돌아가셨다. 어머니는 1970년대에 들어서면서부터 몸이 안 좋아지기 시작했는데, 내가 감옥에 들락거리면서부터 다시 몸이 좋아지셨다. 어려움에 처한 아들을 끝까지 지키고자 하는 굳은 의지 때문이었던 것 같다. 투옥 중에 있던 나는 어머니가 가끔 시골에서 종로5가까지 와서 구속자를 위한 기도회에 참석하신다는 소식을 듣고 놀라지 않을 수 없었다. 나중에 어머니가 구속자 기도회에서 "김종필, 나쁜 놈 나와라!" 하고 일갈했다는 이야기를 들었다. 아마 김종필의 부모가 어머니의 친정과 가까운 동네에 살아서 친분이 있어 더 서운하셨던 모양이다.

어머니는 언제나 나를 믿고, 나를 위해 기도해주셨다. 그러던 어느 날인가 어머니가 곧 운명하실 것 같다며 형님이 다급하게 연락을 해왔다. 어머니는 당시 형님이 목회하던 보령시 성주면에서 형님과 같이 살고 계셨다. 나는 서둘러 어머니가 계신 곳으로 내려갔다. 어머니는 노환으로 석 달째 누워 계신 상태였다. 그동안 어머니는 말씀을 거의 못하셨다고 한다. 그런데 나를 보더니 나지막한 목소리로 "나쁜 놈!"이라고 한말씀하셨다. 그것은 내가 자주 찾아오지 않는다고, 자기 마음대로 평생 외지를 떠돌아다닌다고 평소에 하시던 말씀이었다. 장례 후 우리는 어머니를 아버지가 묻힌 선산(서천군 문산면 금복리 산 60번지)에 합장했다.

올 6월 22일에는 어머니와 아버지의 합동 추모예배가 있었다. 장조카 권주만이 설교를 했다. 부모님을 떠올리자 여러 회한이 들어 갑자기 코끝이 시큰해졌다.

기쁜 일

사랑하는 자여 네 영혼이 잘됨 같이 네가 범사에 잘되고 강건하기를 내가 간구하노라 형제들이 와서 네게 있는 진리를 증언하되 네가 진리 안에서 행한다 하니 내가 심히 기뻐하노라 내가 내 자녀들이 진리 안에서 행한다 함을 듣는 것보다 더 기쁜 일이 없도다(요한3서 2-4절)

오늘 말씀의 제목은 "기쁜 일"입니다. '기쁜 일'은 본문 말씀에서 '진리 안에서 증언하고 행하는 것'이라고 정의하고 있습니다. 진리 안에서 증언하고 행하면 영혼이 잘됨 같이 범사가 잘된다고 설명하고 있습니다. 말씀의 진리 안에서 증언하고 행함으로써 범사가 잘되는 기쁨을 얻는 우리 가족 모두가 되기를 간절히 기원합니다.

　우리 가문에서 진리 안에서 증언하고 행하는 모범을 보인 분은 할머니이십니다. 오늘은 할머니의 39주기 기일이고 함께 추도예배를 드리는 할아버지는 54주기가 됩니다. 오늘은 할아버지와 할머니의 삶의 전반에 대해서 알아보려고 합니다. 할머니는 부여군 내산면 금지라는 동네에서 13살에 하나님을 영접했습니다. 금지에서 50리 산길을 걸어서 홍산에 있는 홍산교회를 다녔습니다. 그런데 그 길이 쉬운 길이 아니라 50리를 걸어야 하는 산길이었습니다. 산을 넘어야 하고 아홉사리라는 구배(勾配)를 지나서야 홍산교회에 도달할 수 있었습니다. 할머니는 기도했습니다. 교회 가까운 동네에 사는 총각을 만나서 신앙생활이 이어지도록 해달라고…. 얼마나 간절히 기도했는지 소원이 이뤄졌습니다. 18살의 할머니는 21살의 할아버지를 만났습니다.

　교회는 정말 가까웠습니다. 들판을 지나 냇가를 건너면 교회에 도달했습니다. 집에서도 들판 건너를 바라보면 교회 종탑이 보이는 동네입니다. 그런데 그 총각의 집안은 교회를 다니지 않는 유교 집안이었습니다. 사단은 여기서부터 복잡하게 얽힙니다. 증조할아버지가 사시던 집 앞에 동네 사람들이 함께 이용하는 공동 우물이 있었습니다. 동네 아주머니들은 이곳에서 식재료를 씻기도 하고 빨래도 했습니다. 그리고 그곳은 집집마다의 이야기들이 모였다 퍼지기도 합니다. 어느 날, 증조할아버지가 나들이를 갔다 들어오시면서 이런 소리를 들었습니다. "권 영감네 새 며느리가 예수쟁이래." 증조할아버지는 기절초풍할 소리를 들은 겁니다. 집으로 돌아온 증조할아버지는 할아버지 내외를 불렀습니다. 정말 예수쟁이냐고 물었을 겁니다. 항상 당당했던 할머니는 그렇다고 답했을 겁니다. 한술 더 떠서 "아버님도 교회에 나가시지요."라고 했을지도 모릅니다. 저는 거기까지는 듣지 못했습니다.

그날로 할아버지 부부는 가덕리 집에서 쫓겨났습니다. 신혼 초였습니다. 부부가 한밤중에 도착한 곳은 '안동 굴'입니다. '안동 권가 부부가 굴을 파고 살았던 동네'입니다. 고모들 이야기를 종합하면 굴은 아니고 뗏장을 쌓아서 지은 집이라고 합니다. 그곳에서 큰고모부터 저의 아버지까지 4남매가 태어났습니다. 할아버지는 마침 집 앞에서 시작한 옥산 저수지 공사판의 노동자로 참여하게 됩니다. 그렇게 번 돈 13원으로 비흥리(현재 홍연리)에 집을 사셨습니다. 비흥리 집에서 작은아버지와 막내 고모, 그리고 우리 5남매가 태어났습니다.

할아버지는 교회에 다니지 말라고 하시지는 않았습니다. 대신 말씀이나 행동으로 표현하셨습니다. 비흥리 집은 제가 어릴 적에는 담이 울타리로 되어 있었습니다. 그 울타리에 할머니가 만든 개구멍이 있었습니다. 할머니는 일주일 동안 모은 성미를 그 구멍으로 밀어넣고 밖으로 돌아서 모시밭 중간에서 성미를 빼내 가지고 교회로 가셨습니다. 그런데 어느 날부터인가 그 일이 어려워졌습니다. 울타리를 걷어내고 황토 벽돌로 담장을 쳤기 때문입니다. 그 뒤로는 동네 강아지나 닭들이 우리 집 안으로 들어온 적이 없습니다. 그리고 할머니의 성미 구멍도 사라졌습니다. 할아버지의 뜻이 아니었을까, 저는 그렇게 생각합니다.

제가 어릴 적에 할아버지가 밥상을 안방에서 마당으로 던지는 것을 여러 번 봤습니다. 아버지도 화가 나면 밥상을 마당으로 휙 던졌습니다.

부전자전입니다. 그래서 작은 상은 다리가 성한 것이 없었습니다. 있더라도 상다리를 노끈으로 묶어서 사용하는 것뿐이었습니다. 할아버지는 할머니가 교회에 다니는 것에 대한 불만을 그렇게 표현했다고 생각합니다.

그런 할아버지는 가끔씩 갓에 두루마기, 단장을 갖추고 교회에 가셨습니다. 남자들이 앉는 자리 한중간에 앉아 계신 모습을 봤습니다. 아마도 할머니의 닦달과 교회에 대한 궁금함 때문이었을 겁니다. 뭐가 그리 재미있길래 교회에 미쳐 사는지 알고 싶었을 겁니다. 두루마기를 입은 할아버지의 모습은 정말 멋졌습니다. 할아버지의 날씬하고 훤칠한 큰 키가 돋보인 것은 한복 덕분이 아닐까 생각합니다. 그런 할아버지도 말년에 1년 6개월 정도는 중풍으로 고생하셨습니다. 그 몸으로 홍산장에 나가셨습니다. 다리 힘이 빠져서 저수지 둑에 앉아 계신 할아버지를 모시고 온 적이 많았습니다. 병세가 심해지면서 방안에서 대소변을 받아내야 했습니다. 어머니가 그 일을 하셨습니다. 할아버지는 54년 전 정월 초하룻날 오후에 돌아가셨습니다.

돌아가시기 며칠 전부터 큰고모가 오셔서 할머니와 함께 수의를 만드셨습니다. 정월 초하룻날에도 큰고모가 와 계셨습니다. 그 시댁 어른들이 대단한 유교 집안이었는데도 큰고모가 집에 계셨습니다. 정월 초하룻날 오후에는 침례교 목사인 둘째 고모 부부가 오셔서 예배를 드렸습니다. 예배를 마치고 둘째 고모 부부를 배웅하러 가족들이 모두 바깥마당 쪽으로 나갔습니다. 안방에는 할아버지와 큰고모, 그리고 저 이렇게 셋이 있었습니다. 그런데 갑자기 할아버지의 얼굴색이 변하기 시작했습니다. 할아버지의 얼굴에는 검버섯이 가득했는데 갑자기 피부가 우윳빛으로 변하기 시작했습니다. 놀란 저는 마루 끝에서 "할머니, 할아버지가 이상해요." 하고 소리쳤습니다. 온 가족이 모두 안방으로 모였습니다. 할머니가 할아버지 곁으로 다가가셨습니다. 그러고는 "영감, 할렐루야 하세요." 하고 말씀하셨습니다. 할아버지는 힘들게 "할렐루야!" 하셨습니다. 할머니는 "영감, 다시 한 번 하세요." 하셨고, 할아버지는 있는 힘을 다해서 "할렐루야!" 하셨습니다. 할아버지의 말씀이 끝나자마자 할머니는 또 "영감, 한 번만 더 하세요." 하고 말씀하셨습니다. 그러자 할아버지는 크게 숨을 들이쉬시고는 "할렐루야!" 하셨습니다. 그러고는 할아버지의 목에서 서서히 힘이 빠졌습니다. 저는 할아버지도 할머니도 하늘나라에 함께 계실 것으로 믿습니다.

할아버지와 할머니의 삶은 대비됩니다. 할머니는 하늘만을 향해서 사셨습니다. 반면에 할아버지는 땅을 향해서 사셨습니다. 어머니가 말씀하시길 할아버지가 정월 초하룻날 돌아가신 것은 밥값이 아까워서라고 하셨습니다. 할아버지의 삶을 단적으로 표현하신 것입니다. 명절엔 어차피 음식을 준비합니다. 준비한 음식을 문상 온 사람들에게 제공하면 되기 때문에 음식을 더 장만할 필요가 없다는 의미입니다. 할아버지는 생전에 교회에 가자는 할머니를 향해서 "교회 가면 쇠고깃국 주냐?"라고 하셨던 분입니다.

자손 된 우리는 할머니의 진리에 대한 충만함을 배워서 우리 삶에 적용해야 합니다. 그리고 할아버지의 근면성실함을 배워야 합니다. 그때 오늘 본문 말씀처럼 범사가 잘 이루어질 줄로 믿습니다. 할아버지와 할머니는 땅에서의 삶과 하늘에서의 삶을 완벽하게 자녀들에게 보여주신 것입니다. 그것이 오늘을 사는 우리가 지녀야 할 지혜이기도 합니다.

할아버지와 할머니는 신앙을 지키기 위해서 떳장 집에서도 사셨습니다. 그것을 두려워하지 않으셨습니다. 진리를 향한 간절함이 있었기 때문입니다. 갈급한 심정으로 말씀을 대하면 할아버지와 할머니가 왜 그렇게 사셨는지를 알게 됩니다. 할아버지와 할머니가 사신 것처럼 진리 안에서 살아내려는 노력을 함께할 때 여러 어려움을 대하더라도 기쁨으로 맞이할 수 있는 여유가 생깁니다. 그런 삶을 살기를 주님의 이름으로 기원합니다.

장손자 권주만 장로

2019년 6월 22일 문산면 금복리 산 60 선산에서

의지처였던 형님

나는 1941년 1월 16일 충남 부여군 옥산면 홍연리 108번지에서 태어났다. 6남매 중 둘째 아들인 나는 위로 오복, 영희, 오순 누님과 오식 형님, 그리고 여동생 오열이 있다. 이 중 셋은 세상을 떠났고, 셋째 누님 오순과 나, 여동생 오열만 남았다.

오식 형님은 하나뿐인 형님이기도 하지만, 내 삶에 커다란 나무와도 같은 사람이었다. 나는 형님의 영향과 도움을 많이 받고 자랐다. 형님은 마음이 여린 사람이었다. 자신보다 가족을 챙기는 데 온 힘을 쏟

앉는데, 특히 나를 귀여워해 힘든 일을 시키지 않으려고 했다.

어릴 적 우리 형제는 겨울이 되면 산에 올라가 나무를 해서 옥산면 사무소 앞에서 팔곤 했다. 겨울 산을 헤치며 쓸 만한 나무토막을 줍거나 녹슨 톱으로 나뭇가지를 자르는 것은 위험하고 어려운 일이었다. 그렇지만 추위에 동동 떨면서도 우리는 온 산을 헤집고 다녔다. 나는 주로 형님 뒤를 따라다니며 작은 나뭇가지를 주웠고, 힘든 일은 언제나 형님이 도맡아 했다. 장에 팔 만큼 나무가 모이면 칡줄기를 끊어 나뭇단을 만드는데, 형님은 늘 무거운 나뭇단을 짊어지고, 나는 가벼운 나무 짐만 지고 내려왔다. 철없던 나는 나무 짐을 옥산면 사무소 앞에 부려놓고 집으로 와버리기 일쑤였다. 그러면 형님이 끝까지 남아서 그 나무를 다 팔았다. 팔리지 않는 나무는 주로 작은아버지 집에 팔았는데, 실은 그 나무를 해온 산이 작은아버지의 산이었다. 그 사실을 알면서도 작은어머니는 눈감아주시곤 했다.

우리집 뒤에는 커다란 감나무가 한 그루 있었다. 그 나무에서 열리는 감은 참 크고 달았다. 우리는 부모님을 따라 판교장, 홍산장으로 그 감을 팔러 다녔다. 무거운 감을 짊어지는 사람은 역시 형님이었다.

형님과 나는 아버지를 따라 농사일을 거들었다. 독족골 논, 가금말 논, 참샘깨 밭 등을 돌아다니며 논바닥에 모를 심고, 돌아서면 자라나는 피를 뽑았다. "가을에는 부지깽이도 덤벙인다."라는 속담처럼 추수철만 되면 배를 곯아가며 하루 종일 논바닥을 헤매고 다녀야 했다. 물론 부모님의 노고에는 비할 수 없었다. 특히 아버지는 고된 일을 하고 와서는 가끔 하혈을 하셨다. 붉게 물들어가는 아버지의 바지를

형님 권오식

보면서도 병원 한 번 모시고 가지 못했다. 아니, 병원이 있는 줄도 몰랐다. 형님은 그때마다 무척 괴로워했지만 나는 마냥 무섭기만 했다.

한국전쟁이 난 뒤 집안 사정은 더 어려워졌다. 할머니는 오래 병석에 누워 계시다 돌아가셨고, 작은아버지는 인민군에게 잡혀갔다. 경찰인 사촌형은 행방불명이 되어 끝끝내 소식이 없고, 막내 사촌형은 의용군으로 강제 징집되어 끌려갔다. 양식도 다 떨어져서 굶는 날도 많았다. 어쩌다 시래기가 생기면 시래기를 푹 삶아 조금 있는 쌀을 넣고 물을 많이 넣어 죽을 끓였다. 그럴 때면 오식 형님은 "시래기가 밥알보다 더 맛있네."라고 하면서 시래기가 가득 든 죽을 게 눈 감추듯 먹었다. 키가 크고 덩치가 좋은 형님은 먹성도 좋았다. 그 몸집을 유지하기 위해서는 많이 먹어야 했다. 그렇지만 형님은 언제나 시래기가 많이 든 것은 자신이 먹고, 밥알이 많은 것은 내게 양보했다.

누님들이 결혼을 하자 이바지 음식을 가져다준 것도 형님과 나였다. 특히 첫째 누님과 셋째 누님은 충화면으로 시집을 갔는데, 그곳은 우리집에서 꽤 멀었다. 시골길을 걸어서 이바지 음식을 짊어지고 갔다가 돌아올 때면 누님들 시댁에서 음식을 싸주셨다. 오고가는 거리가 멀어서 아침 일찍 출발해도 해가 기울어져서야 집에 당도할 수 있었다. 몸집이 큰 형님은 짐까지 짊어진 터라 배가 많이 고팠는지 산봉우리를 넘다가 음식을 조금 먹고 가자고 나를 꼬드겼다. 그때만 해도 순진했던 나는 "먹으면 안 될 것 같은데…."라고 하면서도 형님을 따라 고갯마루에 앉아 음식을 같이 먹었다. 초등학생인 나는 중학생인 형님이 아주 어른 같아 보였다. 그때 형님이 한 말이 아직까지도 기억난다.

"나는 훌륭한 사람이 되어서 우리 가족을 먹여 살려야 해."

훌륭한 사람이 되겠다던 형님은 홍산농고를 다니다 고등학교 2학년 때 교회에서 만난 형수와 결혼을 했다. 그 후 강경상고로 전학을 가서 사촌 집에 살면서 학업을 계속했다. 강경상고는 우리집에서 50km가량 떨어진 먼 곳에 있었다. 형님은 토요일마다 집에 왔다가 주일 저녁이면 다시 사촌 집으로 돌아갔는데, 버스표를 살 돈이 없어서 걸어 다녀야 했다. 하지만 형님은 그 먼 거리를 매주 빠지지 않고 왔다. 으슥한 밤이 되어서야 달을 등에 지고 집으로 들어오던 형님의 모습이 아직도 눈에 선하다. 늘 한결같던 형님의 모습을 보면서 나는 형님이 대단하다고 느꼈다.

오식 형님은 비록 성정은 여렸으나 그 끈기는 이루 말할 수 없는 사람이었다. 학교를 다니는 동안 형님은 폐병에 걸렸는데, 도무지 손을 쓸 수 없는 상태였다. 그런데 외갓집에서 폐병에는 뱀이 좋다면서 뱀을 잡아 보내주어 그걸 한 달 내내 먹더니 폐병이 완치되었다. 영양실조 때문에 생긴 병이라 뱀을 먹은 것이 효과적이었는지, 아무튼 형님은 기적적으로 병이 나았다. 이 일은 끈질긴 형님의 단면을 볼 수 있는 사건이었다.

장남을 학교에 보냈으니 집에서 아버지를 도와 농사를 지을 사람은 나밖에 없었다. 집에서도 은근히 내가 농사일하기를 바랐다. 그래서 초등학교에서도 중학교를 진학하지 않는 반에 속해 있었다. 그런 내게 중학교 시험을 치라고 강권한 것은 형님이었다. 형님 덕분에 중학교에 진학할 수 있었던 것이다. 내가 중학교를 졸업했을 때 형님은 고등학교를 졸업하고 군대에 갔다가 토지개량조합에 다니기 시작했다. 당시는 토지개량조합을 '수리조합'이라고 불렀다. 토지개량조합을 다니던 형님은 어느 날 부흥사인 양춘식 목사에게 은혜를 받더니 농사짓던 땅을 팔아 교회를 개척했다. 그 후 형님은 여러 시골 마을을 다니면서 교회를 개척하고, 거기서 전도사 생활을 했다. 형님이 전도사가 되어 목회의 길을 걷게 된 것은 어머니의 영향이 컸다.

형님이 전도사로 사역하고 있을 무렵, 서울에 살던 내가 고향집에 내려갔을 때의 일이다. 마침 형님이 교회 심방을 마치고, 구슬땀을 흘리며 집으로 돌아왔다. 그때 나는 형님께 "형님이 목회를 잘하시니까 한신대 교역과를 다니면 어떻겠습니까?" 하고 제안했다. 그때 한신대 교역과에서는 목회과정을 밟는 프로그램을 진행하고 있었는데, 나는 그것을 눈여겨보았다가 형님에게 맞겠다 싶어 이야기한 것이다. 그런데 형님은 나를 물끄러미 바라만 볼 뿐 아무 대답도 하지 않았다. '내가 참 이기적이고 철없는 소리를 했구나.' 하는 생각이 든 것은 다시 서울로 올라와서였다. 나는 나를 바라보며 아무 말도 하지 않던 형님의 눈빛이 내내 마음 쓰였는데, 그 눈빛이 무엇을 말하는지 뒤늦게야 깨닫게 되었다. 당시 형님은 농사를 지으면서 전도사 생활도 하며 어렵게 가정을 꾸려가고 있었다. 아버지는 오래전에 돌아가셨고, 어머니는 병석에 누워 계시는 데다 학교를 다녀야 하는 다섯 남매를 키우고 있었다. 게다가 형님이 개척한 교회와 교인들을 책임지고 있었다. 그러니 형님이 세월 좋게 공부를 할 수 있는 상황이 아니었던 것이다.

그런데도 오식 형님은 내가 살 길을 마련해주었다. 내가 군대를 제대하고 고등학교에 편입했을 때, 학교를 다닐 수 있도록 쌀을 보내주기도 했다. 게다가 내가 신학교를 들어가고 얼마 지나지 않은 1965년에 형님은 논을 정리하여 쌀 110가마를 보내주었다. 당시 쌀 110가마는 시골에서는 큰 재산이라고 할 수 있었다. 나는 그것을 팔아 수유리에 있는 작은 가게가 딸린 집을 한 채 구입해서 그 집을 전세로 놓고 그 돈으로 학교에 다녔다. 그러던 중 형님이 빚을 많이 지고 있다는 사실을 알게 됐다. 그래서 가게 집을 팔고 조그만 주택을 한 채 구입했다. 그리고 쌀 70가마니 정도 되는 돈을 빚을 갚으라고 주었는데, 그 가치는 1년 전과는 많이 달라져 있었다. 집값은 많이 뛴 반면 쌀값은 오르지 않았기 때문이다. 그 뒤로도 나는 집을 팔았다 샀다 하면서 등록금과 생활비를 조달했다. 그렇게 할 수 있었던 것은 형님이 미천을 마련해주었기 때문이다.

이처럼 나에게 특별한 존재였던 오식 형님의 부음을 듣게 된 것은 내가 스리랑카에 출장을 갔을 때였다. 당시 나는 아시아기독교협의회 도시농어촌선교위원회(Christian Conference of Asia Urban Rural Mission, 이하 CCA-URM) 간사로 홍콩에서 근무하고 있었다. 형님의 죽음은 내게 큰 충격이었다. 한순간 온 세상이 캄캄해지는 것 같았다. 곧바로 홍콩으로 돌아와 서둘러 서울행 비행기를 탔다. 비행기를 탄 순간에도 어찌할 바를 몰랐다. 무엇이라도 하지 않으면 머리가 터져나갈 것 같았다. 마침 손에 잡힌 수첩에 정신없이 글을 써 내려가기 시작했다.

형님, 이제 와서 그동안 형님이 겪은 아픔을 이해할 수는 없겠지요. 하지만 너무 갑자기 가십니다. 저는 어떻게 합니까? 우리는 그동안 왜 표현을 못하고 살았을까요? 그 많은 굴곡의 삶을 살아가는 동안 속으로만 삭히고 살아왔네요. 왜 그랬을까 후회스럽지만, 그것도 이미 늦었습니다. 쥐어뜯기는 이 심정을 어떻게 표현할 수도 없지만, 있다고 하더라도 이미 형님은 이 세상 분이 아니시네요. 사랑하면서도 사랑한다 말 못하고, 아파도 아프다고 말도 못하고 살았지요. …이제 형님은 승리자이십니다. 어머님처럼 세상을 이기셨습니다. 우리는 이 말이 무슨 말인지 알지요. 무엇에서, 어떻게 해서 승리인지 말입니다. 아쉬운 것은 1970년대 들어서면서는 형님과 앉아서 같이 이야기할 시간도 없었다는 겁니다. 왜 그렇게 쫓기며 살았는지, 그래도 형님이 계실 거라고 믿으며 살아왔는데, 이제 한순간 대화도 못 나눈 채 그냥 먼저 가버리셨네요. 저는 70년대 여러 번 죽을 고비를 넘기면서 제가 먼저 갈 줄 알았습니다. 형님은 저를 무척이나 사랑하셨는데, 당신 살보다 당신 뼈보다 이 못난 놈을 사랑하셨는데…. 이제 후회해도 무슨 소용이 있겠습니까. 이제 형님이 저를 사랑한 것처럼 저도 힘닿는 대로 형님께서 남겨두신 가족의 울타리라도 되겠습니다. 형님, 안심하십시오. 시간이 날 때마다 조카들과 형님이 못다 하신 말씀을 전하면서 살아보겠습니다. 형님은 그 모진 고난 속에서도 주만, 주석, 주암, 선옥, 선숙이를 잘 키우셨어요. 저도 힘닿는 대로 이 민족을 위해 살아가려고 합니다. 예수의 제자로, 형님이 말씀하신 대로 이 한 몸 바치려고 합니다. 이것이 형님의 본분을 따르는 저의 길이란 생각이 듭니다.

형님, 비행기 안에서 창밖을 내다보니 우리 땅, 우리 민족의 보금자리가 이렇게 고운데 형님은 이제 이것을 볼 수 없게 되었네요. 형님을 제대로 뵙지 못하고 이야기도 제대로 못하면서 살아온 지난 30년, 제가 못된 일도 많이 했지만, 하나님께 이끌려 가끔 좋은 일도 했을 겁니다. 만일 아름다움이 저에게 있다면 이제라도 그것을 형님에게 모두 드리오니 받아주십시오. 하나님, 이분을 고이 품어주소서.

1987년 5월 7일

공항에 도착한 나는 곧바로 형님의 시신이 안치되어 있는 서울대 장례식장으로 향했다. 나는 형님을 감싸 안고, 이미 식어버린 형님의 볼에 입을 맞추었다. 그때 처음으로 죽은 사람의 몸이 그토록 차갑다는 것을 깨달았다. 차디찬 형님의 몸은 검고 푸른 반점으로 뒤덮여 있었다. 예상한 대로 약물 중독이었다. 조카들의 이야기를 들어보니 대심방을 마친 형님이 몸이 좋지 않아 한약 재료인 '부자'(附子)를 넣은 한약을 끓여서 뜨거운 채로 마셨다는 것이다. 부자가 든 한약은 반드시 식혀 마셔야 하는데 한의사가 주의사항을 제대로 알려주지 않은 것이다. 당시 형님은 보령시 성주교회의 담임전도사로 있었기 때문에 교회에서 많은 교인들이 장례식장을 찾아왔다. 그런데 장로 한 분이 울분에 찬 목소리로 한의사를 고발해야 한다고 성토했다. 교인들도 이에 동조하고 나섰다. 하지만 나와 조카들은 그 장로를 말리고, 교인들을 이해시켜야 했다. 형님도 한의사를 고발하는 것은 절대 반대할 것이라고 생각했기 때문이다. 형님은 부모님이 묻히신 선산에 모셨다. 그렇게 형님은 형수와 다섯 명의 조카를 남겨두고 세상을 떠났다. 그때 형님의 나이 53세였다.

결혼과 장모님의 도움

나는 신학교 2학년 때인 1966년 10월 24일에 결혼식을 올렸다. 2학년이라고 하나, 27살이었으니 늦은 결혼이었다. 고향에서는 군대를 제대하면 결혼하는 것을 당연하게 여겼다. 아버지는 내가 빨리 결혼을 하고, 농사를 지으며 살기를 바라셨다. 하지만 나는 학교에 갈 준비를 하느라 아버지의 말씀을 그냥 흘려들었다. 그렇지만 화가 난 아버지가 결국 몸져누워 버리자 더는 귀를 막고만 있을 수 없었다. 아픈 아버지를 설득하기 위해서라도 고향집에 내려가 봐야 했다. 그런데 집에서는 이미 옆 동네에 맞선 볼 사람까지 다 이야기를 해둔 상태였다. 교회의 목사에게 중신을 부탁해 성가대 반주자인 아가씨를 물색해놓은 것이다. 당시는 교회에서 남자와 여자가 따로 앉았는데, 가운데 자리에 앉으면 반주자가 잘 보인다는 귀띔도 미리 받았다. 그렇게 멀리서 보고 난 뒤 중신아비 집에 가서 밥을 먹으며 이야기를 나눴다.

"논은 얼마나 가지고 올 수 있어요?"

그 말을 듣는 순간 방도가 생기겠다 싶었다.

"우리집은 제가 가져갈 논이 한 마지기도 없는데요."

물론 거짓말이었다. 그러나 곧이곧대로 알아들은 중신아비가 기가 막히다는 듯 나를 쳐다보며 말했다.

"그럼 안 되겠는걸."

집에 돌아가자 아버지가 반색하며 나를 맞았다.

"그래, 아가씨는 어떻더냐? 중신아비는 뭐라고 하고?"

"논을 적게 준다고 안 된다고 하던데요."

"무슨 그런 소리를…. 내가 그 집 사정을 잘 아는데, 우리집보다 가세가 넉넉하지도 않으면서 논을 적게 줘서 안 된다는 소리를 해!"

아버지는 화가 나서 더는 말씀을 하지 않으시고 돌아누워 버렸다. 그 후 내가 신학교에 들어가고 1학년 때 그 아가씨 측에서 연락을 해왔다. 그 교회 전도사를 통해 물어온 건데, 다시 생각해볼 수 없느냐는 것이었다. 하지만 나는 "그럴 생각 없다. 나는 결혼할 생각이 없다."라고 딱 잘라 말했다.

아내 이은자를 만난 것은 서울로 올라와 한영고등학교를 다니던 시절이었다. 당시 서울교대를 다니고 있던 아내는 처음에 내가 고등학생인 줄 몰랐다. 그때는 4·19 이후라서 고등학생도 머리를 기르고 다닐 수 있었다. 또 당시는 세탁소에서 옷을 빌려줬는데, 학교에 갈 때만 교복을 입고 주로 빌린 옷을 입고 다녔기 때문에 고등학생인 줄 몰랐던 것이다. 게다가 나는 고등학생치고는 나이가 제법 많았다.

　아내를 처음 만난 곳은 마장동에 있는 아내의 집이었다. 한동안 서소문에서 살던 장인어른은 직장 때문에 마장동으로 이사를 왔다. 교직원으로 몸담고 있는 한양대가 있는 마장동에 집을 얻은 것이다. 나는 고등학교에 다니는 동안 그 집의 방 한 칸을 빌려 자취를 했다. 아내는 1945년 중국 길림에서 태어나 해방 후 함흥을 거쳐 서울로 내려온 뒤 서소문에서 살았다. 이후 한국전쟁이 터지는 바람에 피난을 간 부산에서 초등학교를 다니다 서울수복 후 다시 돌아와 남대문초등학교, 이화여중, 이화여고를 나온 뒤 서울교대에 진학했다.

　장인어른인 이광수 장로는 서소문교회의 창립 멤버였다. 서소문교회가 있는 자리는 예전에 피난 온 함경도 사람들이 자리를 잡고 모여 살던 곳이었다. 당시는 한경직 목사가 일본 천리교 경성 제1교회 자리에 베다니교회(현 영락교회)를 짓고, 송창근 목사가 동자동 천리교 본부 회당에 바울교회(현 서울성남교회)를 지었으며, 김재준 목사가 장충동1가에 야고보교회(현 경동교회)를 지을 때였다. 서소문교회가 세워진 곳도 일본 신당이 있던 자리였다.

　장인어른은 서소문교회의 초대목사인 김동철 목사를 비롯해 몇몇 장로들과 함께 예배를 드리다가 서소문동 75번지에 예배처소를 마련하기로 했다. 장인어른은 한국전쟁 때 김동철 목사가 납북된 후 부임한 서금찬 목사와 함께 서소문교회를 건축하면서 교회 일에 적극적으로 나섰다. 그런데 건축과정에서 한 장로가 불미스러운 일을 저지른 모양이었다. 당시 혈압이 높았던 장인어른은 그 일로 인해 충격을 받고 쓰러졌는데, 그 뒤로 다시 일어나지 못하고 그만 세상을 떠났다고 한다. 아내가 아주 어릴 때의 일이다.

다행히 장모님인 이영순 권사는 오래 사셨다. 장모님은 젊었을 때 일찍 남편을 보내고 나서 평생을 혼자 사셨다. 나는 자주 두 분 어머니의 기도로 살았다고 고백할 정도로 어머니와 더불어 장모님의 기도의 힘을 많이 받았다. 신세도 많이 졌는데, 특히 우리집에서 같이 지내면서 우리 아이들을 모두 키워주셨다. 아이들이 한창 어릴 때, 나는 늘 집을 떠나 있어서 가정을 돌보지 못했고, 아내는 내가 없는 빈자리를 채우고 가족을 책임지기 위해 학교 일에 전념해야 했다. 장모님은 딸과 외손주들, 그리고 사위인 나를 위해 열심히 기도하며 사셨다. 더욱이 사위가 감옥을 들락거리니 이루 말할 수 없는 아픔을 속으로 삭히며 사셨을 것이다.

장모님은 말년에 혼자 사셨는데, 아무리 같이 살자고 해도 막무가내셨다. 자식들에게 폐를 끼치기 싫다는 것이 그 이유였다. 그러던 어느 날 거동이 불편해지자 아내가 옆에서 수발을 도왔다. 그런데 5일째 되는 날, 아내가 허리를 다치는 바람에 막내처남이 장모님을 모시고 갔다. 막내처남은 자신의 집 근처에 있는 요양원에 장모님을 모셨는데, 장모님도 편하고 좋다며 만족해하셨다. 그런데 일주일쯤 뒤에 병원에서 전화가 왔다. 간병인이었다. 간병인은 장모님이 돌아가셨다는 소식을 전해주었다. 아내에게 먼저 말을 하고 병원에 갈까, 아니면 그냥 병원으로 가자고 할까를 고민하다가 그래도 알고 가는 게 좋겠다 싶어 아내를 불렀다.

장모 이영순(오른쪽)

"당신, 놀라지 마. 장모님이 돌아가셨대."

그러자 아내가 갑자기 픽 하고 쓰러졌다. 다급한 마음에 119를 불렀는데, 다행히 구급차가 도착할 무렵 아내가 깨어났다. 또 쇼크가 올지 몰라 구급차를 타고 성모병원으로 갔고, 수지에 살던 막내처남은 요양원에서 장모님의 시신을 모시고 성모병원으로 왔다. 장모님은 내가 예상한 대로 기도가 막혀 돌아가신 것이었다. 식사를 하고 침대에 곧바로 누운 것이 원인이었다. 한평생 홀로 깨끗하고 정갈하게 사신 장모님은 2013년 7월 13일 100세로 운명하셨다.

나와 우리 가족은 그분에게 큰 은혜를 입었다. 오늘날 우리 가족이 격동의 시절을 보내고 이렇게 잘살고 있는 것은 모두 장모님의 기도와 도움 덕분이라고 생각한다.

2
사회복지에 관심을 쏟은 대학 시절

집을 떠나다

어릴 때부터 나는 어머니를 따라 홍연교회를 다녔다. 어느 날, 홍연교회에 아주 젊은 목사가 새로 부임했다. 농업고등학교를 졸업하고 한신대와 대학원을 졸업한 백응찬 목사였다. 그런데 그의 목회 방법이 참 특별했다. 예를 들면 교인들에게 '땅호박' 기르는 방법을 알려주는 식이었다. 땅호박은 넝쿨 없이 땅에서 자라나는 식물로 당시 그 품종은 농민들에게 무척 생소한 것이었다. 백 목사는 이처럼 생소한 품종을 소개하거나, 고구마순으로 고구마를 기르는 방법 등 여태껏 알지 못했던 농법을 교인들에게 가르쳐주었다. 교회학교 아이들에게는 영어를 가르쳐주기도 했다.

나는 백 목사의 목회 방법에 그야말로 빠져들었다. 여느 목사처럼 성경만 가르치고, 무조건 믿으라고 하는 것이 아니라 지역 주민이 살아가는 데 도움이 되는 '신농법'을 알려주고, 시골 아이들에게는 생소한 영어를 가르쳐주는 백 목사를 통해 나는 새로운 눈을 뜨게 되었다. '아, 나도 저분처럼 사람들과 함께하면서 관계를 맺고, 그 속에서 성경도 가르치고, 농사짓는 법도 가르쳐야겠다.' 나는 어느새 나의 장래에 대해 이러한 꿈을 품게 되었다. 그런데 아버지는 내가 중학교를 졸업하고 농사짓기를 바라는 눈치였다. 그래서 한 1년가량은 농사만 짓고 살았다. 그 사이 신학교를 준비하기 위해 6개월 정도 충남노회에서 운영하는 고등성경학교에서 공부하기도 했다. 그런데 농사를 짓다 보니 이래 가지고는 도무지 신학교에 들어갈 수 없을 것 같았다. 농사는 끊임없는 일의 연속이었다. 게다가 일손은 늘 부족했다. 이런 상황이 계속된다면 신학교에 들어가지 못할 게 뻔했다. 나는 내심 때를 기다렸다. '공부를 하기 위해서는 서울로 가자.' 그렇게 2년 정도 기다리다가 어느 날인가 집을 떠났다. 소위 가출인 셈인데, 막상 떠나려고 보니 수중에 돈이 한 푼도 없었다. 그래서 방앗간에 가서 쌀값을 미리 받아 그 돈을 챙겨서 서울로 올라갔다. 서울에 가면 생활비가 필요할 것 아니겠는가. 그런데 내가 가진 돈으로 서울에서 생활하는 건 언감생심이었다.

그때가 1958년이나 59년 정도 되었는데, 내가 자리잡은 삼각지는 일대가 전부 판자촌이었다. 나는 거기서 쌀 한 톨 구경하지 못했다. 군인들이 뒤로 슬쩍해서 팔아먹는 쌀밖에 보이지 않았다. 시골에서 막 상경한 나에게 그것은 아주 낯선 풍경이었다. 당시 우리집은 고생 끝에 형편이 조금 나아져서 중농 정도는 되었다. 덕분에 집에서는 적어도 밥은 굶지 않고 살았다. 하지만 서울에서는 집도 구하고, 밥도 매끼 사 먹어야 하니 도무지 학교에 갈 형편이 되지 않았다.

모자공장으로

사정이 이렇다 보니 결국 학교는 들어가지 못하고 대신 공장에 들어갔다. 주로 군인들의 모자를 만드는 모자공장이었다. 직원이라고 해봐야 나를 포함해 16명 정도였다. 한눈에도 모두들 나보다 어려 보였는데, 짐작대로 16살에서 20살밖에 되지 않은 어린 친구들이었다. 그들과 함께 공장에서 먹고 자는 생활을 하는 동안 나는 '먹는다'는 것에 대해 심각하게 생각하게 되었다. 식사는 상으로 사용하는 기다란 널빤지 위에 놓인 밥과 국, 그리고 몇 가지 반찬이 전부였다. 식사 시간이 되면 우리는 치열한 눈치싸움을 벌였다. 널빤지 위에 놓인 반찬은 순식간에 사라졌다. 개별로 주어지는 밥과 국은 손도 대지 않고 공동으로 주어지는 반찬부터 먹어치웠기 때문이다. 밥부터 먼저 먹던 나는 반찬이 금세 동나버리는 통에 국에다 밥만 말아 먹어야 했다. 사장의 딸이 반찬을 추가로 갖다주긴 했지만, 넉넉하지 않은 그 반찬도 순식간에 사라졌다. 한창 많이 먹고 클 나이인 동료들은 늘 배가 고팠고, 그건 나도 마찬가지였다. 한 그릇의 밥과 국만으로는 허기를 채울 수가 없었다. 어느새 나도 동료들처럼 공동으로 나온 반찬을 먼저 먹기 위해 젓가락을 들고 눈치싸움에 동참하고 있었다.

우리집이 농사를 짓고 살아서인지 그전까지 나는 배고픔에 대해 그리 깊이 생각해본 적이 없었다. 한국전쟁이 벌어졌을 때는 다들 못 먹고 살기도 했지만, 당시 어렸던 나는 그리 절실하게 배고픔을 느끼지 못했다. 자라는 동안에도 먹는 것에 대해 심각하게 고민해본 적은 없었다. 시골은 도시에 비하면 먹을 것만큼은 풍족했다. 시골의 땅은 때가 되면 곡식이며 찬거리들을 내놓았다. 그런데 도시에서는 푸성귀 하나를 사는 데도 돈이 필요했다. 나는 공장생활을 하는 동안 배고픔을 해결하는 것이 얼마나 절실한 일인지 새삼 깨달았다. 배가 고픈데도 먹을 것이 없다는 것과 일을 해야만 겨우 배고픔을 면할 수 있다는 것, 그리고 그조차도 배불리 먹을 수 없다는 사실이 나에게는 꽤 충격이었다.

　그러던 어느 날, 공장 동료 중 내 또래의 한 친구가 모자를 쓰고 나갔다가 모자 없이 들어오는 것을 보았다. 모자를 잃어버린 것 같은데도 표정이 좋아 보였다. 그런데 그런 일이 자주 반복되는 게 아닌가. 알고 보니 공장에서 하자가 있는 모자를 가지고 나가 풀빵 집에 가서 팔고, 그 대가로 빵을 얻어먹고 오는 것이었다. 나는 그 친구의 잔머리에 놀라면서도 쉽게 따라 하지는 못했다. 하지만 배고픔이 주는 유혹은 생각보다 훨씬 컸다. 하루의 일과가 끝난 어느 날, 나는 빼돌린 모자를 쓰고 공장 문을 나섰다. 어둑한 골목길로 들어서자 친구가 알려준 풀빵 집이 보였다. 풀빵 집 앞에 다다른 나는 모자를 벗고 그 앞을 쭈뼛거리며 왔다 갔다 했다. 어색하게 서 있는 나를 발견한 풀빵 집 주인이 내게 손짓하더니 풀빵 두어 개를 봉지에 담아 건넸다. 나는 얼른 모자를 넘겨주고 서둘러 그 자리를 벗어났다. 등 뒤로 보이지 않는 시선들이 쏘아보는 듯했다. 걸어가면서 풀빵 하나를 입에 집어넣었지만, 왠지 모르게 맛이 느껴지지 않았다. 배가 고팠으나 모자와 맞바꾼 풀빵은 배고픔을 채워주지 못했다. 그런 일도 배짱이 있어야 했다. 배짱이 없어서인지, 아니면 양심에 걸려서인지 그 뒤로 나는 두 번 다시 그런 일은 하지 않았다.

공장을 다니는 동안 나는 딜레마에 빠졌다. 공장을 다니자니 학교를 다닐 수 없고, 학교를 다니자니 돈을 벌 수 없는 상황이었다. 학교를 다니기 위해 서울로 온 것인데, 이도 저도 하지 못하니 나의 고민은 깊어만 갔다. 결국 나는 오랜 고민 끝에 군대에 지원하기로 결심했다.

미군부대 제대 후 고등학교에 편입하다

1961년 2월 7일, 나는 군대에 입대했다. 또래들보다 2–3년 빠른 셈이었다. 논산훈련소에서 훈련을 받고 배치된 곳은 화천에 있는 27사단 보충대였는데, 거기서 일주일 정도 있다가 곧 79연대 풍산리로 배치되었다. 인사과 참모인 연대 부관은 내가 어려 보여서인지 나를 의무중대로 발령 내더니 즉시 연대1과에서 파견근무를 하고 생활은 연대 본부중대에서 하라고 지시했다. 그곳에서 8개월가량 근무했는데, 어느 날 연대 부관이 선임하사를 통해 내게 미군부대를 가겠느냐고 물어왔다. 그즈음 연대 부관은 같은 연대의 대대장으로 가게 된 모양이었다. 나는 더 생각할 필요도 없이 좋다고 대답했다.

미군부대로 발령을 받게 된 내게 2박 3일간의 짧은 휴가가 주어졌다. 그때 서울에 사는 친구 이원범이 떠올랐다. 고향 친구인 이원범은 당시 종로5가에서 세탁소를 하고 있었다. 그는 나보다 두 살 위였지만 초등학교, 중학교를 같이 다닌 친구였다. 마땅히 갈 곳도 없던 나는 휴가 내내 이원범과 같이 지냈다. 부대로 돌아갈 시간이 되어 짐을 챙기고

화천 79연대 인사과 선임하사 이종식(왼쪽)과 함께

있는데, 언제 사가지고 왔는지 이원범의 손에 백화수복 두 병이 들려 있었다. 그는 선임하사에게 갖다주라며 백화수복을 내밀었다. 대용량의 백화수복은 유리병에 담겨 있어서 제법 무거웠다. 이것을 서울에서 화천 풍산리에 있는 부대까지 갖고 가려니 여간 힘든 게 아니었다. 백화수복은 당시 마개 부분이 잘 떨어져 깨지는 일이 많았기 때문에 신주단지 모시듯 가슴에 품고 조심스럽게 가지고 가야 했다. 부대에 들어간 나는 곧장 선임하사에게 백화수복을 건넸다. 선임하사는 아무 말도 하지 않고 가만히 있다가 그 술병을 받아들고 사물함에 넣었다. 그때 선임하사가 왜 아무 말도 하지 않았는지는 한참이 지나고 나서야 알게 되었다.

얼마 후 나는 일산 봉일천에 있는 미군부대로 옮겨갔다. 1년 정도 지났을 무렵 선임하사가 내가 근무하고 있는 미군부대로 찾아왔다. 나는 미군부대에서 병참물을 취급하는 일을 하고 있었는데, 웬일인지 선임하사는 내가 하는 일을 알고 있었다. 선임하사는 나에게 미군 측에서 한국 군인들이 사용하는 침구를 가져가는 바람에 지금 부대에 침구가 부족해 문제가 생겼다고 말했다. 나는 알아보겠다고 하고 미군 중대장에게 보고를 했다. 미군 중대장이 한참을 망설이더니 "우리도 지금 물품이 부족하다. 하지만 네가 요령껏 준비하면 내가 지원하도록 하겠다."라는 긍정적인 대답을 주었다. 나는 재주껏 헌 침구를 구입해 병참부에서 새것으로 지급받아 그것을 선임하사가 있는 부대로 갖다주었다. 당시에는 미군부대 주변에 있는 한국부대를 이런 식으로 지원하는 경우가 많았다. 그 일이 고마웠는지 선임하사는 나를 부대 근처에 있는 한 식당으로 데리고 갔다. 그곳에는 선임하사가 데리고 온 중대원들이 모두 모여 있었다. 그 자리에서 선임하사는 나를 소개하면서 이렇게 말했다.

"이 사람이 미군부대를 가라고 했더니 글쎄 휴가에서 돌아오면서 백화수복 두 병을 사가지고 왔더라고. 이 사람이 그런 사람이야." 선임하사의 말이 끝나자마자 사람들이 막 웃기 시작했다. 중대원들이 웃는 것을 보고 나는 그제서야 깨달았다. 선임하사가 나에게 휴가를 보내준 것은 돈을 좀 마련해서 가져오라는 뜻이었던 것이다. 그런데 돈은커녕 엉뚱한 술을 내밀었으니, 황당해서 아무 말도 하지 못한 것이었다.

이원범은 내가 미군부대로 발령난 것은 기정사실이지만, 그래도 성의 표시라도 하라고 돈 없는 나를 위해 백화수복을 사준 것이었다. 하지만 나는 그런 뜻을 전혀 눈치채지 못할 정도로 순진했다. 이원범도 술을 사주면서 그런 말을 해주지 않았기에 나는 선임하사에게 그 말을 듣기 전까지 그 내막을 전혀 모르고 있었다.

미군부대에서는 한국 군대에 있을 때보다 시간적 여유가 많았다. 월요일에서 금요일까지 근무를 하고 나면 주말에는 특별한 일이 없는 한 자유시간이 주어졌다. 게다가 근무지인 일산 봉일천에서는 서울로 나가는 교통이 편리했다. 나는 미군부대에서 근무하는 동안 그간 하지 못한 학업을 잇기 위해 노력했다. 그래서 토요일마다 서울에 있는 학원을 다니며 고등학교 편입 준비를 했다. 화천에 계속 있었으면 꿈도 꾸지 못할 일이었다. 고등학교 편입에 필요한 영어는 미군부대에 있는 동안 자연스럽게 배울 수 있었다. 나는 미군부대에서 제대한 바로 다음 날인 1963년 12월 8일 한영고등학교 야간에 편입학했다.

고등학교를 편입학하는 과정에서도 이원범은 내게 힘이 되어주었다. 토요일마다 서울로 학원을 다니면서 나는 이원범이 일하는 세탁소를 가끔 찾아갔다. 그가 일하는 세탁소에는 내 또래의 친구들이 자주 드나들었는데, 조장호도 그중 한 명이었다. 당시 서울대를 다니고 있던 조장호는 이원범과 마찬가지로 나와 중학교 동창이었다. 조장호를 만난 자리에서 내가 고등학교를 가기 위해 학원을 다니고 있다고 하자, 그는 이해할 수 없다는 듯이 "학교를 왜 가려고 해?"라고 물었다. 그러자 이원범이 나보다 먼저 나서서 "야, 임마, 너는 학교에 다니니까 그렇지."라고 하면서 쓴소리를 했다. 고등학교에 진학하는 것은 나에게 실로 중요한 일이었다. 또래보다 훨씬 늦은 나이에 굳이 고등학교에 진학하고자 한 이유는 신학교를 가야 한다는 간절함 때문이었다. 어린 시절 품은 꿈을 이루기 위해서는 아무리 늦었더라도 해야만 하는 일이었다.

조장호는 나중에 신문사 편집국장도 하고, 원주에 있는 대학의 총장을 지내기도 했다. 그동안 나는 조장호와 가끔 만났지만, 그때 일을 꺼낸 적은 한 번도 없다. 아마 자신이 그런 소리를 했다는 사실을 기억조차 하지 못할 것이다.

이원범도 당시 대학생이었다. 그는 세탁소를 하면서 동국대를 다니고 있었는데, 학생운동을 열심히 했다. 욕도 잘하고 입담도 걸쭉한 그가 특별히 잘하는 것은 상여소리였다. 그런 재주 탓에 그는 구류를 살기도 했다. 1964년 서울대 문리대에서는 박정희를 반대하는 집회인 '민족적 민주주의 장례식'이 거행됐다. 이원범은 그 장례식의 맨 앞에 서서 상여 앞잡이 소리를 했다. 이 일로 그는 서울대생 주동자들과 함께 체포되었고, 구류를 살게 되었다. 이 장례식은 서울대 운동권 학생들이 주축이 되었으나, 이원범이 상여소리를 잘해서 같이 하게 된 것이다. 이원범은 나중에 정계에 입문하여 11대, 15대 국회의원을 지내기도 했다. 하지만 안타깝게도 2009년 7월 자택 부근에서 일어난 교통사고로 70세의 나이에 세상을 떠나고 말았다.

한영고등학교에 처음 등교하던 날, 이원범이 따라와 나를 응원해 주었다. 하지만 늦은 나이에 고등학교에 들어간 터라 수업을 따라잡기가 쉽지만은 않았다. 다행히 야간으로 들어갔기에 낮 시간을 활용해 보충할 수 있었다. 나는 아침부터 일찍 종로에 있는 서울학원에 나가 중학교 1학년 기초부터 다시 공부했다.

고등학교 시절 기억나는 사람으로는 교감인 최영목 선생을 꼽을 수 있다. 그는 나중에 분당에 영목중·고등학교를 세우기도 했다. 한번은 교감실에 불려간 적이 있었다. 무슨 일인가 의아했지만, 곧 내가 신고 있는 구두 때문이라는 것을 알게 되었다. 나는 미군부대에서 받은 구두를 신고 다녔는데 학생 신분에 좋은 구두를 신고 있으니, 그 점을 지적하기 위해 부른 것이었다. 구두 이야기를 하다가 미군부대에서 근무한 일, 고향에 관한 이야기까지 하게 되었다. 그 면담 끝에 나는 최 교감이 나의 작은아버지와 친분이 있다는 사실을 알게 되었다. 그래서인지, 아니면 나이가 많은데도 공부를 하는 게 기특해서인지 최 교감은 학교에 다니는 동안 나를 주시하고 편의도 봐주었다. 나중에 한영고등학교에서 교생실습을 할 수 있도록 도움을 주기도 했다.

그렇지만 고등학교 시절 나에게 가장 큰 영향을 미친 사람은 담임인 송도여 선생이다. 최 교감과 같이 공주사대를 나온 송 선생은 내게 진급시험을 쳐보라고 권유해주었는데, 그 덕분에 나는 입학한 지 얼마 되지 않아 2학년 2학기로 진급할 수 있었다. 낮에 학원을 다니며 나름 학업 진도를 맞추기 위해 열심히 공부한 성과가 나타난 것이었다. 송 선생은 나에게 특별한 관심을 주었고, 나 또한 일가친척 하나 없는 서울에서 홀로 지내느라 힘든 마음을 내보이며 그에게 정신적으로 의지했다. 나는 송 선생을 형님처럼 따랐다. 실제로 그와는 다섯 살밖에 차이가 나지 않았다.

학교생활은 대체로 순조로웠다. 뒤늦게 하는 학업이어서인지 공부하는 것도 재미가 있었다. 시간은 쏜살같이 흘러 드디어 대학 원서를 써야 할 시기가 되었다. 입시원서를 준비하다가 나는 이전 해에 서울대 중문학과가 미달이었던 사실을 알게 됐다. 잘하면 서울대에 들어갈 수도 있겠다 싶어 서울대 중문학과로 원서를 써서 송 선생에게 가지고 갔다. 그런데 원서를 살펴보던 그의 표정이 별로 신통치 않았다.

"신학교를 간다는 놈이 왜 서울대 중문학과 원서를 써 온 거야?"

"작년에 거기가 미달이던데요."

"너도 참…. 너 같은 놈이 많아서 이번에는 거기에 지원자가 많을 거다. 안 되는 줄 알고, 다시 한신대로 써 가지고 와."

송 선생은 내가 가지고 온 입학원서를 그 자리에서 찢어버렸다. 당시 한신대는 떨어지면 연세대 신학교에 간다고 할 정도로 들어가기가 무척 어려웠다. 한신대 선배들이 졸업 후 학사시험을 치면 서울대 학생들보다 점수가 높게 나오기도 했다. 그래서 나는 서울대 미달 학과에 원서를 쓴 것이었다. 하지만 송 선생의 단호한 지적 덕분에 잠시 흔들렸던 마음을 다잡고 신학교를 가고자 한 첫 마음대로 한신대에 지원할 수 있었다. 물론 한신대도 합격을 장담할 수 없었다. 내가 한신대에 입학한 1965년도 한신대의 경쟁률은 3대 1일이었다. 그런데도 합격했으니 여간 다행스러운 일이 아닐 수 없었다.

나는 한번 특별한 인연을 맺은 사람과는 별일 없는 한 지속적인 관계를 유지하는 편이다. 최 교감도 그렇지만 송 선생과는 꽤 오랫동안 연락을 주고받았다. 또한 고마운 인연이 있다면 늦더라도 연락을 한다. 한국기독교교회협의회(이하 KNCC, 현재는 영문 약칭을 NCCK로 사용하고 있다.) 총무 시절 나는 나를 미군부대로 발령한 연대 부관이 사는 곳을 물어물어 그 집을 찾아가 인사를 하기도 했다. 그가 대대장으로 전출하면서 나를 미군부대로 추천한 것은 의무중대로 발령 낸 후에도 인사과의 일을 계속 시켰기 때문인 것으로 짐작된다. 그렇지만 내 입장에서는 그가 나를 미군부대로 발령 내주었기에 토요일마다 학원에 나가 고등학교 편입을 준비할 수 있었고, 결국 꿈꾸던 신학교에 갈 수 있었던 것이다. 한신대를 나와 목사가 되고 KNCC 총무를 하게 된 것은, 물론 여러 인연의 도움이 있었기에 가능했지만, 최초로 그 길을 갈 수 있게 도움을 준 사람은 그 연대 부관이라고 할 수 있다.

한일회담 반대투쟁에 참여하다

1965년 한신대에 입학할 무렵, 전국에서는 한일회담 반대투쟁이 계속되고 있었다. 1963년 박정희가 대통령에 당선되고 한일회담 일괄타결을 방침으로 정하면서 1965년 3월 6일부터 야당을 비롯하여 종교, 사회, 문화단체와 재야에서는 '대일굴욕외교반대 범국민투쟁위원회'를 결성하여 한일회담 반대투쟁을 본격화했다. 김종필 민주공화당 의장이 도쿄에서 오히라 외상을 만나 한일회담 일정에 합의하면서 대학가에서도 대규모 시위가 연일 계속되었다. 하지만 한일회담 타결 방침을 정한 박정희 정부는 그해 6월 3일에 일어난 대규모 시위를 정점으로 계엄령을 선포하고, 군대의 힘을 빌려 시위를 제압하기 시작했다. 이는 시위가 정부의 굴욕외교와 일본의 침략정책 등을 비판하는 수준에서 점차 5·16군사쿠데타와 박정희 정부를 비판하는 것으로 확대되는 데 대해 박정희 정부가 위기를 느꼈기 때문이다.

한일조약의 정식 조인을 하루 앞둔 1965년 6월 21일, 서울에서는 매국외교 반대시위가 거세게 일어났다. 여기에는 1만여 명의 대학생과 고등학생이 참여했다. 경찰은 이들의 가두시위를 원천봉쇄했다. 마침내 한일조약이 조인되고 여당이 단독으로 한일조약 비준안을 통과시키자 학생들은 이에 항의하는 시위를 이어나갔다. 박정희 정부는 8월 26일 위수령을 발동하고 군대를 동원하여 학생들의 시위를 무차별적으로 진압했다.

나는 한신대 선배들과 함께 예전의 국회의사당 앞으로 가서 시위에 나섰다가 선배들과 함께 성북경찰서로 끌려갔다. 몇몇 선배들은 징역을 살기도 했지만, 나는 1학년이라는 이유로 3일 동안 조사만 받고 풀려났다. 그 뒤로도 한일회담 반대시위로 인해 경찰서 신세를 두세 번 더 졌다. 그런데 신 모 형사라는 사람이 그때부터 나를 계속 감시하면서 따라다녔다. 이원범이 내 친구인 것을 알게 된 모양이었다. 이원범이 민족적 민주주의 장례식에서 상여소리를 하여 구류를 살 때 내가 면회를 간 적이 있는데, 그것을 보고 나도 그와 같은 데모꾼이라고 생각한 것이다. 하지만 그때까지만 해도 나는 학생운동을 한다기보다 한일회담의 굴욕적 상황에 대한 울분과 선배들의 권유로 시위에 참여했을 뿐이다.

가난한 사람들을 위한 삶을 꿈꾸다

나는 홍연교회 백응찬 목사의 영향을 받아 교회에서 목회를 하면서 지역민들을 돕겠다는 생각으로 신학교에 진학했다. 그 당시에는 농촌 공동체를 위해 일하는 시골 목사가 하나님 다음으로 좋게 보였다. 또 공장에 다니면서 먹고살기 힘들어하는 가난한 사람들을 보면서 사회복지에 관한 일을 해야겠다는 생각이 굳어졌다. 사회선교보다는 사회복지에 더 관심을 두다 보니 정치투쟁이나 사회 문제에 적극적으로 개입할 생각이 별로 없었다. 그래서 1학년 때부터 주로 사회복지학과 학생들이나 사회복지와 관계된 일을 하는 사람들과 어울려 다녔다. 당시에 사회복지 분야에서 이름 높았던 중앙신학교(현 강남대)를 비롯해 서울여대, 이화여대, 감신대, 중앙대, 한신대 등 전국 17개 대학의 기독학생들이 모여 봉사활동을 하는 모임이 있었다. '한국기독학생사회사업연합회'가 바로 그것인데, 나는 이 모임에 속해 활동했다. 우리는 중앙신학교 교수인 김덕준 목사의 지도로 사회복지를 실현하기 위한 실천과 행동을 교육받았다.

연합회에서 활동하다 나는 한신대 대표이자 전체 조직의 회장을 맡게 됐다. 지금까지 만나고 있는 최성균은 중앙신학교 대표였는데, 나와는 손발이 잘 맞았다. 나는 조직을 이끌어가면서 가치가 있는 일에는 주변과 타협하지 않고 끈기 있게 실천하는 편이었고, 최성균은 이견을 조율하거나 합의해 나가는 융통성이 있었다. 연합회는 회원 수만 해도 200명 가까이 되고, 행사 때마다 참석율도 100%에 가까울

1967년 여름 강원도 양구로 간 워크캠프

정도로 결속력이 대단했다.

나는 예수처럼 사는 것이 가난한 사람들과 함께하는 것이라고 생각했다. 그런 의미에서 연합회는 이러한 생각을 실천할 수 있는 조직이었고, 그 일을 실천할 수 있는 현장에서 일을 할 수 있게 해주었다. 연합회에서 한 일은 크게 두 가지였다. 하나는 여름방학 때 농촌 지역에 가서 워크캠프(work camp)를 진행하는 것이고, 또 다른 하나는 겨울방학 때 재건대에서 넝마주이들과 함께 생활하는 것이었다.

워크캠프에서는 농사일을 돕거나 수리가 필요한 낡은 집을 보수해주는 등 마을 곳곳에 필요한 일손을 제공했다. 또 의료봉사도 했다. 한편 명동 1번지에 있던 재건대 집합소에서는 넝마주이들과 같이

워크캠프 단체 사진

지내면서 넝마를 함께 주우러 다니거나 그들을 도와주는 일을 했다. 넝마주이들은 원래 개별적으로 일을 했는데, 1962년 박정희 정부에서 그들을 관리한다는 목적으로 관할 시청에 등록시키고 증명서를 발급해주었다. 그에 따라 넝마주이들은 지정된 복장을 입고, 명찰을 달아야 했으며, 지정된 곳에서 활동해야 했다. 등록된 넝마주이들은 '근로재건대'라 불렸으며, 관할 경찰서에서 관리했다. 시민들은 넝마주이들을 잠재적 범죄자나 무서운 존재로 여겼기 때문에 그들은 사회에서 소외된 존재였다. 우리는 넝마주이들과 함께 생활하면서 그들의 고충을 들어주고, 일반 시민들의 따가운 시선으로부터 그들을 보호하고자 했다.

당시 연합회에서 함께 활동하던 사람으로는 최성균(현 미래복지경영 회장)을 비롯해 김인환(전 LA한인청소년협회 이사장), 양윤(목사), 변도윤(전 여성부 장관) 등이 생각난다. 그때 만난 사람들을 지금도 가끔씩 만나고 있다.

한신대에서 만난 교수들

학교에 다닐 때 나는 신학 공부를 게을리했다. 한신대에서 기독교교육을 가르치던 문동환 교수는 준목고시 시험을 볼 때 나에게 0점을 주었다. 문 교수의 강의는 다 좋아서 열심히 들었는데 수업 중에 특히 의미 있게 들은 말은 '자아확립'이다. 1962년 군사정부가 내린 정년제에 의해 학장을 사임한 김재준 목사는 명예교수로 강의를 맡았다. 그는 성서신학을 강의했는데, 참 재미있게 강의를 했다. 강의 시간에도 사회에 대한 관심은 빠지지 않았다. 김재준 목사는 황성국 교수의 주선으로 우리 부부의 결혼식 주례를 서주기도 했다. 그 외 좋은 분들이 많이 계셨다. 문익환 목사는 시인이라 그런지 특유의 낭만이 있었다. 전경연 교수의 꼬장꼬장하던 모습도 기억난다. 한신대 전체 학생 수가 대학원생을 포함해서 200명 정도 되었는데, 학생 교수할 것 없이 모두 기숙사에서 생활을 한 덕분에 서로 아주 가깝게 지낼 수 있었다.

독일에서 공부한 정하은 교수는 윤리학을 강의했다. 졸업할 무렵 판자촌이 있는 가난한 지역에서 전도사 생활을 하고 싶다는 나의 바람을 들은 정 교수는 박형규 목사를 찾아가 보라고 권유했다. 그때 박형규 목사는 연세대 도시문제연구소 도시선교위원회의 위원장이자 대한기독교서회의 「기독교사상」 편집주간을 맡고 있었다. 나는 종로 2가에 있는 대한기독교서회 사무실로 박 목사를 찾아갔다. 박 목사는 처음 보는 나를 반갑게 맞아주었다. 내가 가난한 사람들을 위해 일을 하고 싶다고 말하자 박 목사는 무척 기분이 좋은 듯 함박웃음을 지으며 내게 주민조직에 관한 훈련을 하는 곳을 소개해주었다. 그의 추천으로 찾아간 곳이 바로 연세대 도시문제연구소였다.

나중에 안병무 박사도 강의를 하러 왔는데, 서로 가까운 곳에 살았기 때문에 매우 가깝게 지냈다. 내가 학비 마련을 위해 집을 자주 사고팔고 하자 안 박사는 졸업할 무렵 나에게 "복덕방이나 하지 왜 교회를 하려고 그러냐?"라는 농담을 건네기도 했다. 안 박사도 나처럼 자주 집을 사고팔았다. 나는 훗날 빈민운동을 할 때 프로그램의 강연자로 안 박사를 초청하기도 했다. 당시 강연을 들으러 오는 사람들은 대부분 판자촌 주민조직 지도자들이었다. 그런데 그들은 빈민운동 프로그램에 참여하면 감시를 받아 자유롭게 운신할 수 없었다. 그래서 안 박사를 초청한 강연은 주로 성경공부를 한다는 명목으로 마련되곤 했다. 억압받고 감시받던 시절이라 우리는 그들보다 한 걸음이라도 앞서가는 전략을 짜야 했다. 그리고 많은 경우 우리의 전략은 그들보다 앞섰다. 아무리 밟혀도 뿌리가 뽑히지 않는 한 풀은 다시 일어서는 법이다.

3
우리 모두
감시받고 살았다

집과 기관원

나는 지금 방배동에 살고 있다. 내가 이곳에 살게 된 것은 나를 감시하고 따라다니던 기관원 덕분이다. 나를 따라다니던 기관원들은 경찰, 형사, 보안사, 중앙정보부(나중에는 안기부) 등 다양했다. 그들은 내가 집을 사고팔 때마다 트집을 잡으려고 꽤 노력했으나 매번 허사로 끝나고 말았다. 그들 때문에 시달리고 불편했던 일이 한두 번이 아니다.

나는 대학을 다닐 때 학비 조달을 위해 거의 1년마다 집을 팔고 사는 일을 반복했다. 오식 형님이 해준 쌀 110가마의 밑천이 있었기에 가능한 일이었다. 학생 신분으로 결혼을 한 터라 생활비는 교사인 아내가 감당했다. 그러나 당시 교사 월급으로는 내 등록금까지 대기가 힘들었다. 가장으로서 생활비를 아내에게 감당하게 하는 것도 영 마음이 쓰이는데, 학비까지 부탁하는 것은 말도 안 되는 일이었다.

집이 있긴 했으나 그것은 등록금을 마련하기 위해 사고파는 용도였기 때문에 우리는 늘 전셋집에서 살았다. 1968년 마지막으로 집을 팔아 이제는 집을 지어볼 생각으로 수유리에 있는 번동교회 뒤편에 대지를 구입했다. 그런데 김신조 사건이 터지면서 수유리 지역의 집값이 폭락하고 말았다. 게다가 내가 구입한 대지 위에 군에서 토치카(tochka)를 파는 바람에 건축허가마저 곤란하게 되었다. 결국 나는 헐값에 그 대지를 팔아버렸다. 그러다가 1972년 1월, 필리핀 에큐메니컬 조직인 페코(Philippines Ecumenical Committee for Community Organization, PECCO)에서 주민조직(Communication Organization, CO) 훈련을 담당하고 있던 허버트 화이트(Herbert White) 목사의 초대로 필리핀 톤도 지역에 연수를 가게 되었다.

마침 전셋집 만기도 다가오고 해서 필리핀으로 가기 전에 새로 살 전셋집을 마련해놓고 떠날 요량으로 집을 보러 다녔다. 다행히 부동산에서 한 집주인과 전세 흥정을 잘해주어 계약을 하기로 했다. 며칠 뒤 전세금을 가지고 다시 집주인을 만났다. 그런데 집주인의 인상이 좀 달라 보였다. 부동산 업자도 표정이 이상했다. 젊은 집주인이 내게 물었다.

"아이가 몇이지요?"

"둘입니다."

"아이가 둘이어서 안 되겠습니다."

계약 직전에 갑자기 집주인이 아이가 둘이라는 이유로 거절을 했다. 참으로 어이가 없었다. 아이가 둘이라면 전세도 못 얻는 세상이 되었단 말인가. 저 사람은 지금 사실을 말하는 걸까, 아니면 변명을 하고 있는 걸까? 머릿속에 수많은 생각이 스쳐지나갔지만 달리 대꾸할 말이 떠오르지 않았다. 그렇다고 설득할 뾰족한 수도 없었다. 서글픈 마음으로 집에 돌아온 나는 앞집에 사는 고향 어르신을 찾아가 자초지종을 말씀드렸다. 그는 내게 가진 돈이 얼마냐고 묻더니 그 돈으로 땅을 구입하면 집을 지어주겠다고 했다. 그는 집을 짓는 목수였다. 나는 성북구 월계동에 작은 채전밭 두 두둑을 20만 원에 구입했다. 그곳은 앞뒤로 묘지가 있는 곳이었다. 그곳에 13평짜리 집을 지었는데, 전부 40만 원가량의 돈이 들었다. 그 돈은 집을 짓기 위해 샀다가 헐값으로 팔아버린 수유리 대지 값과 그동안 아내가 모아놓은 돈을 합친 것으로, 우리집 전 재산이었다. 언덕에 있는 외딴집인 데다 묘지와 묘지 사이에 위치해 있었지만, 처음으로 갖는 '우리집'이어서인지 정이 갔다. 딸아이와 아내는 개울을 건너고 논둑과 밭둑을 지나 먼 곳에 있는 학교와 직장을 걸어 다녀야 했다. 그래도 집이 마련된 덕에 나는 마음놓고 필리핀으로 떠났고, 3개월가량의 연수를 마치고 집으로 돌아왔다.

필리핀에서 돌아온 지 며칠 지나지 않아 다니던 골목에 갑자기 보도블록이 세워져 다니지 못하게 됐다. 그래서 우리는 집에서 500m쯤 떨어진 곳에 있는 세탁소 뒤편 골목으로 드나들었다. 그 세탁소는 나를 담당하는 형사가 늘 웅크려 앉아 있던 곳이기도 했다. 사실 우리가 다닐 수 있는 길이 그곳만 있는 건 아니었다. 우리집 주변은 사방이 열린 공간이라 얼마든지 다른 논길, 밭길로 다닐 수 있었다. 그런데 얼마 지나지 않아 우리집 앞에 있는 묘지의 주인에게서 전화가 왔다. 그는 묘지를 이장할 테니 두말하지 말고 그 땅을 사라고 했다. 묘지 주인은 뒤늦게 상황을 알고 팔리지 않던 묘지 터를 내게 팔아넘기고 싶었던 것이다. 이후 여러 차례 전화가 왔지만, 나는 그 길이 아니어도 다닐 곳은 여럿 있고, 또 돈도 없고 해서 그냥 무시해버렸다. 그 뒤 얼마 지나지 않아 이번에는 세탁소 주인이 시비를 걸어왔다. 왜 자기 집 뒤편으로 다니냐는 것이었다. 나는 웃으면서 "그 땅이 당신 땅이요?" 하고 되물었다. 그런데 자꾸 말도 안 되는 소리를 하길래 화를 좀 냈다. 그랬더니 대번에 자기도 좀 난처하다면서 우는 소리를 하는 게 아닌가. 그제서야 퍼뜩 내 머릿속에 한 가지 생각이 스쳐갔다. 미아리 삼거리 집에 계약을 하러 갔다가 막판에 퇴짜를 맞은 일, 묘지 주인이 다짜고짜 땅을 사라고 한 일, 또 세탁소 주인이 난처하다고 했던 말 등이 떠오르면서 이 모든 일이 기관원의 작당이라는 생각이 든 것이다. 내가 집을 이사할 때마다 괴롭히는 '그 자'가 도대체 어디 소속일까 하는 생각에 잠을 이룰 수 없었다. 그러던 중 나는 이번에는 경찰서 유치장이 아니라 남산 부활절연합예배사건으로 감옥에 들어가게 되었다.

하루는 아내가 면회를 와서 우리집을 100만 원에 팔고 미아리 삼거리에 있는 새 집으로 이사를 가게 되었다면서 좋아하길래 그 일은 더 이상 생각하지 않았다.

이처럼 전셋집도 마음대로 얻지 못하고, 허허벌판에 합법적으로 지은 집에서조차 마음 편히 살지 못하게 괴롭힘을 당하는 것은 비단 나만의 일은 아니었다. 1977년 성북구 미아리에서 잘 살다가 이후 서초구 방배동으로 이사를 가게 된 것도 중앙정보부 기관원 때문이다.

교사인 아내는 일정 기간이 되면 관내의 다른 학교로 전근을 가야 했다. 그런데 전근을 앞둔 1976년 말쯤에 중앙정보부의 이 모 과장이란 사람에게서 전화가 왔다.

"이제 사모님 전근을 가셔야 할 때이지요?"

나는 "그것을 왜 당신이 물어?" 하고 끊어버렸다. 또 전화가 걸려오길래 "이제 당신들이 교육부가 하는 일까지 맡아서 하는 거야?"라고 하면서 다시 끊어버렸다. 그동안 그들은 나에게 자꾸 만나자는 연락을 해왔다. 그때마다 내가 별 호응을 하지 않자 수작을 부리는 것이었다. 아내를 좋은 곳으로 전근시켜 줄 테니 만나달라는 것이다. 회유와 협박을 적절히 섞는 것은 그들의 전형적인 수법이었다.

그런 일이 있은 후 나는 좀 오랫동안 밖에서 지내다가 집으로 돌아갔다. 나를 본 아내는 성북구 관내에 발령이 나는 게 정상인데, 봉천동 꼭대기에 있는 학교로 발령이 났다며 난감해했다. 당시 교통편으로는 미아리에서 봉천동까지 다니는 것은 보통 일이 아니었다. 특별한 일이 있는 것도 아니고, 본인이 원하지도 않았는데 그리 발령이 났다면, 그것은 필시 나 때문이었다. 이제는 아내의 인사까지 좌지우지한다는 생각이 들자 걱정도 되고 한편으론 괘씸하기도 했다. 여러 짐작되는 일이 있기는 했지만 아내에게는 아무 내색도 할 수 없었다.

다음 날 사무실에 가자마자 나는 중앙정보부에 전화를 걸었다. 마침 내 책상에는 중앙정보부 서울 지역 책임자인 방 모 준장의 명함이 있었다. 그 명함은 동대문감리교회 장기천 감독이 준 것이었다. 장 감독은 내게 명함을 건네며 "이 사람은 내가 군목으로 있을 때 알던 사람인데, 당신 좀 만나게 해달라고 하네. 그런데 당신이 만날 시간도 없을 것 같고 해서 거절했는데 혹시 연락할 일이 있으면 하게."라고 말했다.

그가 전화를 받자 나는 다짜고짜 "언젠가 귀 기관에서 이 모 과장이 전화를 걸어 '사모님 인사가 있는 해이지요?'라고 해서 중앙정보부에서 교사들 인사 문제까지 관여하느냐고 말하고 전화를 끊은 적이 있는데, 어떻게 성북구 교사가 봉천동으로 발령을 받을 수 있습니까?" 하고 항의했다. 그는 대답할 말을 찾지 못했는지 아무 말도 하지 않았다. 나는 화가 나서 전화를 끊어버렸다. 그런 일이 있고 나서 2-3일 후에 집에 들어갔더니 아내가 나를 불러 앉히고 말했다.

"오늘 발령받은 봉천동 학교에 갔거든. 그런데 교감선생님이 내 발령장이 잘못되었다고 다른 발령장을 주면서 '방배초등학교로 가세요.' 하던데요."

"그래?"

"그래서 오늘 방배초등학교에 가서 신고하고 왔어요."

"그거 잘됐네. 이제 그리로 이사를 가야겠구나."

아내의 눈치를 보니 싫은 기색은 아니었다.

그래서 미아리 대지극장 뒤편에 있는 넓은 집을 팔고 방배동으로 이사를 하게 되었는데, 강남에서는 도무지 그 돈으로 살 만한 집이 없었다. 1977년 봄, 이미 강남은 강북과 비교할 수 없을 정도로 집값이 뛰어 있었다. 그리하여 우리는 많은 은행 빚을 질 수밖에 없었다.

뒷조사로 끊임없이 괴롭히다

1970-80년대 운동권 사람들은 거의 모두 뒷조사를 당했다고 해도 과언이 아니다. 집 이야기를 하다 보니 뒷조사를 당한 또 하나의 경험이 떠오른다.

    우리 딸이 고3일 때였으니 1985년에 있었던 이야기이다. 딸아이는 학교 수업과 보충 수업이 끝난 밤 10시 이후에도 동네에 있는 독서실에 가서 공부를 하고 새벽 1시가 되어서야 집에 돌아오곤 했다. 그리고 새벽 6시면 다시 학교를 가기 위해 집을 나섰다. 나는 늦은 시간에 들어오는 딸이 걱정되었지만, 수험생인 딸은 예민해져 있는 데다 자신이 어렸을 때 집밖을 떠돌며 가정을 소홀히 한 나에게 화가 난 상태여서 나를 보면 신경질적이 되었다. 그래서 마음대로 마중을 나갈 수도 없었다. 결국 우리 부부는 독서실과 가까운 곳으로 이사를 가기로 결정하고 부동산에 집을 내놓았는데, 시국이 시국인지라 집 매매가 잘 되지 않았다.

    어느 날 출근길에 나는 가끔 이용하는 동네 개인택시 기사의 차를 타게 되었다. 그런데 그날따라 택시기사의 안색이 좋지 않았다. 운전 중에 긴 한숨을 여러 번 내쉬기도 했다. 안면이 있는 터라 나는 무슨 일이냐고 물어보았다. 그는 별다른 말을 하지 않았다. 나는 택시기사에게 또다시 다그치듯 물어보았다. 혹시 그 사람이 나를 태워주어 무슨 불이익이나 귀찮은 일을 당했는가 싶어서였다.

나는 내가 출근할 때마다 우리집 뒤편 언덕에 있는 아파트 수위실에서 누군가가 사진기로 나를 촬영하고 있다는 사실을 알고 있었다. 또 나를 태워준 택시기사들이 누군가로부터 온갖 질문에 시달림을 당했다는 사실도 들어서 알고 있었다. 나는 감시를 당하고 있었던 것이다. 이 택시기사도 그런 일 때문이 아닌가 싶었는데 다행히 그런 일은 아니었다. 내가 자꾸 묻자 택시기사는 하소연하듯 자신이 처한 상황을 쏟아내기 시작했다.

"내가 택시기사를 오래하면서 모아둔 돈으로 집을 하나 사려고 생각하고 있었거든요. 마침 군 장성인 동생이 내가 집을 사면 보태준다고 해서 덜컥 은행 빚을 안고 집을 계약했어요. 그런데 동생에게 갑자기 일이 생겨 도움을 주지 못하게 된 거예요. 동생이 줄 돈까지 생각해서 은행 대출을 했는데, 난 그 정도까지 갚을 여유가 없거든요. 다시 팔려고 해도 세상이 이 지경이라 매매가 도통 되질 않네요. 그래서 밥을 먹어도 소화가 되질 않아요."

"기사님이 산 집이 어딘데요?"

그런데 이게 웬일인가. 그 택시기사가 산 집은 독서실과 아주 가까운 곳이었다. 기쁜 마음에 나는 즉시 제안을 했다.

"저도 집을 팔려고 내놓았는데 매매가 되지 않아 애를 먹고 있습니다. 그런데 이사 가려고 하는 곳이 마침 기사님 집 근방이에요. 그래서 말인데, 요즘 매매하기가 어려우니 우리 서로 집을 맞교환하면 어떨까요? 기사님 집이 우리집보다 넓고 큰길에서 가까우니 은행 대출은 제가 안고 맞바꾸면 되지 않겠습니까?"

내 제안이 황당했는지 택시기사는 처음에는 대꾸도 하지 않았다. 그렇지만 서로 안면이 있는 사이인 데다 내가 자꾸 이야기를 하자 점차 긍정적인 태도를 보였다. 딸 이야기를 털어놓으며 양해를 구했더니 그는 이해한다면서 집을 바꾸는 데 동의했다. 우리는 부동산에 가서 계약서를 작성하고 기분 좋게 헤어졌다.

그런데 얼마 지나지 않아 계약서를 써준 부동산 아저씨가 우리집에 찾아왔다. 그는 "어떻게 서로 집을 바꾸게 되었는가?" "차액은 어떻게 처리했는가?" "그 기사는 어떻게 알게 되었는가?" 등등 별별 질문을 다 해댔다. 나는 어안이 벙벙하다 못해 화가 났다. 그래서 모든 대답을 거절하고, "부동산 소개비를 받으셨으면 됐지 않아요?"라고 쏘아붙이고는 문을 닫아버렸다. 하지만 부동산 아저씨는 가지 않고 대문 밖에 계속 서 있었다. 몇 번 문을 두드리다가 나중에는 통사정을 했다.

그는 나이가 많은 영감이었는데, 거의 울먹이는 목소리로 "저는 부동산을 해서 밥을 먹고 살아야 합니다." "우리 부동산에 형사가 거의 살다시피 하고 있습니다."라고 하면서 애원을 했다. 그 형사에게 부동산 아저씨가 얼마나 시달릴까를 생각하니 계속 무시하고 있을 수만은 없었다. 그래서 나는 집을 맞바꾸게 된 사연을 자세하게 들려주고, 은행 융자와 지불한 내역까지 이야기해주면서 그 형사에게 은행에 가서 확인해보면 될 것이라고 전하라고 했다. 그는 진심으로 감사하다는 말을 몇 번이나 계속했다. 그러고는 그 형사 욕을 마구 퍼부었어댔다. 나는 "그 사람이 무슨 잘못이 있겠어요? 그 사람도 오죽하면 아저씨께 그러겠습니까. 다 세상이 잘못된 것이지요."라고 하면서 그를 달래어 돌려보냈다. 그다음부터 그 부동산 아저씨는 나만 보면 아는 척을 하며 인사를 했다.

그런데 나중에 알고 보니 기관원들이 나만 뒷조사를 하는 게 아니었다. 집을 매매할 때마다 아내에게서 찾아가 돈의 출처 등 그들이 조사한 내용과 서로 말이 맞을 때까지 묻고 또 물은 모양이다.

아내는 내가 1986년 CCA-URM 실무자로 가게 되었을 때 교사생활을 접고 함께 홍콩으로 가주었다. 1989년 홍콩에서 돌아오고 나서 한번은 지하철을 타고 가는데 어떤 할머니가 아내에게 아는 척을 했다고 한다. 그러면서 "저 혹시 모르겠어요? 선생님이 ○○학교에 근무할 때 교감이었습니다. 선생님이 목사님 사모님이라고 하던데, 전 집사입니다. 그런데 죄송하게도 그 학교에 근무할 때 제가 선생님 뒷조사를 해서 매일매일 상부에 보고서를 제출했습니다. 물론 내용은 별것 아니었지만 그동안 죄의식 때문에 꼭 한 번은 선생님을 만나 용서를 빌려고 했습니다. 그런데 이렇게 지하철에서 만나게 되네요. 정말로 죄송합니다. 용서해주세요." 하더란다. 그 선생님의 갑작스러운 고백에 아내는 "선생님이야 선생님이 하실 일을 한 것이지요…"라고 하면서 말끝을 흐렸다고 했다.

이 말을 전하는 아내의 어두운 표정은 평생 살면서 그전에도, 그 후에도 다시는 본 일이 없다. '내가 얼마나 미웠을까.' 하는 생각에 나는 할 말이 없어졌다.

 이처럼 우리는 항상 감시망 속에서 살았다. 때로는 감시를 받는 것조차 알지 못하고 말이다. 돌아보면 아내와 아이들, 그리고 조카들에게 미안한 마음뿐이다. 심지어 큰조카인 권주만은 언론사 기자인데도 며칠 동안 끌려가서 어려움을 당했다는 이야기를 먼 훗날에서야 들었다.

 비단 가족뿐만이 아니었다. 나는 남대문에 위치한 친구의 양복점에서 주로 옷을 해 입었는데, 그 친구도 기관원이 경찰서에 끌고 가서 하룻밤을 괴롭혔다고 한다. 들은 것만 해도 이 정도인데, 내가 모르는 일도 많았을 것이다. 나 때문에 고초를 당한 많은 분들께 다시 한 번 용서를 구하고 싶다.

4
목회를 시작하다

판자촌이 있는 곳을 찾아 새밭교회로 가다

한신대에 입학하면서부터 나는 새밭교회에 다니기 시작했다. 내가 가야 할 곳은 판자촌교회라는 평소의 생각대로 나는 당시 살고 있던 마장동을 중심으로 빈민 지역을 찾아다녔다. 그러다 가난한 사람들이 몰려 사는 소위 달동네를 발견했는데, 새밭교회는 그 달동네에 위치한 교회였다. 지금의 성동구 행당동 지역이다. 행당동은 응봉산 북쪽 일대에 자리한 곳으로, 새밭교회는 응봉산 줄기의 봉우리 한 켠에 자리잡고 있었다.

새밭교회보다 더 깊숙한 골짜기에 자리잡은 천은교회에도 관심이 갔다. 두 교회 중 하나를 택해야 했는데, 새밭교회에는 선배 전도사도 있고, 좋은 동기들도 있었다. 교통이 좀 더 편리하다는 것도 새밭교회로 마음이 기우는 데 한몫했다. 선배 전도사인 김해철 전도사는 담임 목사가 새로 부임하자 교회를 떠나 루터교로 갔다. 그는 나중에 루터신대 총장이 되었다. 나이가 많은 김계성 전도사는 함경도에서 피난을 와서 새밭교회가 창립된 때부터 있었다고 한다.

나는 새밭교회에서 주일학교 교사도 하고 성가대도 하면서 지내다가 신학교를 졸업한 1969년 2월부터는 전도사로 사역했다. 담임목사는 일본에서 온 조종협 목사였다. 전도사는 주로 교육 분야를 담당하지만, 나는 교육뿐만 아니라 교회 일을 전반적으로 맡아 했다.

당시 새밭교회 중고등부 학생이던 김병국 목사, 김인태 목사, 배성호 장로, 그리고 뒤늦게 교대에 들어가 교사가 된 윤원로 선생이 떠오른다. 김병현 장로는 주일학교에서 만나 친구가 된 뒤 지금까지 친분을 나누며 만나고 있다. 그는 엿장사를 하면서 공부를 해 건국대 축산과와 원예과를 졸업하여 교사를 하다가 한신대에서 은퇴했다. 내게 영향을 많이 준 이 친구는 지금도 내가 하는 NGO 단체에 후원을 제일 많이 하는 회원이기도 하다.

새밭교회 전도사 시절을 돌아보면 누구보다 김계성 전도사가 가장 많이 생각난다. 그는 내게 목회자가 심방을 어떻게 해야 하는지를 몸소 보여주었다. 심방을 갈 때마다 김계성 전도사의 손에는 늘 보따리 하나가 들려 있었다. 그 보따리에는 온갖 생필품이 들어 있었는데, 쌀이나 반찬뿐만 아니라 빵, 사탕, 과자 같은 것도 들어 있었다. 심방을 마치고 나올 때면 그는 그 집에 필요하다 싶은 물품을 하나씩 슬쩍 놓고 나왔다. 여신도회에서 걷은 성미(誠米)를 가지고 다니다가 끼니

4. 목회를 시작하다　93

를 거르고 있는 집에 놓고오기도 했다. 그것은 김 전도사가 교인들의 가정사를 잘 알고 있다는 뜻이었다. 그는 교인들과 그들의 가정을 관심 있게 보고 있다가 필요한 일이 생길 때면 늘 보이지 않게 도움을 주었다.

한번은 나와 동년배로 주일학교 교사를 하던 친구의 집에 심방을 간 적이 있다. 나는 그 친구가 그렇게 어려운 사정에 처해 있는지 전혀 몰랐다. 그저 교회 일을 열심히 하는 교사라고만 생각했다. 친구의 집으로 들어서자 집 안이 너무 컴컴한 것에 먼저 놀랐다. 그의 아버지는 아파서 누워 계셨고, 어머니는 계시지 않았다. 친구의 어린 동생들은 학교도 가지 않고 자기들끼리 놀고 있었다. 그 친구는 무척 당황해하는 표정이었으나 김 전도사는 아무런 내색도 하지 않았다. 심방을 마친 뒤 그는 아이들에게 사탕을 나눠주고, 친구의 손을 꼭 잡아주었다. 그러고는 나오면서 성미꾸러미를 슬며시 문 안에 던져놓았다. 나는 김 전도사를 뒤따라가고 있었기 때문에 그 모습을 그대로 볼 수 있었다. 그렇지 않았다면 김 전도사가 놓고 간 줄도 모를 정도로 재빠른 행동이었다. 김 전도사는 나에게조차 아무런 내색을 하지 않고 걸음을 옮겼다.

어떻게 하면 가난한 사람들의 자존심을 건드리지 않고, 그들의 필요한 부분을 도와줄 수 있을까 하는 문제는 NGO를 하면서 내가 직원들에게도 강조하는 부분이다. 가난하다고 해서 자존심이 없는 것은 아니다. 존중이 있는 도움을 줄 때 그 도움은 주는 사람도, 받는 사람도 시너지 효과를 낼 수 있는 것이다. 주는 자의 위치라고 해서 받는 이의 마음을 헤아리지 못한다면 자못 엉뚱한 오해를 불러일으키기 쉽다.

심방을 따라나설 때마다 나는 모자공장에 다닐 때 종종 배를 곯던 일이 떠올랐다. 공동으로 먹을 반찬은 먼저 먹고, 개별로 주어지는 밥과 국은 나중에 먹었던, 그렇게라도 배를 채우려고 한 공장 동료들의 심정을 알 것 같았다. 한때는 그러한 행동이 그들의 이기심 때문이라고 생각했지만, 그것은 사실 배고픈 나날을 보내야 하는 가난한 사람들의 생존 방법이었던 것이다. 가난한 동네의 심방을 다니며 나 자신을 다시 돌아보게 되었고, 내가 어떻게 살아야 하고 왜 사는지에 대해 깨닫게 되었다.

한편 심방을 다니면서 가난한 동네의 특이점도 알 수 있었다. 가난한 동네일수록 남자들이 일을 하지 않고, 여자들이 가정을 책임지는 경우가 많았다. 지금까지 잊혀지지 않는 장로 한 분이 있다. 부인이 때밀이를 하면서 어렵게 돈을 벌어 집안 경제를 감당하고 아이들을 공부시키는데도 그는 일자리를 찾지 않았다.

그런데 희한하게 다른 나라의 빈민촌에서도 이와 같은 현상을 흔히 볼 수 있다. 여자는 폐지라도 주우면서 어떻게든 생활비를 벌기 위해 노력하는데, 남자는 일할 생각을 하지 않는 것이다. 가부장적인 사회일수록 특히 그런 일이 빈번한 것 같다. 그러한 현상이 사회적인 것인지, 인류학적인 것인지 혹은 생래적인 것인지는 모르겠지만 가난한 지역일수록 그런 현상이 두드러지는 것은 세계 공통인 듯하다.

1971년 5월, 나는 새밭교회를 그만두었다. 이제 나도 진로를 분명히 해야겠다는 생각이 들었기 때문이다. 새밭교회 전도사로 있는 동안 나는 연세대 도시문제연구소에서 진행하는 도시선교 주민조직 훈련과정을 수료했다. 그리고 그 훈련을 통해 주민조직운동의 필요성을 깨닫게 되었다. 훈련과 경험이 쌓이는 동안 나는 내가 앞으로 해야 할 선교(mission)는 주민조직운동에 바탕을 두고 수행해 나가야겠다고 생각했다.

운명적인 만남, 서울제일교회

비록 새밭교회를 떠났지만 나는 더 큰 공간의 교회에 있는 것이나 다를 바 없었다. 나의 시선이 사회복지 선교에서 주민조직을 통한 선교로 향하면서 내가 설 교회는 무형의 공간으로 확대되었다. 나무를 보는 것도 필요하지만, 그 시대를 관통하는 역사의 시간들이 나로 하여금 숲을 바라보게 만들었다.

새밭교회를 그만둔 뒤 한두 달 정도 쉬면서 나는 그동안의 활동을 정리하는 시간을 가졌다. 그러던 차에 박형규 목사가 설교하고 있는 서울제일교회로 예배를 드리러 갔다. 그 무렵 박형규 목사가 기독교방송(CBS) 상무 자리를 본의 아니게 그만두었다는 소식을 듣게 됐다. 박정희 정권의 중앙정보부가 지속적으로 박 목사가 사직하도록 주변에 압력을 가했기 때문이다. 주민조직훈련을 받는 동안 나는 도시문제연구소 도시선교위원장인 박형규 목사를 가끔 볼 수 있었다.

원래는 조용히 예배에 참석하고 간단히 인사만 드리려고 했는데,

박형규 목사가 나를 보자마자 점심이나 같이 하자면서 앞장을 섰다. 도착한 곳은 냉면집이었다. 식사를 하는 동안 별말이 없던 박 목사는 젓가락을 놓자마자 "새밭교회 전도사는 그만두었으니 이제 서울제일교회 전도사를 하자."라고 말했다. 나는 갑작스러운 제안에 머뭇거렸다. 인사권도 없는 상황에서 그런 제안을 하니 황당할 수밖에 없었다. 당시 박형규 목사는 서울제일교회의 설교목사였다. 1970년 3월, 서울제일교회를 세운 이기병 목사가 갑자기 세상을 떠나자 교회는 박형규 목사에게 무보수로 주일설교를 맡아달라고 부탁했다. 교회의 재정이 어려워 담임목사를 초빙할 형편이 못되었기 때문이다. 임시당회장은 조향록 목사가 맡고 있었다.

박 목사는 나의 반응에는 아랑곳하지 않고 주일학교를 맡으라고 했다. 그래서 "능력이 없어서 주일학교는 못합니다."라고 하니 "그래? 그럼 앉아만 있어." 하고는 빙그레 웃으셨다. 나는 대답할 말이 선뜻 생각나지 않아 그냥 얼버무리고 말았다.

그 다음 주일에 나는 또다시 서울제일교회를 찾아갔다. 냉면집에서 그렇게 결론도 없이 이야기가 끝났으니 무슨 일인지 다시 확인하기 위해서라도 박 목사를 만나야겠다는 생각이 들었다. 설교를 끝낸 박 목사가 갑자기 나에게 자리에서 일어나라고 했다. 무슨 영문인가 싶어 일어났더니 전 교인 앞에서 나를 새로 온 전도사라고 소개하는 게 아닌가. 그때가 1971년 8월이었다. 당회나 제직회를 거치는 절차도 없이 발표를 해버린 것이다. 나중에 사례비를 지급해야 하는 상황이 생기자, 박 목사는 그제야 나를 전도사로 임명하는 정식 절차를 밟았다.

박형규 목사가 나를 왜 그렇게 급히 서울제일교회로 불렀는지에 대한 의구심은 얼마 지나지 않아 풀렸다. 박 목사는 1970년 11월 13일에 일어난 전태일 분신사건에 충격을 받은 데다 도시빈민선교와 주민조직운동에 대한 확신이 강해져 그 일에 더욱 박차를 가하고자 한 것이다. 그래서 도시선교위원회를 재정비하여 1971년 9월 1일 새로운 조직인 '수도권도시선교위원회'(Seoul Metropolitan Community Organization, 이하 수도권)를 발족시켰다.

한편 전태일이 일하던 청계천 평화시장은 서울제일교회와 멀지 않은 곳에 있었고, 교회 주변에 중부시장이 있어서 피복노조 사람들이 많았다. 박 목사는 그들을 위해 교회에서 노동자를 위한 선교 프로그램을 하고 싶어 했다. 노동자들을 위한 '형제의 집'은 그런 토대에서 시작되었다.

박 목사는 내게 수도권의 주무간사 자리를 맡기면서 사례비는 전도사 명목으로 교회에서 받게 했다. 서울제일교회에는 수도권 사무실뿐만 아니라 한국교회사회선교협의회(이하 사선) 사무실도 있었다. 두 단체는 사무실을 함께 사용했다. 그리하여 나는 사선이 조직될 때 심부름을 하면서 간사 노릇을 하기도 했다. 수도권의 주무간사인 나와 사선의 총무인 조승혁 목사, 그리고 직원인 이미경(전 국회의원, 현 한국국제협력단 이사장) 씨가 한 사무실에서 일했다. 나는 그곳에서 일하는 동안 필리핀의 주민조직훈련 프로그램에 참여하기 위해 톤도에 다녀오기도 했다.

서울제일교회에서 만난 인연

서울제일교회에서 나는 처음에 김숙희 전도사와 함께 사역을 했는데, 김 전도사는 곧 다른 교회로 옮겨갔다. 박형규 목사는 1972년 11월 26일 담임목사로 정식 부임했고, 나는 이듬해 11월에 부목사가 되었다. 부목사가 된 시기는 내가 남산 부활절연합예배사건으로 징역을 살고 나온 뒤였다. 박 목사와 내가 이 사건으로 징역을 사는 동안 서울제일교회는 박성자 목사가 와서 수고해주었다. 다시 교회로 돌아왔을 때 박성자 목사는 교회를 개척해 나갔다.

박형규 목사가 나에게 여성 목회자를 알아보라고 해서 여러 사람을 소개했지만 잘되지 않았다. 그러다 여전도회 총무인 나성철 전도사에게 부탁하여 박준옥 전도사를 소개받았다. 박 전도사의 남편은 최풍식 장로로, 충청남도 서천에 있는 사립중학교의 영어교사였다. 이 때문에 문제가 생겼다. 지방에서 서울로 학교를 옮기기가 어려웠던 것이다. 어떻게 하면 될까 고민하다가 한신대에서 기획실장을 맡고 있던 김성재 교수에게 이 문제를 털어놓았다. 다행히 한신대 교직원으로 받아줄 수 있다고 해서 온 가족이 함께 서울로 올라오게 되었다.

내가 박준옥 전도사를 잊을 수 없는 것은 박 전도사가 서울제일교회에 와서 엄청나게 고생을 했기 때문이다. 내가 교회를 사임한 뒤 교회는 여러 시련을 겪었다. 보안사의 조작으로 교인들이 분열되어 예배를 방해하는 일도 있었고, 조직폭력배들이 박형규 목사와 교인들을 당회장실에 감금하고 협박한 일도 있었다. 그들은 교회로 들어와 난동을 부리거나, 교회 앞 노상에서 예배를 드릴 때 찾아와 무차별적으로 폭력을 휘두르기도 했다. 그런데도 박 전도사는 끝까지 교회와 함께해주었다. 그 과정에서 받은 수많은 상처와 고난은 이루 다 말할 수 없다. 박형규 목사와 내가 고초를 당할 때에도, 교인들이 분열되어 서로 증오하고 싸울 때에도 박 전도사는 전도사라는 어려운 자리를 지키며 묵묵히 그 역할을 감당했다. 나중에 교회에서 쫓겨난 박형규 목사와 교인들이 중부경찰서 앞에서 드린 예배를 시작으로 길고 긴 노상예배의 길을 걷게 되었을 때에도 박 전도사는 박형규 목사 곁에서 그 뒷바라지를 성실하게 감당했다.

그 와중에 박 전도사에게 개인적으로 가슴 아프고 슬픈 사건이 일어났다. 그것은 참척의 아픔이었다. 그녀는 슬하에 남매를 두었는데, 아들 의건이는 서울대를 졸업했을 정도로 똑똑한 데다 얼굴도 잘생긴 청년이었다. 의건이는 해병대를 지원해 입대했는데, 망망대해에 뜬 배 안에서 선임자에게 기합을 받다가 쇠파이프로 잘못 맞아 그만 세상을 떠나고 말았다. 새벽에 날벼락 같은 소식을 듣고 나는 서둘러 의건이의 시신이 안치되어 있는 군병원을 찾아갔다. 새벽 4시쯤 병원에 도착하니 박 전도사를 비롯한 그녀의 가족들이 비통한 울음으로 의건이와 작별을 하고 있었다. 박 전도사가 나를 보고 "목사님, 우리 아들을 위해 기도해주세요." 하며 울먹였다. 그런데 나는 도저히 기도해줄 수가 없었다. 도무지 입이 떨어지지 않았다. 입이 완전히 굳어버린 것처럼 마음도 얼어붙어 버린 것만 같았다. 입을 열면 욕만 나올 것 같아서 나는 입을 꾹 다물고 버티고 있었다. 그런 사정을 모르는 박 전도사는 나에게 얼마나 서운하고 화가 났을까. 그녀는 "목사님은 우리 아들 잘 아시잖아요? 우리 의견이 얼마나 착해요." 하면서 펑펑 울며 몸부림을 쳤다. 그렇지만 나는 끝내 기도를 해주지 못했다.

박 전도사 가족이 교회 옥탑방에 살았기 때문에 나는 그녀의 아이들을 어릴 때부터 잘 알고 있었다. 자주 같이 밥도 먹고, 커가는 모습도 지켜보았다. 장례식 이후에도 박 전도사를 몇 번 만날 기회가 있었지만 그때의 내 심정을 끝내 이야기하지 못했다. 아직까지도 하지 못했다. 그녀의 가족은 딸 성실이와 함께 뉴질랜드로 이민을 갔으니, 어쩌면 살아 있는 동안 말할 기회가 없을지도 모르겠다. 여기에서나마 내가 왜 그랬는지를 털어놓는다.

서울제일교회는 늘 사람들로 북적거렸다. 당시 군부독재정권은 사람들의 입에 재갈을 물리고, 민주주의를 갈망하는 사람들을 서서히 옥죄며 억압하고 있었다. 이처럼 암울한 시대적 현실에서 미래를 꿈꿔야 하는 젊은이들의 고민은 깊어만 갔다. 그들에게는 자신들의 이야기를 들어줄 곳이나 사람이 필요했다.

예수를 믿거나 믿지 않거나 관계없이 자신들의 고민을 토로하고 싶은 청년들은 서울제일교회로 몰려왔다. 박형규 목사는 그들의 이야기를 잘 들어주었다. 자신들의 이야기에 귀 기울여주고, 상담도 잘 해주었기에 순전히 박형규 목사를 보러 오는 사람도 많았다. 특히 박 목사는 대학생이나 노동자, 빈민들에게 문제가 생기면 만사를 제쳐놓고 그들을 먼저 만났다. 당시 서울제일교회에 찾아오는 대학생들 중에는 노동현장이나 농촌으로 들어가는 이들도 있었고, 야학을 하거나 빈민 지역에 들어가 사는 이들도 있었다. 손학규, 나병식, 구창완, 정인숙, 임진택 등도 자주 교회에 찾아오던 사람들이었다. 강정래는 탈춤반을 조직해서 함께 탈춤을 추는 프로그램을 진행했고, 또 다른 이들은 연극 프로그램을 진행하기도 했다. 김지하가 대본을 쓴 〈금관의 예수〉도 서울제일교회에서 첫 무대를 올렸다. 김민기는 〈금관의 예수〉 도입부에 나오는 시에 곡을 붙여 노래로 만들었다.

> 얼어붙은 저 하늘
> 얼어붙은 저 벌판
> 태양도 빛을 잃어
> 아, 캄캄한 저 가난의 거리
> 어디에서 왔나
> 얼굴 여윈 사람들
> 무얼 찾아 헤메이나
> 저 눈 저 메마른 손길
> 오, 주여 이제는 여기에
> 오, 주여 이제는 여기에
> 오, 주여 이제는 여기에
> 우리와 함께하소서
> —연극 〈금관의 예수〉 중에서 "주여 이제는 여기에" 부분

말할 곳을 찾아서, 표출할 곳을 찾아서 서울제일교회로 많은 대학

생과 노동자, 청년이 모여들 때 나의 임무는 이들의 활동을 교회에 바르게 전달하는 것이었다. 어떻게 보면 어렵지 않은 일이지만, 또 굉장히 예민한 부분이어서 조심해야 할 필요가 있었다. 다른 교회의 전도사나 부목사의 역할과는 확연히 달랐다.

제일 어려운 점은 외부에서 정보를 캐내기 위해 드나드는 기관원들, 즉 서울지방경찰청(시경), 치안본부, 보안사, 중앙정보부 요원들과 이들을 잘 모르는 순진한 교회 관계자들과의 대화 내용에 대처하는 일이었다. 대화한 내용이 엉뚱하게 발전해 장로들 혹은 교인들에게 잘못 알려지는 경우가 종종 있었기 때문이다. 정보기관원들은 처음에는 전도사를 만나더니, 전도사가 교회를 떠나자 장로들을 집중해서 만나고, 그래도 안 되자 이번에는 교인들을 한 사람씩 찾아다니며 만났다. 그러고는 이것저것 떠보거나 집요하게 물어보기도 했다. 사실 기관원들 입장에서도 곤혹스러웠을 것이다. 위에서 지시하니 오긴 왔는데, 교회에 별 내용이 없으니 말이다.

그렇지만 혹시 잘못 전달되는 내용이 있을까 봐 마음을 놓을 수 없었다. 그렇다고 목사로서 모든 기관원을 항상 나쁘다고 할 수도 없었다. 또 저 사람과 만나지 마라, 같이 차 마시지 마라, 그런 식으로 일일이 간섭할 수도 없는 일이었다. 그런데 이런 일로 문제를 제기하는 교인들이 많아지자 나중에는 할 수 없이 기관원들의 교회 출입을 막아야 했다. 그랬더니 몰래 불러내서 만나거나, 교회에서 멀리 떨어진 교인의 집으로 찾아가거나, 직장으로 찾아가는 등 또 다른 문제가 발생했다.

기관원 중에서 특별히 기억나는 사람은 바로 김 형사이다. 그는 정보를 캐내는 데 출중한 능력이 있었다. 구석구석 찾아다니며 정보가 될 만한 것들을 캐내고, 그 정보를 필요에 따라 다른 정보기관에 공유하는 능력도 남달랐다. 자신에게 도움이 될 만한 교인이다 싶으면 잘 구슬려 밥도 먹고 차도 마시면서 친하게 지냈다. 교인들 중에서 현명하게 대처하는 사람들도 많았는데, 교회 직원인 이옥선 집사나 수도권에서 일하는 황인숙 집사 같은 사람들은 기관원들을 노련하게 잘 따돌렸다.

대학생과 노동자가 만나는 곳, 형제의 집

형제의 집은 교회 3층에 있었다. 형제의 집은 전태일 분신사건이 있은 뒤 박형규 목사가 노동자를 위한 프로그램을 진행하기 위해 만든 곳이었다. 전태일이 노동법을 공부하면서 '대학생 친구가 있으면 좋겠다.'고 한 것처럼, 제2, 제3의 전태일을 위한 곳이었다. 이곳에서 대학생들은 청계천과 중부시장에서 일하는 노동자를 위한 야학을 열고, 노동법을 가르쳐주었다. 서울제일교회 주변에 있는 노동자들은 일을 마치고 저녁 늦게 찾아와 학생들과 어울려 공부도 하고, 친교도 나누었다. 나의 역할은 형제의 집 대학생 교사들을 도와주는 것이었다. 하지만 내가 도와준다는 사실을 잘 모르게 도왔다. 박 목사도 그것을 원하고, 나도 깊이 개입하는 것은 바람직하지 않다고 판단했다. 깊이 개입했더라면 대학생들이 그토록 열심히, 또 자발적으로 형제의 집

형제의 집 대학생들과 안병무 교수

일을 하지 않았을 것이다.

　형제의 집도 기관원들이 눈독을 들이며 들여다보고 있었다. 하지만 형제의 집 교사들은 주로 학생운동을 하는 이들이라 그들의 수법에 말려들지 않았다. 형제의 집은 오랜 기간 서울제일교회 근처에 있는 노동자들의 구심점이 되었다. 기관원이 잘못 파악한 정보를 교인들에게 흘리는 바람에 대학생회나 형제의 집 프로그램이 오해를 사기도 했지만, 학생들과 교사들이 잘 설명을 해준 덕에 곧 오해가 풀렸다. 이기병 목사의 부인인 송마리아 사모가 중간에서 역할을 잘해주어 불필요한 잡음을 잠재우기도 했다. 지금 모두 기억나지는 않지만 김경남, 구창완, 정강서, 박세현, 오세구, 정창균, 박혜숙, 황인하, 이창호, 박찬호, 주재석, 박기상 등 많은 사람이 형제의 집에서 교사로 봉사했다.

내가 서울제일교회에 있을 때 김자중, 황규환, 주길찬 등이 장로로 있었고 고봉서는 협동장로였다. 주길찬 장로는 중간에 이사를 갔다. 또 오랜 교인으로는 송금단, 옥수복 권사와 송일섭, 송옥순, 이길복, 이인숙 집사 등이 있었다.

서울제일교회 건축

1976년에 들어서 구청에서 한 장의 공문이 왔다. 1960대에 건축허가를 받은 서울제일교회가 아직까지 건물을 완공하지 않고 있으니 모년 모월까지 건축하지 않으면 건축법에 의하여 허가를 취소하겠다는 내용이었다.

서울제일교회는 이기병 목사가 교회를 개척한 뒤 1968년부터 교회 건물을 짓기 시작했다. 교회는 지하 1층, 지상 2층으로 지어졌는데, 경제적인 어려움 때문에 교회 본당의 2층을 막아 3층으로 만들어 3층에서 대예배를 드리고 있었다. 지하 1층은 창작과비평사, 1층은 안경공장, 2층은 한일합섬에 세를 주었다. 교회 앞 땅은 지하 2층과 고층으로 지을 수 있는 건물로 허가를 받았으나 지하 2층의 골조공사만 마치고 건축비가 없어 중단한 상태였다. 이기병 목사는 이 건물을 짓고 나면 거기서 나오는 임대료로 북한선교를 하겠다는 계획을 세웠다고 한다. 그러나 안타깝게도 그는 건축 도중 갑자기 세상을 떠나고 말았다.

교회 건축으로 인한 빚은 2,000만 원에 이르렀다. 빚이 너무 많아서 교회 앞 땅은 세차장에 세를 주었다. 몇몇 교인이 그 땅을 여러 평으로 가분할해서 구두(口頭)로 소유하고 빚을 갚고 있었다. 그런 상황에서 공문이 날아온 것이다. 당시는 소위 용공사건으로 박형규 목사와 내가 남산 대공분실에서 조사를 받고 있을 때였다. 이 사건으로 박 목사는 기소되어 서대문구치소로 이송되었다가 기소중지로 7월 6일에 나왔고, 나는 기소유예로 7월 3일에 먼저 나왔다.

어느 날 박형규 목사가 나에게 "우리 두 사람이 같이 감옥에 드나들면 교회 목회가 어려워진다. 앞으로 감옥 가는 일은 내가 할 테니 권 목사는 교회 일만 하라."라고 했다. 그때까지 박형규 목사와 나는 남산 부활절연합예배사건(소위 '내란예비음모사건'), 수도권 선교자금사건, 수도권 실무자 장기 구금사건(소위 '용공사건') 등으로 같이 감옥을 들락거렸다. 또 나는 긴급조치 위반사건으로, 박 목사는 민청학련사건 등으로 감옥에 갔으니, 교회가 제대로 돌아가지 않는다는 그의 지적은 맞는 말이었다. 게다가 이런 공문까지 오니 교회 일을 전담할 사람이 필요하기도 했다.

그래서 나는 1977년 수도권의 훈련총무를 사임하고 교회 일에만 전념했다. 그렇게 결정한 이유가 이 공문에서 비롯되었다. 이 공문에는 서울제일교회를 문 닫게 하겠다는 음모가 깔려 있었다. 당시 서울제일교회는 건축을 할 능력과 형편이 되지 않았다. 기관원들이 이런 교회의 사정을 알고 공문을 보낸 것이다. 이 문제로 구청에 상담을 하러 갔을 때 담당공무원이 자꾸 상담을 피하는 것을 보면서 내 짐작이 맞다는 것을 더욱 확신하게 되었다. 그들은 공문을 보내면 교회를 다른 지역으로 옮기든지, 교회가 분열되든지 할 것이라고 예상한 것 같다. 이런 사실을 박형규 목사에게 보고하자, 그도 "우리를 내쫓으려고 그러는 모양이다."라고 말했다.

 우리는 교회 내부 회의를 거쳐 다시 건물을 짓되, 설계 원안을 축소해서 다시 건축허가를 받기로 결정했다. 변경된 설계는 예배를 드리는 본당은 그대로 두고, 고층으로 올릴 계획이었던 앞 건물은 3층까지만 지어서 준공하기로 했다. 그리고 대지 아닌 대지, 즉 구두로 나눈 세차장에 세놓았던 땅은 해당 교인들의 협력으로 전부 정리를 했다. 그런 후에 다시 관할구청에 가서 설계 변경으로 서류를 접수하자, 이번에는 구청에서 건축허가를 내주지 않으려고 했다. 설계 변경을 해서 건축을 하리라고는 미처 생각하지 못한 모양이었다. 그래서 "당신들이 건축하라고 하지 않았느냐?"라고 항의하자, 질질 끌다가 마침내 건축허가를 내주었다. 결국 늦게나마 준공까지 받았다. 건물이 생긴 덕에 교회는 선교를 위한 준임대사업을 할 수 있게 되었다.

기관원들의 공작에도 동요 없는 서울제일교회

건축한 새 건물에서 임대료가 들어오자 여러 복잡한 잡음이 들려왔다. 기관원들이 공작을 하기 시작한 것이다. '임대료를 받아서 종로5가 데모하는 데 쓰려고 한다.' '그 돈으로 형제의 집 노동자들을 도와주려고 한다.' 등등 별의별 얘기가 다 들려왔다. 그러나 서울제일교회

교인들은 그동안 내공이 쌓여서인지 크게 동요하지 않았다. 그 뒤로도 박형규 목사가 자주 감옥에 가고, 외국에 나가 돌아오지 못하는 등 우여곡절이 많았으나 교회 운영에는 큰 지장이 없었다.

한번은 조덕현 목사 나에게 "박형규 목사님은 목회할 마음이 있는 것이냐?"라고 물었다. 나는 "박 목사님이 외국에 나가시면 새벽기도에 못 나오시지만, 외국에 안 나가시면 저 멀리 화양리에서도 매번 새벽기도회에 나오신다. 아주 열심히 목회하신다."라고 대답했다. 그러자 멋쩍었는지 그는 아무 말도 하지 못하고 입을 다물었다.

가짜 교인 행세를 하는 기관원도 있었다. 그는 신 모 씨로 시경 소속 경찰이었다. 그는 성가대도 하고 교회 일에도 열심이어서 처음에는 위장교인인지 알아채지 못했다. 그런데 대심방 때가 되어 그 집에 심방을 가려고 하자 그가 나를 찾아와서는 자신이 누이동생 집에 살고 있다고 했다. 누이동생 집이라 심방이 곤란하다는 얘기였다. 그래도 심방을 가겠다고 하고 그 집을 찾아갔는데 분위기가 이상했다. 뭔가 숨기는 것 같았다. 머릿속에 퍼뜩 '아, 위장교인이구나.' 하는 생각이 들었다. 박형규 목사와 나, 그리고 전도사 이렇게 세 사람이 심방을 갔는데 나만 그걸 느낀 모양이었다. 심방을 마치고 나와서 내가 박 목사에게 "우리가 위장교인 집을 심방했습니다."라고 하니 처음에는 무슨 소리인지 알아듣지 못했다. 그래서 "우리도 공장에 대학생들을 위장취업 보내듯이, 목사님을 싫어하는 시경 김재국 부국장이 그 사람을 교회에 보낸 모양입니다. 위장교인이 틀림없습니다."라고 설명해주었다. 그렇지만 박 목사도, 전도사도 내 말을 믿지 않았다. 성가대도 잘하고 교회 일도 열심히 하는데, 그럴 리가 없다는 것이었다.

그 즈음 인천산업선교회에서 총무를 하고 있던 김동완 목사가 찾아와 고민을 토로했다. "경리 보는 아가씨가 노부모도 모시고, 교회에도 잘 나오고, 착하고 좋은데 보안사 애들 꾐에 빠져서 할 소리, 안 할 소리를 다 보고한다. 사사건건 거기에다 고자질을 한다. 어떻게 하면 좋으냐?" 나는 그에게 "그 아가씨를 그만두게 한들 다른 사람을 또 포섭할 거다. 다른 직원에게 이 이야기를 해줘라. 그리고 착하다니까 돈 가지고 갈 일 없으니, 그냥 내버려두고 지켜봐라."라고 조언해주었다. 이 이야기를 박 목사에게 들려주자 그는 그제서야 "아, 그런가 보다."라고 수긍했다.

신 모 씨에게는 별다른 조처를 하지 않았다. 그랬더니 다음 해부터 교회에 나오지 않았다.

부목사의 장로임직식

서울제일교회에 있는 동안 나는 뜻밖의 일을 경험하기도 했다. 부목사인 내가 장로임직식을 거행한 것이다. 당시 박형규 목사는 한국기독교장로회(기장)의 교회와사회위원회 위원장을 맡고 있었는데 1978년 기장 청년회 전주시위사건과 관련해 '시위를 교사, 선동'했다며 집회시위에 관한 법률 위반으로 그해 9월 구속되고 말았다. 장로임직식은 10월 22일로 잡혀 있었고, 박 목사는 언제 풀려날지 기약이 없는 상황이었다. 장로임직식도 언제까지 미룰 수는 없었다. 결국 나는 당회장인 박 목사를 대신해 장로임직식을 예정대로 치렀다. 그날 장로임직식에서는 박 목사가 이날을 위해 써놓은 기도문을 공동기도로 채택해 다 같이 기도드렸다.

교회의 머리 되신 주님, 질그릇과 같은 우리 교회가 주님의 손끝에서 태어난 지 어언 25년이 지났습니다. 그동안 격동하는 시대의 환난 속에서도 깨어지지 않고 걸어오게 하심은 오로지 주님의 자비와 능력의 증거인 줄 알고 진심으로 감사드립니다. 그러나 우리는 당신께서 찾고 부르실 때마다 "예" 하고 대답하지 못하고 변명과 회피도 했고, 숨고 도망도 쳐보았으나 끝내는 당신의 큰 손에 잡힌 바 되었던 부끄러운 사실들을 지금 고백합니다.

이제 오늘 새로이 네 사람의 종을 뽑아서 교회의 장로로 세우고 교회를 받들게 하심은 주님의 오묘하신 섭리로 믿습니다.

하나님 아버지, 새롭게 장로로 세움을 받은 종들에게 성령의 은사를 차고 넘치게 내리셔서 강건하고 지혜롭게 하시며, 믿음과 소망과 사랑이 충만하게 하시옵기를 바랍니다. 여기에 세우신 새 종들이 진리의 불을 밝히고 봉사할 때 부족함이 없도록 항상 도와주실 것을 믿습니다.

하나님 아버지, 여기에 온갖 정성을 바치신 은퇴 장로님들을 영원히 기억하셔서 날로날로 저들의 속사람이 새로워지도록 축복하여 주시옵소서.

모든 일이 주님으로부터 비롯되었사오니 모든 영광을 주님께 돌리옵니다. 예수 그리스도의 이름으로 기도합니다. 아멘.

서울제일교회 부목사 시절 거행한 장로임직식의 팸플릿. 이 팸플릿은 교인인 구창완이 만들었다.

나는 당회장을 대신하여 신임 장로 네 사람, 이직형, 오세원, 정성국, 최의숙에게 장로임직 선포를 하고 임직패를 증정하였다. 또 같은 날 열린 장로은퇴식에서 은퇴하는 장로인 고봉선, 주길찬에게 공로패를 증정하였다. 부목사인 내가 장로임직을 선포한 것은 개인적으로는 영광스러운 일이었지만, 사실 박형규 목사의 고난과 서울제일교회가 처한 현실을 생각하면 씁쓸하기 그지없는 일이기도 했다. 서울제일교회는 수많은 외부의 압력으로 인해 한쪽이 무너지면 다시 쌓고, 또 다른 곳이 무너지면 다시 쌓는 지난한 시간을 보내야 했다. 그러는 동안 단단해지기도 하고, 한편으로는 무너지기도 했다. 나의 목회 시절의 거의 전부라고 할 수 있는 서울제일교회가 그러한 참혹의 시절을 보내는 동안 나의 마음도 한없이 고달팠다. 하지만 그 속에서도 서울제일교회는 제 할 일을 했고, 싸웠고, 뭉쳤다. 나 역시 서울제일교회와 함께 내 할 일을 찾았고, 교회의 운명과 함께했다.

쫓기는 예수

박형규 목사는 평생 쫓겨나는 삶을 살았다. 그것도 여러 곳에서 쫓겨났다. 대한기독교서회의 「기독교사상」 편집주간일 때는 중앙정보부에서 '3선개헌' 등의 글을 문제삼으며 압력을 가했다. CBS의 상무로 있을 때는 정보부에서 아주 노골적으로 이사장을 협박해 결국 사직서를 쓰게 만들었다. 크리스찬아카데미하우스에서도 위수령을 내세우긴 했지만, 결국 강원용 목사에 의해 쫓겨났다. 보안사의 압박이 심했던 모양이다.

박형규 목사가 아카데미하우스에 간다고 했울 때 나는 진심으로 "다시 한 번 생각해보고 가세요." 하고 말했다. 크리스찬아카데미에서 비상근 프로그램 위원장직을 맡고 있던 박 목사는 CBS를 그만둔 뒤(1971), 프로그램 위원장직을 아카데미하우스의 원장대리로 격상시키고 약간의 급료를 지급할 테니 정식 출근해달라는 강원용 목사의 제안을 받아들였다. 하지만 내 생각엔 강원용 목사가 「선데이서울」 기자들과 식사를 하면서 실수한 것을 해결하러 가는 것처럼 보였다. 박 목사가 CBS에 있었으니 기자들을 많이 알 때였다.

아카데미하우스로 가는 날, 박 목사와 나는 함께 택시를 탔다. 서울제일교회 앞에서 내리기 전에 나는 정말 어렵게 다시 입을 뗐다. "가시지 않으면 안 되겠습니까?" 하지만 박 목사는 이미 마음을 굳힌 상태였다. 늘 웃으시던 분이 정색을 하며 "강원용 목사님은 그럴 분이 아니야." 하시며 가버렸다. 그러나 결국 6개월 만에 자리가 없어져 아카데미하우스를 나오게 됐다. 성경 말씀에 예수께서 한 동네에 들어가 귀신을 몰아내니 온 동네 사람들이 떠나기를 간청했다는 이야기가 나온다.(마 8:28-34) 나는 박형규 목사가 그런 예수와 비슷한 처지라고 생각했다. 여러 곳에서 그가 떠나주기를 바랐고, 실제로 쫓겨다니며 살았다.

나는 1976년 10월 24일 서울제일교회 대예배 설교시간에 박형규 목사를 생각하며 "쫓기는 예수"라는 제목으로 설교를 했다.

우리 모두가 아는 대로 박형규 목사님께서는 갑자기 수사기관에 끌려가셔서 혹은 해외에 나갔다가 본의 아니게 못 들어오셔서, 오늘처럼 제가 말씀을 전하게 되지요. 오늘도 그렇습니다.

사실 제가 이 교회에 오게 된 것도 뜻밖의 일이었지만, 이 세상에서 이렇게 쫓기며 사시는 박 목사님의 삶의 형태와도 관련이 있다 하겠습니다. 박 목사님께서는 「기독교사상」 주간을 하시다가 관계기관에 의해 쫓겨나셨습니다. 그리고 기독교방송 상무로 가셨는데 그곳에서도 관계기관의 압력에 의해 쫓겨나셨지요. 또다시 아카데미하우스에 갑자기 어떤 문제 해결을 위해 프로그램 위원장으로 취임하셨는데 6개월 만에 또 쫓겨나셨습니다. 오늘도 그렇습니다. (중략)

오늘 본문 말씀에서도 거라사라는 동네에서 귀신을 몰아냈다고 하여 쫓겨나시는 예수님을 볼 수 있습니다. 우리 박형규 목사님께서도 올바른 말씀과 행동을 하셨다고 해서 쫓겨다니셨습니다. "예" 할 때 "예" 하고, "아니오" 할 때 "아니오" 했다고 해서 쫓겨다니셨지요.

이 본문 말씀은 마가복음, 마태복음, 누가복음에 모두 실려 있는 말씀인데요, 모두 다 예수께서 귀신을 몰아내고, 그 귀신을 몰아냈다고 해서 예수님 자신도 그 동네에서 쫓겨나게 되는 아이러니한 모습을 그리고 있습니다. 왜 이 거라사 지방 사람들은 귀신을 쫓아낸 예수님을 쫓아냈을까? 오늘 우리가 살고 있는 세상은 어떠한가? 군사독재정권 치하에서 이리 쫓기고 저리 쫓기는 우리 박 목사님을 생각하면서 이 본문 말씀을 깊이 생각해봅니다. 오늘 이 본문 말씀에서 하나님께서 우리에게 말씀하시려고 하는 것은 무엇일까요?

우리도 혹시 지금 이 군대 귀신과 같이 살면서 막상 오늘 우리 예수님께서 여기 오셔서 군대 귀신들을 쫓아내신다면 우리도 거라사 동네 사람들처럼 예수 그리스도를 쫓아내려고 하지는 않을까? (중략)

이 군대 귀신들은 그 특성이 로마제국의 군대 귀신들이라서 지난 여러 해 동안 예수님을 잡기 위해 "몇 살 이하의 어린이들은 다 잡아들여라."라든지, 나는 그에게서 죽일 죄를 찾지 못하겠으니 "너희가 처리하라."라든지 하는 무책임한 말과 온갖 조치를 취한 자들이었습니다. 우리 군인들도 비슷하지요. 삼선개헌을 하고, 유신헌법을 만들고, 여러 조치를 해서 인권을 유린하고, 그래서 박형규 목사님 같은 분들이 이리 쫓기고, 저리 쫓기고 하시는 건 아닐까요? (중략)

이 거라사 지방 사람들은 예수님 앞에서 군대 귀신과 같이 살던 생활

습성을 완전히 포기하든지, 아니면 군대 귀신을 쫓아낸 예수님을 쫓아내든지 양단간에 결단을 내야 했습니다. 이 냉엄한 현실에서 우리에겐 이것이 언제나 문제입니다. 내 삶의 형태가 나를 위한 것이냐, 복음을 위한 것이냐, 또한 이것은 나냐, 예수님이냐라는 질문이 되지요.

결국 거라사 지방 사람들은 예수 그리스도를 쫓아내기로 합의를 봅니다. 교우 여러분, 이 세상에서 쫓기시는 박형규 목사님과 더불어 함께 쫓기는 서울제일교회 여러분이 되실 때, 하나님의 축복이 여러분께, 오늘 여기에 임할 것을 믿습니다.

1981년 9월에 열린 기장 제66회 총회에서 박형규 목사가 총회장으로 당선되었다. 그동안 부총회장이 총회장이 되던 관례를 깨고 박 목사가 총회장이 된 것은 기장의 목사들이 느낀 불안한 기운 때문이었다. 한 해 전인 1980년 5월 18일, 광주의 시민들을 무자비하게 도륙한 신군부 세력의 수장인 전두환이 그해 9월 대통령으로 취임한 것과도 무관하지 않았다. 전두환 군사정권은 유신체제의 종말로 민주화의 열망을 품은 국민들의 희망을 한순간에 앗아갔다. 전두환 정권이 휘두르는 사정없는 칼날에 베인 것은 기독교계도 마찬가지였다. 이러한 상황에서 기장 교단의 명망 있는 목사 두 명이 전두환 정권의 국정자문위원과 국가보위입법회의 위원이 되는 개탄스러운 일이 벌어졌다.

이에 교단에서는 그동안 쌓아올린 기장의 정체성을 확고히 할 수 있는 총회장이 필요하다는 공감대가 형성됐다. '이 어려운 시기에 총회장을 맡을 사람은 박형규 목사뿐이다.'라는 여론이 교단 안에 팽배해졌다. 서남동 목사와 교단 총무인 김상근 목사의 결단으로 충북 이쾌재 목사, 경북 나길동 목사, 전북 심상석, 이천수 목사, 경기 백형기 목사, 충남 이선주 목사, 전남 강신성 목사, 제주 홍성봉 목사, 강원 강원하 목사, 서울 박광재, 서도섭 목사 등이 적극 협력하여 박형규 목사를 총회장으로 직접 추대했다. 기장은 총회장 박형규 목사의 노력으로 그 정체성을 잃지 않을 수 있었다. 또 박 목사는 이듬해(1982)에 KNCC 인권위원장이 되어 광주항쟁의 진상을 알리기 위해 힘을 쏟았다.

그런데 이때부터 서울제일교회와 박형규 목사를 위협하는 보안사의 공작이 노골적으로 표출되었다. 그들은 박 목사를 쫓아내기 위해 교인들 간에 이간 책동을 벌였다. 1983년 8월 정 모 장로가 사소한 트집을 잡아 박 목사를 구타했다. 이 사건을 발단으로 교인 20여 명은 노골적으로 예배를 방해하고 다른 교인들에 대한 폭력과 구타를 일삼았다. 이듬해 9월에는 보안사 요원이 폭력배들을 몰고와 박 목사와 교인들을 60시간 동안 불법 감금하는 일까지 벌어졌다. 결국 박 목사와 그를 따르는 교인들은 길거리로 쫓겨나고 말았다.

나는 주일날만 되면 울었다. 그러니 박형규 목사는 오죽했겠는가. 주요 교회 지도자들은 사실을 모두 알면서도 보안사의 공작에 놀아났다. 이러한 사실은 박 목사를 아프게 괴롭혔다. 당시 나는 박 목사의 명령으로 교회를 사임하고 사선에서 총무직을 수행하고 있었다. 쫓겨난 박 목사는 교회 앞 길거리에서 예배를 드렸는데, 폭력배들이 나타나 그들을 무차별로 폭행하며 예배를 방해했다. 관할 경찰서에 신고를 해도 별 소용이 없었다. 하는 수 없이 박 목사는 중부경찰서 앞에서 예배를 드리기로 했다. 경찰서 앞이니 폭력배들의 무자비한 폭행은 피할 수 있겠다 싶어서였다. 그리하여 만 6년에 걸친 노상예배가 시작되었다.

박형규 목사는 1972년 11월 26일부터 1992년 8월 27일까지 20년 가까이 서울제일교회의 담임목사로 사역했다. 그리고 20년이 되기 석 달 전에 사임했다. 위임목사 20년이면 원로목사 추대가 가능한데, 교회 재정에 부담이 될까 봐 일부러 20년을 다 채우지 않고 은퇴한 것이다.

나는 박형규 목사가 성공한 목회자였다고 생각한다. 말할 수 없는 온갖 수난을 겪었지만, 끝내 목회에서는 승리했다. 박 목사가 항상 하

아버지 같았던 박형규 목사(뒷줄 왼쪽에서 두 번째)가 말년에 살던 인천집에서

던 말이 있다. "한국교회의 자리는 휴전선 한복판이어야 한다." "교회의 자리는 남과 북 어디에도 치우치지 않아야 한다." 박형규 목사는 정권이 바뀌는 중에도 한 번도 정치적 이해관계에 매이지 않았다. 그냥 예수만 바라보고 살았다. 박 목사는 그냥 쫓기는 예수 같았다.

내일이 없이 살았다

서울제일교회는 나에게 중요한 곳이었다. 그곳에 있는 동안 필리핀 주민조직 프로그램에 갔다 오기도 했고, 부활절연합예배사건, 긴급조치사건, 선교자금사건, 용공사건 등 험난한 일을 모두 겪었다. 하지만 10여 년 동안 서울제일교회가 감싸주고 덮어주어 고단했던 1970년대를 행복하게 살았다고 할 수 있다.

사실 1970년대가 내 생애에서 가장 행복했던 시기이다. 항상 예수 그리스도와 함께하면서 하고 싶은 대로 다 했고, 신념을 갖고 살았으며, 내일이 없이 살았기 때문이다.

서울제일교회는 내게 고마운 곳이기도 했다. 감옥을 몇 번이나 갔다 와도 매번 나를 받아주었다. 만일 내 삶의 모습에 기초가 있다면, 모두 박형규 목사와 서울제일교회 교인들 덕분이라고 생각한다. 그런데 이 귀한 교회를 갑자기 떠나게 되었다. 어느 날 박 목사가 불러서 찾아갔더니 한참을 망설이다가 "권 목사, 이제 종로5가로 가야겠어."라고 말씀하셨다. 그러고는 또 한참을 머뭇거리다 말씀하셨다.

"지학순 주교가 개신교에서 사선 조직 당시 수고한 권호경 목사를 내놔야 가톨릭에서 사선 위원장을 맡을 신부를 내놓겠다고 하셔. 다시 종로5가에 가서 사선 재건에 수고 좀 해줘."

지학순 주교와 이미 협의했다는 말에 나는 결국 "네" 하고 대답하고 말았다. 그렇게 해서 1981년 4월까지 서울제일교회에서 시무하고 사선 총무로 일하기 위해 종로5가로 떠났다.

그런데 내가 떠나온 뒤로 박 목사 구타사건이 벌어지고, 교회가 분열되고, 교회에서 쫓겨난 박 목사와 교인들이 노상에서 예배를 드리는 일과 같은 참담한 상황이 벌어졌다. 그러니 내가 서울제일교회를 가지 않을 수가 있겠는가. 나는 사선에서 일하면서 계속 서울제일교회에 나갔다. 어느 날인가 어떤 장로의 아들이 나를 보더니 "야, 네가 그럴 수 있어?"라고 하면서 큰소리를 쳤다. 처음엔 어안이 벙벙해서 가만히 있다가 그냥 무시하고 지나쳤다. 아니, 무서워서 슬쩍 피했다. 이미 교회는 손을 쓸 수 없을 정도로 갈라져 있었다.

서울제일교회 분열과 관련하여 이런 일화도 있다. 내가 KNCC 인권위원회 사무국장을 할 때였는데, 당시 서울제일교회는 폭력배들에게 시달리고 있었다. 보안사에는 서울제일교회를 담당하는 전담반이 있었다. 학생 담당자는 대위 출신이었고, 그 위의 준위는 신학교를 졸업한 종교대책반이었다. 그들이 교인들을 들쑤시고 다녔다.

어느 날 민정수석 이학봉 밑에서 일하는 손 판사라는 사람에게서 전화가 왔다. 민정수석과 나갈 테니 박 목사와 식사 자리를 한번 마련해달라고 했다. 박 목사는 웬만하면 거절을 하지 않는 분이라 함께 모이게 되었다. 이학봉은 경상도 출신으로 보안사령관 전두환 밑에서 일하던 정보담당 출신인데 참 거침없는 사람이었다. 그는 엄지손가락을 치켜들면서 박 목사에게 "목사님, 우리 대장이 이거 빨리 해결하라고 그럽니다. 우리 애들이 했습니다. 그런데 한 달만 기다려주세요. 그러면 제가 다 해결하겠습니다."라고 말했다. '우리 대장'은 전두환이었고, '우리 애들'은 보안사 사람들이었다. 그러나 박 목사는 특유의 모습으로 빙그레 웃기만 했다.

나는 민정수석이 실수를 하는구나 싶었다. 나는 교회가 내홍을 겪고 있으니 박 목사가 좀 기다려줬으면 싶었는데, 아니나 다를까 예상대로 박 목사는 목요기도회에서 민정수석과 식사 자리에서 나눈 일을 빠짐없이 이야기해버렸다. 그런데 예배 도중 갑자기 손 판사에게서 전화가 왔다.

"아, 목사님, 큰일났습니다. 어떻게 이럴 수가 있어요?"

"아니, 당신 언제 들었는데?"

"다 알지요. 교회 문제 해결하려는데 이러시면 우리 대장(민정수석) 깨집니다. 어떻게 합니까?"

"할 수 없지. 식사 자리에서 그 얘기를 할 때 조금 예상하긴 했었다. 그냥 당신들끼리 해결하지, 왜 그 양반 앞에서 그런 소리를 했냐? 그 양반이 무서울 게 뭐가 있다고…."

상황이 이렇다 보니 교회 일은 잘 해결되지 않았다. 그들도 우리에 대한 감정이 좋지 않았을 테니 말이다.

5
주민조직운동의 길로 들어서다

연세대 도시문제연구소 도시선교위원회 3기 훈련생

1950년대 말 고향에서 서울로 올라온 내가 처음 살았던 곳은 삼각지이다. 삼각지 일대는 판자촌이었는데 서울에는 많은 사람이 판자촌에 산다는 것을 알게 되었다. 서울에서 판자촌이 늘어나게 된 것은 박정희 정부의 경제개발 5개년계획 등에 따른 것이었다. 박정희 정부가 내세운 장밋빛 미래는 저곡가에 시달리던 농민들이 일자리를 찾아 도시로 집단 이주하는 현상을 낳았다. 1988년 〈수도권도시선교위원회 연구자료〉에 따르면 1960년도에 244만 5,402명이던 수도권 인구가 1970년이 되면서 553만 6,377명으로 대폭 증가했다. 충분한 국토개발계획과 합리적인 도시계획이 세워지지도 않은 상태에서 발표한 정책으로 인해 농촌에서 대량으로 이주해온 사람들은 당장 거처할 곳이 없어 우후죽순으로 판잣집을 짓고 살게 된 것이다.

신학교를 가야겠다는 일념으로 시골에서 서울로 올라와서인지 나는 판자촌 사람들에게 자연스럽게 관심이 갔다. 나 또한 그들처럼 판자촌에 살면서 가난과 배고픔을 절실하게 경험했기에 내가 가야 할 목회 현장은 판자촌이라고 생각했다. 한신대를 졸업할 무렵 판자촌에 관심이 많은 나에게 정하은 교수는 박형규 목사를 찾아가 보라고 했다. 당시 연세대 도시문제연구소 산하에 있는 도시선교위원회의 위원장이었던 박형규 목사는 훈련을 받고 싶다고 찾아온 나를 무척 반겨주었다.

도시선교위원회에서는 이미 훈련생을 배출하고 있었다. 나는 1970년 1월부터 훈련생 3기로 주민조직훈련에 참여했다. 연세대 도시문제연구소는 미국연합장로교회 조지 타드(Jeorge Todd) 목사의 지원으로 만들어졌다. 타드 목사와 도시선교위원회의 위원장 박형규 목사와의 연결 고리는 오재식 선생이었다. 그의 회고록을 보면 연세대 도시문제연구소가 만들어진 과정과 도시선교위원회를 산하조직으로 둔 이유와 경위를 알 수 있다.

1968년 초 미국장로교 사회선교 책임자였던 조지 타드 목사에게서 편지가 왔다. 조지 타드 목사가 보내온 편지는 한국에서 CO(Community Organization)를 하면 어떻겠느냐는 내용이었다. 즉 도시빈민을 위한 선교조직을 만들자는 것이다. 나는 당장에 답장을 보내면서 "좋다, 어떻게 하면 좋은가?" 하며 구체적으로 물었다. 조지 타드는 이 일을 위해 내가 나서주기를 바랐다. 그의 계획으로는 우선 한국에 도시빈민선교를 위한 훈련원을 만들기 위해 도와줄 사람을 보낼 예정인데, 그 사람을 받을 인프라가 필요하다는 것이었다.

그런데 그 즈음 조지 타드는 연세대학교 노정현 교수를 만난 모양이다. 노 교수는 새문안교회를 다녔는데, 예장 교단과 관련하여 알고 지내던 조지 타드를 찾아가 학교에 연구실을 만들고 싶으니 지원을 좀 해달라고 요청했다. 조지 타드는 한국에 CO를 위한 조직을 따로 만들면 내용이 과격할 수 있고 그 때문에 너무 빨리 조직이 노출되면 한국 군사정권의 압력이 있을 것이라고 예상했다. 그래서 고심 중이었는데, 노 교수의 제안을 받고 나자 이 연구소를 활용하면 되겠다고 머리를 굴렸다는 것이다. 내가 좋은 아이디어라고 하자, 그는 내가 반대할까 봐 걱정했는데 다행이라며 일을 진행시켜 나갔다.

활동이 시작되고 난 뒤로 더 많은 지원금이 왔지만 처음엔 3만 달러를 조지 타드가 지원해주어 연세대에 도시문제연구소가 만들어졌다. 연구소 산하에 연구위원회와 도시선교위원회를 두었다. 연구위원회는 노정현 교수가 맡았고, 도시선교위원회는 우리가 맡았다. 도시선교위원장으로 박형규 목사가 결정됐다.

도시문제연구소가 자리를 잡은 뒤 나는 조지 타드에게 인프라가 만들어졌다는 연락을 보냈다. 그가 보낸 사람은 헐버트 화이트(Herbert White)였다. 화이트는 부인과 같이 한국으로 들어왔는데, 화이트 역시 알린스키의 제자였다. 그는 조직활동가로 활약이 대단했는데, 조지 타드가 믿고 사업을 맡길 만한 사람이었다.

―『오재식 회고록―나에게 꽃으로 다가오는 현장』(대한기독교서회, 129쪽)

알린스키의 주민조직 방법론을 토대로 한 훈련방식

도시선교위원회는 선발된 훈련생들에게 도시 문제에 참여하고 변혁을 이루기 위해 주민을 조직하는 데 관련된 것들을 소개하기 위해 행동훈련 프로그램(Action Training Program)을 시작하였다. 훈련을 담당한 화이트 목사는 주민조직운동의 선구자인 솔 알린스키(Saul D. Alinsky)에게 훈련을 받은 사람이었다.

훈련은 화이트 목사가 주민조직에 대해 강의를 하는 게 아니라 훈련생이 판자촌에 들어가 살 방을 구하는 것으로부터 시작되었다. 방을 구하는 과정에서 훈련생은 주민들과 자연스럽게 접촉하면서 그 지역의 문제점을 파악할 수 있었다.

방을 구한 이후 훈련생은 본격적으로 그 지역에 대한 탐색에 들어가는데, 그 지역의 지리뿐만 아니라 상점이 몇 개인지, 주거공간이 어떠한지, 어떤 시설들이 있는지 등을 발품을 팔아가며 꼼꼼히 메모했다. 자신이 맡은 지역은 언제라도 지도를 그릴 수 있을 정도로 머릿속에 각인했다. 지역에서 필요한 일이 무엇이고, 어떤 문제점이 있는가 하는 문제는 주로 판자촌 주민들을 만나면서 알아냈다. 주민들과 자주 만나 대화하면서 자연스럽게 신뢰도 쌓였다. 그러면서 주민지도자로 세울 수 있는 사람이 누구인지를 파악하였다. 주민지도자를 세우는 일은 매우 중요했다. 이 일에 실패할 경우 주민조직화도 실패하기 십상이었다. 주민지도자는 지역 주민들을 스스럼없이 만날 수 있는 사람인 동시에 지역 문제의 해결 방안에 대해 가장 잘 아는 사람이어야 했다. 주민조직가는 그런 판단 아래 주민들을 만나고 조직하여 스스로 문제 해결을 위한 행동에 나서도록 해야 했다. 그런 의미에서 주민조직가는 주민지도자가 해야 할 일을 대신하지 말아야 했다. 주민들이 조직가에게 의존하지 않고 스스로 힘을 길러서 조직하고 행동해야만 주민조직이 성공할 수 있기 때문이다. 훈련생들이 받은 이와 같은 훈련방식은 알린스키의 주민조직 방법론에 근거한 것이었다.

한편 훈련생들은 자신이 담당하는 판자촌에 살면서 매일 자신이 한 활동을 육하원칙에 따라 기록하고 일주일마다 한 번씩 모여 보고하고 대화했다. 이 과정에서 화이트 목사는 듣기만 할 뿐 훈련생들에게 이렇게 해라 혹은 저렇게 해라 하고 조언하지 않았다. 다만 훈련생이 자신의 활동에 대해 의문 나는 점을 이야기할 경우나 특별한 점이 있을 경우 그에 대해서는 적극적으로 대화해주었다.

나도 훈련을 받는 동안 주민들을 상대할 때 화이트 목사처럼 반응했다. 예를 들어 수돗물이 나오지 않으면 시청에 가서 항의하라고 하는 대신 "수돗물이 안 나오니 다른 집에 가서 떠다 먹어야겠네요." 하는 정도로만 이야기했다. 그 사람이 문제를 해결하는 데 모르는 부분이 있을 경우에는 우회적으로 다른 이야기를 해서 알려주었다.

화이트 목사에게 들은 이야기 중에 지금까지 기억나는 것이 있다. 화이트 목사는 "가난한 사람이 살아가려면 돈이 생기든지, 권력을 얻든지, 갑자기 뒷배가 생기든지 해야 한다. 그게 아니라면 스스로 힘을 만들어야 한다. 그것은 스스로 조직해야만 힘이 된다. 울분이든, 분노이든, 자기 지혜이든 이를 통해 자기 스스로 힘을 만들어야지 누가 해줘서는 힘이 될 수 없다."라고 했다. 나는 주민조직운동을 하면서 이 말이 진리임을 느꼈다. 주민조직가는 주민들이 스스로 일어설 수 있도록 풀무질하는 사람이다. 그 과정에서 선동은 중요한 전술이다. 현대적 선동가로 불리는 알린스키는 "예수도 선동가이다."라고 했다. "죄 없는 자가 먼저 돌로 쳐라"(요 8:7)라고 했으니 예수는 그 얼마나 선동가인가.

나의 훈련 현장, 금화시민아파트

3기 훈련생들은 두 사람이 한 조가 되어 각자의 현장으로 흩어졌다. 한 조는 창신동 낙산시민아파트로 갔고, 다른 조는 연희동 연희시민아파트에 들어갔다. 나는 전용환과 함께 금화시민아파트로 갔다. 우리의 훈련 지역인 금화아파트는 행정 배치로 보면 서대문구의 네 개의 서로 다른 동으로 구성되어 있을 정도로 서울에서 제일 큰 시민아파트였다. 네 개 동은 천연동, 냉천동, 옥천동, 그리고 용천동이었다. 이 지역은 시내 중심가에서 볼 때 북서쪽에 금화산이 위치해 있어서 금화아파트 동네라고 불렸다.

금화아파트의 17개 동은 1968년 말에 완공되었다. 114개 동은 1970년까지 완공될 예정이었다. 다른 아파트 건물들보다 더 좋은 설비를 갖춘 16개 동의 중산층 아파트는 이미 완공된 상태였다. 금화아파트는 크게 두 세대형 아파트와 한 세대형 아파트로 나누어졌는데, 두 세대형 아파트는 50세대를 수용할 수 있었고, 한 세대형 아파트는 26세대를 수용할 수 있었다. 중산층 아파트를 제외한 131개 동에는 대략 4,000세대가 사는 듯했다.

　금화아파트에는 판잣집에서 살다가 온 사람들이 아니라 타지역에서 들어온 사람들이 더 많았다. 대개는 신혼부부였다. 1968년에 지어진 6개 동의 경우 처음 들어와 살던 판자촌 사람들이 모두 나가고 새로 이사 온 사람들로 채워졌다. 가난한 판자촌 사람들이 내부공사비를 감당하지 못해 아파트를 전매하고 나갔기 때문이다. 금화아파트에 사는 주민들은 원주민과 외지에서 이사 온 사람들로 구분되었다. 건물이 몇 년에 걸쳐 지어지고 있어서 언제 입주했느냐에 따라 동의 분위기가 달라졌다. 원주민 중에는 실업자가 많고, 외지에서 온 사람 중에는 직장에 다니는 사람이 많았다. 특이한 것은 원주민의 경우 여성이 공장에 나가 집안 경제를 책임지는 집이 많았다는 점이다. 당시 금화아파트의 주민지도자는 대개 두 범주로 나뉘었는데, 한쪽은 원래의 판자촌 지역을 재개발하는 것을 지지했고, 다른 쪽은 시민아파트를 원하던 사람들이었다. 아파트를 책임지고 있는 사람들은 대부분 외지에서 온 사람들이었다. 외지에서 온 사람들이 원주민들보다 경제적인 능력이나 교육 수준이 나았기 때문이다.

　금화아파트에 관한 이러한 내용은 내가 훈련을 받을 때 작성한 메모를 화이트 목사가 정리해둔 글을 참조한 것이다.(권호경 엮음, 『가난

한 사람들의 함성―주민조직운동을 통한 선교』, 한국주민운동정보교육원, 2001)

나와 함께 훈련을 받은 전용환은 1기 때 6개월간 훈련을 받은 적이 있었다. 그는 당시 한국기독학생회총연맹(Korea Student Christian Federation, 이하 KSCF) 직원이었는데, 오재식 선생이 학생사회개발단(이하 학사단)을 지도하라며 훈련을 받게 했다. 전용환과 나는 혼자 사시는 할아버지의 집에 방 한 칸을 얻어 같이 살았다. 8평짜리 그 집은 방이 두 개였는데, 한 방이 3평 정도 됐다. 나는 그곳에서 1970년 1월부터 훈련이 끝난 6월까지 살았다.

바로 앞집에는 진산전 씨가 살고 있었다. 그는 주민지도자로 활약했는데, 1971년 6월 28일 서울시청 앞 광장에서 시민아파트 골조공사비 일시불 상환 반대 시위를 할 때 시민아파트자치운영연합회 회장으로 이 일에 앞장서기도 했다.

나는 가난한 사람들을 위해 뭔가를 하고 싶다는 생각으로 신학교에 들어간 터라 내가 맡은 현장 구석구석을 참 열심히도 돌아다녔다. 나의 이런 모습을 보고 박형규 목사는 훈련을 잘 받았다고 생각한 것 같다.

조직의 기초는 주민 자신들의 이해관계이다

우리는 처음 몇 주간을 사람들과 친해지는 데 주력하고, 이를 통해 주민들을 한데 모을 수 있는 공통된 문제를 파악하는 데 집중했다. 그러나 시간이 흘러도 별다른 일은 일어나지 않았고, 아무 문제도 없는 듯 보였다. 그런데 주민들과의 관계가 친밀해지고 있을 무렵 10동에 살던 한 주부가 불분명한 이유로 갑작스러운 죽음을 당하는 사건이 벌어졌다. 방 천장의 일부 자재가 떨어져 어린아이가 사망하는 사건도 일어났다. 26동에 살던 동장이 아파트를 건축하고 뒤에 버려져 있던 벽돌에 맞아 숨지는 사건도 발생했다. 아파트를 부실하게 지어서 일어난 사고일 가능성이 높았다.

한편 우리를 바라보는 몇몇 주민들의 시선이 달갑지 않은 것이 느껴졌다. 젊은 사람들이 이것저것 묻고 다니니 우리의 정체를 의심하기 시작한 것이다. 우리가 정부의 대리인이라는 소문에서부터 반정부주의자들이라는 소문까지 났다. 타지역에서 훈련을 받고 있는 다른 훈련생들도 같은 의심을 받았다. 이럴 때는 주민들에게 우리가 그들이 처한 문제를 알고 싶어 하며, 그들 편에 서 있다는 것을 믿게 해야 했다. 마침 그것을 증명해보일 만한 사건이 일어났다.

시민아파트는 산의 경사면에 지어진 경우가 많아서 반지하처럼 빈 공간이 있었다. 초기에는 이 빈 공간을 어떻게 활용할 것인가에 대한 논의조차 없었으나 이후 정부는 이 공간을 동네 시장으로 사용하도록 하고, 그 권리를 아파트 입주자들에게 우선적으로 주기로 결정했다. 이런 내용의 기사가 「중앙일보」에 실렸다. 우리는 주민들에게 이 기사를 보여주었다. 정부에서 주는 특혜를 받으라는 뜻에서 말이다. 하지만 이런 좋은 기회에도 불구하고 시민아파트에 사는 주민 중에 지하실에서 사업을 할 만큼 돈이 있는 사람은 거의 없었다. 그 바람에 돈 많은 외지인들이 싼값에 지하실 상가에 들어올 수 있었다. 그러다 보니 이를 곱지 않게 보는 아파트 주민들과 상가에 들어온 외지인들 사이에 갈등이 자주 일어났다. 외지인들은 그들의 돈과 권력으로 주민들을 폭력적으로 억누르려고 했다. 그러나 이런 싸움은 돈 많은 외지인 사업가들에게 유리했다. 그들은 대개 공무원과 여러 방식으로 긴밀한 유대관계를 맺고 있었기 때문이다. 가난하고 힘없는 주민들은 이러한 정치적인 갈등이 일어날 경우 어떻게 처리해야 할지 몰랐다.

나는 지하실 특권이 아파트 주민들의 자립을 위해서도 필요하다고 판단해 이 문제를 해결하는 데 참여했다. 우선 조직이 필요했다. 우리는 94동과 15동, 16동 주민들과 만나 이 문제에 대해 이야기를 나누고, 탄원서를 작성하도록 도와주었다. 그리고 각 동의 주민들 중에서 지도자를 세워 그들의 권익을 위해 활동하도록 했다. 이 일은 꽤 성공적으로 진행되는 것 같았다. 주민들은 지역 국회의원과 만나 이 문제를 논의했고, 긍정적인 대답도 얻어냈다. 그들은 스스로 쟁취한 미래의 희망을 꽤 뿌듯해했다. 주민들이 스스로 힘을 가지고 권익을 챙기는 모습을 보자 우리가 애초 이루려고 한 주민조직의 성과도 좋을 것 같았다. 모든 게 잘 진행되는 것 같았는데, 갑자기 와우시민아파트가 무너지면서 서울시장이 모든 시민아파트의 지하실을 시멘트로 막아버리겠다는 결정을 내렸다. 와우아파트가 무너지는 광경을 목격한 주민들이나 우리도 무엇보다 안전이 가장 중요하니 정부의 조치를 따를 수밖에 없었다.

하지만 주민을 조직하는 과정에서 받은 훈련의 내용은 긍정적이었다. 주민의 이해관계를 강조하는 것이 조직을 만드는 가장 좋은 방법임을 확인할 수 있었기 때문이다. 불가능할 것 같던 조직이 주민 자신들의 이익과 결부되면 얼마든지 가능하다는 생각이 들었다.

알린스키가 말한 조직방법론의 원칙 중에 "조직은 힘의 전제 조건이다. 조직의 기초는 주민 자신들의 이해관계이다."라는 것이 있다. 금화아파트에서 지하실 건을 문제로 파악하고, 주민조직을 이루어낸 것은 그 원칙을 확인해본 좋은 경험이었다. 애초의 목표에는 도달하지 못했지만, 그 과정에서 배움을 얻은 것은 나에게 큰 성과였다.

와우시민아파트 붕괴 후 서울시민아파트자치운영연합회를 조직하다

1960년대 서울에는 도심이든 외곽이든 판자촌이 즐비했다. 북한에서 내려온 피난민들과 농촌에서 이주해온 사람들은 대부분 판잣집을 짓고 살았다. 무허가 판자촌이 우후죽순으로 늘어나자 정부에서는 이를 정비하기 위해 두 가지 대책을 세웠다. 그중 하나는 시민아파트를 건설하는 것이고, 다른 하나는 철거민들을 도시 변두리로 집단 이주시키는 것이었다.

한번은 청계천 판자촌에 불이 났는데 소방관이 와서 구경만 하고 불을 끄지 않았다고 한다. 당국에서는 불법 판자촌이어서 어차피 헐어야 하기 때문에 불을 끄지 않았다고 해명했다.

판자촌을 철거하고 판자촌 주민들을 수용하기 위해 박정희 대통령은 육군 준장 출신 김현옥 씨를 서울시장으로 임명하고 시민아파트를 짓게 했다. 서울시는 이 일을 신속하게 마무리하기 위해 아파트의 골조만 짓고 나머지 내부공사는 입주자가 하는 방식을 채택했다. 하지만 짧은 기간에 많은 시민아파트를 건립하려는 '불도저 시장'의 무리한 의욕은 많은 문제를 낳았다. 게다가 당시 만연하던 건설업계의 부패도 심각한 문제였다. 지질 안전검사도 없을뿐더러 하청업체들은 건설 자재를 빼돌리기 일쑤였다. 이는 총체적인 부실공사로 이어졌다.

그런 와중에 1970년 4월 8일 새벽 6시 와우아파트가 붕괴되었다. 서울시 마포구 창전동 산중턱에 위치한 와우아파트는 지상 5층, 15개 동 규모로 건립되었는데, 완공 4개월 만에 부실공사로 인해 내부 중량을 견디지 못하고 한 동이 와르르 무너져내린 것이다. 이 사고로 주민 33명이 사망하고, 38명이 다쳤다. 또한 무너진 건물 잔해가 아파트 아래에 있던 판잣집을 덮쳐 잠을 자고 있던 1명이 사망하고, 2명이 부상을 입었다.

와우아파트는 1969년 6월에 착공해 6개월 뒤인 그해 12월에 준공했다. 6개월 만에 그 많은 동을 지었으니 얼마나 부실하게 지어졌겠는가. 게다가 와우아파트는 70도 경사의 산비탈을 견딜 수 있는 기둥을 만드는 데 적어도 70개의 철근이 들어가야 함에도 불구하고 5개로 줄인 데다 건물을 견고하게 하는 시멘트도 거의 섞지 않았다. 나중에 알고 보니 입주 때부터 벽 곳곳에 이미 금이 가 있었다고 한다. 관할 구청장과 건축 과장은 그해 4월 3일 가장 위험해 보이는 14동의 주민들을 15동으로 대피시켰다. 15동은 안전하다고 판단했기 때문이다. 부실한 공사뿐만 아니라 행정 판단도 미숙했던 것이다.

무너진 와우시민아파트

나는 와우아파트가 무너졌다는 소식을 듣고 곧장 현장으로 달려갔다. 3기 훈련생 모두 현장으로 모여들었다. 아파트가 무너진 현장은 그야말로 처참했다. 철근은 힘없이 휘어져 있었고, 무너진 건물 잔해는 조각나고 부서져 밑으로 쏟아져 내려와 있었다.

그동안 각각 금화, 연희, 낙산아파트에서 생활하던 우리 훈련생들은 시민아파트의 부실한 모습을 자주 목격했고, 주민들에게 그러한 상황을 알리는 중이었다. 또한 서울시의 책임에 대해서도 주민들에게 상기시키고 있었다. 벽에 금이 가고 배수가 제대로 되지 않으며, 화재에 취약한 데다 소방차가 접근하기 어려울 정도로 길이 좁은 것 등 시민아파트의 문제점은 우리가 훈련받고 있는 동안에도 끊임없이 발생했다.

와우아파트가 무너진 현장을 다녀온 그날 아침, 우리 3기 훈련생들과 지도 간사들은 급히 도시문제연구소에 모였다. 우리는 이 사건이 주민조직화의 계기가 될 수 있다는 데 의견을 같이했다. 그리고 면밀하게 조직화 계획을 세웠다. 이 계획에 따라 우리는 훈련 중인 아파트로 돌아가서 "와우아파트가 무너진 것을 봐라. 우리 아파트도 부실하게 지어졌다는 게 눈에 보이는데, 이대로 두고볼 수는 없지 않느냐, 시민아파트를 새로 지어야 되지 않겠는가."라는 여론을 형성하기 위해 노력했다. 와우아파트가 무너진 사진과 그 사실을 보도한 신문을 주민들에게 돌리기도 했다. 그리고 각 지역에서 50여 명의 주민을 선정해서 와우아파트가 무너진 현장에 데려가기도 했다. 그들이 직접 공포와 분노를 느끼도록 한 것이다.

나는 전용환과 함께 시민아파트 문제의 심각성을 느낀 주민들을 가능한 한 많이 모아서 이 사실을 알렸다. 와우아파트 사건이 일어난 지 이틀 만이었다. 또한 그동안 눈여겨보고 있던 잠재적인 지도자들을 모아서 모임을 준비했다.

정부도 시민들을 안심시키기 위한 대처 방안으로 동사무소 같은 공적인 통로를 통한 주민모임을 준비했다. 금화아파트에 사는 대다수 주민은 우리가 조직한 모임으로 모여들었다. 다만 34동 동장을 포함한 주민 3명은 주민이 조직한 모임에 참여해달라는 요청에도 불구하고 동사무소 주민모임에 갔다. 그러자 40여 명의 주민이 모임을 갖고 동장 불신임안을 통과시켜 버렸다. 나는 주민들에게 아파트를 제대로 고쳐달라고 정부에 요구하기 위해 주민조직을 만들어 행동해야 한다고 강하게 피력했다. 주민들도 자신들의 문제이기에 그 의견을 심각하게 받아들였다.

다른 지역의 훈련생들도 주민모임을 조직했다. 이렇게 각 시민아파트에서 조직된 주민지도자들의 모임이 4월 11일, 한 중국집에서 열렸다. 모인 인원은 10명쯤 되었다. 회의 끝에 서울시민아파트자치운영연합회(이하 자치운영연합회) 준비위원회를 구성하기로 했다. 이후 2개 지역에서 주민지도자가 더 참석해 총 15명이 모여 준비위원회를 구성했다. 준비위원회에서는 일곱 차례의 회의를 통해 두 가지 행사를 계획했다. 사고의 희생자들을 기리고 남은 건물들의 안전을 기원하는 예배와 자치운영연합회 창립총회가 그것이었다.

4월 22일 오후 3시, 준비위원회 위원들과 다른 지역에서 온 주민지도자 35명이 와우아파트 현장에 모였다. 우리는 그곳에서 사고로 희생당한 사람들의 명복을 빌고, 나머지 공사의 안전한 진행을 기원하는 산신제를 지냈다. 이날 모인 주민대표들은 자치운영연합회 발기위원회를 열고, 4월 29일 기독교회관에서 창립총회를 갖기로 결정했다. 창립총회를 알리는 전단이 각 시민아파트로 발송되었다. 그러자 서울시와 경찰, 정보당국 등이 도시문제연구소에 압력을 가하기 시작했다. 정부도 민감하게 반응했다. 이듬해인 4월에 대통령 선거가 있고, 5월에는 국회의원 선거가 있기 때문이었다. 결국 경찰은 도시문제연구소에 집회 허가 취소를 통보하고 주민들에게 집회에 참석하지 말 것을 종용했다. 경찰의 방해가 너무 심해서 창립총회 당일까지 모임 장소를 확정하지 못할 지경이었다.

그럼에도 불구하고 4월 29일 오후 7시 30분, 21개의 시민아파트 지역을 대표하는 240명의 주민대표가 모였다. 그런데 자세히 보니 모인 사람 중 경찰이 100명은 되어 보였다. 경찰이 사복을 입고 참석한 것이었다. 임시의장이 개회를 선언하자 사복경찰들은 온갖 방법을 동원해 모임을 방해하려고 했다. 이들은 마이크를 가로채고 연설을 하면서 참석자들의 분열을 꾀하기도 하고, 심지어 참석자들을 내쫓으려고도 했다. 하지만 창립총회는 계획대로 진행되었다. 이날 금화아파트 대표자인 진산전 씨가 회장으로 선출되고, 다른 시민아파트 4개 지역 대표자들이 각각 부회장으로 선출되었다. 참석자들은 결의문을 채택하고, 만세 삼창으로 창립총회를 마쳤다. 이로써 시민아파트 319동 1만 2,547세대 6만 2,735명을 대표하는 자치운영연합회가 조직되었다. 자치운영연합회의 목적은 크게 세 가지였다. 첫째, 시민아파트 입주자의 권익을 지키고 안전보장을 강화한다. 둘째, 지역사회 개발을 통한 복지향상을 추진한다. 셋째, 회원 상호 간의 친목과 공동번영을 지향한다.

주민대표들은 결의문에서 밝힌 것과 같이 자신들의 권리를 위해 싸우는 데 동의했다. 임원들은 심지어 경찰에게 미행을 당하는 한이 있어도 주민들의 권리를 위해 투쟁하기로 했다. 처음 몇 달간 이 조직은 450여 명의 주민들을 모아 네 번의 시위를 진행했으며, 책임자들에게 8가지 경우의 지연된 설비에 대한 탄원을 내기도 했다. 그 결과 정부로부터 일련의 양보를 얻어내는 데 성공했다. 그리하여 200여 명의 전문가들이 건물의 안전조사를 실시하는 법안이 발효되었다. 법안에는 조사과정에 선출된 주민대표들이 동행해야 한다는 점과, 이 대표들이 하자보수가 이루어지는 것을 지켜볼 책임을 가진다는 내용이 자세하게 명시되었다. 몇몇 아파트 단지에서는 단지 입구의 길을 포장해 소방차와 다른 편의를 위한 차량이 들어올 수 있도록 했다.

나는 이와 같은 주민조직화과정을 지켜보면서 우리가 훈련에 임하는 의미를 다시 한 번 정리할 수 있었다. 먼저 그동안 정부의 억압적인 정책에 대해 우리나라 사람들이 대응하는 방식에서 용기가 부족해 보였던 것은 많은 부분 지식인들의 소심함에서 비롯된 것임을 깨달았다. 사람들이 원래 용기가 부족해서 자신들의 권리를 주장하지 못한다고 보는 것은 적절하지 않다. 그것은 그들이 오랫동안 억압적인 사회구조 아래에서 살아왔기 때문이다. 그래서 자신들의 권리와 신념을 포기하는 것을 당연시해온 것이다. 그렇지만 그 문제가 자신들의 먹고사는 문제와 직접 관련이 있다는 사실을 깨닫게 되면 사람들은 스스로 일어선다. 그것은 자치운영위원회 총회에서 사복경찰들의 집요한 방해에도 불구하고 임원을 스스로 선출하고 결의를 다진 것에서도 분명히 드러났다.

나는 주민조직가가 정부와 주민 사이에서 모든 사안에 대해 대립적인 감정을 갖도록 할 필요는 없다고 생각한다. 보다 중요한 것은 어떻게 서로의 이해관계가 상호적일 수 있는가 하는 것이다. 정부와 주민의 공통적인 목표가 주민조직운동을 통해 얻을 수 있다는 것을 이해시키지 못한다면 조직은 별 의미가 없게 될 것이다. 나는 현명한 주민조직가라면 정부와 주민들의 갈등에서 공동의 목표가 무엇인가를 정확히 진단할 수 있어야 한다고 본다.

주민들이 서로 믿고 자주 만나게 되면 더 나은 삶을 고민하게 된다. 그런데 문제는 자신들이 처한 상황을 개선시킬 대안이 있다는 사실을 모르는 경우가 많다는 것이다. 주민조직가는 이 과정에서 먼저 주민지도자를 찾아내는 것이 중요하다. 그런 뒤 자신들의 문제는 자신들의 손으로 해결할 수 있다는 믿음을 갖게 해야 하는데, 이를 위해서는 조직된 힘이 필요하다는 사실을 확인시켜 주어야 한다. 그로 인해 작은 것이라도 쟁취하면 사람들은 점점 더 앞으로 나아갈 수 있게 된다. 가난한 사람들이 조직의 힘을 믿고, 그 힘을 사용하여 뭉칠 경우 재정적·정치적 힘까지 얻을 수 있음을 스스로 깨닫게 하는 것이 주민조직가의 역할이다.

이렇게 조직을 통하여 훈련된 주민들에 의해 세워진 주민지도자는 조직가가 그 지역을 떠난 뒤에도 지속적으로 자신들의 요구와 권리 쟁취를 위해 싸울 수 있게 된다. 그런 점에서 자치운영연합회의 회장인 진산전 씨는 자신의 역할을 잘 감당했다고 할 수 있다. 나중에 이야기하겠지만 그는 내가 처음으로 징역을 산 부활절연합예배사건과도 직간접적으로 연결이 된다. 그는 당시 국회부의장인 국회의원 김재광의 총무비서였다.

학사단을 이끌고 광주대단지로 가다

1970년 7월, 나는 연세대 도시문제연구소 도시선교위원회의 주민조직훈련을 모두 마쳤다. 그로부터 얼마 지나지 않아 오재식 선생으로부터 만나자는 연락이 왔다. 오 선생은 나에게 학사단 학생들을 데리고 광주대단지(지금의 성남시)로 내려가달라고 요청했다. 나는 처음에는 "전용환에게 가라고 하시지요. 아니면 KSCF 고등학생 담당인 이직형이 가면 될 텐데, 왜 저보고 가라고 하십니까?"라면서 거절했다. 오 선생은 KSCF의 워크캠프 활동으로 성남과 관계가 있는 모양이었다. 그는 내가 서울에서 주민조직훈련을 받았으니 가는 게 좋지 않겠느냐며 집요하게 설득했다. 박형규 목사도 내가 광주대단지로 가면 좋겠다고 했다. 나는 곰곰이 생각한 끝에 학사단이 도시 지역에 가서 활동하는 것이 중요하고, 좋은 일이라는 결론을 내리게 되었다.

오재식 선생은 KSCF 총무(1969-1970)를 맡으며 기독교 청년운동에 투신하고 있었다. 기독학생운동단체인 KSCF는 1948년 조직되었으나 1969년 11월 대한기독학생회전국연합회(Korean Student Christian Movement, KSCM)와 YMCA 대학부가 통합, KNCC 소속 6개 교단 학원선교위임단체로 새롭게 출범했다. 한편 오재식 선생은 기독학생들이 노동 현장, 농촌 현장, 빈민 현장에 들어가서 사회개발운동을 한다는 원칙 아래 1968년 학사단을 조직했다. 당시 KSCF 회장은 나상기였고, 학사단 단장은 황인성이었다. 학사단은 결성된 이후 주로 농촌 지역을 다니면서 활동을 하고 있었다. 이 학사단이 경기도 광주로 간다면 도시빈민 지역에서 봉사하는 첫 프로그램이 되는 셈이었다. 나는 1970년 8월에 이 학사단 프로그램을 진행하는 팀장으로 10명의 학생을 데리고 광주대단지로 내려갔다. 그때 학생대표는 외대를 다니던 나 모 씨로 기억한다.

우리가 내려간 광주대단지는 서울 지역 판자촌 주민들을 이주시킨 곳이었다. 정부는 광주가 서울의 위성도시라는 명목하에 청계천 지역을 포함한 다수의 판자촌 철거민들을 집단으로 강제 이주시켰다. 그리고 그 일대 산과 논을 정지 작업을 해서 가구당 20평씩 분양해주었다. 그리하여 이곳의 인구는 1969년 말에는 3만 5,000여 명, 1970년에는 9만 6,000여 명, 또 1년 뒤에는 15만 명으로 기하급수적으로 늘어났다.

그렇지만 이곳은 땅만 있을 뿐 변변한 시설 하나 없는 그야말로 허허벌판이었다. 이곳에 온 사람들은 또다시 천막이나 판잣집을 짓고 살 수밖에 없었다. 정부는 대책도 제대로 마련해주지 않고, 몇십만 명의 인구가 모여 살기만 하면 먹고사는 문제가 해결될 수 있다는 이상

1970년대 광주대단지 천막촌

하고 안일한 발상으로 대처했다. 그래도 서울 도심에 있을 때는 일거리가 있어 살아갈 수 있었는데, 이주해온 광주대단지는 먹고살 길이 막막했다. 사람들은 굶주림에 허덕였고, 그나마 여건이 되는 사람들은 가는 데만 두 시간이나 걸리는 청계천으로 일을 하러 다녔다.

우리는 한 달 동안 그곳에서 주민들과 함께 살면서 그들의 어려움을 듣고 봉사활동을 했다. 우리가 특히 주목한 것은 교통 문제였다. 아침저녁에는 손님이 있으니 그나마 버스가 자주 다녔지만, 낮에는 1시간을 넘게 기다려야 겨우 버스 한 대가 왔다. 나는 이와 같은 문제의 해결 방안을 요구하기 위해서는 자료가 필요하다고 생각했다. 그래서 학생들과 함께 교통에 관한 자료를 모으기 시작했다. 교통 관련 조사를 하고, 버스 증차 대책 등을 논의했다.

이와 함께 다룬 것은 물 문제였다. 광주는 산꼭대기를 허문 흙을 논에다 부어 땅을 다진 곳이었다. 그렇지만 땅을 제대로 다지지 않아 질퍽질퍽했다. 수도에서도 흙탕물이 나왔다. 그런데 서울시가 물 상태를 점검하러 나올 때면 광주대단지 관할 출장소 직원들이 전날 밤에 각 집의 수도 펌프에 물을 가득 부어놓았다. 그러면 흙탕물은 가라앉고 위에 있는 물이 먼저 나오기 때문에 그 물은 깨끗해 보였다. 게다가 모든 펌프를 조사하지 않고, 미리 물을 부어둔 펌프만 조사하도록 안내했다. 우리는 주민들에게 그 물을 마시지 못하게 안내하고, 지역 국회의원에게 실상을 알리자고 했다. 그리하여 주민대표들이 지하수를 병에 담아 차지철이 사는 서울 집으로 가서 "이 물을 마셔보라."라고 요구하기도 했다.

이러한 인연으로 나중에 수도권이 조직되고 난 뒤 내가 이 지역을 담당하게 된다.

서울시청 앞 광장 시위-시민아파트 골조공사비 일시불 상환 반대

1971년 6월 1일, 서울시의 각 시민아파트 단지 게시판에는 서울시에서 내려온 공문이 게시되었다. 입주자들에게 서울시가 시민아파트를 건립할 당시 15년에 걸쳐 상환하라는 조건으로 빌려준 골조공사비를 6월 15일까지 일시불로 상환하라는 내용이었다. 그렇지만 일시불로 상환할 만한 여력이 있는 주민은 없었다. 15일까지 별다른 반응이 없자 서울시는 30일까지 상환하라는 공문을 다시 내려보냈다. 이 공문은 광주대단지에도 전달되었다. 분할해준 20평의 땅을 전매한 사람들은 일시불로 상환하라는 것이었다. 하지만 이것은 구실일 뿐 실상은 그 해 4월과 5월에 치른 대통령 선거와 국회의원 선거로 당국의 예산이 바닥났기 때문이었다.

서울시는 시민아파트를 분양하면서 골조공사비 20만 원을 싼 이자로 장기 분할상환하도록 했다. 그러나 골조공사를 끝낸 시민아파트에 입주하기 위해서는 입주자가 직접 온돌, 전기, 도배 등 내부공사를 해야 했다. 그 공사를 하는 데도 가구당 15만 원 정도의 돈이 들었다. 그러니 아파트에 입주해 살려면 최소한 40만 원가량이 필요한 셈이었다. 그만한 돈을 감당할 수 있는 철거민은 거의 없었다. 그런 이유로 철거민들은 전매가 금지된 입주권을 5-10만 원에 팔고 다시 판자촌으로 흘러들어 갔다. 철거민의 70% 정도가 모두 전매를 한 상황이었다.

광주대단지도 땅을 전매한 경우가 대부분이었다. 게다가 광주는 토지 브로커들의 난입으로 땅값이 오르고 전매입자의 횡포가 가중되고 있었다. 투기 붐이 일자 정부는 주민들에게 약속한 토지 저리분배와 면세 혜택을 없애버리기까지 했다.

금화아파트에서의 훈련이 끝날 무렵 우리를 훈련시킨 화이트 목사도 2년의 체류 기간이 끝나 필리핀으로 떠나고 없었다. 그 뒤 훈련담당은 1기 졸업생인 신상길 목사가 맡았다. 어느 날 자치운영연합회 회장인 진산전 씨가 나를 찾아왔다. 그는 나에게 "골조공사금 일시불 상환 공고가 붙었는데, 어떻게 하면 좋겠습니까?"라고 물었다. 당시 나는 새밭교회 사역을 마무리하고 앞으로 빈민운동을 하기 위해 마음을 다잡고 있을 때였다.

"자치운영연합회가 있으니 주민들의 힘을 모아보세요. 주민들의 의식도 많이 바뀌어서 잘할 수 있을 겁니다."

"그래도 우리 힘만으로는 어렵습니다. 와서 같이 협력해주셔야 합니다."

나는 우선 진 회장과 주민대표들을 만났다. 훈련이 끝난 뒤 거의 1년 만에 주민들과 만난 것이다.

주민 1: 어떻게 하면 서울시의 공문을 백지화할 수 있을까요?
나: 글쎄요. 시민아파트는 전체 몇 동이나 되지요?
주민 2: 360여 동이 될 겁니다.

나: 전매입주자는 얼마나 됩니까?

주민 2: 지역에 따라 다릅니다. 청계천6가 지역은 원입주자의 약 90% 이상이 전매했고, 전체적으로는 약 70%가 전매했습니다.

나: 판잣집보다는 아파트가 편할 텐데 그냥 살지 않고 왜 전매를 한 것인가요?

주민 3: 팔자 좋은 소리 하지 마슈. 누가 살기 싫어서 팝니까? 빚에 쪼들려서 팔지.

나: 시민아파트에만 일시불 상환 공문이 붙었습니까?

주민 2: 아니오. 광주대단지에서는 서울시가 땅값을 일시불로 상환하라고 해서 난리가 났습니다.

나: 왜 서울시는 갑자기 일시불 상환 공문을 보냈을까요?

주민 3: 아, 그거야 뻔하지요. 돈도 없으면서 선거를 치르려고 아파트를 벼락치기로 지었잖아요? 이제는 선거가 끝났으니까 돈을 거두어들이는 거죠.

주민 1: 이래저래 없는 놈만 신세 조지는 거죠.

나: 아, 그럼 서울 시민아파트 입주자 중에서 반 이상이 서울시 융자금을 일시에 갚아야 되는군요. 광주대단지 입주자 중 상당수는 땅값을 일시불로 내야 하고.

주민 2: 그렇지요. 팔아먹은 놈은 잔금 못 받을까 봐 걱정이고, 산 놈은 돈이 없어서 걱정이고, 이래저래 모두가 걱정이지요.

이러한 대화는 주민들이 자신들의 문제를 객관화하고 정리할 수 있는 계기가 되었다. 또 자신들만이 아니라 많은 서울 시민들이 같은 문제에 직면해 있다는 사실도 확인했다. 나는 주민들이 스스로 생각하고, 어떻게 할 것인가를 결정하기를 바랐다.

나: 어떻게 하실 작정인가요?
주민 3: 모두 한번 모여 봐야지요.
나: 어떻게 모이지요? 기관(경찰, 정보기관)에서 막지 않을까요?
주민 3: 어림도 없지요. 누가 우리를 막아요!
주민 2: 우리가 광고하고 모이나요?
나: 작년에 조직한 시민아파트자치운영회연합회는 살아 있습니까?
주민 1: 먹고살기 바쁜데 누가 그런 데 신경쓰나요? 흐지부지되고 말았지요.
나: 각 지역 주민대표들과는 더러 만납니까?
주민 1: 그럼요.
나: 그러면 쉽게 모일 수 있겠군요.

이날 참석한 주민대표들은 다른 지역 주민대표들과 만나 이 문제를 상의하기로 하고 일단 헤어졌다. 이들은 자치운영연합회를 조직할 당시 주도적으로 일한 금화아파트, 연희B지구아파트 등의 주민지도자들을 만났고, 이 주민지도자들은 발 벗고 나서서 다른 여러 지역의 시민아파트 주민들을 만나며 주민들을 조직하기 위해 힘썼다. 각 지역에서는 주민회의가 열렸다. 각 지역 주민대표들도 지속적으로 모여

일의 진행을 검토했다.

나는 금화아파트에서 함께 훈련받은 전용환과 의논한 뒤 신상길 목사를 찾아갔다. 주민들과 만나 회의를 하고 대책을 세우려면 돈이 필요했다. 나는 신 목사에게 "도시문제연구소에서 하던 일이니 당신이 해야 하지 않겠나. 돈을 마련해주면 그 외의 일은 전용환과 내가 하겠다."라고 제안했다.

신 목사는 알아보겠다며 도시문제연구소의 노정현 교수를 만나러 갔다. 하지만 와우아파트 붕괴 이후 도시문제연구소의 입지가 곤란해진 데다 3년에 걸친 미국연합장로교의 지원도 끝나가고 있었기에 자금을 마련해주기가 힘들겠다고 판단한 모양이었다. 나는 전용환과 함께 박형규 목사를 찾아갔다. 당시 CBS 상무였던 박 목사는 우리 이야기를 듣고는 아주 좋아하며 흔쾌히 개인 돈 3만 원을 내놓았다. 그때 돈 3만 원은 공무원의 한 달 치 월급이었다.

나는 그 돈을 밑천 삼아 20여 일 동안 열심히 주민들을 만나고 다녔다. 거사를 하루 앞둔 6월 28일, 전용환과 나(조직가)는 한 중국집에서 마지막으로 주민대표들과 만났다.

주민 1: 여러분, 오늘이 마지막 날입니다. 항의 장소를 어디로 정할까요?

조직가: 항의할 내용은 결정했습니까?

주민 1: 그거야 무조건 공문을 백지화하라는 것이지요.

조직가: 와우아파트가 무너지고 난 뒤에 부실공사한 곳을 서울시에서 수리해주었습니까?

주민 2: 아니오.

조직가: 그럼 하실 말씀이 많겠네요.

주민 2: 그렇지요. 부실하게 공사한 곳들을 수리해주지 않으면 원래 우리가 살던 땅을 내놓으라고 해야지요.

조직가: 장소를 정하는 것도 중요하지만, 몇 명이나 모일 건지 정하는 것도 중요하지 않겠습니까?

주민 3: 서울시에서 한 일이니 시청 앞이 좋겠습니다.

주민 1: 광화문 네거리가 좋습니다.

주민 4: 중앙청 앞이 좋습니다.

조직가: 다 좋습니다만, 몇 시에 모일 건지도 고려해야 될 겁니다.

주민 3: 아침 9시 시청 앞 광장이 좋겠습니다.

(주민대표들이 모두 동의했다.)

조직가: 어떻게 9시 정각에 모두 모일 수 있나요?

주민 1: 시청 앞으로 가는 골목에 흩어져 기다리다가 시청 건물 시계가 9시를 가리키면 광장으로 나오면 됩니다.

(주민대표들은 각 지역 주민들이 기다릴 골목을 정했다.)

조직가: 질문 있습니다. 광주대단지 주민들도 옵니까?

주민 2: 아니오. 이 얘기가 새어나가면 끝장납니다. 나중에 알게 되면 그들은 그들끼리 하겠지요. 거리가 너무 멀어서도 곤란합니다. 광주에서 시청까지는 2시간 이상이 걸립니다.

조직가: 만일 정보가 새서 오늘 밤에 경찰이 대표들을 모두 잡아가면 어쩌지요?

주민 1: 어림없습니다. 우리가 잡혀가더라도 제2대표, 제3대표가 있으니까요. 또 지난번 자치운영연합회 조직 때의 경험이 있으니까 정보는 새지 않을 겁니다.

조직가: 그때는 왜 정보가 샜습니까?

주민 1: 서로 대표를 하려고 선거운동을 벌이다 정보가 샜지요.

조직가: 이번에는 안 그렇습니까?

주민 3: 이번에는 재산을 빼앗기느냐, 안 빼앗기느냐의 문제입니다. 그때와 다르지요.

조직가: 만일 항의 후에 시장이 주민대표를 만나자고 하면 누가 나가지요?

주민 2: 누군가 나가겠지요. 우리들 진짜 대표들이 시장과 면담하러 나가면 안 되지요. 우리는 뒷전에서 구경이나 해야지요.

조직가: 엉뚱한 사람이 대표라고 나가면 어떻게 하죠?

주민 2: 엉뚱한 사람이라도 공문을 백지화하라는 요구는 할 것이며, 우리가 뿌린 유인물을 시장이 볼 것 아닙니까? 우리가 나갔다가 경찰에 연행되면 곤란해집니다.

조직가: 혹시 아무도 나서지 않으면 어떻게 하죠?

주민 1: 아닙니다. 잘난 체하지 않고는 못 배기는 사람들이 있으니 누군가는 반드시 나갈 겁니다. 그리고 시장이 만나자고 제의한다면 그때는 주민들에게 유리한 상황이 아닙니까? 누군가 반드시 나갈 겁니다!

조직가: 글쎄요.

주민들은 그동안 많이 발전해 있었다. 목표를 향한 태도는 강경했고, 필요한 일들을 조직가들이 언급만 해줘도 알아서 결정하고 정리해 나갔다. 우리는 열띤 토의를 하느라 다 식어버린 짜장면을 먹고 헤어졌다.

6월 28일 오전 8시 30분경, 전날 논의한 대로 서소문 쪽, 국회의사당 쪽, 대한체육회 쪽, 소공동 쪽, 남대문 쪽 등 다섯 곳의 골목에 흩어져 있던 사람들이 9시 정각이 되자 물밀듯이 시청 앞 광장으로 모여들었다. 출근하던 사람들도 발길을 멈추고 그 광경을 구경했다. 일부 시민들은 시위에 합세하기도 했다. 이러한 시위가 있으리라고는 전혀 예상하지 못한 것이 분명했다. 시위대를 막을 만한 경찰 인원은 배치되어 있지 않았다. 공무원 통근차가 몇 대 와서 광장 주위를 빙 둘러 막는 것을 빼고는 별다른 대응이 없었다. 결국 서울시장은 주민대표와 면담을 요청했다. 미리 계획한 대로 주민대표는 나가지 않았다. 어떻게 상황이 흘러갈지 모르는데 지도자가 이 일로 잡혀가면 곤란해지기 때문이었다. 이 시위는 조직적으로 준비를 한 게 아니라 억울한 사람들이 자연스럽게 모여서 항의하는 것처럼 보이게 하는 전략이었던 것이다. 예상대로 시위에 참여한 주민 중 누군가가 대표를 자처하고 나섰다. 그는 공문의 백지화와 더불어 부실한 아파트의 수리를 요구했다. 시장은 이러한 요구를 무조건 수용하겠다고 밝혔다.

나는 전용환과 함께 KAL빌딩에서 처음부터 시위 광경을 지켜보고 있었다. 여러 골목에서 사람들이 수없이 쏟아져 나와 광장에 모여들고, 시민들이 합세해 시위를 하는 모습은 감격스럽기까지 했다. 주

서울시청 앞 광장에서 시민아파트 주민 3,000여 명이 서울시 시민아파트 골조공사비 일시불 상환 반대 시위를 벌였다. 하지만 신문에는 이 사실이 축소 보도되었다.

민들이 자신들의 요구를 관철시키기 위해 스스로 일어서는 모습은 그야말로 놀라운 '성령의 역사'였다. 우리가 예상한 것보다 훨씬 많은 사람이 모였는데, 나중에 신문에 난 것을 보니 1,000여 명이라고 보도되었다. 하지만 그것은 축소 보도된 것이었다. 적어도 3,000명은 훨씬 넘어 보였다.

한편으로는 두려운 마음이 들기도 했다. 앞으로 어떤 일이 어떻게 전개될지 예상할 수 없었다. 시위가 마무리되는 것을 보고 우리는 서둘러 서울을 떠났다. 서울 근교인 춘천으로 가서 한동안 피신해 있는 것이 좋겠다고 생각한 것이다. 기차를 타고 가는 동안에도 가슴이 숨 가쁘게 요동쳤다. 혹시 누군가 쫓아오지 않을까 하는 마음에 기차 안에서도 자주 뒤를 돌아보았다. 시위를 조사하다가 우리 이름이 나오면 우리뿐만 아니라 우리를 훈련시킨 도시문제연구소나 자금을 대준 박형규 목사 등도 위험해질 수 있겠다는 생각에 춘천에 도착해서도 두려움은 쉽게 가라앉지 않았다.

광주대단지 사태

춘천에 며칠 있는 사이 집에 엽서가 한 장 왔다. 광주대단지에 사는 장동원이라는 사람이 보낸 것이었다. 대위를 예편한 장동원 씨는 내가 학사단과 함께 광주대단지에 갔을 때 동네에서 반장을 하고 있었는데 우리에게 방을 구해주는 등 도움을 준 사람이었다. 그는 나를 만나고 싶다고 했다. 나는 그가 나에게 무슨 말을 할지 알 것 같았다. 서울 시민아파트 문제가 잘 해결된 것을 보고 광주대단지 문제도 부탁하려고 하는 것이었다. 서울 시민아파트 주민들이나 광주대단지로 이주한 주민들 모두 서울에서 판자촌에 살던 사람들이었다. 자기들끼리 서로 연락을 주고받기 때문에 서울시청 앞 광장 시위에 시민아파트 주민조직운동을 한 사람들이 개입되어 있다는 사실을 알게 되었을 것이다.

또한 장동원 씨는 내가 CBS 라디오에 출현해 광주대단지에서의 학사단 봉사활동에 대해 말한 것을 들은 모양이었다. 나는 박형규 목사의 요청도 있고 해서 방송국 피디를 만나 광주대단지 상황을 이야

광주대단지에서 만난 주민대표 장동원 씨(오른쪽)

기한 적이 있었다. 장동원 씨의 연락을 받고 고민이 되었으나 결국 나는 그를 만나지 않았다. 지금 생각해도 그것은 참 비겁한 일이었다. 하지만 광주대단지 문제에 개입할 경우 수사당국에 꼬리가 잡힐 게 틀림없었다. 서울시청 앞 광장 시위의 배후가 우리로 드러나면, 나뿐만 아니라 도시문제연구소의 도시선교위원회도 어려움에 처할 게 분명했다.

광주대단지는 주민들 스스로 '분양지 불하가격 시정 대책위원회'를 조직하고 '대지가격 1,500원 이하로 인하', '불하가격 10년간 연부상환', '5년간 세금면제', '취로장 알선과 구호 대책' 등 네 가지 요구조건을 내걸고 서울시와 관련 당국에 자신들의 절박한 처지를 알리는 진

5. 주민조직운동의 길로 들어서다 155

정서를 냈다. 그러나 아무런 반응이 없자 주민들은 217명의 대표를 선출하여 대책위원회를 투쟁위원회로 바꾸었다.

대책위원회는 1971년 8월 10일 10시 성남출장소 뒷산에서 총궐기대회를 열기로 결의했다. 이날 5만 명이 넘는 인파가 성남출장소 앞에 집결하여 세금 감면, 분양가 인하, 공장과 상업시설 설치, 취업센터 설치, 구호사업, 취역장 알선 등 정부가 애초에 한 약속을 이행하라고 요구했다. 사람들이 든 플래카드에는 "백 원에 산 땅 만 원으로 폭리 말라!" "영세민을 더 이상 착취 말라!" "살인적 불하가격 결사반대" "배가 고파 못살겠다!" "일자리를 달라!" 등의 내용이 적혀 있었다.

이날은 한 달 전부터 대책위원회가 끈질기게 요구한 결과 양태식 서울시장(김현옥 시장은 와우아파트 붕괴사건의 책임을 지고 물러났다.)과 만나는 날이기도 했다. 하지만 약속된 면담 시간이 지나도 서울시장이 오지 않자 주민들의 분노는 걷잡을 수 없을 정도로 폭발했다. 주민들은 관리사무소, 파출소 등을 방화하고, 광주대단지 일대를 초토화시켰다.

정부는 이들을 진압하기 위해 서울시경과 경기도경의 경찰 700여 명을 투입했지만, 주민들의 분노가 극에 달한 상태여서 진압할 수 없었다. 2,000명이 넘는 주민들은 10여 대의 시영버스에 나눠 타고 서울로 나가려고 했다. 하지만 경찰의 저지로 서울 진출은 실패했다. 경찰이 최루탄을 쏘자 주민들은 돌을 던져 저항했다.

이에 정부는 내무부 차관과 경기도지사를 현장으로 파견해 이주민들의 요구를 전폭적으로 수용할 것임을 밝혔다. 8월 12일 양태식 서울시장은 방송 담화를 통해 광주대단지를 성남시로 승격한다고 발표했다. 원래 광주대단지는 서울시가 '서울시 광주위성도시'로 명명했던 것인데, 성남시로 승격함에 따라 서울시는 빠지고, 정부로 공이 넘어가게 되었다.

정부는 성남시 승격과 함께 주민들의 요구를 무조건 수용할 것임을 약속했다. 이로써 주민들은 자진 해산하였고, 소요는 3일 만에 진정되었다. 하지만 경찰과 주민 100여 명이 부상당하고, 경찰서가 파괴되었으며, 주민 22명이 구속되는 등 크나큰 상처를 남겼다.

광주대단지사건을 지금까지도 '폭동'이라고 하는 이유는, 주민들이 분노를 표출하는 과정에서 급작스럽게 폭력을 행사했기 때문일 것이다. 서울 시민아파트 건은 평화적으로 해결되었는데, 광주대단지는 왜 폭력적이 되었는지를 생각해보면 알린스키의 말이 떠오른다. 알린스키는 "조직화된 힘은 절대 폭력화되지 않는다. 조직화된 힘은 행정이 미치지 않는 부분이 해결되도록 돕는 것이 되지 폭력화되지 않는다."라고 했다. 광주대단지가 폭동이라는 이름으로 남아 있는 것은 결국 조직된 힘이 없었기 때문이다.

나는 조직화된 힘은 행정력이 올바르게 행사되도록 안내하고, 공동의 목표를 만들어내지 결코 파괴로 나아가지 않는다고 믿는다. 6월 28일 서울시청 앞 광장 시위와 8월 10일 광주대단지 시위는 같은 사건이었으나 시청 앞 광장 시위는 조직화된 힘이었고, 광주대단지 시위는 조직화된 힘이 아니었기 때문에 불행한 사태가 일어나고 말았다. 우리는 이에 대해 책임감을 느낀다.

수도권도시선교위원회 조직

가난의 고통에서 신음하는 사람들, 생존의 비탈길에서 비틀거리는 사람들, 그 곁에는 반드시 하나님이 계신다. 우리는 그것을 믿었다. 교회의 자리가 어디여야 하는가, 예수의 제자로서 무엇을 해야 하는가를 우리는 묻지 않았다. 너무나도 확실히 보였기 때문이다. 그래서 우리는 가난한 사람들 편에 섰다.

가난한 사람들은 날로 증가하고 점점 더 살기 어려워지는 데도 정부당국은 제대로 된 대책을 세우지 않은 채 그들의 요구와 권리를 무시하고 묵살했다. 그런 와중에 와우아파트가 무너지고, 서울시청 앞 광장과 광주대단지 시위를 겪으면서 도시빈민 문제가 사회적으로 대두되기 시작했다. 정부당국은 정권유지 차원에서 각종 조치와 새로운 법으로 빈민을 억압했다. 빈민들은 기본적 생존권을 지키기 위해서라도 싸워야 했다. 이처럼 빈민 문제가 정부와 대결 양상을 보이면서 연세대 도시문제연구소 산하의 도시선교위원회로는 제대로 활동할 수 없다는 사실을 깨닫게 되었다. 대학이라는 울타리 안에서 주민조직을 통한 선교운동을 한다는 명목하에 조직운동가를 빈민 현장에 투입하여 훈련시키는 일은 많은 한계를 드러냈다. 따라서 좀 더 활동적이고 강화된 빈민선교 조직이 필요했다.

박형규 목사는 이러한 생각을 진즉부터 하고 있었다. 시민아파트 주민들이 서울시청 앞 광장에서 시위를 벌일 때 시위 현장을 찾은 박 목사는 그 현장을 보며 빈민선교의 모체가 필요하다는 생각을 더욱

수도권도시선교위원회 사무실이 있던 청계천의 모습

절실히 하게 됐다고 한다. 1971년 8월 인사권도 없는 설교목사인 박 목사가 나를 서울제일교회 전도사로 불렀다. 그것은 나를 수도권의 주무간사로 세우기 위한 밑그림이었다.

1971년 9월 1일 수도권은 서울 종로2가에 있는 대한성서공회 501호실에서 공식 출범했다. 위원장은 박형규 목사가, 부위원장은 김동수 목사가 맡았다. 총무는 조승혁 목사, 나는 주무간사를 맡았다. 위원은 김정국(예장), 도건일(감리교), 박봉배(감신대 교수), 신익호(기장), 이성걸(예장), 임인봉(루터교), 최종철(감리교), 한철하(총신대 교수), 현영학(이대 교수) 등 총 9명이었다. 수도권은 선교의 영역이 확장되면서 1973년 수도권특수지역선교위원회, 1976년 한국특수지역선교위원회로 명칭이 변경되었지만 사람들은 주로 '수도권'이라고 불렀다.

수도권의 결성 동기와 목적은 다음과 같다.

급격한 산업화에 의한 서울의 이상 비대화는 국가적 문제이다. 조국근대화, 공업 입국 등의 구호 아래 진행되어 온 서울의 도시화 계획은 고층빌딩과 고가도로를 세웠을 뿐만 아니라 가난한 시민들의 보금자리를 파괴했고 생계수단을 빼앗았다.

인간다운 삶을 누릴 권리는 하나님이 주신 것이다. 그러므로 그것이 인위적이고 제도적인 불의로 인하여 위협받거나 억압받는 경우에 교회는 눌린 자를 억압에서 해방하고 모순적인 제도를 바로잡기 위해 사회적 책임을 수행해야 한다. 이것은 하나님의 엄숙한 명령이다. 눌린 자의 해방을 위한 교회의 모든 행위는 신의 부르심에 응답하는 진정한 신앙 고백이자 그리스도인의 사랑의 참된 표현이다.

우리는 이러한 입장에서 이 나라의 아픔을 상징하는 소외 지역 중 판자촌 지역을 선교의 현장으로 선택하고, 빈민 문제의 근본적 해결을 지향하는 선교활동을 펴기 위해 1971년 9월 1일 수도권도시선교위원회를 조직하게 되었다.

종래의 자선적 구호활동이나 사회사업가들에 의한 하향적 지역사회 개발은 주민들을 의존적으로 만들었다. 그뿐만 아니라 그러한 방법들은 주민이 자주적 삶을 사는 해방된 인간으로 성장하는 것을 오히려 저해했다. 그래서 우리는 주민들 스스로의 자각과 단결의 힘에 의해서 자주적으로 스스로의 문제를 해결하도록 도울 필요성을 절감하게 되었다. 우리는 주민 자신의 자주적인 문제 해결만이 참다운 해방과 구원을 이룰 것이라고 믿으며 수도권도시선교위원회를 발족시켰다.

수도권도시선교위원회는,
1. 현실 분석과 철저한 시민의식 훈련을 통하여 주민의 통찰력을 개발하고, 그들이 자신의 문제와 이익에 민감하게 만든다.
2. 주민들로 하여금 권력과 금력에 대항할 수 있는 힘은 오직 조직을 통해서만 나온다는 확신을 갖게 한다.

수도권도시선교위원회는 주민들로 하여금 "우리도 하나님의 백성이다." "우리도 하나님이 주신 이 땅의 주인이다." "우리도 새 역사와 새 문화를 창조할 수 있다."라는 긍지와 "세상을 사랑하고 이웃과 더불어 하나님이 보시기에 좋은 나라를 건설하겠다."라는 의지를 가지게 할 것이다. 수도권도시선교위원회를 통해서 가난하고 소외된 백성도 하나님의 해방사업에 참여할 수 있을 것이라고 우리는 확신한다.

수도권은 몇 달간의 준비 끝에 각 지역의 선교 실무자를 선정하였다. 나는 광주대단지를 맡았고, 남대문시장은 김동완, 송정동 뚝방 지역은 김진홍, 도봉동은 이규상, 인천 화수동은 전용환, 신정동은 김혜경이 맡게 되었다. 남대문시장을 제외하고는 모두 판자촌 지역이거나 판자촌 주민들이 정부의 철거정책에 의해 이주한 지역이었다. 남대문 역시 판자촌 지역과 인접해 있는, 도시 빈민들의 일터였다. 우리는 주민들의 기본적인 요구가 무엇인지 알아내는 것으로부터 활동을 시작했다.

필리핀 톤도에서 경험한 주민조직

1972년 1월, 나는 당시 CCA-URM 간사인 오재식 선생의 추천과 화이트 목사의 초청으로 필리핀 마닐라의 빈민촌인 톤도에 가게 되었다. 화이트 목사는 한국에서의 주민조직훈련을 마친 뒤 마닐라에서 같은 사역을 하고 있었다.

화이트 목사가 이처럼 아시아의 주민조직훈련을 하게 된 배경에는 '악포'(Asia Committee for People's Organization, ACPO)가 있었다. 악포는 1971년에 가톨릭의 아시아주교회의(Federation of Asian Bishops'

Conferences, FABC)와 개신교의 CCA-URM이 협의해서 만든 조직이다. 화이트 목사는 악풍의 지원을 받아 필리핀에서 주민조직훈련을 하고 있었다. 당시 필리핀의 훈련조직은 '페코'(PECCO)라고 불렀다.

마닐라로 가기 전, 나는 일본 도쿄에 있는 오재식 선생의 집에서 며칠간 머물렀다. 당시 CCA-URM 사무실은 도쿄에 있었다. 오 선생 집에 머물면서 나는 국내 상황과 필리핀 상황에 대한 여러 이야기를 들을 수 있었다. 떠나기 전, 오 선생의 부인인 노옥신 여사로부터 셔츠 한 벌을 선물로 받았다. 내가 한국에서 입고 온 셔츠는 겨울용 셔츠였다. 필리핀의 더운 날씨에 맞는 옷을 미처 준비하지 못한 것이다. 노 여사는 시장에서 옷감을 끊어다 내게 여름용 셔츠를 만들어주었다. 나는 그 옷을 입고 1972년 1월 5일 마닐라 톤도에 도착했다.

바닷가에 인접한 톤도는 케냐의 키베라, 브라질의 파벨라와 함께 세계 3대 빈민촌으로 불린다. 예전에는 어획량이 풍족하여 살기 좋은 곳이었다고 한다. 그러나 1954년부터 마닐라 각지에서 모인 쓰레기가 쌓이면서 척박한 환경이 되었고, 수많은 빈민들이 모여들면서 점차 거대한 빈민촌이 되고 말았다.

톤도에 도착한 나는 허름한 연립주택 1층에 짐을 풀고 곧바로 톤도 지역 주민조직인 'ZOTO'(Zone One Tondo Organization) 사무실로 갔다. 사무실에서는 동료들이 함께 식사를 하게 위해 나를 기다리고 있었다. 나무판자를 잘라 만든 식탁 위에는 밥이 담긴 커다란 그릇과 시래기를 삶아 넣은 카레처럼 생긴 큰 국그릇이 놓여 있었다. 식탁 중앙에는 찜을 한 작은 갈치도 놓여 있었다. 손님이 온다고 해서 특별히 차

ZOTO 사무실

린 것 같았다.

　그런데 짐을 풀고 오는 동안 온몸에 땀이 나서 옷이 다 젖어 있었다. 얼굴에서는 땀이 비 오듯 줄줄 흘러내렸다. 식탁에 둘러앉은 동료들도 내 모습과 다를 바 없었다. 그날 모인 동료들은 대여섯 명쯤 되었는데 남자도 있고, 여자도 있었다. 그들은 지역 주민대표이거나 ZOTO 직원 혹은 훈련생들이었다. 필리핀에서 있는 동안 나와 함께할 아주 중요한 사람들이었다.

　다 같이 기도를 하고 식사를 하려는데, 이 사람들이 식사는 하지 않고 전부 나만 쳐다보고 있는 게 아닌가. 내가 밥을 잘 먹을 수 있을까 염려하는 것 같았다. 사실 그 식사를 하는데는 용기가 필요했다. 동료들 앞은 물론 내 앞에도 숟가락, 젓가락이 없었기 때문이다.

다행히 밥그릇 옆에 큰 숟가락이 놓여 있어서 나는 그 숟가락으로 밥을 떠서 내 접시에 담고, 그 위에 카레처럼 보이는 멀건 국을 조금 담았다. 작은 갈치는 손으로 잡았다. 멀건 카레국에 만 밥을 오른손으로 뭉쳐 먹고, 왼손에 든 갈치는 조금씩 베어 물었다. 손으로 밥을 먹은 것은 그때가 처음이었다. 내가 망설이면 동료들이 곤란해할 것 같아서 나는 아무렇지도 않은 표정으로 식사를 했다. 그렇게 허겁지겁 밥을 먹다가 주변을 둘러보니 나만 양손으로 밥을 먹고 있는 게 아닌가. 다른 사람들은 모두 한 손으로만 음식을 먹고 있었다. 나는 갈치를 들고 있던 손을 슬며시 내리고, 한 손으로 밥을 먹기 시작했다. 땀 방울이 계속 접시로 떨어졌지만, 별로 개의치 않았다. 내가 별 내색을 하지 않고 식사를 하자 긴장한 듯 보이던 동료들의 표정도 조금은 풀어진 것 같았다. 톤도에 오기 전에 오재식 선생이 "거기서 식사를 할 때 어설프게 포크 찾고, 젓가락 찾지 마라."라고 한 말이 떠올랐다.

당시 톤도 중심지에는 약 3만 세대가 살고 있었는데 이 지역의 가장 큰 문제는 치안의 부재였다. 심지어 톤도에 사는 주민들도 밤이 되면 웬만해서는 밖으로 나가지 않았다.

톤도는 수도 마닐라에서 그리 먼 곳이 아니다. 그렇지만 마닐라에 있는 리잘 공원(Rizal Park)에서 택시를 잡아 톤도로 가자고 하면 기사 10명 중 3명은 대꾸도 없이 그냥 가버리고, 4명 정도는 "미안합니다. 무서워서 못갑니다."라며 거절한다. 3명 정도는 겁은 내지만 태워주기는 한다. 나도 일곱 번 정도 거절을 당한 후에 겨우 잡은 택시 안에서 이런 소리를 들었다.

"손님, 그곳이 어떤 곳인지 아십니까?"

"네, 알지요."

"그곳에 살아요?"

"네, 얼마간 살 겁니다. 그런데 왜 그러세요?"

"우리는 거기 무서워서 안 갑니다. 손님이 외국 사람이라서 할 수 없이 태워준 거예요."

"톤도가 그렇게 무서운 곳이에요?"

"아유, 말도 마세요. 거기는 잘못 갔다가는 강도한테 돈 뺏기는 곳이에요. 돈만 뺏기면 다행이지, 죽여서 그냥 바다에 던져버린대요. 그러면 시신도 못 찾아요. 살인 사건이 나도 수사도 안 하고요. 경찰들도 거기는 무서워할 걸요?"

나도 톤도에서 범죄가 일어나는 광경을 몇 번 목격한 적이 있다. 하지만 사람이 죽었는데도 범인을 잡은 것은 한 번도 보지 못했다.

당시 톤도 지역 주민대표의 회장은 트레니였는데, 그녀는 여걸로 불릴 정도로 활동적이었다. 부대표는 깡패조직에 있던 리프노라는 남자였다. 빈민촌이어서인지 아무래도 깡패조직에서 좌지우지하는 일이 많았다.

나는 주민조직을 하기 위해 우선 리프노를 만나야겠다고 생각했다. 마흔 살쯤 되어 보이는 리프노는 마을에서 재단사 일을 했다. 나는 매일 ZOTO 사무실이 아니라 리프노의 가게로 놀러 갔다. 가서 아이

스크림을 사주거나, 필리핀 맥주인 산미구엘을 사주면서 마냥 죽치고 앉아 있었다. 그러나 리프노는 먹을 것만 받아 챙길 뿐 아무런 말도 하지 않았다. 2주 정도 지나서야 그는 내게 한 마디씩 말을 걸기 시작했다. 말을 나누기 시작하자 점점 마음을 여는 것 같았다. 어느 날인가는 웃으면서 내가 입고 온 셔츠가 마음에 든다고 하길래 즉시 벗어주자 무척 좋아했다. 점차 친해지고 있는 상황에서 한번은 마닐라의 중심부인 마카티(Makati)에 함께 나가게 되었다. 내가 톤도에만 있으니까 가이드가 되어 시내구경을 시켜주겠다고 한 것이다.

마카티를 돌아다니는데 갑자기 경찰이 우리 앞을 막아섰다. 그러고는 다짜고짜 "달러 있느냐?"라고 물었다. 없다고 했더니 경찰이 리프노를 떠밀다시피 하면서 파출소로 데려갔다. 하는 수 없이 나도 같이 파출소로 갔다. 파출소에서 경찰이 또 "달러 있으면 내놓아라."라며 윽박질렀다. 그래서 내가 "달러는 없다. 그런데 왜 그러느냐?" 하고 물었다. 그러자 경찰은 리프노를 가리키면서 "이놈, 톤도에서 왔지? 이놈이 도둑놈일 수 있어서 그런다."라고 대답했다. 나는 "이 사람은 내 친구이고, 우리집 옆에 산다."라고 항의했다. 주춤대던 경찰은 "그래도 안 된다."라면서 리프노와 필리핀 말로 무슨 얘기인가를 주고받았다. 분위기를 봐서는 상황이 심상치 않게 돌아가는 것 같았다. 나는 경찰에게 다시 말을 건넸다.

"미안하지만 전화기 좀 빌리겠다. 친구에게 전화를 걸어야겠다."

"당신 친구가 어디에 있느냐?"

"막사이사이 빌딩에 있다."

"거기서 무슨 일을 하느냐?"

"아시아신문재단의 사무국장이다."

나는 마닐라에 아시아신문재단 일로 와 있는 홍승면 국장의 이름을 댔다. 경찰은 그제야 "당신은 그만 나가라."라고 했다. 그렇지만 리프노는 도둑이기 때문에 풀어줄 수 없다고 했다. 나는 화가 나서 "이 사람은 내 친구이다. 도둑놈이 아니다." 하면서 마구 소리를 질러댔다. 그러자 경찰은 도저히 안 되겠다 싶었는지 리프노를 풀어주면서 함께 나가라고 등을 떠밀었다. 그때가 오후 2시였다. 백주대낮에 그처럼 어이없는 일을 당한 것이다. 황당한 일을 겪긴 했지만, 덕분에 얻은 소득도 있었다. 그 일을 계기로 리프노와 더욱 가까워진 것이다. 리프노는 그날 이후 내 부탁이라면 토를 달지 않고 잘 들어주었다. 화이트 목사는 깜짝 놀라면서 어떻게 리프노와 친해졌느냐고 물었다. 나는 그냥 웃고 말았다.

경찰서에서 내가 이름을 댄 홍승면 국장과는 몇 번 만난 적이 있었다. 그는 내가 가끔 시내에 나가면 밥을 사주곤 했는데, 그때마다 "필리핀은 다 좋은데 사회안전망이 문제예요." 하고 말했다. 그래서인지 내가 살고 있는 톤도 지역에는 한 번도 온 적이 없었다. 그렇지만 톤도에 사는 동안 여러모로 그에게 많은 도움을 받았다.

한번은 김종필 씨가 대통령 특사로 여야 의원들을 대동하고 필리핀 대통령을 방문한 적이 있었다. 그때 야당의 박종률 의원이 나를 찾아왔다. 알고 보니 홍승면 국장이 "마닐라 톤도 지역이 우범지대인데도 한국에서 온 전도사가 거기에 있다."라고 말한 것이다.

위 오른쪽부터 화이트, 권호경, 비올리
아래 톤도 주민자치회의 모습. 맨 오른쪽이 리프노이다.

박 의원은 승용차 3대와 오토바이를 탄 필리핀 경찰 30여 명 등 50명이 넘는 수행원을 거느리고 나를 찾아왔다. 구경하기 위해 모여든 마을주민은 그 열 배는 넘어 보였다. 톤도 지역 일대가 떠들썩해진 것이다. 박 의원은 "홍승면 선생 말을 들으니 아주 위험한 지역에 한국 전도사님이 사신다고 해서 찾아왔는데, 이렇게 번거롭게 될 줄은 몰랐습니다."라고 하며 미안해했다. 나는 톤도에 머물 수 있는 시간이 그리 길지 않았기 때문에 어떻게 하면 주민조직을 세울 수 있을까를 고민하고 있었다. 그런데 박 의원이 찾아오는 바람에 모든 주민에게 내 신분이 노출되고 말았다. 그러나 한편으로는 긍정적인 면도 있었다. 아무튼 나는 공개적으로 주민을 조직화할 수밖에 없게 되었다.

그 무렵 마르코스 정부가 톤도 지역에서 주민들을 내쫓고 거기에 독일 자본으로 항구를 개발하려는 계획을 세우고 있었다. 당연히 주민들은 반발하고 나섰다. 톤도는 조상 대대로 살아온 땅인 데다 달리 갈 곳도 없었기 때문이다. 그 땅에서 쫓겨나는 것은 최후의 생존권을 빼앗기는 일이었다. 필리핀 정부와 기업들도 이 점을 알고 있었으나 개발에 혈안이 된 그들에게 주민들의 입장은 별로 중요하지 않았다.

내가 톤도에 가기 전인 1970년 11월, 마닐라를 방문 중이던 교황 바오로 6세가 톤도 지역을 방문했다. 화이트 목사와 필리핀교회 지도자들 중에 좋은 의도를 가진 이들이 필리핀의 대표적 빈민촌 주민들에게 희망을 심어달라고 바티칸에 호소한 결과였다. 가톨릭 국가인 필리핀에서 교황의 톤도 방문은 대단한 사건이었다. 교황이 톤도를 방문하자 마닐라 교구의 산토스 추기경을 비롯한 여러 주교도 함께 톤도 지역을 찾았다.

당시 교황 바오로 6세는 톤도 지역의 빈민촌을 목격하고 "교회가 이들을 위해 무엇인가 봉사를 해야 하지 않겠습니까?"라고 했고, 추기경은 "예, 해야지요."라고 대답했다고 한다. 그러자 모든 언론이 '교황과 동행한 산토스 추기경이 톤도를 위해 일하겠다고 대답했다.'라며 이 사실을 크게 보도했다. 그런데 산토스는 전시용으로 자기네들에게 필요한 복지회관만 한두 채 지어놓고는 1년이 지나도록 아무 일도 하지 않았다.

주민조직훈련을 하던 실무자들은 이 문제를 놓고 고민하고 있었는데, 내게 좋은 아이디어가 떠올라 제안을 했다. 마닐라에는 필리핀 가톨릭이 소유한 몬테디피다 은행이 있는데, 톤도에서 차로 가면 10분밖에 걸리지 않았다. 이 은행을 이용해 산토스 추기경을 움직여 보기로 한 것이다. 이 일을 위해 주민조직훈련 실무자들이 모여 계획을 세웠다. 훈련생 중에는 외국인이 두 명 있었는데, 나와 인도 캘커타에서 온 안델리 센이라는 교사였다.

"먼저 내가 몬테디피다 은행에 가서 15센타불로 예금통장을 만들고, 그 예금통장을 많이 복사한 뒤 각 지역 주민들에게 나누어준다. 그다음에는 주민 한 사람당 15센타불씩을 나눠주고 그들을 버스에 태워 은행에 데려가 통장을 만들게 하자. 버스는 10대 정도 대절하고, 한 버스에 30~40명의 주민을 태우자. 주민조직과 교육훈련은 내가 통장을 만들어 온 다음에 실시하자."

계획을 세우긴 했으나 걱정이 되긴 했다. 은행에서 통장을 만들어주지 않으면 어떻게 하나 하는 생각이 들었기 때문이다. 다음 날 나는 혼자 몬테디피다 은행에 갔다. 은행창구에 가서 15센타불을 내밀며 예금통장을 만들어달라고 하자 은행 직원이 내 얼굴을 쳐다보았다. 그리고 아무 말도 하지 않고 뒤에 있던 팀장에게 가서 이야기를 하면서 나를 가리켰다. 조금 있으니 다시 자기 자리로 돌아와 예금통장을 만들어주었다. 나는 통장을 쥐고 뛸 듯이 기뻐하면서 톤도로 돌아왔다. 그리고 그 통장을 많이 복사한 뒤 주민대표들에게 나누어주었다. 그런 다음 그들에게 앞으로 해야 할 일을 알려줬다.

"외국 사람인 나도 통장을 만들었다." "당신들은 돈을 저금해본 일이 있느냐?" "버스는 당신들이 살고 있는 동네 ○○장소에 대절해놓았다." "각 지역마다 아침 8시에 만나자." "그곳에 오면 모든 사람에게 15센타불을 줄 것이다." "이 돈으로 통장을 만들면 앞으로 계속해서 15센타불을 저금할 수 있게 돈을 나눠주려고 한다." "반드시 몬테디피다 은행에 입금해야 한다." "저금을 계속하면 이자도 생긴다." 이런 식으로 주민대표들에게 이야기하니 다들 좋아했다. 나중에 보니 이들은 평생 통장이라는 것을 만들어본 적이 없었다. 그래서 자신의 이름이 적힌 통장을 무척 자랑스럽게 생각했다. 처음에는 돈만 받고 은행에 가지 않겠다는 사람도 있었지만, 버스로 데려갔다 데려오겠다고 하니 나중에는 모두 가겠다고 했다.

마침내 약속한 날이 되었다. 아침 9시부터 톤도 주민들이 은행에 몰려들자 은행은 아수라장이 되었다. 입금하는 창구가 두 개밖에 되지 않아 나중에는 창구가 일곱 개로 늘어났다. 하지만 사람들이 너무

위 몬테디피다 은행 시위 전 선동하는 톤도 주민
아래 몬테디피다 은행 앞에서 시위를 하는 톤도 주민들

많아 줄이 줄어들지 않았다. 게다가 글을 모르는 사람까지 많아 통장을 만드는 데 시간이 꽤 걸렸다. 은행원들이 정신없이 일하다 말고 멍하니 앉아 있자 톤도 주민들이 통장을 만들어주지 않는다고 항의하기 시작했다. 하지만 그 많은 인원이 하루 만에 통장을 다 만드는 것은 무리였다. 그래서 다음 날 다시 오기로 하고 일단 철수했다. 다음 날 다시 가니 이번에는 은행에서 문을 열어주지 않았다. 그 뒤로 세 번이나 시도했는데 역시 마찬가지였다.

    은행 앞이 문전성시를 이루자 어디서 소식을 들었는지 신문 기자들과 방송국 기자들이 모여들어 취재하기 시작했다. 저녁 뉴스에서는 그날의 광경이 방송되었다. 다음 날 신문도 너 나 할 것 없이 대서특필했다. 신문을 보니 바르게 보도한 곳도 있고, 불순세력 운운하는 곳도 있었다. 신문과 방송에 보도가 나가자 평소 은행을 찾던 마닐라 주민들이 무서워서 은행에 오지 못했다. "무서운 톤도 사람들이 은행에 있다는 거냐?"라고 하면서 왔던 사람들도 다 가버렸다.

    우리 센터의 실무자 중에는 가톨릭교회의 빅트리시아 수녀, 유싱코 신부, 라방 신부 등이 있었다. 가톨릭교회 대표자들이 이들을 찾아 나섰으나 모두 피신해버리는 바람에 만날 수가 없었다. 그러다가 빅트리시아 수녀가 원장 수녀에게 가게 되었는데, 원장 수녀는 "당신이 원하는 자리는 무엇이든지 주겠다."라는 식으로 회유를 했다고 한다. 하지만 빅트리시아 수녀는 이런 사실까지 신문과 방송에 전부 공개해버렸다. 그러자 빅트리시아 수녀에게 다른 제안이 들어왔다. 훈련센터에 있는 빅트리시아 수녀나 유싱코 신부, 라방 신부 중에 누구라도 나와 은행 매니저와 공개토론을 하자는 것이었다. 이에 빅트리시아 수녀는 "우린 이 문제와 관련해서는 아무 자격이 없다. 공개토론을 하려면 주민대표와 하라."라고 했다. 그러자 은행 쪽에서 "그렇다면 방송에서 주민대표와 공개토론을 하자."라며 다시 제안을 해왔다.

그런 와중에 긴급히 한국으로 돌아가야 할 상황이 생겼다. 6개월을 약속하고 갔는데, 3개월 만에 떠나게 된 것이다. 그렇지만 나는 톤도 지역 주민들의 행동을 통해 많은 것을 배울 수 있었다. 4월 1일, 나는 감사한 마음을 안고 톤도를 떠났다.

한국에서 이후의 소식을 들었다. 주민대표와 산토스 추기경, 은행 매니저가 함께한 TV 공개토론이 이루어졌는데, 방송 후에 톤도 지역을 위해 가톨릭교회가 나서야 한다는 여론이 형성되었다는 것이다. 교황이 톤도를 방문했을 때 한 산토스 추기경의 약속이 공개되자 여론이 톤도 지역 주민들의 편에 서게 된 것이다.

언제나 그렇듯이 가난한 사람들이 많이 모이고, 그들의 함성이 터져 나오면 하나님의 역사가 있게 마련이다. 지금 생각해도 그날 몬테디피다 은행 앞에 모여든 군중 속에는 하나님의 역사가 있었다. 그러나 시간이 흐르면서 안타깝게도 주민들이 갈라져 더는 힘을 낼 수 없었던 모양이다. 필리핀 정부와 기업은 결국 톤도 지역에 항구를 개발했다. 그 후 일부 주민들만 그곳에 작은 집을 짓고 살게 되었고, 거기서 쫓겨난 대부분의 판자촌 주민들은 톤도 항구 주변에 다시 판자촌을 짓게 되었다. 지금은 그 당시보다 훨씬 더 큰 판자촌이 형성되고 말았다.

그러나 분명한 것은 당시 그 판자촌 주민들이 엄청나게 성숙했다는 점이다. 정치적으로 각성한 결과 삶의 태도와 생각이 달라진 것이다. 나는 요즘도 가끔 그곳을 방문하는데, 그때 이야기만 나오면 통도 주민들이 너무도 당당하고 자랑스럽게 생각하는 것을 느낄 수 있다. 그들의 삶은 여전히 가난하지만 그 경험의 기억을 안고 있는 한, 그 전과 같은 판자촌 주민일 수는 없다.

성남 주민교회

수도권 주무간사인 나는 광주대단지의 실무를 맡았다. 그곳은 내가 1970년 8월 한 달 동안 학사단과 활동을 한 곳이자 광주대단지 폭동이 일어나기 전, 한 주민이 도움을 구하기 위해 만나자고 했을 때 가지 않은 나의 비겁함을 반성한 곳이기도 했다. 톤도에서 돌아온 1972년 4월, 나는 수도권 실무자로 그곳에 내려갔다.

광주대단지는 8·10사건 이후 시로 승격되어 성남시로 불리고 있었다. 나는 먼저 주민지도자를 발굴하는 일에 중점을 두었다. 주민들을 만나 그들의 어려움과 필요를 듣는 일에 집중했다. 그러는 동안 주민지도자로 일할 만한 사람들이 눈에 보이기 시작했다. 여러모로 인연이 있는 장동원 씨는 주민지도자로 적합한 인물이었다.

주민을 조직하려면 편하게 만날 수 있는 장소가 있어야 했다. 그래서 1972년 5월에 KNCC로부터 5만 원을 지원받아 성남시 수진동에 20평짜리 블록집을 하나 구해서 '주민교회'라고 이름 붙였다. 주민교회라는 이름은 조승혁 목사의 아이디어였다. 조 목사는 알린스키가 세운 IAF(Industrial Area Foundation)에 훈련을 받으러 갔을 때 '피플스처치'(People's Church)를 방문했다. 피플스처치는 시카고의 가난한 지역에 세워진 교회였는데, 여기에 많은 사람이 모이는 것을 보고 조 목사가 큰 은혜를 받았다고 한다. 나중에 내가 "왜 이름이 주민교회냐?"라고 물었을 때 조 목사는 이 이야기를 들려주었다. 나도 주민교회라는 이름이 좋았다.

사실 주민교회를 세운 것은 주민들과 접촉을 쉽게 하기 위한 방편이었다. 예배를 드리는 공간보다는 주민조직을 하기 위해 필요한 공간으로 활용할 목적이었다.

서울제일교회 전도사인 나는 주일에는 서울제일교회에 갔지만 주로 중부시장 노동자들과 형제의 집 일에 집중했다. 그래서 월요일에는 다시 성남으로 내려와 주민교회에서 예배를 드렸다.

주민교회는 주민들과의 만남을 통해 그들에게 절박하게 필요한 것이 무엇인지 확인할 수 있었다. 그중에서도 병원 문제가 가장 시급했다. 당시 주민들은 아프거나 병이 들어도 쉽게 병원을 갈 수 없는 형편이었다. 그러나 병원을 세우는 과정은 주민들의 광범위한 참여가 필요한 부분이었다. 이는 주민조직이 자연스럽게 이루어질 수 있는 계기가 되었다.

그동안 눈여겨본 주민지도자들과 함께 '성남주민병원설립추진위원회'를 조직하였다. 위원장은 장동원, 부위원장은 김칠봉과 김경두, 총무는 신광호가 맡았다. 우리는 병원 설립을 위해 주민들의 자발적

참여를 유도했다. 먼저 병원 설립에 관한 진정서를 작성했다. 이 지역에 꼭 필요한 것이 병원이라는 점을 강조하고 주민들의 서명을 받았다. 주민들의 호응은 좋았다. 서명지를 받아서 이웃에게 돌려가며 자발적으로 사인을 받아왔다. 그리하여 총 8,000여 세대가 서명을 했다. 우리는 이 진정서를 관계 당국 및 사회 각 단체에 보냈다.

또 한편으로는 의료협동조합을 조직해 주민보건원을 설립하기 위한 작업도 추진했다. 질병을 예방하기 위한 주민보건원은 의료혜택을 받을 수 없는 이 지역의 가난한 사람들에게 꼭 필요한 것이었다. 우리는 빈민들의 질병 예방과 치료에 관심이 있는 의사들을 중심으로 '주민보건원설립준비위원회'를 조직했다. 준비위원회는 김일순(연세대 의대 예방의학 교수), 장기려(부산 복음병원장), 최태사(서울 일심의원 원장), 박태근(연세대 의대 예방의학교실), 박형규(수도권 위원장), 오재길(목축업 종사자), 조승혁(수도권 총무)으로 구성되었다.

성남주민병원을 마련하기 위한 준비 작업도 착착 진행되었다. 성남주민병원설립추진위원회는 병원을 세우기 위해 성남출장소(성남 지역 개발을 위해 필요한 업무를 담당했던 행정기관)와 접촉하였다. 성남출장소는 1964년에 광주대단지 개발에 대비해 광주군 직할 출장소로 바뀌었다가 광주대단지사건 이후인 1972년에는 시 승격에 대비하여 경기도 직할 출장소로 변경되었다. 관계 행정기관과 얘기가 된 뒤 이번에는 병원 대지를 마련하기 위한 모금을 시작했다. 이 문제에 대해 관심 있는 사람들의 호응과 성원으로 모금은 순조롭게 진행되었다. 보건원설립준비위원회의 도움으로 성남주민병원에서 치료를 담당할 의사도 정해졌다. 병원 개원을 위한 성남출장소와의 협의도 잘 이루어졌다. 대지만 확보되면 우선 모자보건소부터 개원하기로 합의를 봤다.

그러나 모든 이러한 활동이 일시에 중단되는 초유의 사태가 벌어졌다. 그것은 10월 17일에 선포된 비상계엄령, 즉 10월 유신이었다. 국회를 해산하고 정치활동을 금지하는 초헌법적인 10월 유신으로 인해 주민들의 활동도 제약을 받게 되었다. 성남주민병원을 설립하기 위한 모든 활동도 일거에 멈춰야 했다.

성남뿐만 아니라 주민 진료시설을 세우기 위해 준비 중이던 금화아파트 지역에서의 활동도 모두 중단되었다. 이곳은 내가 주민조직훈련 3기생일 때부터 관여해온 곳으로, 시청 앞 광장 시위 때에도 이 지역 주민들의 주동적인 활약이 빛난 곳이다. 수도권은 이 지역의 주민 지도자인 진산전 씨와 손잡고 주민조직을 위한 노력을 해오고 있었다. 금화 지역 주민들은 1972년 4월부터 지역개발위원회를 조직하고, 5월부터는 간이진료소 설립을 추진하기 위해 주민위원회를 조직했다. 이 지역 주민들은 주민위원회에 적극적인 지지를 보내주었다. 그동안 주민조직운동의 성과와 활약에 신뢰를 보내준 주민들은 진료소 설립을 위해서도 적극 나섰다.

'진료소설립추진위원회'는 KNCC 애육위원회로부터 가족계획사업에 대한 지원을 받았다. 또 생명경외클럽으로부터는 의사 지원을 약속받았다. 또한 이 지역 교회들의 협의체인 '금화아파트선교위원회'의 주선으로 정동교회와 접촉하여, 교회 건물 내에서 진료를 받을 수 있도록 허락을 받았다. 모든 일이 순조롭게 진행되는 듯 싶었으나 10월 유신으로 모든 활동이 중단될 수밖에 없었다. 그 후 1973년 4월부터 진산전 씨와 주민들은 다시 이 지역의 진료소 설립을 추진하였지만, 부활절연합예배사건으로 나와 박형규 목사가 구속되고, 수도권의 실무자들과 진산전 씨가 조사를 받게 되면서 다시 중단되었다.

이 외에도 수도권은 송정동 뚝방에 활빈교회를 세워 구호활동을 하던 김진홍 목사와 관계를 맺고 주민조직활동을 했다. 남대문시장에도 김동완 목사가 실무자로 들어갔다. 그는 합숙소를 얻어 막노동자들과 함께 생활하면서 직접 장사도 하고, 날품팔이도 하면서 남대문시장의 실태를 조사했다. 또한 시장 상인들로 구성된 속회를 조직하고, '새마음교실'이라는 야학을 개설하였으며, 금요일마다 노동자들의 모임도 열었다. 하지만 10월 유신 직후에는 합숙하던 동료가 이러한 활동을 의심하는 일이 벌어졌다. 김동완 목사의 주민조직활동을 반(反)국가활동으로 본 것이다. 그 일로 김 목사는 합숙소에서 나오게 되었지만, 그 후로도 남대문시장과 계속 연결 고리를 갖고 있었다. 한편 수도권은 1973년 1월 13일에 이해학 전도사를 성남 주민교회로 파송했다. 이 전도사는 주민병원 설립을 계속 추진하였고, 진료사업을 계속하기 위해 '주민의료협동조합'을 창립하였다.

수도권은 주로 주민들이 당면하고 있는 문제가 무엇인지를 먼저 파악했다. 지역 실태를 조사하는 것은 단순한 현장조사가 아니었다. 현장에 같이 살면서 지역 주민이 겪는 문제와 경험을 같이 겪고 느꼈다. 다만 활동가들은 거기에 더해 그 문제를 분석했다. 주민 각자가 개별적으로 느끼는 문제를 해결해주는 것이 아니라 그러한 개별적 문제에서 출발하여 주민 모두에게 당면한 과제가 무엇인지를 찾아내는 것이었다.

지역에 들어간 활동가들은 주민들의 문제를 해결해주는 사람은 아니었다. 사실 그럴 힘도 없었다. 지역 주민들의 문제는 오로지 주민 스스로 행동할 때 문제 해결의 실마리를 찾을 수 있는 것이다. 활동가들은 이러한 주민들 곁에서 그들이 힘을 받을 수 있도록 불쏘시개 역할을 했다. 활동가들의 일은 주민들이 힘을 받아 일어설 수 있는 요구가 무엇인지를 파악하는 것이었다. 그런 점에서 수도권이 출범한 당시인 1972년에는 보건소나 병원 설립이 주요했다. 그것은 무엇보다 많은 주민의 관심사였다. 또한 활동가나 주민지도자가 활동하는 데 있어 주민들의 거부감이나 관계 당국의 경계를 완화시킬 수 있는 일이기도 했다. 게다가 의료시설을 설립하는 등의 활동은 외부의 자원이 꼭 필요한 일이다. 의사나 재정에 도움을 줄 수 있는 독지가 등을 조직하고 이들을 동원하는 일은 비교적 성공적이라는 평가를 받았다.

수도권 재정비-답십리센터

10월 유신 이후 우리는 새로운 선교전략을 고민해야 했다. 그동안 분산된 활동을 좀 더 집중해서 해야 할 필요가 있었다. 필리핀 톤도 지역에서는 'ZOTO'라는 이름으로 톤도 공동체를 이루어 집단적으로 활동하고 있었는데, 나는 그것을 보며 같이 살면서 활동하는 것이 중요하다는 생각이 들었다.

우리는 1972년 11월부터 김동완, 이규상, 전용환, 김혜경, 김영일, 허병섭, 모갑경, 이철용, 황인숙, 서기태, 이해학, 정진영, 손학규, 유문자, 김진홍 등의 활동가들과 청계천 지역인 답십리동에서 집중적인 활동을 펴 나갔다. 먼저 동대문구 답십리 4동에 판자집을 전세 내어 다 같이 합숙하며 지내기로 했다. 이곳은 이후 '답십리센터'로 불리게 된다. 답십리센터는 활동가들의 근거지였으며, 목회자나 신학생, 학생들을 빈민 지역과 연결시키는 역할을 했다.

실무자들은 청계천 지역을 4개 구역으로 나누어 담당하기로 했다. 제1지구는 이규상, 제2지구는 송창영, 제3지구는 이규상과 김혜경, 제4지구는 손학규가 맡았다. 김동완은 전체 지역을 총괄하였고, 나는 훈련총무를 맡았다.

답십리센터에서도 우리는 지역의 실태조사부터 시작했다. 하지만 10월 유신 이후 경직된 사회 분위기 때문에 실태조사는 좀 더 전략적인 차원에서 이루어져야 했다. 우리는 지역 내 아동의 교육실태를 파악하기 위해 호별조사를 한다는 점을 내세웠다. 아동의 교육환경을 조사하는 것에는 누구도 거부감이 없었기 때문이다.

그런데 조사과정에서 이상한 점이 발견됐다. 의무교육을 받아야 할 많은 아이들이 학교에 가지 않고 길에서 놀고 있는 것이었다. 육성회비를 낼 돈이 없어서 학교에 가지 못한다고 했다. 그래서 김화곤 훈련실무자가 지역 아이들의 육성회비 납부 실태를 조사했다. 마침 이 지역에 서울시 교육위원회 직원이 살고 있어서 이 직원의 도움을 받

1970년대 청계천 판자촌 모습

수도권 식구들과 관련 있는 청계천 아이들

아 육성회비에 관한 시교육위원회 규칙을 입수하여 검토해보았다. 그리고 여기서 어느 학교나 극빈 학생은 육성회비를 내지 않아도 된다는 사실을 알게 되었다. 신답국민학교에 가서 알아보니 모든 학생이 똑같이 육성회비를 내고 있었다. 학교 측에 항의를 하자 교사 측에서는 "우리도 어쩔 수 없다. 아이들이 옷 입는 것을 보고 대충 육성회비를 내게 한다."라고 대답했다. 물론 청계천 지역에도 잘사는 사람들이 있었다. 차를 몇 대씩 가지고 있는 집도 있고, 판자촌 집을 여러 개 사서 세를 놓는 집도 있었다. 그렇지만 그런 사람들은 극히 소수였다. 그런데도 모두 똑같이 육성회비를 내는 것은 말이 되지 않았다.

우리는 이 사실을 학부모들에게 알렸고, 30여 명의 학부모들은 '육성회비대책위원회'를 조직하였다. 이들 중 몇 명이 대표로 신답국민학교 교장을 찾아갔다. 그러자 교장은 다시 조사하여 다음 학기부터는 육성회비를 감면하겠다고 약속했다. 교장은 그렇지만 자신이 모든 결정권을 가지고 있는 것은 아니라고 했다. 학부모들은 다시 서울시 교육위원회에 진정서를 냈다. 이 일이 알려지자 더 많은 학부모들이 학교를 찾아가 자신들의 생활환경을 알렸다. 결국 진정서를 낸 학부모들은 육성회비를 감면받을 수 있었다.

이러한 일을 통해 학부모들은 처음으로 아이들에게 무상으로 교육을 받을 권리가 있고, 그것에 대해 미안해하지 않아도 된다는 사실을 알게 되었다. 그들은 육성회비를 내지 못할 경우 선생님에게 미안해서 학교에 보내지 않으려고 했다. 의무교육이 무엇인지 제대로 알지 못했기 때문이다.

그런데 우리가 집집마다 다니면서 조사를 할 때 우리를 고발하는 사람들이 있었다. 알아보니 우리가 들어간 청계천 지역에 다섯 가구당 한 명씩 정보원이 있었다. 정보기관에서 심어둔 사람들이었다. 그들은 주민들이 무엇을 하는지 일거수일투족을 정보기관에 보고했다. 반상회를 만들어서 주민들과 회합하는 자리를 갖게 했지만, 반장이 정부로부터 3만 원씩 받으며 주민들의 상황을 보고하기도 했다. 마치 북한처럼 주민이 주민을 감시하는 것이었다. 독재체제 아래에서 주민들을 감시하고, 통제하려고 하는 것은 북한이나 남한이나 다를 바 없었다.

이와 같은 상황은 빈민조직 선교운동을 하려는 우리의 힘을 빠지게 했다. 민중의 의식화와 조직화를 통한 빈민조직 선교운동은 국민의 기본권이 박탈되고 정치적 자유가 없는 독재정권 아래에서는 도저히 불가능했다. 그런 이유로 빈민조직 선교를 하기 위해서는 정치적인 개입도 필요하다고 생각했다. 대부분의 수도권 실무자들은 이와 같은 의견에 뜻을 같이했다. 하지만 총무인 조승혁 목사는 "주민조직을 하는 사람은 정치 개입을 하면 안 된다."라고 주장했다. 그것은 물론 맞는 말이었다. 그러나 당시에는 그 말이 들리지 않았다. 결국 조 목사는 총무직을 내려놓았다. 오랜 세월이 지나 우리가 자신을 내쫓았다고 쓴 조 목사의 글을 보았는데, 사실은 우리가 말을 듣지 않자 어쩔 수 없어서 나간 것으로 나는 이해한다.

나는 수도권 주무간사로 오랫동안 일하다가 훈련총무를 하게 되었다. 훈련총무로서 나는 답십리센터의 실무자들을 훈련시켰다. 훈련생은 판자촌을 잘 알아야 하기에 우선 그 지역에 들어가 살아야 했다. 판자촌 주민조직훈련의 교과서는 판자촌 자체였다. 훈련생은 판자촌을 돌아다니면서 주민들과 대화하고, 그 대화를 통해 그 지역의 힘의 구도를 파악해야 했다.

    나는 훈련생들에게 판자촌을 몇 번이고 그려보게 했다. 판자촌을 공부하고, 그 공부한 것을 토대로 판자촌의 생태학적 지도를 그리게 했다. 어느 판자촌에 몇 세대가 살고, 어느 판잣집에 사람이 잘 모이는지 등을 정리하게 한 것이다. 심지어 주민들의 성격까지 기록하게 했다. 그래서 어떤 훈련생은 보따리장사를 하면서 집집마다 방문하기도 했다. 신답국민학교 육성회비 건과 같이 주민들과 공감대를 이룬 일이 있으면 주민카드를 만들게 했다. 당시 청량리 방향으로는 집창촌이 있었는데, 그 지역도 실무자들에게 몇 동씩 분리해 주면서 접촉하고 주민카드를 만들라고 했다. 조직가는 해당 지역의 내·외적 정보를 비롯하여 주민 개개인의 정보까지 전부 가지고 있어야 하기 때문이다. 이 정보는 물론 공동의 선, 주민조직을 위해서만 사용되어야 하고, 이 경우에도 개인의 사생활은 절대 보호해야 한다는 사실을 훈련생들에게 강조하고 주지시켰다.

    훈련생들은 매일 하루의 생활을 육하원칙에 따라 기록하고, 필요한 경우 그것을 자기가 그린 지역 지도에 추가했다. 나는 훈련생들이 항상 지역 지도를 보고 자기 행동을 반성하며 다음 날 실천할 일들을 계획하게 했다. 이러한 과정이 무엇보다 훈련생 자신을 조직적으로 다듬어가는 데 도움이 된다고 믿었기 때문이다. 훈련생들이 작성한 행동기록을 가지고 나는 매주 그들과 대화를 나눴다. 이 대화를 통해 현실을 직시하는 통찰력을 기르고, 문제의식을 가지고 사물을 보게 했다. 또 사건을 만들어내고, 사건 해결도 해야 했다. 무엇보다도 서로 배우면서 잘못된 것은 스스로 수정해 나갔다.

훈련생은 어떤 주민을 만나더라도 상황에 맞게 그 주민에 대한 이해관계를 가지고 거침없이 대화할 수 있어야 했다. 주민과 일치의식을 가져야 그 주민의 신뢰를 얻을 수 있기 때문이다. 또한 언제나 말보다는 실천적 행동이 빨라야 했다. 그래서 깊은 생각없이 행동만 앞서는 것은 일을 그르칠 수 있음을 늘 상기시켜 주었다.

이 밖에 주민, 학생, 젊은 목회자들의 단기훈련도 실시했다. 또 판자촌에 관심이 있는 교육학, 사회학, 신학 등을 전공한 교수들을 현장에 초대하여 자극과 협력을 받는 프로그램도 실시했다. 이때는 정보기관의 눈을 피하기 위해 성경공부를 한다는 명목으로 장소를 교회로 잡았다. 나는 한신대에서 인연을 맺은 교수들을 초청해 성경공부를 한다고 해두고, 주민조직에 관한 회의를 하곤 했다.

주민조직운동의 현장은 우리가 배울 수 있는 터전이었다. 우리는 주민들의 삶에서 많은 지혜를 배웠다. 주민들이 사건들 속에서 의식화되고 조직화되어 희망을 품고, 때로는 스스로 문제를 해결해가는 모습을 볼 때마다 무척 자랑스러웠다. 무엇보다 하나님께서 이들과 함께하신다는 사실에 감격했다.

6
유신체제에 반기를 들다

유신체제 감시 아래 선 빈민선교

시대의 어둠은 계속되고 있었다. 5·16군사쿠데타로 정권을 잡은 박정희는 정치적 야욕을 노골적으로 드러내며 1969년 3선개헌과 1971년 위수령을 발동하더니, 마침내 1972년 10월 17일 비상조치를 발표하면서 영구집권을 위한 유신체제 구축에 들어갔다. 10월 유신체제 아래에서 이 땅의 민주주의는 설 곳이 없었다. 국민들은 헌법이 보장한 기본적인 언론의 자유, 출판의 자유, 집회 및 신고의 자유, 결사의 자유를 누리지 못했다.

이러한 상황에서 수도권의 빈민선교 사역도 제대로 하기가 어려웠다. 청계천 판자촌에 다섯 가구당 한 명씩 정보원이 있다는 유언비어는 곧 사실로 드러났다. 수도권 실무자들이 판자촌 주민들을 만나고 오면 즉시 기관원들이 찾아와서 어디에 갔었는지, 누구를 만났는지 일일이 캐묻는 일도 다반사였다. 그러니 주민조직운동은 도저히 할 수가 없었다.

반상회가 본격적으로 등장한 것도 이때였다. 반상회는 행정단위의 최하위 조직인 반을 구성하는 가구의 대표자들이 주로 친목을 도모하거나 공동의 안건을 토론하기 위해 매월 정기적으로 갖는 모임이다. 반상회라는 이름으로 주민조직이 처음 생긴 것은 1917년이었다. 반상회는 원래 일제가 조선인을 통제하기 위해 만든 기구였다. 박정희 정권은 1976년 정례 반상회의 날(매월 25일)을 정하여 본격적으로 반상회를 열게 했는데, 이 반상회는 당시 주민들을 감시하는 수단으로 작용했다. 전국적으로 활성화된 반상회에서는 자연스럽게 주민들의 생활을 보고하고 감시할 수 있었다.

이렇게 한국 사회가 경직되어 가고, 사회가 혼란스러워지는 데도 억압의 사슬에 매인 언론은 재갈을 문 듯 침묵했다. 학생들이 데모를 해도, 고려대 정문 앞에 탱크가 진을 치고 있어도, 서울시청 앞 광장을 꽉 채운 시민아파트 주민들이 골조공사비 일시불 상환 절대 반대를 피눈물 나게 외쳐도 별로 관심이 없었다. 광주대단지에서 최소한의 생존권을 요구하면서 몇만 명의 주민이 들고일어나도 취재하지 않거나, 사실관계를 제대로 밝히지도 않고 폭도들의 난동이라고 치부해버렸다.

남산 부활절연합예배

이러한 상황에서 한국교회가 17년 만에 부활절연합예배를 남산 야외음악당에서 드리게 된 것은 성령의 역사라 할 수 있다. 부활절연합예배는 1946년 해방의 기쁨을 안고 전국의 교인들이 다 함께 모여서 같이 드리던 예배였다. 그런데 한국전쟁 이후로는 에큐메니컬 측(KNCC)은 배재고등학교 교정에서, 복음주의 측은 덕수궁 중화전에서 따로 부활절예배를 드리고 있었다. 나는 1973년에 열리는 부활절연합예배를 하나님이 주신 기회라고 생각했으며, 이를 바르게 활용하는 것이 우리의 책임이라고 느꼈다.

1972년 2월 KNCC 총회에서 김관석 목사의 재임이 결정된 후 나는 인사 차 김 목사를 찾아갔다. 그는 나를 굉장히 반겼는데, KNCC와 보수 측인 대한기독교연합회(DCC)가 다음해에 부활절연합예배를 함께 드리게 된 것을 자랑하고 싶었기 때문이다.

김관석 목사는 오래전부터 자신의 집을 사랑방 삼아 뜻맞는 사람들과 같이 식사하고 대화하기를 즐겼다. 외국에서 손님이 오면 늘 사람들을 불러다가 같이 만나서 편하게 이야기하게 해주었다. 김 목사의 자택 사랑방에는 일본의 오재식 선생, 캐나다의 이상철 목사, 미국의 이승만 목사와 손명걸 목사뿐만 아니라 미국의 하비, 독일의 슈나이츠 등도 자주 드나들었다. 이렇게 외국에서 손님이 올 때 모이는 사람들은 박형규 목사, 김상근 목사, 이경배 선생, 이재정 신부, 박경서 박사, 박상증 목사 등이었는데, 나는 그들에 비해 나이는 어리지만 자주 그 자리에 참석했다. 우리의 대화 주제는 주로 민주화나 인권에 관한 것이었다. 사실 나로선 그 자리가 여간 부담스러운 게 아니었다. 김관석 목사나 박형규 목사는 비슷한 특징을 가지고 있는데, 두 사람 모두 이래라 혹은 저래라 지시하지 않는다는 것이다. 하지만 나에게는 그런 자리에 나를 부르는 이유가 '젊은 사람이 행동에 나서야지.'라고 하는 무언의 메시지처럼 느껴졌다.

나는 김동완 목사(당시 반석교회 전도사)를 만나 부활절연합예배 소식을 전하면서 그동안 품어온 생각을 말했다.

"김 전도사, 우리의 현실이 참으로 암담하기 이를 데 없다는 생각이 든다. 무슨 일이 일어나도 언론은 입도 뻥긋하지 않잖아? 이러니 우리가 가만히 있을 수 없지 않겠어? 뭐라도 해야 할 것 같아. 그런데 마침 김관석 목사님으로부터 부활절연합예배가 열린다는 소식을 들었어. 오랜만에 열리는 연합예배라 사람들이 많이 참석할 것 같아. 우리가 처한 현실을 그날 모인 사람들에게라도 알리면 어떨까 싶어. 그래서 말인데, 우리가 이 부활절연합예배를 활용하면 어떨까? 지금 우리나라가 처한 현실을 최대한 바르게 고발해보자는 거지. 그런데 이 일에 수도권이 나서게 되면 수도권의 존재 자체가 흔들릴 수도 있을 거야. 무조건 수도권의 피해는 최소화해야 하거든. 수도권 외에 이 의견에 동참하는 사람들이 분명 있을 거야. 필요한 인원은 다른 데서 채우고, 우선 수도권에서는 나 혼자만 이 계획에 참여할 생각이야."

평소 정부에 대해 나와 비슷한 생각을 하고 있던 김동완 목사는 이 계획에 흔쾌히 동의했다. 어려움이 따를 것이고, 고난을 겪게 될지도 모르는 일에 선뜻 나서준 김동완 목사가 참 고마웠다. 지원군을 얻게 되자 나는 좀 더 구체적으로 할 일들을 구상해 나갔다.

나는 우선 부활절연합예배의 대회장을 맡은 유호준 목사를 찾아갔다. 처음 만난 자리였지만 용기를 내어 부활절연합예배 때 우리가 기도 제목 열 개를 준비할 테니 행사장에 걸게 해달라고 부탁했다. 하지만 유 목사는 일절 대꾸하지 않았다. 어느 정도 예상은 했지만 내심 기대한 것도 사실이었다. 실망스러웠으나 어쩔 수 없이 우리끼리 해야 했다. 그런데 나중에 생각해보니 유 목사가 정보원들에게 내가 찾아와서 이런 이야기를 했다는 것을 알리지 않은 것에는 고마운 마음이 들었다. 유 목사에게도 정보를 캐내기 위해 정보원들이 상주해 있었을 텐데 말이다. 만약 유 목사가 정보원들에게 내가 한 이야기를 전했다면 일을 시작하기도 전에 나는 잡혀가고 말았을 것이고, 계획은 허사로 돌아갔을 게 분명했다.

유 목사에게 거절당한 후 나는 내가 연결할 수 있는 인맥을 찾아 나섰다. 수도권 사람들은 제외해야 했으니 다른 쪽에서 이 계획을 발설하지 않을 만한 사람을 찾아야 했다. 그때 진산전 씨가 떠올랐다. 그는 내가 금화아파트에서 활동할 때 함께 일을 했고, 또 믿을 만한 사람이었다. 그런데 내가 나서면 수도권이 위험해지니 중간에 다른 사람으로 하여금 주민들에게 동참하자는 말을 하게 할 계획이었다. 중간 다리 역할을 해줄 사람으로 생각한 것은 남삼우 씨였다. 오재식 선생은 KSCM에서 그를 만났는데, 나에게 생각이 바른 젊은이라며 소개해주어 알고 지내는 사이였다. 나는 남삼우 씨가 진산전 씨를 잘 안다는 사실 또한 알고 있었다. 진산전 씨는 자치운영위원회 회장으로 서울시청 앞 광장 시위에서 조직 능력을 발휘한 사람이었다. 나는 남삼우 씨를 만나 이번 부활절연합예배에 많은 사람이 모이니 이 기회에 참석자들에게 독재정권의 실상을 알리고, 기도를 부탁하자고 말했다. 그리고 조직활동에 경험이 있는 진산전 씨를 동원하면 좋겠다는 의견을 덧붙였다. 당시 남삼우 씨는 1971년 5월 제8대 국회의원 입후보자 공천과정에서 탈락하자 국민당을 나와 무언가 의미 있는 일을 해보려고 하고 있었다. 그 역시 독재정권에 염증을 느끼고 있던 차라 우리는 쉽게 의기투합할 수 있었다.

우리는 즉시 그의 형님 집으로 가서 밤새도록 연구하여 기도 제목 열 개를 만들었다. 기도 제목은 "박정희 대통령을 불쌍히 여기소서"로 하고 싶었으나 용감하지 못하게 "주여, 어리석은 왕을 불쌍히 여기소서"로 정했다. "선혈의 피로 지켜온 땅 공산당이 웬 말인가"는 당시 이후락 중앙정보부장이 비밀리에 북한에 다녀온 사실을 노린 문구였다. 혹시 발각되면 공산주의자로 매도당하지 않게 넣은 것이다. 그 외에는 "서글픈 부활절 통곡하는 민주주의" "사울 왕아, 하늘이 두렵지 않느냐" "꿀먹은 동아일보 아부하는 한국일보" "회개하라, 이후락 중앙정보부장" "민주주의 부활은 대중의 해방이다" 등으로 정했다. 또 1973년 3월에 업무상 횡령 등의 혐의로 구속된 전 수도경비사령관 윤필용을 언급하는 것이 좋을 것 같아 "윤필용 장군을 위해 기도합시다"도 추가했다.

플래카드 제작은 남삼우 씨가 맡는다고 해서 그에게 일임했다. 플래카드는 광목 10m짜리로 열 개를 만들기로 했다. 남삼우 씨는 진산전 씨를 통해 플래카드를 제작해서 예배가 끝난 후 단상 주변에 펼쳐 많은 사람이 볼 수 있도록 계획했다.

전단을 맡은 나는 김동완 목사를 만나 학사단이 활동을 잘하니 학사단 단장인 나상기 씨와 만나서 얘기를 해보라고 했다. 오랜 시간 만나서 이야기를 하려면 여관이 좋겠다 싶어 없는 돈을 털어 숙박료를 건네주었다. 내 제안대로 김동완 목사는 서울제일교회 옆에 있는 수향여관에서 나상기 씨와 만나 하룻밤을 같이 지내며 이야기를 나누었다고 한다. 그날 밤 나상기 씨는 이 계획에 동참하기로 하고, 전단에 넣을 내용과 앞으로 어떤 일을 맡아 할지를 김동완 목사와 의논했다. 내가 김동완 목사에게 플래카드의 내용을 미리 알려주었기 때문에 전단에 들어갈 내용을 정하는 데는 그리 오래 걸리지 않았다.

전단에는 간단한 구호만 넣기로 하고, 그 내용은 "회개하라, 때가 가까왔느니라" "회개하라, 위정자여" "주여, 어리석은 왕을 불쌍히 여기소서" "화 있을진저 위정자여" "국민주권 대부받아 전당포가 웬 말이냐" "주님의 날이여, 어서옵소서. 73년 부활주일 새벽에" 등 성경적인 표현을 중심으로 했다. 또 "회개하라, 이후락 중앙정보부장" "윤필용 장군을 위해 기도합시다" 등의 표현도 포함시켰다. 그 뒤로 나상기 씨는 이 일을 같이 할 학사단 학생 몇 명을 불렀는데, 나는 그들을 일일이 만나지 않았기에 누가 함께하는지는 알지 못했다.

플래카드 열 개와 전단지 2,000장을 만드는 데는 15만 원 정도가 필요했다. 나는 이 비용을 맡기로 했는데, 15만 원 중 10만 원은 남삼우 씨에게 주고, 5만 원은 김동완 목사에게 주기로 했다. 그런데 15만 원이면 당시 내 월급의 약 7개월 치라서 혼자서 감당하기가 쉽지 않았다. 그래서 결국 박형규 목사를 찾아갔다. 대략 계획을 말씀드리자 박 목사는 아주 흡족해했다. 그리고 선뜻 15만 원을 내주었다.

삼엄한 경비 속에 미완성으로 끝난 거사

마침내 4월 22일 새벽 5시, 부활절연합예배가 성대하게 열렸다. 10만 명도 넘게 모였다고 했다. 부활절연합예배는 순서대로 잘 진행되었다. 그러나 우리의 계획에는 차질이 생기고 말았다. 플래카드를 펼치기로 한 진산전 씨 팀 중 몇 명이 플래카드를 미처 펴보지도 못하고 경찰에 빼앗겨버린 것이다. 다른 사람들도 그 모습을 보고 머뭇대다가 결국 기회를 놓쳤고, 사용도 해보지 못한 플래카드는 각자 집으로 가지고 갔다.

 전단을 맡은 나상기 씨 팀은 플래카드가 펴지는 것을 보고 전단을 뿌리기로 했는데 아무리 기다려도 플래카드가 보이지 않자, 하는 수 없이 행사가 끝난 뒤 나오면서 길에 버리듯이 뿌리거나 몇몇 사람에게 배포했다고 한다. 삼엄한 경비 속에 모든 계획이 실패로 돌아간 것이다. 그런데 우리의 계획이 행사 전에 발각된 것인지, 아니면 행사장의 삼엄한 경비 때문에 제대로 실행되지 않은 것인지는 아직도 명확히 밝혀지지 않고 있다. 다만 유호준 목사가 정보원에게 말을 하지 않은 것만은 분명하다. 그랬다면 우리가 준비조차 할 수 없었을뿐더러 부활절연합예배가 열린 그날 곧바로 체포되었을 것이기 때문이다.

　부활절연합예배 때 뿌려진 전단은 곧장 당국의 손에 들어갔다. 전단의 내용을 보고 당국은 긴장을 하지 않을 수 없었다. 전단에 적힌 표현은 기독교적이었으나, 그 내용이 무엇을 말하는지는 한눈에 봐도 알 수 있었다. 당국은 남대문경찰서에 수사본부를 차렸다. 그리고 현상금 150만 원을 걸어 전단과 관련 있는 사람들을 수배하기 시작했다. 수사본부는 우선 각 대학의 시위 주동자들을 잡아들였다. 그 와중에 수도권 간사 손학규 씨도 잡혀갔다.

　얼마 뒤에 나는 손학규 씨의 참고인 신분으로 수사본부에 가서 조사를 받았다. 그곳에는 내가 손학규 씨에서 번역을 하라고 준 「타임스」가 놓여 있었다. 기관원은 나에게 이 잡지에 관해 물었다. 나는 잡지에 중국 판자촌에서 활동하는 의사에 관한 내용이 실려 있어 번역하라고 준 것이며, 이 잡지는 박형규 목사가 수도권 직원들이 읽어보면 좋겠다면서 나에게 준 것이라고 말했다. 그러자 기관원은 나보고 그냥 나가라고 했다. 돌아서는 나의 발걸음은 한없이 무거웠다.

　보지는 못했지만 손학규 씨는 이미 고문을 많이 당한 것 같았다. 그런데 그냥 풀어줄 수 없어 다른 죄를 찾고 있는 것 같은 인상을 받았다. 실제로 손학규 씨는 자택에서 발견된 몇 권의 책과 자료가 문제가 되어 반공법 위반으로 1년간 감옥살이를 했다. 그들이 찾는 사람은 나인데, 애꿎은 사람이 고생을 한다고 생각하니 마음이 정말 무거웠다. 얼마 뒤 나는 다시 남대문경찰서로 찾아가 정식으로 면회 신청을 하고 손학규 씨를 만났다. 그냥 있으려니 마음이 괴로워 견딜 수 없었다.

'범진사'와 서빙고 대공분실로

면회를 마치고 돌아온 나는 서울제일교회 사무실 2층으로 올라가다가 길에 세워져 있는 검은 색 지프차를 보았다. 아무래도 예감이 이상했다. 역시 그 차는 나를 잡아가려고 온 보안사 지프차였다. 그날이 6월 25일이었다. 나는 그 차에 실려서 소위 '범진사'라는 곳으로 끌려갔다. 범진사는 보안사의 서울 분실로 당시 중앙일보 건너편에 위치한 평안교회 뒤쪽에 있었다.

안으로 들어가자마자 사방에서 몽둥이가 날아왔다. 아무 말도 하지 않고 무조건 때리기 시작했다. 맞는 동안 '여기서 죽으면 안 된다. 박정희한테 지면 안 된다. 살아서 나가야 또 싸울 궁리를 할 수 있다.'는 생각만 들었다. 보안사 요원은 나를 흠씬 때린 뒤에 자꾸 "불어, 불으라고!"라고 하면서 윽박질렀다. 하지만 나는 뭘 불어야 할지 몰랐다. 이것저것 저질러놓은 일이 많아 '걸릴 일'이 한두 가지가 아니었기 때문이다.

둘째 날에도 역시 여러 명이 달려들어 때리기부터 시작했다. 몽둥이로, 발로, 손으로 닥치는 대로 때리는 것 같았다. 그러다 갑자기 구타를 멈추더니 "데리고 가자."라는 소리가 들렸다. 순간 '아, 살았구나.' 싶었다. 주차장으로 내려와서 보니 남삼우 씨가 몸을 겨우 가눈 채로 엉거주춤 서 있는 게 아닌가. 나는 이때 얼마나 기뻤는지 모른다. '아, 이 일 때문이구나.'라고 생각하니 쾌감마저 들었다. 과장을 좀 보태서 남삼우 씨를 만난 것이 하나님을 만난 것인 양 기뻤다. 나처럼 벌여놓은 일이 많은 사람은 고문을 받을 때도 무엇 때문에 고문을 받는지 몰라서 무조건 꾹 참는 수밖에 없다. 그렇지 않고 이것저것 말해버리면 그야말로 엉뚱한 사람이나 조직에 해를 끼치게 된다.

　남삼우 씨를 보고 내가 잡혀온 것이 부활절연합예배 때문인 것을 깨달았다. 사실 어느 정도는 예상하고 있었다. 전에 진산전 씨가 나를 찾아와서 돈을 좀 달라고 한 일이 있었다. 이유를 묻자 자기네들이 무엇을 하려다가 들켰는데, 어떤 사람이 그것을 빌미로 자꾸 협박을 한다는 것이었다. 상황을 살펴보니 남삼우 씨가 이철흥 씨에게 플래카드 제작을 맡겼고, 이철흥 씨는 진산전 씨에게, 진산전 씨는 주민지도자들에게 플래카드 제작을 맡겼다고 한다. 그들은 거의 야당인 신민당 당원들이었다.

　문제는 사소한 것에서 발생했다. 진산전 씨의 연락으로 부활절연합예배에 온 친구가 있었는데, 그가 그날 펴보지도 못한 플래카드를 기념 삼아 집에 가져간 모양이었다. 그런데 이사를 하다가 이삿짐 나르는 것을 도와주러 온 처남에게 플래카드를 들키고 만 것이다. 하필 그 처남은 보안사에서 근무하다 어떤 일로 보안사를 나온 사람이었다. 하루아침에 직장을 잃은 그는 플래카드를 빌미로 돈을 요구하기 시작했다. 이러한 사실 때문에 진산전 씨는 고민을 하다가 나를 찾아온 것이다. 내가 그 일의 주동자인 것은 모르고 말이다. 그래서 두 번인가 2만 원을 건네주었다. 2만 원은 내 한 달 치 월급이었다. 그런데 진산전 씨가 또 나를 찾아왔다. 이제 돈도 없는 데다가 사건도 조용히 마무리되는 것 같아서 더는 돈을 주지 않았다.

돈을 뜯어가던 사람은 이종란이었는데, 공무원 사칭 등의 혐의로 보안사령부의 조사를 받는 과정에서 플래카드에 관한 내용을 발설했다고 한다. 이렇게 해서 남산 부활절연합예배사건은 뜻하지 않게 보안사령부의 손으로 들어가게 되었다. 당시는 중앙정보부의 위세가 여느 정부기관보다 높을 때였다. 번번이 중앙정보부에게 손을 들어야 했던 보안사는 이 사건을 계기로 자신들의 조직세를 강화하고자 했고, 그리하여 무리한 수사가 진행되었다.

나는 눈을 가린 채 다시 어디론가 옮겨졌는데, 짐작으로는 그 무시무시하다는 서빙고 대공분실(현주소: 용산구 서빙고로 51길 12)인 것 같았다. 서빙고 대공분실은 '서빙고호텔'이라고 불렸다. 나는 사실대로 다 말할 생각이었다. 그 대신 수도권에 문제가 생기면 안 되니 김동완 목사는 꼭 내보내야겠다고 마음먹었다. 그런데 우연치고는 기가 막히게 엘리베이터를 탔는데 거기 김동완 목사가 타는 게 아닌가. 보안사 요원들이 우리 둘이 공범인 줄 모르고 태웠거나, 아니면 큰 실수를 한 것이었다. 서빙고호텔의 엘리베이터는 아주 좁았는데, 나와 김동완 목사, 그리고 두 명의 수사관이 타자 그 좁은 엘리베이터가 꽉 들어찼다. 순간 김동완 목사를 빼낼 수 있겠다는 자신감이 좀 생겼다. 그래서 죽을 힘을 다해 "야, 넌 모르는 일이야. 내가 나상기를 시켜서 한 일이야."라고 소리쳤다. 수사관이 나를 발로 세게 걷어찼지만, 이미 말은 전달되었다. 수사관들은 공범을 좁은 엘리베이터에 같이 태운 자신들의 실수를 알아차려서인지 아무 말도 하지 않았다. 대신 자기들끼리 눈짓을 주고받았다.

수사관들이 나를 데리고 간 곳은 조사실이었다. 거기에는 최 모 수사관과 허 모 수사관이 있었다. 그들은 일제 때부터 경찰임을 알 수 있을 만큼 노련한 취조기술을 가지고 있었다. 한 사람은 친절하게, 다른 한 사람은 우악스럽게 나를 대했다. 나는 더는 숨길 필요가 없었다. 사건이 벌어진 후 이미 두 달이 지났고, 그동안 무수히 많은 학생이 이 일로 고문을 받은 사실을 알고 있었다. 그래서 모든 사실을 술술 불었다.

그런데 날이 갈수록 수사가 이상한 방향으로 흘러갔다. 국가전복죄로 몰고가는 것 같았다. 나도 이제 사실이 아닌 것은 사실이 아니라고 버텨야 했다. 우선 15만 원은 누가 준 것이냐고 묻길래 내 돈이라고 했다. 그러자 수사관들은 "그럼, 그 큰 돈을 사무실에서 빼낸 것인가?"라고 다시 물었다. 내가 대답을 하지 않자 자꾸 누가 주었느냐고 다그쳤다. 다음 날이 되자 이번에는 "박형규 목사가 준 게 아니냐?"라고 소리쳤다. 아니라고 발뺌을 했지만, 박형규 목사가 주었다는 기록을 보여줬다. 그래서 할 수 없이 "그렇다."라고 대답해버렸다. 이 일로 나는 박형규 목사께 한없이 죄송한 마음이다. 나 때문에 박 목사가 처음으로 감옥에 가게 됐기 때문이다. 그다음에는 김동완에게 전단지를 만들라고 시켰느냐고 물었다. 나는 이미 엘리베이터 안에서 김동완 목사에게 직접 말한 것이 있기 때문에 김 목사와의 관련성을 끝까지 부인했다. 그러자 수사관은 "김동완도 들어왔고, 나상기도 들어왔는데 왜 끝까지 거짓말을 해?"라면서 윽박질렀다. 그러더니 갑자기 나의 손을 낚아채 양쪽 손에 각각 전화기 줄을 연결하기 시작했다. 무슨 의도인지 전혀 짐작이 되지 않았다. 한 수사관이 한쪽에 놓인 전화기로 가더니 수화기를 조금씩 돌리기 시작했다. 순간 손가락 끝에서부터 짜릿한 전기가 확 훑고 지나갔다. 그는 조금씩 강도를 높였다. 수화기 돌아가는 반동이 커질수록 온몸의 피가 다 말라버리는 것 같았다. 그러는 사이에도 수사관은 고함을 치며 나를 다그쳤다. 그러다 수화기가 크게 돌아가는가 싶더니 몸이 쩍 갈라진다는 생각이 퍼뜩 들었으나 그 뒤로는 아무런 감각도 없었다. 사방이 깜깜했고, 아무 소리도 들리지 않았다.

얼마나 지났을까. 날카로운 사금파리가 오른쪽 뺨을 확 긋는 듯하더니 잠시 후 오른쪽 뺨이 얼얼해졌다. 곧이어 온몸에 쓰라린 통증이 한꺼번에 몰려들었다. 나는 정신을 차리기 위해 먼 허공의 한 지점을 계속 쏘아보려고 했다. 입에서는 신음소리가 저절로 흘러나왔다. 수사관 중 한 사람이 화난 표정으로 주먹을 휘두르는 것 같았지만 내 몸 어디서도 새로운 통증이 느껴지지 않았다. 나는 산 것인가 죽은 것인가. 꿈을 꾸고 있는 것인가, 아니면 얻어맞고 있는 것인가. 얻어맞고 있다면 왜 얻어맞는 지점에선 통증이 느껴지지 않고 온몸에 수많은 칼날이 날아와 박히는 것처럼 구석구석이 다 아플까. 온갖 생각이 한꺼번에 몰려들어 어디까지가 생각이고, 어디까지가 입 밖으로 나온 말인지 헛갈릴 지경이었다. 그렇지만 이것은 내 생각일 뿐, 내 입 밖으로 나오는 소리는 없었던 모양이다. "왜 말을 안 해? 그렇게 버티면 뭐가 해결돼?" 수사관들이 고개를 절레절레 흔드는 것이 보였다. 나는 고개를 푹 숙이며 눈을 감고 말았다. 내가 그렇게 계속 버티고 있자 이번에는 한 수사관이 다그치듯 "나상기를 보여줄 테니 아무 말도 하지 마. 찍소리도 말고 확인만 하는 거다!"라며 나를 일으켜 세웠다. 순간 중심을 잃고 쓰러질 뻔했지만 나는 정신을 똑바로 차리려고 애썼다.

김동완 목사는 남삼우 씨 쪽은 전혀 몰랐다. 나는 나상기 씨를 만나지는 않았지만, 김동완 목사가 나상기 씨를 만난 것은 알고 있었다. 그래서 김동완 목사를 빼내기 위해 그런 소리를 한 것이다. 그래야만 수도권이 좀 더 안전해지고, 사건 관련자가 줄어들 수 있었다. 게다가 나는 김동완 목사 고모부가 장군이라는 사실을 알고 있었다. 혐의만 없다면 그 고모부가 손을 써줄 것이었다. 그러려면 내가 나상기 씨에게 전단지를 줬다는 것이 확인되어야 했다. 수사관들은 "나상기는 김동완에게 전단지를 받았다고 한다. 그러니 나상기를 만나게 해주겠다. 하지만 너는 나상기를 볼 수 있어도 나상기는 너를 볼 수 없다. 절대 말하지 마라."라고 하면서 내 입에 두꺼운 헝겊을 물렸다.

사실 보안사 입장에서는 나와 나상기를 만나게 하면 안 되었다. 나는 나상기가 보여도 나상기는 나를 볼 수 없다는 얘기도 할 필요가 없는 것이었다. 그들은 어떤 방으로 나를 끌고 갔는데, 고문을 받아서인지 방향 감각도 아슬해졌다. 내가 걸어온 걸까, 아니면 순간이동을 한 것일까. 어느 순간 나는 커다란 유리벽을 맞대고 서 있었다. 유리벽 안으로 쓰러져 있는 나상기 씨의 모습이 보였다. 그도 나처럼 고문을 당했는지 처참한 몰골이었다.

나는 그를 보자마자 입에 물린 헝겊을 밀어내고 "야이 새끼야, 내가 수향다방에서 전단지를 만들라고 했잖아!" 하고 소리쳤다. 그러자 그가 퍼뜩 고개를 들더니 이곳저곳을 두리번거렸다. 아무것도 보이지 않는데 어디선가 내 목소리가 들리니 소리의 향방을 찾기 위해 본능적으로 고개를 돌려댄 것이리라. 그 모습을 보니 내 목소리를 들은 것은 틀림없고, 다만 내 말이 제대로 전달되었는지 궁금했다. 내 의도를 알아차렸어야 할 텐데, 그렇지 못했다면 어떻게 하나 싶기도 했다. 하지만 그런 생각을 하는 것도 언감생심이었다. 나는 그 일로 거의 반죽음이 될 정도로 얻어맞았다. 사방에서 날아오는 발길질과 주먹으로 인해 이대로 끝장이 날 것 같다는 생각이 들었다. 그러나 그 이후부터는 그들도 내가 나상기 씨에게 전단을 만들게 했다는 것에 별다른 이유를 달지 않았다. 더 이상의 추궁이 없으니 이상했지만, 한편으로는 김동완 목사의 고모부가 손을 뻗은 것 같다는 생각도 들었다.

나중에 감옥에서 나와 들은 이야기인데, 김동완 목사는 구류만 받고 일찍 나왔다고 한다. 그런데 종로5가에 갔더니 박형규 목사의 사모를 비롯한 여러 구속자 가족들이 모두 김동완 목사에게 손가락질을 했다고 한다. 그가 프락치라고 오해한 것이다. 하지만 그것은 박형규 목사 사모의 사촌이 일부러 흘린 말이었다. 그 사촌은 보안사에서 근무했는데, 우리를 분열시키기 위해 그런 말을 한 것이다. 순진했던 박 목사 사모는 그 말을 고스란히 믿은 모양이었다. 하긴 다 같이 들어갔다가 김동완 목사만 나왔으니 그런 오해를 살 만했다. 사실 김동완 목사는 수도권을 지키기 위해 내가 머리를 써서 일찍 나올 수 있었던 것이다. 아무튼 김동완 목사는 그런 상황을 도저히 견딜 수 없어서 아예 짐을 싸들고 한 달 동안 부산으로 피신했다고 한다.

보안사의 음모

보안사에서는 부활절연합예배사건을 본격적으로 조작하기 시작했다. 수사관은 나에게 얼토당토한 내용을 시인하라고 다그쳤다. 내가 사람들을 데리고 남대문 쪽으로 가서 중앙청을 점령하고, 남삼우 씨는 중앙방송국(KBS) 쪽으로 갔다는 것이었다. 나는 그들이 이 사건을 어떤 식으로 몰고가려는지 짐작이 되었다. 그들은 일개 시위일 뿐인 이 사건을 내란음모를 꾸민 대단한 사건인 것처럼 꾸미려고 했다. 보안사의 이러한 검은 마수를 눈치챈 후로 나는 아무 말도 하지 않고 버티기 시작했다. 나중에 들은 얘기로는 고문을 너무 당해 정신이 없는 남삼우 씨에게서 그들이 원하는 진술을 받아냈다고 한다. 나도 전기 고문을 당할 때 무의식의 상황에서 무슨 말을 했는지, 어떻게 행동했는지 전혀 기억이 나지 않았다. 그 정도로 정신이 없었던 것이다. 나중에 법정에서 그들이 어떻게 이 사건을 조작하고 확대시키려고 하는지 들을 수 있었다. 심지어 그들은 내가 서울에 처음 올라와 다닌 모자공장이 군인 모자를 주로 생산하는 곳이라는 이유로 내란음모와 엮으려고 했다. 당시 검찰 측이 제시한 공소장에는 다음과 같은 내용이 기록되어 있었다.

수시로 회합하면서 동 불평불만을 토로하여 오던 중 수도경비사령관 윤필용이가 구금되었다는 사실을 지득하게 되자 현정부에 충성을 다하던 윤필용이가 구금된 것은 현정권에 분열이 생긴 것이고, 곧 내부에도 혼란이 왔으며 국민은 세금 문제로 정부에 대한 반발이 심하여 민심이 동요되고 있으므로 현정권을 전복할 수 있는 시기가 도래한 것으로 판단, 믿은 나머지,

동 권호경이 현 정부의 독재적이고 무법적인 처사를 더 이상 참을 수 없으니 이 기회에 기독교 세력과 과거의 야당세력이 봉기하여 윤필용 추종세력의 지지를 받아 현정부를 타도하도록 하자고 말하며 동 박형규와 동 남삼우의 공명을 얻은 다음 그 실행 방법을 논의한 끝에 동년 4.22 남산 야외음악당에서 부활절연합예배가 열릴 때 동 예배에 참석한 신도들에게 "독재정권을 타도하자" "윤필용 장군을 구출하자" 등으로 선동, 일제히 가두 폭력 데모를 전개하여 현 정부를 타도하기로 하되.

동년 4.22 05:00경 남산 야외음악당에서 열리는 부활절연합예배장에 "독재정권 타도하자" "윤필용 장군을 구출하자"는 내용의 플래카드와 삐라를 지참한 행동대원들을 투입하여 약 6만 명이 참석할 것으로 예상되는 예배 군중 속에 배치시켜 두었다가 예배가 끝날 무렵 일제히 플래카드를 쳐들고 삐라를 살포하면서 예배 주최 측에서 지시한 것처럼 가장하여 예배 군중들을 선동, 행동대원들의 선도 아래 서울 시내를 향하여 폭력 데모를 전개토록 하고, 데모대가 동 음악당을 벗어날 때 데모대를 양분하여 그중 일대를 동 남삼우의 지휘로 서울중앙방송국(당시 남산에 위치)으로 진출케 하여 동 방송국을 점거한 다음 현정부를 타도하기 위해 전 국민이 호응할 것을 호소하고, 다른 일대는 동 권호경의 지휘로 서울 시내로 진입하여 중앙청과 국회의사당을 비롯한 중앙 관공서를 파괴 점거하고 서울 시내를 완전히 장악한 다음, 일반 국민과 윤

필용 장군 추종세력의 지지 아래 현정부를 강제로 축출 타도하고 각계 각층의 양심적이고 민주적인 인사들로 임시 통치기구를 구성한 후 유신헌법을 폐기하고 동 기구가 입법·행정·사법 등 3권을 통괄하여 과도적으로 통치하면서 새로운 헌법을 제정키로 하되, 각자의 분담임무로서 동 박형규는 자금조달과 배후조종을, 동 권호경은 거사계획 실행 총지휘 및 삐라 제작 등을, 동 남삼우는 행동대원 확보와 플래카드 제작 등을 각각 담당하기로 결정.

동년 4.22 05:00경 동 박형규는 단독으로 동 권호경은 상기 김동완을 대동하고, 동 남삼우는 상기 이철흥을 대동하고 각각 상기 음악당에 도착하여 예배가 끝나기를 기다리면서 예배장 내의 동정을 살핌으로써 내란을 예비하였다.

검찰이 이와 같은 내용으로 공소장을 작성할 수 있도록 수사관은 며칠 동안 나를 때리고, 무릎을 꿇리고, 발로 찼다. 이때 머리를 잘못 맞아서 뇌출혈이 생겼는지 밖으로 피는 나지 않는데 몸이 마비되었다. 시간이 조금 지나자 다행히 마비는 풀렸으나 이번에는 척추로 엄청난 고통이 밀려들었다. 하지만 내 상태가 그러거나 말거나 수사관들은 이대로는 안 되겠다 싶었는지 전기고문을 하기 시작했다. 전기고문은 내가 받은 고문 중에서 가장 악랄한 것이었다. 전기고문을 받는 동안 나는 온몸이 쪼개질 듯 하다가도 심장이 붕 뜨는 것처럼 느껴졌다. 눈앞에 보이는 것이 무엇인지 구분되지 않을 정도로 정신줄을 놓기 일쑤였다. 깨고 보면 시간이 얼마나 지났는지도 모른 채 멍하니 널

브러져 있었다. 이러기를 몇 번이나 반복했다. 수사관들은 전기고문을 하다가 "박형규 목사도 그렇다고 했으니 그렇게 쓰라."라고 윽박질렀다. 박형규 목사에게는 우리가 고문을 받으며 고통에 찬 신음소리를 내는 것을 들려주면서 협박을 했다고 한다.

그렇게 며칠 동안 맞고, 고문당하고, 진술서를 쓰라고 강요받는 시간이 흘렀다. 어느 날은 나를 또 어디론가 데리고 갔는데, 처음에는 온통 캄캄해서 아무것도 보이지 않았다. 한참 지나고 나서야 그곳의 모습이 눈에 들어왔다. 사방이 모두 붉은색으로 칠해진 방이었다. 방 한 가운데에는 의자 하나만 덩그러니 놓여 있었다. 잠시 뒤에 불빛이 번쩍여서 그곳을 쳐다보니 거기에는 '평양'이라는 글자가 쓰여져 있었다. 갑자기 무서운 생각이 들었다. 앞으로 어떤 일이 벌어질지 가늠하기 어려웠다. 멍한 눈으로 벽을 바라보고 있는 나에게 수사관이 소리쳤다.

"야, 이 새끼야, 이 의자에 앉을래, 아니면 사실대로 불래?"

그러자 다른 수사관이 나지막이 말했다.

"저 의자에 앉으면, 그리고 이 단추를 누르면 너는 즉시 한강으로 빠진다. 그러면 쥐도 새도 모르는 거야. 너 같은 건 아무도 모르게 처리할 수 있어."

"…"

"어떻게 할래? 저 의자에 앉을래, 아니면 다시 가서 사실대로 고백할래?"

그들은 "여기서는 다 굴복했다. 백기완도, 김상현도 여기선 다 불었어."라며 겁을 주었다. 그러고는 자기들끼리 내가 들릴 정도로 "장준하는 무서운 놈이야. 여기에서 끄떡도 하지 않았잖아."라고 말했다.

나는 사실대로 다 불겠다고 했다. 그래서 취조실로 돌아올 수 있었다. 그들은 또다시 내란음모에 관한 내용을 집요하게 캐묻기 시작했다. 나는 무서워서 "사실대로 고백하겠습니다."라고 하고는 곧바로 "그런 일은 없었습니다."라고 말했다. 그러자 발로 차고 때리고 하다가 이번에는 강제로 옷을 벗겼다. 한 수사관이 벌벌 떨고 있는 나에게 "권호경이, 너 새끼가 몇이야?"라고 물었다. 그러면서 남자의 중요 부위에 전기고문을 하면 더 이상 생산도 못한다며 비아냥거렸다. 그러고는 한참 후에 "이 새끼는 새끼가 둘이나 있으니 뭐…" 하면서 나가버렸다. 그러자 다른 수사관이 말했다.

"이제 너는 우리 손에서 떠난다. 그렇지만 여기에 써진 대로 고백하지 않으면 다시 이곳에 올 줄 알아라. 잘해라."

그 말을 듣는 순간 '이제 검사에게 넘어가는구나.' 하는 생각이 들었다. 자정이 넘은 시간에 그들은 내 눈을 가리고 이촌동에 있는 뉴용산호텔 꼭대기 층으로 데리고 갔다.(물론 이 장소는 나중에 알게 되었다.) 그곳에 한동안 나를 가만히 놔두더니 다시 대공분실 취조실로 데려왔다. 그리고 새벽 2시경에 다시 그 호텔로 데리고 갔다. 그것은 하나의 위협이었다. 검사에게 조사를 받기 전에 두려움을 주려는 의도였다.

호텔로 들어가니 거기에는 손에 털이 숭숭난 사람이 얼굴이 빨개진 채로 신문을 보고 있었다. 술에 취한 것 같았다. 그 검사는 런닝셔츠 차림으로 나를 취조하기 시작했다. 나를 고문하던 수사관은 옆방에 대기하고 있었다. 나는 처음에는 아니라고 부정했지만 더는 어쩔 도리가 없었다. 결국 포기하고 그냥 하라는 대로 해주고 나와버렸다. 오랜 조사 끝에 나와 박형규 목사, 남삼우, 이종란 4명이 구속되고, 나머지 11명은 즉심에 회부되었다.

남산 부활절연합예배사건이 소위 내란예비음모사건으로

날이 밝자 나는 서울교도소로 이송되었다. 내가 간 곳은 0.7평의 독방이었는데, 그곳이 마치 천국처럼 느껴졌다. 감방 안에는 소위 '뺑기통'이라는 화장실을 제외하고는 아무것도 없었다. 화장실에서 나는 냄새가 역겨웠으나 곧 쓰러져 잠에 빠져들었다. 잠에서 깬 나는 흐릿한 눈으로 좁은 벽을 멍하니 바라보았다. 거기에는 뜻 모를 낙서가 적혀 있었다. 낙서를 물끄러미 바라보다가 힘없이 벽에 붙어 있는 모기를 발견했다. 그날부터 모기와 파리는 내 친구가 되었다. 나는 모기에게 말을 걸기도 하고, 날아다니는 것을 구경하기도 했다. 며칠이 지나자 정신이 좀 돌아오는 것 같았다. 나는 일어나서 주는 밥 먹고, 주는 물 마시고, 자라면 잤다. 정말 그곳이 천국 같았다면 믿을 수 있을까. 하지만 지칠 대로 지친 나에게 그곳은 천국이었다.

며칠이 지나서 검찰 조사를 받으러 갔다. 조사실에는 며칠 전 서빙고호텔에서 새벽 2시에 만난 사람이 딱 버티고 앉아 있었다. 문호철 검사였다. 안면이 있는 최명부 검사도 보였다. 그는 당시 공안검사로 유명한 사람이었다. 나는 이때다 싶어 마음을 굳게 가다듬고 심호흡을 했다.

"지난번 나한테 조사받은 대로 맞지요?"

"나는 대한민국 검사에게 조사를 받은 일이 없습니다."

"모월 모시 나한테 조사받았잖아요?"

문 검사가 큰 소리를 쳤다. 나는 이때다 싶어 목소리를 깔고 말했다.

"나는 검사 조사를 받은 일은 없고요, 언제인가 깡패 같은 사람이 러닝 바람에 술에 취해 있는 것은 봤습니다. 정상적인 사람은 아닌 것 같았는데, 말도 안 되는 소리를 합디다. 바로 옆에 나를 고문한 수사관이 있어서 그냥 그런가 보다 하고 말았는데, 오늘은 검찰 조사를 받는다길래 나온 겁니다."

그러자 문 검사는 "오늘은 그냥 돌아가시오. 다시 봅시다."라고 하면서 그냥 보내주었다.

7월 6일, 당국은 남산 부활절연합예배사건을 내란예비음모사건으로 발표했다. 교계는 당국의 발표가 무엇을 의도하는지를 감지했다. KNCC 임원회는 이 사건을 논의한 후 회장단이 법무부 장관을 면담하기로 하고, 다른 한편 KNCC 실행위원회를 소집하였다. 7월 20일에 열린 실행위원회에서 김관석 총무는 내란예비음모사건의 경과와 세계교회협의회(World Council of Churches, 이하 WCC)를 중심으로 한 세계교회들의 관심과 지원 내용을 소개했다. 그리고 이 사건의 진상을 조사하기 위해 각 교단 총무와 변호사 등으로 구성된 조사위원회를 꾸리기로 했다.

박형규 목사와 내가 소속된 기장 교단에서도 대책 마련에 나섰다. 그 이후로 한국교회여성연합회는 법무부 장관 앞으로, 기장 여신도회전국연합회 등은 대통령과 국무총리 앞으로 탄원서를 제출했다. 이들 단체는 또한 구속자들의 가족을 돕는 운동을 펴나기로 했다. 우리가 조사를 받는 동안 당국은 가족들에게 이 사실을 알리지 않았다. 며칠씩 집에 들어가지 않을 때도 자주 있던 터라 우리집에서는 이번에도 그러려니 했을 것이다. 그런데 내란예비음모사건의 주동자로 발표가 되었으니 얼마나 놀랐겠는가.

서울제일교회 신도 140여 명은 박형규 목사와 나에 대한 재판부의 선처를 바라는 진정서를 작성하여 담당 판사에게 보냈다. 중고등부 학생들은 철야기도회를 열기도 했다.

검찰은 우리를 '내란예비음모' 죄목으로 기소했다. 마침내 첫 재판일인 8월 21일이 되었다. 재판정에는 세간의 관심이 많아서인지 많은 사람이 방청을 왔다.

재판정에 선 문호철 검사가 내게 물었다.

"검찰 조사를 받았지요?"

방청석을 보니 함석헌 선생이나 안병무 선생 등 아는 얼굴이 많이 보였다. 나는 죄송하기도 해서 일부러 큰 소리로 대답했다.

"저는 어느 호텔에서 술에 취해 속옷 바람으로 신문을 보며 앉아 있던 험상궂은 사람에게 취조를 받은 적은 있으나 대한민국 검사에게는 조사를 받지 않았습니다."

6. 유신체제에 반기를 들다

1973년 부활절연합예배사건으로 재판받는 모습
왼쪽부터 남삼우, 박형규, 권호경, 이종란

    검사의 표정이 어떠했는지 보지는 않았다. 나는 내 할 말만 하고는 눈을 내리깔았다. 방청석에서는 웃음소리가 들려오고, 판사가 더는 재판이 진행되지 않겠다고 판단했는지 재판을 연기했다. 재판이 끝나고 문호철 검사가 나를 불러 제발 속옷 바람에 술에 취해 있었다는 말은 빼달라고 사정을 했다. 그러면서 "협상을 하자. 어쩔 수 없지 않느냐, 나도 살고, 당신도 살려면 재판이 빨리 끝나야 하지 않겠느냐."라고 말했다.

    "난 내란예비란 것도 모르고, 한 적도 없다. 그러니 그 부분을 싹 빼라."

    이렇게 입씨름만 하다가 검사실을 나왔다.

2차 공판이 열린 8월 28일에는 방청객들이 공판에 앞서 법원 가까이에 있는 젠센기념관에 모여 구속자들을 위한 기도회를 가졌다는 이야기를 들었다. 그 뒤로 재판에 앞서 기도회를 갖는 것은 하나의 의례처럼 되었다.

 수감되어 있으면서 재판을 받는 것은 한편으론 나의 의지를 다잡는데 도움이 되었다. 수감되어 있는 동안에는 검사를 상대하는 것뿐이니 취조실에서 수사관들에게 취조를 당하거나 고문을 당하는 일에 비하면 그야말로 살맛나는 시간이었다. 박형규 목사가 관련되어 있어서인지 재판 때마다 많은 사람이 참석해 기도와 응원으로 힘을 보태주었다. 그러하니 재판을 받는 일도 그리 나쁘지만은 않았다.

 재판을 받는 동안 좀 우스운 일도 있었다. 재판에 앞서 우리는 '비둘기장'이라는 곳에 들어가 각자 따로 있다가 시간이 되면 재판정으로 나갔다. 한번은 비둘기장에서 나와 재판정으로 들어서는데, 남삼우 씨가 재빨리 내게 속삭이듯 말했다.

 "항아리 마담이 와 있는데요?"

 "누가 왔다고요?"

 "항아리 마담이 밀린 술값을 받으려고 여기까지 왔나 봐요."

 나는 그 소리를 듣고 씩 웃고 말았다. '항아리'는 청계천에 있는 술집 이름이었다. 그곳은 밥도 팔고 술도 파는 곳인데, 주인인 최 여사가 일식집에서 마담으로 일하던 사람이어서 우리는 최 여사를 최 마담이라고 불렀다. 최 마담은 돈 없는 우리가 찾아가도 늘 따뜻한 밥이나 맛있는 안주를 내놓곤 했다. 항아리는 박형규 목사와 현영학 교수의 단골집인 데다 민주화운동을 하는 교수들이나 변호사들을 수시로 만날 수 있는 곳이기도 했다. 수도권 사람들이나 학생운동을 하는 젊은이들도 항아리를 자주 드나들었다. 나 역시 사람들을 만나기 위해 그곳을 자주 찾아갔다. 최 마담과 오랜 신뢰관계를 쌓은 덕에 우리는 수시로 외상값을 달아놓곤 했다. 남삼우 씨도 나 때문에 그곳을 알게 되었는데, 내가 없어도 동지들과 그 집을 가끔씩 찾아가 외상으로 술을 마신 모양이었다. 그런데 재판정 방청석에 최 마담이 앉아 있으니 술값을 받으러 왔다고 지레 짐작한 것이다. 그렇지만 나는 최 마담이 왜 재판정까지 왔는지 알 것 같았다.

나는 남삼우 씨에게 웃으면서 말했다.

"걱정 마세요. 최 마담은 박형규 목사님 보러 온 거니까."

포승줄에 묶여 재판정으로 들어가는 그 짧은 시간에도 이런 얘기를 나눌 수 있다는 것이 재밌기도 하고 우습기도 했다. 그만큼 우리는 재판을 받는 동안 마음이 편해지고 있었다. 더욱이 이 사건에 많은 사람이 관심을 가지고 있고, 우리와 함께하고 있다는 생각에 힘이 났다. 재판이 열릴 때마다 함석헌 선생이나 법정 스님, 문동환, 안병무 교수를 비롯하여 기독교계의 유명 목사들이나 젊은 기독학생들이 찾아와주어서 우리로서는 내심 고무되지 않을 수 없었다.

나는 2차 공판이 열린 재판정에서 문호철 검사가 내게 한 말을 폭로했다. 협상을 하자고 한 것을 공개적으로 이야기해버린 것이다. 재판이 끝나자 문 검사는 나를 다시 검사실로 불렀다. 그는 검사실로 들어서는 나를 보고 웃더니 한 마디 내뱉었다.

"어떡할래요?"

문 검사의 질문에 나는 별다른 대답을 하지 않았다. 다만 문 검사의 웃음에 화답하는 의미로 그냥 씩 웃고 말았다.

3차 공판은 9월 12일에 열렸는데, 한승헌 변호사의 반대심문이 있었다. 한승헌 변호사가 박형규 목사에게 물었다.

"부활절연합예배에는 무엇을 가지고 참석하는가?"

"찬송가와 성경이다."

"예배에 참석할 때 흉기를 가지고 오지는 않는가?"

"그런 경우는 없다."

"그럼 성경과 찬송가로 내란을 일으킬 수 있다고 생각했는가?"

그러자 방청석 여기저기에서 웃음이 터져 나왔다.

박승서 변호사도 내게 물었다. 그는 서울제일교회와 관련이 있어서 우리의 변호에 참여하기 시작했는데, 종종 날카로운 변론으로 우리에게 많은 도움을 주었다.

"4월 22일 피고인이 무슨 큰일을 해서 4·19 모양으로 일을 할 것으로 생각한 적은 없는가?"

"없다."

"지금 와서는 가능할 것이라고 생각하는가?"

"가능하다고 생각하지 않는다."

"'현정권을 전복할 수 있는 시기라고 판단했다.'라고 공소장에 기술되어 있는데 그런 생각을 한 적이 있는가?"

"없다."

재판일마다 방청객이 많아 재판도 받을 만했다.
재판과정 자체가 운동 차원에서 교육적인 일이었다. WCC의 빅터 슈, 함석헌 선생 등이 보인다.

"민심이 동요되고 있다고 생각한 일은 있는가?"

"없다."

"윤필용은 그 일에 어떤 비중을 차지하고 있었는가? 평소에 그를 존경하는가? 그의 행적에 대해 아는가?"

"모른다."

"4월 22일 구체적으로 아무 행동도 일어나지 않았는데, 어째서 플래카드가 올라가지 않았다고 생각했는가?"

"만들지 않았거나, 가지고 왔어도 사용하지 않고 그냥 가져갔을 것이라고 생각했다."

"플래카드를 들어올리고 전단을 나누어주고 하면 현장에서 소동이 일어나리라고 생각한 적이 있는가?"

"교인들이 모여서 소란을 피울 리가 없다고 생각한다."

9월 18일에 열린 결심공판에서 나는 최후진술을 통해 "본인은 아직도 한국에 종교적 자유가 있다고 생각하며 단지 나라를 위하는 예배가 되도록 하고자 했던 것일 뿐"이라는 심정을 밝혔다. 9월 25일 오후 2시에 열린 선고공판에서 재판부는 공소사실을 인정하여 박형규 목사와 나에게는 징역 2년을, 남삼우 씨에게는 징역 1년 6개월을 선고했다. 이날의 선고공판은 비공개로 열렸는데, 3분여 만에 종료됐다. 이후 문호철 검사는 공안검사로 승승장구했다. 중앙정보부에서 일하는 동안 민청학련사건, 인혁당사건 등 공안사건을 담당하면서 실력을 인정받아 나중에는 중앙정보부 수사국장까지 진급했다고 한다. 그렇지만 1978년 41세의 나이에 암으로 세상을 떠나고 말았다. 나는 그가 숨지기 전 병문안을 가기도 했다.

유죄가 선고되고 이틀 만에 우리에게 보석이 결정되었다. 우리 세 사람은 KNCC에서 보석금을 내주어 9월 27일 비로소 풀려날 수 있었다. 석방되고 나서 신문을 보니 구속된 사람은 박형규, 권호경, 남삼우, 이종란(플래카드를 가지고 협박, 흥정한 사람)이었고, 즉심회부된 사람은 김동완, 이철흥(전 신민당 조직국 2부차장), 나상기(KSCF 회장), 진산전, 이용일(통일당 서대문구당 총무부장), 이계곤(대한교육보험 외무사원), 김동윤(신민당 조직원), 이상윤·정명기·황인성·서창석(KSCF 회원)이었다. 구속된 사람들의 명단에 중요한 역할을 맡았던 사람의 이름이 빠져 있는 것을 보고 나는 비로소 이 계획이 왜 실패했는지 알게 되었다. 원래 계획대로 진산전 씨 책임 아래 주민조직의 경험이 있는 사람들이 플래카드를 제작하고 펼치려고 한 것이 아니었던 것이다.

그 후 이 사건은 내가 긴급조치 1호 위반으로 1974년 2월에 다시 구속되면서 긴급조치 1호 사건과 병합되었다. 당시 긴급조치 1호 위반은 최고 형기가 15년이었으나, 나는 내란예비음모죄로 선고받은 2년의 형량이 더해져 17년 형을 받았다. 그러나 2014년 재심에서 무죄가 선고되어 민·형사상의 보상을 받게 되었다.

부활절연합예배사건을 통해 나는 '남이 조직한 곳에 가서 우리 요구를 하려면 망할 수밖에 없다.'라는 사실을 깨달았다. 일을 도모하려면 스스로 조직을 만들고 키워서 해야 한다. 우리가 스스로 조직을 한다 해도 목적한 것을 이루기가 어려운데, 하물며 남이 조직한 곳에 가서 하려면 양쪽 모두 손해를 입을 수밖에 없다.

부활절연합예배는 실패한 조직운동인데, 정부가 이 사건을 키워서 일이 이렇게 진행되었다. 우리가 재판을 받는 동안 열리던 기도회가 종로5가로 가면서 목요기도회가 되었으니 그 단초를 제공한 것일 수도 있다. 또 이 사건은 어떤 평가가 있든지 간에 한국 인권역사의 한 장을 기록하게 되었다. 남산 부활절연합예배사건은 박형규 목사의 말처럼 '하나님이 도와서 실패한 것을 성공'시킨 사건이다.

유신체제의 긴급조치 발동

1974년 1월 8일 오후 5시를 기해 긴급조치가 발동되었다. 박정희는 담화를 통해 "유신체제의 부정을 방치할 경우 국가의 안전보장과 공공의 안녕질서가 중대한 위협을 받게 될 우려가 있기 때문에 긴급조치를 취했다."라며 긴급조치 발동 이유를 설명했다. 하지만 이것은 민주주의가 아니라 노골적으로 독재정치를 하겠다는 국민 탄압조치였다.

이 땅의 민주주의는 10월 유신 이후로 점점 시들어가고 있었다. 사람들은 자유롭게 모일 수도, 의견을 피력할 수도 없었다. 수도권 실무자들은 판자촌에서 주민들을 자유롭게 만나지 못했고, 어떤 회의에서도 자유롭게 발언할 수 없었다. 주민과 만나 대화한 내용은 즉시 신고가 들어가고 조사를 나왔다. 이것은 대한민국 어디서든 벌어지는 일이었다.

긴급조치가 발동되자 나는 밤새도록 엎치락뒤치락하다가 아침에 회의를 소집했다. 수도권 실무자들을 모두 부르면 조직에 해를 끼칠 수 있어서 다 부르지는 않았다. 우리는 긴급조치가 발동한 다음 날인 1월 9일 오전 8시에 서울제일교회 안에 있는 수도권 사무실로 모였다. 참석자는 나를 비롯해 김동완, 이해학, 허병섭, 이규상이었다.

이날의 회의 주제는 '어떻게 긴급조치를 철회시킬 수 있을까'였다. 하지만 우리가 할 수 있는 일은 별로 없어 보였다. 그래도 나는 교회가 국민들과 같이 울고 웃으며, 아프면 그 아픔에 동참해야 한다고 생각했다. 그날 모인 실무자들도 다 같은 마음이었으리라.

회의를 통해 세 팀으로 나누어 3차에 걸쳐 행동하는 전략을 짰다. 1차는 이해학 목사(당시 전도사)가 바르게 생각하고 행동할 수 있는 목회자들을 모아서 KNCC 총무실에 "긴급조치 즉각 해제하라!"라는 구호를 붙인 후 긴급조치 선포에 반대하는 성명을 발표하고 이를 언론기관에 알리는 것이었다. 이에 이해학 목사는 빈민선교, 산업선교를 하는 목사들과 의식 있는 목사들을 모아서 이를 행동에 옮기기로 했다.

2차는 김동완 목사가 1차 시위로 구속된 교역자가 속한 교회와 교인들을 중심으로 긴급조치 반대 분위기를 조성하고, 언론에 구속 사유와 구속된 이들이 요구한 '긴급조치 철회'의 내용을 알리는 것이었다. 그리고 교계 지도자들과 기독학생들을 조직하여 투쟁을 최대한 확대하기로 했다.

3차 행동을 맡은 나는 모든 의식 있는 목사, 신부 등과 함께 마지막으로 긴급조치 해체를 선언하고 '1차, 2차로 구속된 이들을 석방하고, 긴급조치를 해제하라.'라는 내용으로 교회 지도자들과 함께 대형집회를 준비하기로 했다. 나는 내란예비음모사건으로 석방된 지 3개월밖에 되지 않았다는 이유로 마지막 행동 책임을 맡게 되었다.

이러한 계획을 세우고 난 뒤 이해학 목사는 1월 17일 이 같은 뜻에 동참하는 김경락 목사, 김진홍 목사(당시 전도사), 이규상 목사(당시 전도사), 박윤수 목사(당시 전도사) 등과 함께 1차 계획을 실행했다. 이날 발표된 선언문의 내용은 다음과 같다.

역사의 주인이신 하나님의 선하신 명에 따라 우리 기독교 성직자 일동은 오늘의 조국이 처한 현실에 대하여 순교자적 각오로 다음과 같이 우리의 신앙을 고백한다.

1. 금번 대통령의 1·8비상조치는 국민을 우롱하는 처사이므로 이는 즉시 철회되어야 한다.
2. 개헌논의는 민의에 따라 자유롭게 전개되어야 한다.
3. 정부는 유신체제를 폐지하고 민주질서를 회복할 것을 촉구한다.

1974년 1월 17일
한국기독교 성직자 일동

이날 모인 교역자들은 기도회가 끝난 뒤 기독교회관 안에 있는 여러 기관의 사무실을 방문하며 개헌청원 서명운동을 벌였다. 그러나 이 소식을 접하고 출동한 수사기관에 의해 동대문경찰서로 모두 연행되고 말았다. 이들은 다시 정식 구속되어 군사재판에 회부되었다. 이들 교역자 외에도 개헌청원에 서명한 김성일, 홍길복, 임신영, 인명진, 박창빈 등이 이 사건과 관련하여 연행되었는데, 이 중 인명진 목사만 구속되었다.

그런데 2차 계획에 따라 구속된 목사들이 속한 교회의 교우들이나 빈민 현장 사람들을 동원하기가 힘들어졌다. 기관원들이 김동완 목사를 계속 따라붙는 데다 각 지역 대표들이 김 목사의 제안을 잘 받아들이지 않았기 때문이다. 그러나 일단 유인물은 만들기로 해서 김동완 목사는 이화여대와 한신대 학생들인 이미경, 차옥숭, 김매자, 박상희, 박주환 등과 박상희 목사의 친구인 김용상 등과 함께 유인물을 만들었다. 한편 김동완 목사는 교인들을 데리고 약수동 형제교회에서 장충체육관까지 행진하기도 했다. 그러나 2차 팀도 유인물을 만들고 시위를 준비하는 과정에서 모두 구속되었다.

기관원들의 방해로 실패한 3차 계획

1, 2차 계획이 행동으로 옮겨지고 있을 때 나는 3차 행동을 하기 위해 사람들을 만나러 지방으로 갔다. 그러나 만나야 할 사람들을 만날 수가 없었다. 광주에서는 강신석, 윤기석 목사, 부산에서는 최성묵 목사 등을 만나서 도움을 요청해야 하는데 나를 뒤따라다니는 기관원들 때문에 만남이 불가능했다. 내가 타는 버스마다 어떻게 알았는지 기관원들이 타고 있었다. 광주에 도착하자마자 나는 광주의 지도자들을 만나는 것을 포기하고, 곧바로 조아라 장로를 찾아갔다. 당시 YWCA 광주 총무이던 조 장로에게는 아무런 말도 하지 않았다. 한 사람에게만 말해서는 좋을 것이 없다고 판단한 것이다. 나는 조 장로에게 "제가 쫓기고 있으니 그냥 하룻밤만 재워주세요."라고 하고는 하룻밤 신세만 지고 새벽 일찍 부산으로 떠났다. 하지만 부산에서도 상황은 마찬가지였다. 나를 미행하는 기관원들 때문에 아무것도 할 수 없었다. 아무리 떼어놓으려고 머리를 써도 기관원들은 찰거머리처럼

달라붙었다. 하는 수 없이 아무 일도 하지 못하고, 부산을 돌아다니기만 했다. 내가 그냥 놀러온 것처럼 보이게 하는 것이 더 낫겠다고 판단한 것이다. 부산에서 하룻밤을 여관에서 자고, 빈손으로 서울로 돌아왔다. 서울로 돌아오는 차 안에도 기관원들이 타고 있었다.

감옥에 들어간 이들을 생각하니 자꾸 미안한 마음이 들었다. 그런데 서울로 돌아온 다음 날 새벽, 기관원들이 집으로 들이닥쳤다. 잡혀가서 보니 이미 김동완 목사를 비롯해 학생들이 여러 명 구속되어 조사를 받고 있었다. 김동완 목사가 잡혀간 것은 이해학 목사 등이 1차에 발표한 시국선언문과 성직자 구속 경위서를 전국 교회에 보내려다 당국의 우편물 검열에 걸렸기 때문이다.

이때 이들이 보낸 〈개헌청원운동 성직자 구속사건 경위서〉의 앞 문단에는 다음과 같은 내용이 담겨 있었다.

항상 힘없고 가난한 자의 편에 서서 정의의 승리를 입증해주시는 하나님의 영광이 함께하기를 기원합니다.
　인간이 생각하는 바를 자유롭게 말하고 듣는 것은 민주국가 국민의 당연한 권리요, 하나님이 부여한 천부적인 권리입니다. 그리하여 현재 우리나라의 여러 문제를 해결하는 길은 유신독재헌법의 폐지임을 사회 여러 인사들이 천명하시었고, 그와 함께 개헌운동을 전개하여 왔습니다.
　그러나 "민의를 충분히 받아들이겠다."라는 김 총리의 말이 있은 지 일주일도 채 못 되어서 대통령은 '1·8긴급조치'를 선언하여 모든 개헌논의를 엄단하겠다는 결심을 발표하였습니다. 이에 이 땅의 국민들은 15년의 징역살이를 각오하지 않고서는 일체 개헌에 대하여 말하지도, 듣지도, 보지도 못하게 되었습니다. 그러나 이처럼 침묵을 강요당하는 현실 속에서도 예언자적 양심과 순교자적 용기를 가지고 분연히 "개헌논의는 민의에 따라 자유롭게 전개되어야 한다."라고 외치면서 일어난 젊은 성직자들이 있습니다. 그런데 우리 국내의 보도기관을 통해서는 정확한 내용을 알 길이 없을 뿐만 아니라 진상이 왜곡되어 전해질 수 있다고 생각되어 여기에 그 내용을 알리고자 합니다.

긴급조치 1호 사건으로 징역 17년을 선고받다

2월 28일 잡혀간 나에게 중앙정보부 수사관이 조사한 내용은 '2차 행동을 나도 같이 준비했고, 그에 필요한 돈을 모두 내가 주었다.'는 것이었다. 사실 나는 아무 일도 하지 않았는데 아무 근거도 없이 예비검속에 걸려든 것이었다. 수사관들은 나에게 종이 한 장을 주면서 한 달 동안 한 일을 모두 쓰라고 했다. 나는 "아무 일도 하지 않았고, 그냥 여기저기 돌아다녔다."라고 말했다. 나를 미행한 기관원들이 있으니 지난 한 달간 내가 무엇을 했는지는 잘 알 터였다. 수사관들도 내가 안돼 보였는지 별로 물어보지 않았다. 시간이 좀 지난 후에 나에 대한 조사가 다시 이뤄졌다.

"김동완에게 유인물을 만들고, 데모하라고 시키지 않았느냐?"

"아니, 김동완 목사가 내 말을 들을 사람이냐?"

나는 그냥 계속 버티고 있었다. 그러자 수사관이 어처구니 없는 소리를 했다.

"아무리 버텨봤자 못 나간다. 김동완 목사가 수도권 직원이니 같이 했다고 하고 쉽게 끝내자."

이후 재판이 진행됐는데, 이때 나는 내란예비음모사건 때 나를 담당한 문호철 검사를 또다시 만났다. 문 검사는 중앙정보부 수사담당 검사로 자리를 옮겨와 있었다. 그는 나를 보더니 씩 웃으면서 "다음에는 나랑 협의해서 하자고 하지 않았냐. 근데 왜 또 혼자 들어왔느냐?"라고 물었다.

문 검사는 나를 조사해도 별로 나올 것이 없다고 판단했는지 군법회의로 넘겨버렸다. 그리하여 김동완 목사 등과 같이 재판을 받았는데, 김 목사는 15년, 나는 내란예비음모로 받은 2년 형을 합쳐서 17년을 선고받았다. 학생 박상희는 징역 10년, 나중에 감옥에서 나의 요가 선생이 된 김용상과 한신대생 박주환은 각각 징역 3년을 선고받았다. 이미경, 차옥숭, 김매자는 징역 3년에 집행유예 5년을 선고받았다.

나는 서울구치소 독방에 있었는데, 한 달이 채 못 되어 긴급조치로 사람들이 한꺼번에 많이 들어오자 일반 범법자들과 합방을 시켰다. 한 방에 많은 사람이 생활하는 것은 정말 견디기 힘들었다. 잘 때는 상대방 발을 안고 자야 할 정도였다. 게다가 잡범들이 하루 종일 도둑질에 관한 얘기만 하는 통에 그야말로 죽을 지경이었다. 그렇게 일주일을 있다가 다행히 안양교도소로 이감되었다. 하지만 안양교도소에서도 30여 명과 한 방에서 지내야 했다. 이해학, 인명진, 김동완 목사도 그곳에 같이 있었다. 기독교 쪽 사람들만이 아니라 백기완 선생도 있었다. 합방을 하는 동안 나는 같이 산다는 것이 참으로 어려운 일이라는 것을 새삼 느꼈다. 서로 불편한 것은 말할 것도 없고, 자는 것, 먹는 것조차 예민해졌다. 그런데 안양교도소에서 나는 윤필용을 만났다. 내란예비음모사건 때 수사관들이 그렇게 우리와 관련을 지으려고 한 그 윤필용을 그제야 처음 만나게 된 것이다. 윤필용은 밖에서 정구를 치고 있었다.

안양교도소에 오고 나서 나는 왜 우리가 꼼짝달싹도 못했는지, 왜 기관원들이 그렇게 따라다녔는지 그 이유를 알게 되었다. 2차에 투옥된 목사의 교인들과 현장 주민들을 동원할 수 없었던 이유도 알게 되었다. 이해학 목사로부터 그 이유를 들을 수 있었다.

이해학 목사가 1차 행동으로 구속되어 들어와 조사를 받는 과정에서 '누가 주범인가'를 두고 김진홍 목사와 의견이 일치되지 못했다고 한다. 이해학 목사는 1차 행동을 준비하는 과정에서 김진홍 목사를 만났는데, 김 목사가 잘 설득이 되지 않아 어쩔 수 없이 우리가 1차, 2차, 3차로 나누어 행동한다는 것과 누가 그 일을 주도했는지를 말해주었다고 한다. 설명을 듣고 나서야 김 목사는 이 일에 같이 참여하게 되었다. 그런데 수사과정에서 김 목사가 기관원들에게 이러한 사실을 털어놓으면서 자신이 모든 계획을 한 주범이라고 했다는 것이다. 자신의 리더십을 강조하고 싶었던 것이다. 기관원들 입장에서는 모든 계획을 알고 있으니 당연히 김 목사를 주범으로 여겼다. 그렇게 해서 주범이 바뀌게 되었고, 나도 들어오게 된 것이라고 했다. 김 목사가 3차 행동 책임자가 나임을 기관원들에게 알려주었기 때문이다. 그제야 나는 기관원들이 왜 그리 나를 따라다녔는지 알 수 있었다.

참 믿지 못할 이야기에 어이가 없었다. 나는 "그럼 무슨 수를 써서라도 이 사실을 밖에 있는 사람들에게 알려줘야지, 그럴 수가 있는가?" 하면서 허탈해했다. 극한 스트레스를 받았는지 나는 신경이 곤두선 채로 몇 달을 그곳에서 보냈다.

감옥 안에서 만난 장준하 선생

몸이 아프고 힘드니 가족들 생각이 절로 났다. 그럴 때 딸 선인이가 보내준 편지는 힘든 수감생활에서도 웃음을 짓게 만들었다.

> 아빠, 읽어보세요.
>
> 아빠, 안녕하세요? 아빠가 보낸 편지 잘 받아 읽었어요. 잘못 난 이빨 학교에서 빼었어요. 아빠는 언제 집에 돌아와요? 나는 아빠가 빨리 돌아왔으면 좋겠어요.
>
> 요즘엔 서늘해서 공부도 참 잘되고 있어요. 주표는 시골 고모가 와서 데려갔어요. 엄마도 학교에 잘 나가고 있어요. 우리 동네에서 우리집이 제일 헐었는데 집 수리도 안 해요. 왜 안 하냐 하면 아빠가 안 와서 안 해요. 엄마 혼자 못한대요. 그럼 몸 건강히 안녕히 계세요.
>
> 1974년 9월 13일 선인 올림

아빠, 읽어보세요.

　　아빠, 안녕하세요? 아빠한테 보내려고 닭털 이불을 사서 (박형규 목사) 사모님이 가지고 갔었는데, 안 받는다고 해서 도로 가져왔어요. 또 돈은 양장점 아줌마(이규상 목사의 누나)가 넣을 거예요. 책은 사모님한테 맡겼어요. 엄마가 그러는데, 자꾸 금식하지 말고 얌전히 기도만 하고, 또 공부만 열심히 하시래요. 그러면 박사가 된대요. 저는 10월 8일날 소풍을 가요. 저는 동네 성암교회에 다녀요. 아빠가 보낸 편지는 아직 안 왔어요. 그럼 안녕히 계세요.

1974년 10월 6일 선인 올림

아빠에게,

　　그동안 안녕하셨어요? 오늘 아빠한테 갈 때 지하철을 처음 타 보았는데 참 좋아요. 아침에 일어나면은 날씨가 추운가 밖에 나가봐요. 왜냐하면 아빠가 추울까 봐요. 아빠 보러 갔을 때 밖에서 참 많이 기다렸어요. 참 지겨워요. 엄마가 옷 찾으러 가면은 맨날 지겹게 기다린대요. 설날에는 손학규 아저씨가 오셔서 세배를 했더니 세뱃돈 500원씩 주셔서 나는 내복을 사 입고 주표는 구두를 샀어요. 또 이미경 언니는 예쁜 인형을 선물로 주었어요. 또 김병현 아저씨는 귤을 사 오셔서 같이 먹었어요. 아빠한테 가지고 가고 싶었어요. 또 현영학 선생님도 귤을 사 오셨어요.

　　엄마가 냉장고를 사고 아빠한테 야단맞을까 봐 맨날 걱정을 했어요.

우리 친구네 집에 가면은 냉장고, 전화가 다 있어서 내가 사라고 막 졸랐어요. 우리도 부자가 돼요. 주표는 동네 아이들한테 미국 가서 아빠 보고 왔다고 자랑했어요. 주표는 아무것도 몰라요. 거짓말이 탄로 나겠어요. 옆방 아줌마가 이상하게 생각하겠어요. 팔이 아파서 끝내겠어요. 안녕히 계세요.

1975년 1월 8일 선인 올림

가족들이 보내온 편지로 마음을 다스리며 지내고 있던 어느 날이었다. 운동 시간이 되어 감방 복도를 나가는데, 김진홍 목사가 다가와서 나에게 백지를 주었다. 그러면서 갑자기 청계천 활빈교회 센터에 올 돈을 받아 썼다면 거기다 쓰라고 했다. 나는 그게 무슨 소리인가 싶었는데, 나중에 알고 보니 밖에서는 난리가 났었다고 한다. 김진홍 목사가 있는 마을 주민들이 김관석 총무에게 가서 청계천에 올 돈이 김관석 목사에게 갔다며 항의를 하고 소동을 피웠다는 것이다. 그런 일이 있고 나서 김진홍 목사를 면회온 사람이 그 사실을 알려준 모양이었다. 그런데 김진홍 목사가 교도소에서 백지를 갖고 있다는 것이 아무래도 수상했다. 그때는 수감자들이 그렇게 자유롭게 종이를 가지지 못할 때였다. 나는 '밖에 나가면 또 무슨 일이 있겠구나.'라는 예감이 들었다.

이후 나는 영등포교도소로 이감되었다. 그런데 갑자기 안면이 마비되어 세수도, 양치질도 할 수 없게 되었다. 다행히 한의사와 양의사를 겸한 노인이 감옥 안에 있어 침을 맞을 수 있었다. 침은 아침저녁으로 열여섯 번씩 맞았다. 몸이 불편해지자 교도소 측은 나를 병실방으로 옮겨주었다. 그 방에는 장준하 선생이 있었다. 장준하 선생은 긴급조치 1호로 1월 15일 구속되어 들어왔는데, 병이 있어 교도소 안에 있는 병동에 머무르고 있었다. 장준하 선생을 돌보는 수감자가 한 명 있었는데, 내가 그 방으로 가자 그 사람은 다른 곳으로 옮겨졌다. 그리하여 나는 장준하 선생과 한 방에서 몇 달을 같이 지냈다.

나는 장준하 선생의 이름과 「사상계」를 발행한다는 정도만 알고 있었다. 그런데 몇 달을 같이 지내다 보니 존경하는 마음이 절로 들었다. 인품이 대단하다는 것이 느껴졌고, 자제력이랄까, 철저한 생활 태도를 늘 유지하는 것에 놀라지 않을 수 없었다. 그는 감옥 안에서도 시간을 함부로 쓰지 않았다.

어느 날 새벽인가는 끙끙거리는 소리에 잠이 깨 보니 장준하 선생이 약을 먹기 위해 토마토 주스 병을 열려고 안간힘을 쓰고 있었다. 선생은 심장병이 있어 니트로글리세린이라는 약을 매일 반 알씩 먹어야 했는데, 그 시간이 꼭 새벽 4시였다. 내가 일어나 따주려고 했지만 그는 끝까지 혼자 힘으로 열겠다고 고집했다. 또 감옥에 있는 사람들은 주로 속옷까지 집으로 보내는데, 장 선생은 속옷은 절대 보내지 않고 직접 빨아 입었다. 나도 그것을 배워서 그 뒤로는 속옷만큼은 내 손으로 직접 빨았다. 한번은 장 선생의 건강이 좋지 않으니 교도소 소장이 방에 난로를 놔주겠다고 했다. 하지만 장 선생이 한사코 놓지 못하게 해서 결국 그 난로는 복도에 놓았다.

장 선생은 나를 보면서 늘 걱정을 했다. 목사가 말을 하고 살아야 하는데, 입이 삐뚤어졌으니 어쩌냐는 것이었다. 다행히 감옥에 들어온 의사 덕분에 침을 계속 맞을 수 있었고, 그것이 효과가 있었다.

내가 장준하 선생을 마지막으로 본 것은 1974년 12월 대법원에서 재판을 받기 위해 호송차량에 타고 있을 때였다. 장 선생이 나를 보고 손을 흔들었는데, 그것을 본 교도관이 창문을 열어주어 악수를 할 수 있었다. 그런데 이듬해 8월에 산에 갔다가 갑자기 돌아가셨다는 이야기를 듣게 되었다. 나는 선생의 죽음이 영 석연치 않았다. 그렇게 생각한 것은 나만이 아니었다. 장준하 선생의 죽음은 아직까지 의문사로 남겨져 그 전말이 밝혀지지 않고 있다.

입원실에서 벌어진 폭력사건

나는 2·15조치로 1975년 2월 15일에 풀려났다. 그렇지만 마음은 무거웠다. 안양교도소에서 김진홍 목사가 백지를 내밀며 자기네 센터에 올 돈을 받아 썼다면 그 내용을 적어달라는 말이 내내 맴돌았다. 나는 청계천 지역 주민들이 김관석 총무를 찾아가 방에 오물을 뿌리고, 출국을 방해했다는 소식을 교도소에서 들어서 알고 있었다. 아무래도 무슨 공작이 있는 것 같았다. 그래서인지 밖으로 나가도 곧 어떤 일에 휘말려 다시 수감될 것 같은 느낌이 들었다.

당시 나는 영 몸이 좋지 않았다. 척추 부분이 너무 아팠다. 전에 고문을 받을 때 잘못 맞아서 삐끗한 후로 계속 통증이 있었다. 그래서 감옥에서 나온 뒤 세브란스 병원에 입원했다. 옆 방에는 박형규 목사가 함께 입원해 있었다.

병원에서는 척추 수술을 받아야 한다는 진단을 내렸다. 2월 20일, 나는 수술을 받아야 하나 말아야 하나를 고민하며 뒤척이고 있었다. 밤 10시가 좀 넘었을 무렵, 갑자기 병실 문을 여는 소리가 들렸다. 내가 있던 병실은 10층 VIP실이라 면회가 제한되는 곳이었다. 이상한 기분이 들어 일어나 보니 정진영 목사가 서 있었다. 정 목사는 청계촌 주민들에게 KNCC 총무실에 오물을 뿌리라고 지시한 사람이었다. 그는 조민조직훈련 프로그램 1기 훈련생으로 나도 오래전부터 잘 알고 있었다.

정 목사는 우리 딸아이의 옷을 사 가지고 왔다. 그런데 별다른 말은 하지 않고 그냥 기분 나쁘게 싱글대기만 했다. 그래서 내가 "혼자 오셨냐, 아니면 누구랑 같이 오셨냐?"라고 물었다. 그는 고개를 끄덕끄덕하면서 같이 온 사람이 밖에 있다는 손짓을 했다. 그러더니 갑자기 의자 팔걸이에 놓여 있는 내 손을 밟고 짓이기는 게 아닌가. 내가 같이 온 사람이 있느냐고 물어서 기분이 상한 모양이었다. 안 그래도 기분이 나빴는데 갑작스럽게 공격을 해오니 나도 모르게 주먹이 날아갔다. 나는 쓰러진 정 목사를 또 때렸다.

우리 방에서 시끄러운 소리가 나자 옆 방에서 사람들이 뛰어들어왔다. 박형규 목사를 면회온 사람들이었다. 사람들이 우르르 달려들어 뜯어말리느라 한바탕 소동이 벌어졌다. 보니까 정 목사가 술을 마신 것 같았다. 밖에서 정 목사를 기다리는 기관원들이 그를 병실에 올려보내면서 술을 먹여 보낸 듯했다.

정 목사가 사람들에게 끌려나간 난 뒤 조금 있으니 전화가 왔다. 병원 당직의사였는데, 그는 "방금 목사님 병실에서 나온 사람이 진단서를 끊어달라고 하는데 진단서를 끊을 정도는 아니어서 안 된다고 했습니다."라고 알려주었다. 다음 날에는 이대병원에서 전화가 왔다. 그 의사도 "진단서를 끊을 정도가 아니라고 하자 목사님 이름을 댑디다. 우리 병원에서는 끊어주지 않았는데, 제 생각에는 청량리경찰서 공의한테 갈 것 같습니다."라고 했다. '아이고, 폭행으로 들어가겠구나.' 싶었다. 아니나 다를까 다음 날이 되자 서대문경찰서에서 나를 찾아왔다. 수술하기 싫었는데 잘됐다 생각하며 경찰을 따라나섰다. 나중에 안 사실이지만 정 목사는 용두동에 있는 경찰서 공의를 찾아가 진단서를 끊고 그 병원에 입원을 했다고 한다. 이후 청량리경찰서장이 입원해 있는 정 목사를 문병갔으며, 시경 공보계장은 '목사가 사람 때렸다.'라는 내용의 보도자료를 만들어 언론사에 뿌렸다. 덕분에 나는 1975년 2월 24일 자 「동아일보」 "휴지통" 난에 주인공으로 등장했다.

2·15조치로 풀려난 권호경 서울제일교회 목사, 이규상 전도사 등 교역자 5명을 상대로 경찰에 폭행혐의 고소를 한 청계천교회 정진영 목사는 고소 후 만 하루가 지난 21일 밤 10시경에야 동대문구 용두동 성인외과에 입원했는데, 병원 측이 떼어준 진단서는 '2-3주'라고 치유 기간이 보기 드문 방식으로 표기돼 있고, 22일 낮에는 안태하 청량리경찰서장이 정 목사가 입원해 있는 병실을 찾아 문병하는 친절을 보였는가 하면, 24

일 시경은 단순 폭력사건인 이 사건의 전모를 프린트한 것을 공보계장을 통해 기자들에게 알리게 하는 등 이례적인 움직임이 속출했다.

서대문경찰서에서 조서를 꾸미는데 경찰이 "같이 싸우고 그쪽에서 먼저 시비를 걸었으니 맞고소하세요."라고 했다. 그래서 내가 "에이, 여보시오."라고 하며 쳐다봤더니 겸연쩍었는지 말문을 닫았다. 그 일로 경찰서 유치장에서 일주일 정도 있었는데 하루는 공덕귀 여사가 나를 면회하러 왔다. 별다른 기색을 느낄 수 없었으나 다음 날 아침 일찍 나는 석방되었다.

선교자금사건으로 KNCC를 옭아매다

1975년 4월 3일 오전, 서울시경에서 형사 4명이 압수수색 영장을 들고 KNCC 사무실을 찾아왔다. 그들은 수도권 사업에 관한 서류를 모조리 압수하고, 11시에는 김관석 총무를 연행해 갔다. KNCC 회계를 담당하던 이창섭과 직원 이경배도 함께 연행했다.

서울시경 형사가 나를 찾아온 것은 그날 오후였다. 나는 박형규 목사, 조승혁 목사와 함께 연행되었다. 조승혁 목사가 연행된 것은 긴급조치로 수감되어 있는 동안 나를 대신하여 수도권 주무간사를 대행했기 때문이다. 당시 조 목사는 사선 총무였다.

경찰은 김관석 목사와 박형규 목사 등이 독일의 세계급식선교회(Bread for the World, 이하 BFW)로부터 받은 20만 3,000마르크(한화

2,700만 원 상당)의 원조자금을 빈민촌의 급식과 위생시설, 장학금과 직업훈련 등 원래의 목적을 위해 사용하지 않고 구속자 가족 돕기 등에 사용하여, 이들을 업무상 횡령과 배임 혐의로 입건한다고 발표했다. BFW의 지원은 1973년 김관석 목사가 독일을 방문해 BFW 아시아 담당 책임자인 볼프강 슈미트(Wolfgang Schmidt) 목사를 만나면서 시작되었다. 슈미트 목사는 그 전에 한국을 방문하여 김관석 총무의 안내로 청계천 빈민가를 둘러본 적이 있었다. 이를 계기로 그는 수도권 빈민선교에 원조를 해주겠다는 뜻을 밝혔고, 1차로 900만 원을 KNCC 계좌로 보내왔다. 그런데 수도권 빈민선교 책임자와 실무자들이 모두 긴급조치 위반 혐의로 구속되자, 김관석 총무는 이 돈의 일부를 구속자 가족을 돕거나 산업 선교 실무자 훈련장소 사용료로 사용한 것이다.

한편 청계천 지역에서 빈민선교를 하던 김진홍 목사가 긴급조치 위반으로 수감된 뒤 활빈교회의 담임목사로 부임한 민병길 목사는 정진영 목사에게 BFW가 KNCC에 지원한 선교자금에 의혹이 있다고 말하는 등 지속적으로 KNCC에 대한 불신을 갖게 했다고 한다. 민 목사는 정 목사에게 '김관석 총무 타도 전략'까지 짜게 했다. 또한 KNCC 실행위원회에 이 문제를 제소했는데, 이들이 주장하는 것은 BFW가 수도권에 지원한 돈은 청계천의 송정동 등 네 지역의 빈민선교를 위한 것이니 그 4분의 1에 해당하는 돈을 활빈교회에 달라는 것이었다.

그러나 실행위원회의 진상조사 결과, 선교자금은 특정 지역을 대상으로 하는 것이 아니므로 송정동 지역에 일정 금액이 할당될 이유가 없다는 결론이 내려졌다. 그러자 청계천 판자촌 주민들을 동원해 KNCC 총무실로 몰려와 농성을 하고, 오물을 뿌리는 등 난동을 부린 것이다.

4월 4일, 김관석 총무와 함께 연행된 KNCC 직원 이경배, 이창석 선생은 풀려났고, 우리는 서울시경에서 계속 철야조사를 받았다. 경찰은 우리에게 1년 동안 돈을 어떻게 썼는지 다 쓰라고 했다. 조승혁 목사는 열심히 쓰고 있는데, 나는 쓸 게 없어서 백지에다 '개새끼들'이라고 쓰고 그냥 앉아 있었다. 내가 앉아 있는 것을 본 경찰이 다가와 내 앞에 놓인 종이를 쓱 보더니 아무 말 없이 나가버렸다. 얼마 뒤 그 경찰이 다시 오더니 이제 됐다면서 내가 쓴 종이를 가지고 갔다. 그게 다였다. 조사도 받지 않았다.

그런데 나중에 슬쩍 본 조서에는 예전에 내가 수도권 돈에서 구속자들을 위한 변호사비와 생활비를 대준 사실이 명시되어 있었다. 수도권 선교자금에는 그렇게 쓸 수 있는 명목이 있는데도 그것을 배임이라고 한 것이다. 나는 배임죄와 폭력죄가 같이 걸려 있었다. 폭력죄를 하나 더하기 위해 일부러 정 목사를 병실에 보낸 것인지, 배임이라고는 할 수 없으니 폭력죄라도 만들어서 집어넣어야겠다고 생각한 것인지는 알 수 없었다. 1년간이나 감옥에 있었는데 어디에 돈을 썼는지 내가 어떻게 알겠는가. 수도권의 회계장부는 서울시경에도 없었다. 손학규 씨가 회계장부를 가지고 피신했기 때문이다. 내 생각에 조사는 경찰이 하지만, 이 사건을 기획하고 조정한 것은 중앙정보부가 분명했다. 없는 사건도 만들 때였다. 당시 KNCC만큼 대정부 발언을 쏟아내는 곳이 없었다. 또 수도권이나 사선의 활동도 정부 눈 밖에 났을 것이 틀림없었다. 한국교회 사회선교의 주요한 세 영역을 꼼짝 못하도록 할 생각이었던 것이다. 하지만 정부가 이들 단체의 탄압에 나서는 것은 역풍을 맞을 위험이 있었다. 그럴 때 좋은 구실이 돈 문제였다. 소위 선교자금사건은 이러한 토대 위에 꾸며진 사건이다.

KNCC는 4월 5일 '선교자유수호 임시대책위원회'를 조직하고 박세경, 이세중, 이태영, 홍성우, 황인철 변호사로 변호인단을 꾸렸다.

선교자금사건으로 열린 재판정

6월 10일 열린 첫 공판에 350여 명의 방청객이 몰리자 법정 안이 혼잡하다며 5분 만에 폐정했다. 선교자금사건에 대한 국내외의 관심을 보여주듯 이날 공판에는 함석헌, 현영학, 김정례 등 교회 관계자들과 외국인들, 특히 BFW에서 공식 방청인으로 위임받은 나카다이라 겐키치 변호사가 참석했다. 7월 5일 열린 3차 공판에서는 BFW의 아시아 담당 책임자인 슈미트 목사가 증인으로 출석하여 BFW에서 KNCC를 통해 수도권에 보낸 돈을 수도권이 독자적으로 사용할 수 있다는 결정적인 증언을 했다.

변호사: 프로젝트 설명서에 기록되어 있지 않은 일일지라도 목적에 부합하는 경우 그 일에 돈을 쓸 수 있는가?

슈미트: 그렇다.

변호사: 도시산업선교 실무자들이 훈련 프로그램 또는 세미나 등에 지출한 돈을 피고인들의 횡령에 포함시키고 있는데 그것이 정당하다고 생각하는가?

슈미트: 충분히 지출될 수 있는 일이다.

변호사: 수도권의 위원장인 박형규 목사, 실무자인 권호경 목사 등이 구속되었을 당시에 그들을 위해 지출된 돈이 자금 목적에 위배되는 것이라고 보는가?

슈미트: 위배되는 것이 아니다.

변호사: 감옥에 갇혀 있는 이들을 위해 변호사를 선임하고 변호사 비용을 그 자금 가운데서 지불한다면, 그러한 지불은 그 자금 목적에 합당한 것인가?

슈미트: 그렇다.

변호사: 수도권 관계자들이 구속되어 있을 때 그들을 위해 돕는 일도 넓은 의미의 선교라고 보는가?

슈미트: 그렇다.

―『1970년대 민주화운동 II』(한국기독교교회협의회, 604-605쪽)

재판정에는 사람들이 굉장히 많이 왔다. 김관석 목사와 박형규 목사가 있으니 더 관심이 많은 듯했다. 방청객 중에는 서울시경 경찰, 치안본부나 중앙정보부, 보안사 관계자도 있었다.

수도권 선교자금사건으로 법정에 서다. 오른쪽부터 권호경, 조승혁, 김관석, 박형규

한번은 변호사가 정진영 목사를 증인으로 세웠다. 그리고 나에게 "정진영 목사에게 할 말이 없느냐?"라고 물었다. 그때 나는 정 목사에게 "정 목사님, KNCC 총무실에 판자촌 주민들을 몰고가서 오물을 뿌리니까 (중앙정보부 쪽 사람들을 보면서) 남산 애들이 좋아합디까?"라고 물었다. 그러자 정 목사는 고개를 끄덕끄덕했다. 말도 못하고 말이다. 지금 생각하면 그 질문을 한 것이 참 후회스럽다. 내가 나빴다. 아마 정 목사는 그날 중앙정보부 기관원들에게 끌려가서 많이 당했을 것이다. 정 목사는 그들에게 맞서서 다리가 부러진 적도 있었다. 참 똑똑한 분인데, 어쩌다가 중앙정보부의 꾐에 넘어갔는지 슬프기만 하다. 정 목사는 결국 노회 재판에서 목사 제명처분을 받았다. 나는 정

목사를 제명시키는 것은 정보기관의 술수에 말려드는 것이라며, 당시 노회 재판국장인 신촌교회 문 목사를 찾아가 여러 번 말렸다. 하지만 어쩔 수 없었다. 노회 재판원들이 그렇게 결정했기 때문이다. 결국 정 목사는 떠돌아다니며 어렵게 살다가 세상을 떠났다. 만약 지금처럼 내가 차분했다면 재판정에서 그렇게 망신당하게 하지는 않았을 것이다. 그때 좀 더 이해시키고 설득하고 보호해야 했다는 생각이 든다.

지나온 시간을 돌이켜보면 많은 일이 후회로 남는다. 피치 못해, 아니면 시절을 잘못 만나 어렵게 된 사람과의 관계도 그러하다. 그렇지만 이미 시간은 지났고, 사람들은 떠났다. 나는 다만 그 일들을 기억하며 반성할 뿐이다. 그러고 보면 사람은 영원히 하나님께 '용서해 주십시오.'라고 말할 수밖에 없는 존재이다.

나중에 사건을 담당했던 곽동헌 판사도 정보기관으로부터 심한 괴롭힘을 당했다고 들었다. 정보기관에서 왜 이 사건에 개입했는지 아직까지 잘 모르겠다. 인혁당사건에 가톨릭 쪽이 개입하고 있으니, 개신교에서도 개입할까 봐 김관석 목사나 박형규 목사, 또 우리 같은 사람들을 구속한 게 아닌가 싶다는 분석을 한 논문도 있다. 우리를 구속하면 기독교운동이 큰 타격을 받을 것이 자명했기 때문이라는 것이다. 특히 김관석 목사는 종로5가에서 모든 운동의 중심추 역할을 했다. 나도 조직훈련을 받았지만 그분이야말로 종로5가의 조직가였다. 이렇게 하라, 저렇게 하라 지시하는 법도 없고, 그냥 웃으면서 이렇게 해도 저렇게 해도 일이 되게 만드는 분이었다. 말씀을 들으면 듣는 사람이 행동할 수밖에 없게 만드는 카리스마가 있었다. 김관석 목사 주변에는 많은 사람이 있었다. 그러니 정보기관에서는 할 수만 있다면 그의 발을 묶어놓고 싶었을 것이다. 박형규 목사도 마찬가지였다. 그는 언제나 빈민, 노동자 곁에 있었다. 본인이 그 일과 관계가 있든 없든 말이다. 억눌린 자들이 어려움을 겪고 있으면 그냥 무조건 찾아갔다. 선교자금사건을 경험하며, 나는 그들이 이처럼 중요하기에 정보기관에서 묶어놓으려고 했구나 하고 생각했다.

선교자금사건에서 박형규 목사는 10개월, 나는 8개월, 김관석, 조승혁 목사는 각각 6개월 형을 선고받았다. 김관석 목사는 "이 재판은 의미없는 재판이다."라고 하며 항소하지 않고, 9월 17일 가석방으로 풀려났다. 조승혁 목사와 나는 12월 23일 2심이 끝났는데, 이미 형기가 끝난 터라 만기출소해서 나왔고, 박형규 목사는 1976년 2월 14일에 만기출소했다.

이 사건은 1987년 제도적 민주화가 이루어지면서 무죄로 선고됐다. 나는 이 사실을 2014년 나와 관계된 모든 사건을 재심 청구했을 때에서야 알게 되었다. 무죄가 선고되었음을 통보해주지 않았기 때문이다. 무죄선고를 받고 6개월 이내에 국가를 상대로 손해배상 청구를 해야 하는데, 너무 늦게 아는 바람에 할 수 없었다.

용공몰이에 나선 유신 독재정권

선교자금에 횡령이란 죄를 뒤집어씌워 사회선교에 치명타를 가하고자 한 박정희 정권은 기독교계의 반발만 불러일으켰을 뿐 별다른 성과를 거두지 못했다. 그러자 이번에는 북한과 대립하고 있는 한국의 특수한 상황을 이용하여 용공몰이에 나섰다. 그 타깃은 수도권의 박형규 목사였다. 이는 기독교계 주요 인물인 박형규 목사를 '공산주의자'로 몰아 수도권을 와해시키고, 더 나아가 기독교 사회선교를 길들이기 위한 전략이었다.

박 정권은 홍지영이란 자가 집필에 가담한 것으로 보이는 『한국기독교와 공산주의』와 교회 장로이자 서울시경 제2부국장인 김재국의 『한국기독교의 이해』라는 책자를 수사기관이나 정보기관 등에 배포함으로써 사회선교에 종사하는 사람들에 대해 그릇된 인식을 갖게 하려고 노력했다.

1976년 5월 6일 석가탄신일을 전후하여 "부처님을 믿지 마라." "민족의 문제는 김○○ 장군이 해결한다."라는 내용의 유인물이 뿌려졌다. 수사당국은 이 불온문서의 출처를 추적하던 중 수도권 실무자들을 연행하기 시작했다. 사실 이 불온문서는 구실에 불과했다. 곧 수도권에 대한 대대적인 조사가 시작됐다.

수도권은 판자촌 지역이 계속 철거되자 동대문구 이문3동 판자촌 뚝방 지대에 있던 수도권 사무실이 있는 집을 팔려고 내놓았다. 이 집에는 방이 5개 있었는데, 하나는 사무실로 쓰고 나머지는 실무자 김경남, 사무원 황인숙과 그 가족, 나머지는 실무자 이철용과 그 가족이 쓰고 있었다. 그런데 이 집을 복덕방 주인과 손님으로 가장한 기관원들이 여러 차례 방문하여 살펴보고 갔다.

5월 25일 오전 8시, 3명의 기관원이 들이닥쳐 이철용과 김경남을 서대문경찰서로 연행한 뒤 오후에는 황인숙마저 연행해 갔다. 그 뒤로 이규상 목사, 박형규 목사, 허병섭 목사 등을 연행해 갔다. 나 역시 박형규 목사가 연행되던 6월 5일 오전 7시에 6명의 형사가 집을 급습하여 연행되었다. 그전에도 형사들이 불시로 찾아올 때가 많았다. 그들은 주로 새벽이나 아침 일찍 왔는데, 그러한 일로 가족들은 불안에 떨어야 했다. 영장도 없이 마구잡이로 집 안에 들어와 소동을 피우고 가니 새벽에 들려오는 구두 소리만 들어도 긴장이 될 지경이었다.

그 뒤로도 허병섭, 김동완, 모갑경 목사 등의 집을 수색하여 모든 자료를 압수해 갔다. 내가 잡혀간 사이 우리집도 가택수색을 하여 각종 책과 자료를 가지고 갔다. 나는 치안본부 대공분실로 끌려갔는데, 그곳은 남산에 있는 한 빌딩 안에 있었다. 안기부가 쓰던 대공분실은 내가 잡혀갈 즈음에는 한동안 치안본부 대공분실로도 사용되었다.

나는 선교자금사건으로 12월 23일 만기출소한 뒤 6개월여 만에 또 잡혀온 것이고, 박형규 목사는 1976년 2월 출소한 뒤 4개월 만에 잡혀온 것이었다.

수도권의 실무자들을 먼저 서대문경찰서로 데리고 간 것은 이 사건을 소위 용공사건으로 볼 수 있는가 알아보기 위해서였을 것이다. 그리고 어느 정도 그린 밑그림에 자신이 있는 상황에서 나나 박형규 목사를 연행한 것으로 보인다. 1976년 5월 말부터 7월 초까지 수도권 실무자들을 시작으로 십수 명에 달하는 도시빈민선교 관계자들과 그 일에 관계된 주민들이 장기 구금된 상태에서 조사를 받거나 연행되었다.

수도권 실무자 장기 구금사건

연행된 수도권 실무자들을 대상으로 처음에는 「민족시보」, 「세계」와 같은 일본 신문, 잡지의 입수 경위나 〈의식화와 해방〉, 〈ZOTO 지역사회조직위원회의 연혁과 활동〉 같은 자료에 대한 소감을 캐묻는 등의 조사가 이루어졌다. 하지만 점차 박형규 목사를 옭아맬 수 있는 자료를 찾고, '박형규는 빨갱이다.'라는 자신들의 결론을 실무자들에게 강요하고 주입시키려고 했다.

그들은 조사를 하는 과정에서 회유와 협박을 번갈아했는데, 이철용에게는 '박형규 목사가 공산주의자'라는 것을 인정하면 신평화시장 입주권 두 개를 주겠다고 약속했다고 했다. 당시는 신평화시장을 지을 때였다.

장기 구금된 상태에 있는 실무자나 관계자들을 심문하는 내용은 비슷했다. "박형규에게 무엇을 배웠는가?" "박형규 목사가 뭐라고 했는가?" "너는 공산주의자가 아니지만, 박 목사는 공산주의자 아니냐?" 등의 질문을 하면서 자신들의 입맛에 맞지 않으면 때리기 시작했다. 이규상 목사에게는 박형규 목사가 공산주의자라고 한 70여 명의 목회자 서명을 보여주었다고 한다. 또 박 목사가 한신대에 있을 때 "기독교와 공산주의"라는 강의를 했는데, 이 강의를 들은 한신대 졸업생들을 모두 잡아들이기도 했다.

나에게도 비슷한 협박과 회유가 이어졌다. 감금된 지 3-4주 정도 지났을 때 수사관이 나에게 "그동안 잘 버텼다. 나는 나간다."라고 홀가분하게 말하며 나갔다. 그 수사관은 나중에 단국대 교수가 된 공기두였는데, 마르크스와 관련된 논문으로 박사학위를 받았다. 어쩌면 이때의 조사가 그에게 큰 영향을 미친 것이 아닌가 싶다.

홀가분하게 나간 공기두 수사관은 월요일이 되자 다시 내 앞에 나타났다. 표정이 말이 아니었다. 억지로 수사를 맡아야 하는 억울함이 얼굴에 그대로 드러났다. 그는 한숨을 내쉬면서 또다시 나에게 같은 질문을 하고, 또 했다. 한번은 그가 몽둥이를 들고 오길래 '아, 이제 본격적으로 때리려는 모양이다.'라고 생각하고 눈을 질끈 감았는데, 갑자기 몽둥이로 벽을 치는 소리가 났다. 그는 몽둥이로 벽과 바닥을 치면서 때릴 듯이 시늉만 하고, 일부러 큰 소리로 윽박지르기도 했다. 마치 옆방에서 들으라는 식으로 말이다.

그렇게 한 달 동안 대공분실에 있다가 7월 3일에 허병섭, 김동완, 이철용, 황인숙, 모갑경 등과 함께 기소유예로 나왔다. 이규상 목사는 7월 6일 불구속기소로 석방되었다.

박형규 목사를 공산주의자로, 기독교 사회운동단체 실무자들을 용공으로 몰아가려는 것은 착각과 자기모순에 빠진 자들, 즉 시경 부국장 김재국 장로와 같은 자들이 무리하게 시도한 공작이었다. 남산 치안본부 대공분실에서 보낸 한 달은 그동안 조사받은 것보다 훨씬 더 고통스럽고 괴로운 시간이었다.

이철용 수도권 간사의 기자회견

석방된 뒤 들어보니 처음 구속된 이철용 간사가 서대문경찰서에서 탈출하여 이 사건을 '박형규 목사를 공산주의자로 몰아가는 사건'이라고 폭로하는 기자회견을 했다고 한다. 이철용 간사가 이 사건을 세상에 폭로하기 위해 세운 계획은 실로 용의주도했다. 경찰서를 탈출하기로 마음먹은 그는 일부러 같이 잡혀와 있던 황인숙 간사를 구타했다. 그러자 직원들이 모두 몰려와 말리고, 황인숙 간사를 여관으로 옮겼다. 그는 "당신들이 박형규 목사를 간첩이라고 하는데, 그러면 황인숙은 간첩 조카인 셈이다. 간첩 조카를 때리는 것이 뭐 어떠냐?"라고 하면서 서대문경찰서 직원들의 마음을 샀다. 이후 서대문서 직원들은 이철용 간사에 대해 잘 구슬려보자는 식으로 태도를 바꾸어 나갔다고 한다.

그 뒤 그는 낮잠 자는 시늉을 하며 직원들을 안심시킨 뒤 태연스럽게 정문으로 걸어나가서 아무 버스나 타고 그곳을 탈출했다. 그리고 곧바로 처형 집으로 가서 이틀 정도 주변 상황을 살폈다. 그런데도 아무 일이 없자, 구애련 선교사에게 연락해 허병섭 목사와 김동완 목사를 만날 수 있도록 주선해달라고 부탁했다. 그런데 확인해보니 그들도 모두 잡혀가고 없었다. 그는 구 선교사와 함께 녹음기를 준비하여 합정동 수녀원으로 가서 이 사건과 관련된 내용을 구술하여 녹음하고 호소문 다섯 장을 작성하였다. 여기서 이철용 간사의 기지가 돋보인다. 그는 호소문 두 장과 녹음테이프 한 개를 제작한 것처럼 해놓고,

나머지 호소문 중 세 장은 김관석 총무에게 전하도록 하고, 가짜 테이프를 경찰에 건네줄 것을 구 선교사에게 미리 부탁해놓은 것이다.

그는 기자회견을 통해 이 사건의 내용을 폭로하고, 다시 서대문경찰서로 돌아갔다. 경찰들은 그를 보고 굉장히 좋아하면서 반가워했다고 한다. 이후 탈출하여 기자회견을 한 사실에 대한 심문을 받을 때 그는 모든 것을 사실대로 말하였지만, 제대로 된 녹음테이프와 호소문 세 장이 더 있다는 사실은 말하지 않았다. 수사관들은 호소문 한 장을 입수한 뒤 구 선교사에게서 녹음테이프를 압수했다. 그러나 테이프에서 아무런 소리가 나지 않자, 수사관들은 "가짜가 아니냐?"라며 의심했다. 하지만 이철용 간사는 "그럴 리가 없다. 나는 녹음기 조작법을 잘 모른다. 아마 녹음이 안 된 모양이다."라고 진술했고, 그의 짐작대로 수사관들은 '녹음기 조작법 미숙으로 녹음이 안 됐음. 호소문 모두 회수했음.'으로 보고서를 작성했다고 한다.

이철용 간사의 폭로와 이와 같은 영리하고 지혜로운 행동이 있었기에 가족들과 모든 교회 기관은 우리가 장기 구금되어 조사받고 있다는 사실을 알게 되었다. 한 달여가량 구금되어 있으면서 모진 고통을 당한 사실은 외부로 전혀 알려지지 않았다. 이 일이 알려진 뒤 각 기관에서 기도회와 진정서, 건의문, 성명서 등으로 항의를 하고, 도움을 호소해 더 큰 불행한 일 없이 잘 마무리될 수 있었다. 이철용 간사의 용단이 거대한 폭풍우를 막은 것이다. 이철용 간사가 경찰서를 탈출하여 작성한 호소문의 일부를 소개해본다.

1976년 5월 25일 아침 8시 30분쯤 느닷없이 들이닥친 3명의 기관원으로부터 집에서 연행되어 김경남 씨와 지프차에 실려 어디로 가는 줄도 모른 채 실려가 도착하여 보니 서대문경찰서 3층에 자리잡은 정보2과 대공계 사무실이었다. 하필이면 간첩 잡는 대공계에 무슨 영문으로 연행됐는지 이유도 모른 채 기관원들로부터 "여기에 잡혀오면 무조건 개새끼다."라는 등 갖은 모욕을 당하면서 조사가 시작되었던 것이다.

　2, 3일 동안은 조사도 하지 않고 엉뚱하게 5월에 있었던 일들을 자세히 기록하라고 했다. 다 쓰고 나니 필적 감정을 해보는 거라며 매직잉크와 시험지를 준다. 무어라고 쓰느냐고 물었더니 "김 장군 만세", "장군이 되는 길은", "우리 민족이 해야 할 길은" 등 이상한 글만 쓰라고 했다. 김경남이와 저는 이에 응해 써주었다. 다음 조사는 수도권특수지역선교위원회에서 공산당 책자와 신문이 나왔으니 보았느냐면서 출처를 대라는 것이다. 신문은 「민족시보」, 책은 『세계』라는 것인데, 보여주면서 문책하여 본 사실이 없다고 하자 3일 정도 조사하더니 혐의가 없다고 생각되었는지 조사가 끝났다. (중략)

　끝으로 박형규 목사가 사상이 이상한 사람이며, 박형규 목사가 노트에다 기재한 것이 불온사상인 공산당 글을 썼으며, 수도권특수지역선교위원회에서 사용되는 용어도 순전히 공산당들이 쓰는 용어다, 하면서 박형규 목사가 쓴 노트를 본 사실이 있느냐고 묻는다.

　이렇게 14일 동안 조사를 받고 제가 경찰서에서 도망했던 것입니다. 형무소에 가는 게 무서워서 탈출한 것은 절대로 아닙니다. 다만 수도권

특수지역선교위원회가 당하고 있는 엄청난 사건에 대비하여 확실한 것을 밝히고 떳떳하게 내 발로 걸어들어가겠습니다. 숭고한 하나님의 말씀에 입각하여 가난하고 힘없는 소외된 자에게 복음을 전하여 용기와 힘을 주어 그들에게 새로운 삶을 영위할 수 있도록 하는 순수한 선교사업을 당치도 않는 공산당 조시형이라는 인물에게 결부시켜 공산당을 만들려고 하는 엄청난 이 사건에 대하여 하나님 앞에 맹세하며 절대적으로 수도권특수지역선교위원회 선교사업이 공산당인 불법 집단이 아니라는 것을 밝힙니다.

1976년 6월 8일 이철용

7
한국교회사회선교협의회를 통한 그라스루트 연대

혼란한 정국, 신구교 바닥운동 재정비

떠났다가 돌아오면 언제라도 반겨주던 교회, 내게 한없이 고마웠던 공간인 서울제일교회를 그만둔 것은 박형규 목사와 지학순 주교의 약속 때문이었다.

"개신교에서 '권호경'이를 내놓아야 가톨릭에서 사선 위원장을 맡을 신부를 내놓겠다고 해." 미안해하며 말하는 박형규 목사의 부탁을 나는 거절할 수 없었다. 그래서 1981년부터 사선 총무로 일하게 되었다. 개인적으로는 3년 만에 기독교 사회운동권으로 복귀한 셈이었다.

1980년 신군부세력인 전두환 정권이 등장하여 5·18광주민주항쟁을 무참히 짓밟은 직후 사회는 무척 혼란스러워졌다. 기독교 민주화운동도 여러 가지로 어려운 시기였다.

사선은 1971년 1월 CCA-URM 간사인 오재식 선생이 주도적으로 조직한 단체였다. 나는 당시 수도권 주무간사로 오재식 선생이 요청하는 심부름을 하였다. 오 선생은 일찍이 시카고 알린스키 재단의 조직론을 한국 기독교 운동권에 꼭 접목시켜야 할 필요한 프로그램이라고 인식했다. 그래서 연세대 도시문제연구소 위원으로 주민조직 프로그램에 적극 협조한 것이다.

한편 오 선생은 한국 기독교 학생운동을 통합하는 데 주력하여 YMCA와 KSCM을 통합한 KSCF 총무로 있으면서 학사단을 조직하여 빈민, 농촌 지역에서 조직운동을 시도하였다. 그뿐만 아니라 산업선교의 선도자인 조지송, 조승혁 목사를 알린스키 재단의 조직운동 프로그램에 참여시키기도 했다.

그런 상황에서 오 선생은 한국 개신교와 가톨릭의 모든 그라스루트(바닥운동)의 조직화가 급선무라는 사실을 인지했던 것 같다. 그래서 통합, 감리교, 기장의 모든 산업선교 실무자, 가톨릭노동청년회(JOC), KSCF, YMCA, YWCA, 가톨릭기독학생회, 가톨릭농민회, 개신교 기독농민회, 수도권, 빈민 사목 등 모든 기독교 운동권 세력을 한데 모아 사선을 조직한 것이다. 그는 기독교 모든 운동권이 조직화되어 힘, 즉 '피플스 파워'(People's Power)로 표출되어야 한다고 생각했다. 이것은 1970년대 전후 세계 기독운동의 흐름이기도 했다. WCC-URM과 CCA-URM은 유엔(UN)을 비롯한 모든 NGO 조직들이 개발 프로그램을 넘어 주민조직화 내지 주민의식화를 통해 피플스 파워를 형성해야 올바른 사회개혁이 가능하다고 보았다. 그것을 구체적으로 표출해낸 것 중 하나가 알린스키가 시카고 빈민촌에서 이룬 빈민운동 조직이었다.

제2차 세계대전 직후인 1960년대를 전후로 유엔과 WCC는 개발이라는 용어로 세계를 바라보았다. 그러나 개발은, 개발의 주체인 사람을 소외시키는 결과를 초래했다. 남미, 아프리카, 아시아 등 개발 대상국가에서뿐만 아니라 선진국의 뒷골목이나 판자촌 뒷골목에서도 사회의 주인공인 인간은 점점 비인간화되었고, 인간 취급을 받지 못하는 경우가 많아졌다.

이러한 세계적 흐름 속에서 오재식 선생은 산업선교, 빈민선교, 학생운동, 노동운동 등 각 분야별 실무자들의 훈련과 조직화가 시급하다고 생각한 것 같다.

오재식 선생은 그의 회고록 『나에게 꽃으로 나가오는 현장』에서 '현장'이라고 표현한 사람들, 즉 농민, 노동자, 빈민, 학생이 한데 어우러져 조직되고, 이것이 힘이 되어 사회 구석구석에서 힘으로 표출되길 희망한 것이다. 그리하여 사람이 주인이 되는 인류 사회를 꿈꾸며 사선을 조직했을 것이다. 이것은 1971년 조직 당시 아무것도 모르고 심부름을 한 나의 생각이다.

1971년 말 수유리 아카데미하우스에서 첫 모임을 가졌는데, 이때 갑작스러운 문제가 발생했다. 충분한 대화와 협의가 부족해서 일어난 해프닝이었다. 각 교단의 산업선교연합회는 오래전에 조직되어 많은 활동을 하고 있었다. 그런데 이 단체에 소속된 분들이 오해를 하여 오재식 선생이 외국 돈을 끌어다가 산업선교를 망친다며 플래카드를 들고 모임 장소에 찾아온 것이다. 오 선생은 몹시 당황해했다. 내가 그 현장에 있었기에 그때 일을 잘 기억한다. 다행히 서로 잘 이해하여 하나의 해프닝으로 끝났다. 이날 모임에서는 알린스키 재단에서 조직훈련을 마치고 돌아온 조승혁 목사를 총무로 선임했다. 사선의 처음 명칭은 한국교회도시산업문제협의회였다. 그리고 그해 9월 28일, 크리스천사회행동협의체로 이름을 바꿨다.

운동권의 재정 지원을 CCA-URM으로 일원화하다

사선은 광주민주화운동 이후 여러 어려움에 직면했다. 나는 이 기관의 총무로 일하면서 사무실을 종로5가에 있는 기독교회관 901호로 옮겼다. 10평 정도 되는 공간이었다. 사무실을 옮긴 뒤 조직을 개편하여 고문에는 지학순 주교와 박형규 목사, 회장은 김승훈 신부, 부회장은 조지송 목사, 조화순 목사, 함세웅 신부를 세웠다. 또한 학생운동, 산업선교, 농민운동, 빈민운동 등 각 분야의 대표들을 실행위원으로 세워 역할을 담당하도록 했다. 그리고 지도위원으로 교계 지도자들을 세웠다.

나는 사선의 실무자로 일하고 있던 천영초 간사와 이후 들어온 최혁배 간사, 구선회 씨와 함께 일을 시작했다. 이들과 가장 먼저 한 일은 조직의 점검이었다. 각 분야별 조직을 확인하고, 재정 확보를 위해 노력했다. 당시에는 국내 지원을 받기가 무척 어려웠다. 개인이나 교회가 사선을 돕겠다고 나설 경우 정부의 각 기관들이 개입하여 그 개인이나 단체가 불이익을 받게끔 했기 때문이다. 그래서 재정은 거의 대부분 CCA-URM과 유럽 NGO 등의 지원으로 충당했다.

CCA-URM에 근무할 당시 태국 챙마이에서 개최된 1988년 CCA-URM 회의(1월 1-23일)에 제출된 보고서를 보았더니, CCA-URM의 1년 예산 131만 9,500달러 가운데 각 나라(16개국)에 지원한 금액이 68만 3,500달러인데, 이 중 사선을 통해 한국 URM 등에 지원한 총액이 28만 6,000달러였다. 각 나라 지원금의 거의 절반을 내가 끌어온 셈인데, 그것은 모두 한국 기독교운동단체에 지원되었다. 이러한 지원을 받을 수 있었던 것은 CCA-URM의 과거 실무자들인 한국의 오재식 선생, 인도의 조지 나이난 주교, 그리고 WCC-URM 실무자인 인도의 헨리 다니엘 신부, 미국의 조지 타드 목사, 아프리카의 캔 데이빗 신부 등의 배려가 있었기 때문이다.

CCA-URM이나 WCC-URM은 한국의 기독교 운동권뿐만 아니라 일반 운동권 활동에도 직간접적인 지원을 했다. 그중 하나가 「말」 지를 지원하는 것이었다. 해직 기자들이 중심이 되어 발간된 「말」 지는 CCA-URM의 지원금을 받아 창간할 수 있었다.

어느 날 김관석 목사가 나를 찾아왔다. 송건호 선생이 「말」 지의 재정 지원을 부탁한 모양이었다. 김 목사는 내게 무슨 방법이 없겠는가 하고 물었다. 나는 김 목사에게 제안했다.

"목사님, 독일 NGO인 EZE에 부탁하십시오. 자기들이 돈이 있으면 나눠줄 겁니다. 만약 없으면 우리 예산에서 빼주도록 요청이 올 겁니다. 그러면 우리가 승낙하겠습니다."

김관석 목사는 독일 개신교개발원조국(EZE)에 부탁했고, EZE는 CCA-URM, WCC-URM 실무자와 협의하였다. 그 결과 CCA-URM은 선교적 차원에서 중요하니 한국 URM에 갈 지원금 일부를 「말」 지에 지원하는 것을 승인했다.

언젠가 송건호 선생이 나를 집으로 초대해 함께 식사를 한 적이 있다. 이유는 말하지 않았지만, 나는 그것이 「말」 지를 지원해준 것에 대한 고마움 때문이라고 느꼈다. 송 선생은 당시 종로5가를 매일 출근하다시피 했다. 그는 기독교인은 아니었으나 KNCC 인권위원으로 일하기도 했다. 자존심도 세고 꼿꼿했던 그는 사실 종로5가에 올 사람이 아니었다. 「동아일보」 해직기자들도 날마다 종로5가에 와서 살았다. 그때 자주 온 사람들이 이부영, 성유보 선생 등이다.

학생들이나 청년들이 함께 대화를 나눌 수 있는 장소가 필요하다는 암묵적인 요구에 따라 1982년 신구교연합 한국공해문제연구소가 창립되었다. 그때는 사람들이 여럿 모이는 것도 신경을 써야 했다. 한국공해문제연구소 이사장은 가톨릭에서는 함세웅, 개신교에서는 전태국 목사가 맡았다. 그리고 공해 문제에 관심이 많았던 최열과 정문화 씨가 실무를 맡았다. 나는 이 두 사람을 중심으로 CCA-URM 주민조직운동 프로그램을 만들었고, 공해 문제 지역에 주민조직 프로그램으로 활동을 구체화시켰다. 마침 온산공단(울산시 울주군)에 원자력발전소가 세워지면서 공해 문제에 대한 관심이 높아질 때였다. 한국공해문제연구소에서는 온산공단의 흙을 몰래 파다가 일본으로 보냈다. 토양의 상태가 어떤지 조사해보기 위해서였다.

우리가 기대한 대로 한국공해문제연구소 사무실에는 김근태 등 많은 청년, 학생들이 관심을 가지고 찾아왔고 자주 드나들었다. 나는 한국공해문제연구소 사무실 근방에도 가보지 못했다. 당시 공해 문제 연구뿐만 아니라 청년, 학생들의 조직을 위한 모임터가 필요했던 것이다. 얼마 지나지 않아 김근태 씨가 민주화운동청년연합을 조직해 동분서주하는 것을 보면서 혼자 흐뭇해했을 뿐이다. CCA-URM 실무자로 홍콩에서 일하다가 1989년도에 서울에 와 보니 한국공해문제연구소는 아주 많이 발전해 있었다. 이 단체는 1997년 '기독교환경운동연대'로 확대 개편되었다. 실무자였던 최열 씨는 1993년 따로 '환경운동연합'을 조직했다.

당시는 모든 조직과 활동이 꽁꽁 묶여 있었기에 재정 지원을 받기는커녕 종교집회 외에는 집회의 자유조차 없었다. 이 같은 상황에서 하나의 장(場), 운동권의 작은 광장을 만드는 일에는 수많은 사람의 피나는 노력과 희생이 따랐다고 할 수 있다. 오재식 선생이 조직한 사선은 그런 노력 중 하나였다.

조직과 훈련, 그리고 수련회를 통한 사회 운동권의 연대

오재식 선생은 일본 도쿄에 있으면서 여러 번 한국을 방문했다. 사선을 바르게 재정립하기 위해서였다. 나는 사선 총무가 된 후 재정 문제를 정리하고 사선의 구심점이라 할 수 있는 실행위원회를 정비하고 분야별 조직훈련을 실시하는 데 힘을 쏟았다. 노동자는 산업선교와 가톨릭노동청년회(JOC), 농민은 가톨릭농민회와 기독교농민회, 빈민은 수도권, 학생은 가톨릭학생회와 기독학생연맹 등 각 분과별 훈련 책임자를 선발해서 훈련시키고 조직가를 배출해냈다.

이러한 것들이 사선에서 내가 한 가장 중요한 일들이다. 우리가 비용을 대고, 조직이 돌아가게끔 도왔다. 훈련에서 필요한 강사는 해직 교수나 해직기자 출신들로 정했다. 이영희, 장을병, 박현채, 현영학, 김찬국, 서남동 안병무, 이문영, 문동환, 이만열, 유인호, 송건호, 이우정, 이효재, 고은, 백기완, 장상환 등 많은 사람을 강사로 불렀다.

한편 어떻게 하면 빈민, 노동, 학생, 청년, 기독교인, 비기독교인 등 모든 운동권이 함께 어울리는 장을 만들 수 있을까를 고민하다가 정기적으로 수련회를 실시하기로 했다. 그래서 매년 여름과 겨울에 수련회를 진행하여 모든 운동권이 모일 수 있도록 했다. 연말에는 송년회 자리도 마련했다.

사선은 명실공히 신구교 연합기관이었기 때문에 종교집회 외에는 모든 집회가 금지된 상황에서도 종교모임이라는 명목하에 자주 모일 수 있었다. 각계각층이 함께하는 민주화운동의 광장인 수련회의 인기는 그야말로 대단했다. 많은 인원이 모이는 터라 장소를 섭외하는 것도, 프로그램을 진행하는 일도 힘들었지만 모두 관심을 갖고 수련회 개최를 지켜봤기에 즐거운 마음으로 준비할 수 있었다. 어떤 의미에서 수련회는 캄캄한 밤에 모든 정보를 나눌 수 있는 장이 되어주었다.

여름수련회는 보통 동해안이나 부산 등의 바닷가에서, 겨울수련회는 수녀들이 운영하는 미아리 아리랑고개에 있는 수도원이나 장충동의 분도회관, 부산의 수도원, 왜관수도원 등 가톨릭 기관에 신세를 많이 졌다.

수련회가 열릴 때마다 참가자들이 점점 많아졌다. 청년들은 기독교인, 비기독교인 할 것 없이 이 모임을 통해 나라의 미래와 자신들이 해야 할 일에 대해 이야기를 나누었다. 경제학자 박현채 선생이 신이 나서 참가하던 모습도 기억난다. 여름수련회는 500명씩 모였는데, 주로 1박 2일이나 2박 3일 동안 진행되었다. 이 수련회 모임이 얼마나 기억에 남았는지 시간이 꽤 지난 후에 어떤 사람이 공식 석상에서 당시 수련회를 추억하는 이야기를 하는 것을 듣기도 했다.

『1970년대 노동현장과 증언』 자료집 발간

산업선교 25주년 기념대회를 앞두고 가장 시급한 일은 25주년 자료집을 준비하는 것이었다. 이 대회는 KNCC와 수도권, 서선이 공동으로 준비했는데, 자료집 발간이 가장 큰 문제였다. 당시는 자료집 발간이 어려울 때였다. 이 문제를 천영초 간사에게 말했더니 그는 염려하지 말라며 자신감을 드러냈다. 하지만 솔직히 자료집을 내는 것은 불가능해 보였다. 그런데 얼마 지나지 않아 천 간사가 자료집 발간에 대한 계획서를 작성해 왔다. 「동아일보」 해직기자인 성유보 선생에게 집필을 부탁하고, 자신이 돕기로 한다는 계획이었다. 만일 사선이 마련한 수련회 같은 광장의 연대의식이 없었다면 성유보 선생에게 부탁하는 것은 꿈도 꾸지 못했을 것이다. 나는 구체적인 계획을 묻지 않았다. 아니, 물을 수도 없었다. 그저 천 간사를 믿고 아주 좋은 계획이라며 쾌히 승낙해주었다. 그 뒤 천 간사는 그 일에 전념했고, 성유보 선생과 함께 막대한 자료집을 삽시간에 만들어냈다.

항상 진지하던 성유보 선생은 기독교인은 아니었지만, 사선이 만들어낸 광장을 통해 연대의식을 절감했기 때문에 그 자료집을 집필하는 책임을 맡았을 것이라고 생각한다. 그때는 그런 자료집을 썼다가는 정보기관에 꼬투리가 잡혀 감옥에 갈 수도 있었다. 이 자료집은 두께도 엄청나고 판형도 크다. 나는 아직도 자료집에 수록된 그 막대한 자료들을 어떻게 준비했는지 모르겠다.

743쪽이나 되는 이 자료집은 성유보 선생과 천영초 간사가 가장 큰 힘을 쏟았지만, 자료 준비를 위해 여러 사람의 도움이 필요했을 것이다. 드러나지 않는 그 모든 사람에 의해 이 자료집은 발간될 수 있었다. 이 자료집의 제목은 『1970년대 노동현장과 증언』이다. 출판도 쉽지 않은 상황이었으나 풀빛출판사가 그 일을 해주었다. 이 지면을 빌려 성유보 선생과 천영초 간사의 이름을 늦게나마 공개하며 미안하고 감사한 마음을 전한다. 아울러 이 자료집 서문에 있는 나의 인사말은 내가 쓰지 않았다는 점도 밝힌다. 다만 이 자료집에 많은 사람의 이름을 넣은 것은, 그렇게 해야 정보기관에서 트집을 잡을 수 없다고 생각한 나의 아이디어이다.

성유보 선생이 세상을 뜨기 두세 달 전, 나는 선생과 종로에서 만나 메밀국수를 먹고 차를 마셨다. 그때 그는 이렇게 말했다.

"이제 기독교인들이 옛날처럼 일어서야 합니다. 목사님들이 일어설 때입니다."

박근혜 정부 때였다. 나는 광화문광장에서 연일 벌어지는 촛불집회를 보며 송유보 선생의 얼굴이 떠올랐다. 촛불집회가 열리는 광화문 그곳은 그가 있을 자리였기 때문이다.

나는 그동안 여러 번 가택수색를 당하는 바람에 가지고 있던 자료의 상당수가 훼손되거나 소실되었다. 나 자신이 자료 수집을 꺼리는 습성도 있다. 그래서 자료가 거의 없는 편이다. 그런데 어느 날 책장을 살피다가 『1970년대 노동현장과 증언』을 발견하게 되었다. 그 책 사이에 〈사회선교 세미나 보고서〉가 한 부 들어 있었다. "노동 문제의 현안에 대한 우리의 견해"라는 부제가 달린 세미나 보고서였다. 1981년 2월 10-11일에 열린 이 세미나에서는 노동 문제의 당면 현안을 살피고, 그 해결 방안을 모색했다. 당시 사선은 노동 문제가 단순한 노동 문제가 아니라 인간의 문제이자 전 국민의 경제적 문제이며, 아울러 하나님의 공의의 실현이라고 보았다. 이 보고서는 기독교인의 신앙 양심에 충실하고자 선교적 차원에서 교회의 입장을 밝히고 있다. 당시 사선의 활동과 이 세미나의 이해를 돕고자 보고서의 전문을 이 책 마지막에 수록한다.

이와 함께 사선의 성명서 가운데 하나인 〈부산 미문화원 방화사건에 대한 우리의 견해〉를 한국어와 영어 원문 그대로 싣는다. 미국교회에 보내진 영어본은 미국교회에 의해 다시 미국무부에 전달되었다. 이제 와서 사실을 밝히지만, 이 성명서는 나의 지시로 천영초 간사와 그녀의 남편 정문화 씨가 작성한 것이다. 기관원들이 작성한 사람을 찾으려고 애를 썼지만, 내가 썼다고 딱 잡아떼니 그들도 하는 수 없이 그냥 넘어갔다.

부산 미문화원 방화사건

미국이 광주민주화운동을 무력으로 진압한 전두환 세력을 용인 또는 묵인하자 젊은이들의 반미감정이 고조되었다. 이러한 상황에서 주한미군 사령관 위컴이 1980년 8월 8일 자 「월스트리지 저널」에 "한국 군인들은 들쥐 같아서(leming like) 누가 지도자가 되든 그 지도자를 따라갈 것이다."라는 취지의 발언을 한 사실이 알려졌다. 한편 주한 미대사인 워커는 콜롬비아 해변에서 한국 대학생들을 가리켜 "버릇없는 아이"(spoiled broats, 개새끼라는 의미도 된다.)라고 했다. 이러한 발언은 젊은이들을 더욱 자극시켰다. 학생들의 반미감정이 고조되고, 미문화원 사건이 발생하고, 관련 학생들이 관계기관에 구속되고, 이와 관련된 사람을 숨겨주었다는 이유로 사선 지도위원인 최기식 신부가 관계기관에 끌려가고 할 때, 사선 실행위원회는 연속회의를 개최하고 성명서를 내기로 했다. 성명서는 초안을 검토하고 수정해서 내기로 했는데, 해외에 출장 중인 사람들에게는 미리 위임을 받고, 회의에 참석하지 못한 사람들은 전화로 확인을 받아 4월 15일에 성명서를 발표했다.

기관과 언론에 의해 〈한국교회사회선교협의회 반미성명서〉라고 이름 붙여진 이 성명서는 설명이 좀 필요하다. 당시 모든 신문은 성명서의 진위를 취재하는 대신 거의 대부분 성명서를 비판하고 성토하는 데 주력했다. 비판의 내용도 한결같아서 누가 써준 것처럼 보였다. 성명서가 발표된 후 5-6일이 지나서야 언론에서 일제히 대서특필하기 시작했는데, 기사 내용은 거의 똑같았다. 기관원들은 실무책임자인 나에게는 아무 말도 하지 않고, 신구교 대표들이나 사선과 전혀 관계없는 사람들을 찾아가서 성명서를 매도하는 작업을 했다.

그러자 온갖 보수단체들이 사선을 용공이라고 비난했다. 검찰은 사선 지도위원들을 한두 사람씩 연행해 가기 시작했다. 나는 4월 22일 검찰에 자진 출두했다. 그런데 한 검사가 나를 보자마자 "야이, 뻔뻔한 새끼야!" 하면서 상소리를 내뱉었다. 순간 화가 치밀었지만, 그를 상대할 필요는 없었다.

KNCC가 성명서를 낸 후, 많은 양심 세력이 성명서를 내기 시작했다. 위컴 사령관은 노코멘트, 워커 대사는 부인 내지 변명을 했지만, 사이비단체들은 사선에 온갖 비난을 서슴지 않았다. 이 성명서로 인해 사선 임원과 지도위원, 그리고 실행위원들이 거의 다 잡혀갔다. 모두 자진 출두 형식이었다. 하지만 몇 가지 조사를 받은 다음 2-3일 만에 모두 석방되었다.

그 즈음 부산 미문화원 방화사건의 배후 인물인 김현장 씨를 최기식 신부가 숨겨주었다가 조사를 받은 일이 있었다. 사선 실행위원인 이창복 선생이 이 일과 관련하여 남영동에서 조사를 받았다. 소식을 들은 나는 원주에 가서 지학순 주교를 만났다. 그는 이창복 선생이 고문을 당했다며 무척 마음 아파했다. 지학순 주교가 그리 아파하고 고통스러워하는 모습은 처음 보았다. 나는 그 자리에서는 아무 말도 하지 못하고 서울로 올라왔다. 그리고 사선 이름으로 이창복 선생이 고문당한 사실을 폭로하는 성명서를 발표했다.

몇 사람이 새벽에 들이닥쳐 나를 남영동으로 끌고 갔다. 그들은 나를 고문실로 데려가 김근태 등도 이곳에서 고초를 당했다며 위협하기 시작했다. 그리고 나를 일으켜 세우더니 욕조로 데리고 가는 시늉을 했다. '아, 이것이 말로만 듣던 물고문이구나.' 이런 생각이 들자 아찔해지기도 했지만, 그들은 위협만 할 뿐 물고문은 하지 않았다. 나는 남영동에서 그 유명한 '백대가리'도 보았다. '백대가리'는 우리 사이에서 유명한 고문기술자였다. 남영동에서 하룻밤을 보내고 다음 날이 되자 그들은 갑자기 나와 이창복 선생을 대면시켰다. 이 선생이 온 것을 보고 나는 굉장히 당황했다. 그들이 이 선생을 데리고 올 줄은 전혀 생각지 못했기 때문이다. 이 선생은, 자신은 고문을 당한 적이 없다고 말했다. 얼마나 두려웠으면 그렇게 말했을까 하는 생각을 하니 미안한 마음이 먼저 들었다. 지금도 그때 일을 떠올리면 미안한 마음이 앞선다.

남영동에 들어간 지 3일 정도 지나자 그들은 나를 내보내주었다. 다행히 고문은 당하지 않았지만 남영동은 그 자체만으로 무시무시한 곳이었다. 사선에서 일하면서 별별 일을 다 경험했지만, 남영동에서 경험한 사흘은 그중 가장 끔찍한 것이었다.

8
인권운동의 광장으로 나아간 한국기독교교회협의회 인권위원회

종로5가 인권위원회

CBS 사장 시절 김관석 목사는 점심이나 같이하자며 가끔 연락을 했다. 어느 날 걸려온 김관석 목사의 전화도 평소처럼 식사나 하자는 것이었다. 그런데 식사를 마치고 곧바로 헤어지던 여느 날과 달리 김 목사는 이야기를 하자며 CBS 집무실로 나를 데려갔다. 차 한 잔을 놓고 마주 앉아 있는데, 김 목사가 입이 잘 떨어지지 않는다는 듯 나를 지긋이 바라보다가 마침내 입을 열었다.

"KNCC 인권위원회를 이대로 놓아둘 수 없으니 권 목사가 맡아주는 것이 좋겠다는 의견이 있어…."

별다른 설명 없이 이 한 마디를 꺼내놓은 김 목사는 말끝을 흐렸다. 나는 뭔가 사정이 있어 어렵게 이런 이야기를 꺼낸 것이라고 짐작하면서도 곧바로 단호하게 대답했다.

"그건 곤란합니다."

그런 상황에서 더는 계속 앉아 있을 수가 없어서 곧바로 일어나 인사를 하고 사무실을 빠져나왔다. 그 뒤 별다른 언급이 없길래 나는 일이 잘 해결된 모양이라고 생각하고, 사선 일에만 몰두했다. 그런데 얼마 지나지 않아 조용술 목사(당시 KNCC 회장)가 사선 사무실로 나를 찾아왔다. 군산에서 목회를 하고 있는 터라 서울에 올라오면 할 일만 하고 곧바로 내려가는 분인데, 굳이 나를 찾아온 것은 인권위원회 일 때문이라는 것을 짐작케 했다. 조 목사는 거두절미하고 단도직입적으로 이야기를 꺼냈다.

"사람들이 인권위원회는 이제 권 목사가 맡아야 한다고 해."

평소 존경하던 두 어른이 이렇게까지 따로 말씀하니 그제야 '이 어르신들이 다들 왜 이러실까?' 하는 의구심이 들기 시작했다. 이 일을 상의하기 위해 박형규 목사를 만나러 갔다. 이야기를 하는 동안 박 목사가 별 반응을 보이지 않고 듣기만 하는 것이 영 마음에 걸렸다. 나는 박 목사의 의중을 듣고 싶었다. 내가 그를 찾아간 것도 보다 확실한 내용과 내가 할 일을 명확하게 짚어줬으면 하는 바람에서였다. 하지만 그는 평소처럼 무엇을 딱 집어 강요하지 않았다. 다만 "지금은 별도리가 없지 않느냐."라는 식으로 말할 뿐이었다. 내가 "그럼 사선은 어떻게 하시려고요?" 하고 물어도 별말이 없었다.

나는 이 문제를 어떻게 해야 하나 싶어서 한동안 골똘히 생각했다. 하지만 뾰족한 수가 떠오르지 않았다. 그러던 차에 이우정 교수에게 연락이 왔다. 할 말이 있으니 KNCC 총무실로 오라는 것이었다. 총무실에 들어서자 김관석 목사와 이우정 교수가 함께 나를 기다리고 있었다. 그렇다면 인권위원회에 관한 이야기가 틀림없었다. 그 자리에서 이 교수는 "다른 이야기는 된 것 같으니 권 목사가 짐을 질 수밖에 없네 뭐." 하면서 내가 결정해주기를 은근히 강요했다. 나는 이우정 교수까지 이렇게 말하는 것을 보고 이미 교계 어른들이 이 문제에 대해 모두 합의를 한 모양이라고 생각했다. 그렇지만 내가 사선을 사임하고 인권위원회로 가는 것은 그리 간단한 일이 아니었다. 사선은 신구교가 연합한 조직으로 가톨릭 쪽에서 동의를 해주어야 탈없이 떠날 수 있는 곳이었다. 사선에 가게 된 것도 나를 내놔야 김승훈 신부를 내놓겠다는 지학순 주교의 요구 때문이었다. 그러니 개신교 쪽에서 합의를 했다고 해서 모든 문제가 해결된 것은 아니었다. 그렇다고 이미 어른들이 합의한 내용을 뒤엎을 수는 없었다. 그들이 그렇게 합의를 한 이상 나로선 여러 가지 변수를 생각하고 내린 결정일 것이라고 이해하고 따라야 한다고 생각했다. 내가 KNCC 인권위원회로 옮기는 것에 대해 많은 오해가 있을 수 있겠지만, 그것은 어쩔 수 없이 안고 가야겠다고 나름 다짐도 했다.

KNCC 인권위원회로 가는 것은 개인적으로도 큰 결심이었다. 그것은 교회라는 제도권 속으로 다시 돌아가는 길이었기 때문이다. 예상한 대로 사선에서는 여러 사람이 내가 인권위원회에 가는 것을 반대했다. 특히 가톨릭 측의 이창복 선생이 몹시 언짢아했다. 그는 사선이라는 큰 연합조직에서 해야 할 일이 더 중한데, KNCC 인권위원회로 가는 것이 전체 운동에 도움이 되는가라고 반문했다. 물론 그러한 생각에도 일리가 있었다. 그러나 내심으로는 사선이 점차 활성화되는 마당에 핵심 실무자가 빠져버리면 그동안 진행해오던 일이 어떻게 되겠는가에 대한 걱정이 더 앞섰을 것이라는 생각이 들었다. 나는 사선 프로그램은 어느 정도 정착이 되었다고 판단했다. 게다가 사선 프로그램은 각 분야에서 추천된 실행위원회가 결의하여 집행하는 시스템이기 때문에 실무자가 바뀐다고 해도 크게 걱정할 일은 없다고 생각했다.

당시 많은 사람이 KNCC 인권위원회가 좀 더 역할을 해주기를 기대하고 있었다. 그러기 위해서는 인권위원회 차원에서 실시하는 프로그램을 확대하고 개편할 필요가 있었다. 각 지역이나 교회 안에도 인권위원회가 있었지만, 종로5가의 인권위원회는 특별한 존재였다. 그것은 KNCC 산하에 있는 기구 이상이었다. 사람들은 인권위원회가 단지 종교라는 틀 안에서만 활동하는 그런 위원회가 되기를 바라지 않았다. 인권변호사나 해직교수, 그리고 구속자 가족들을 위로하고 지원하는 일뿐만 아니라 노동자, 농민, 빈민, 학생 등 인권에 관심 있는 사람이라면 누구든지 어우러지는 광장이 만들어지길 바랐다. 이미 인권위원회가 가야 할 향방은 사람들에 의해 정해지고 있었으니 나는 그 의견들을 잘 묶어내어 실질적으로 작동하는 프로그램으로 만들어나가면 될 터였다.

3선개헌과 유신헌법의 발동으로 만들어진 KNCC 인권위원회

KNCC 인권위원회가 만들어진 배경 또한 이러한 프로그램을 가능하게 하는 원동력이었다. 인권위원회는 1970년대 초, 3선개헌과 유신헌법의 발동 등으로 그 탄생의 토대가 만들어졌다. 박정희의 군사독재는 끝 간 데를 모르고 날이 갈수록 활개를 쳤다. 정부에 끊임없이 저항의 목소리를 내는 개신교는 그런 점에서 그들에게 눈엣가시였을 것이다. 박정희 정권은 개신교에서 시행하는 활동에 군부독재를 반대하는 목소리가 담겨 있는 것을 간파하고, 억압적인 통치 속에서 그 싹이 될 만한 것은 무조건 없애려고 했다.

인권위원회는 박정희 정권이 개신교, 특별히 종로5가에서 일어나는 움직임에 주목하고 있을 때 일어난 전주 은명기 목사 구속사건이나 남산 야외음악당 부활절연합예배사건 등으로 박형규 목사와 수많은 청년, 학생들이 연행, 구속되는 과정에서 창립되었다. 이때는 KNCC 김관석 총무가 재임할 때였으니 인권위원회가 탄생한 것은 김관석 총무의 지도력이 있었기 때문이라고 할 수 있다.

인권위원회가 태동될 당시는 〈유엔인권헌장〉이 발표된 상황이었다. 이에 발맞춰 KNCC 국제문제분과위원회는 서울 장충동에 있는 분도회관에서 1973년 11월 23-24일 "인권과 신앙"을 주제로 인권문제협의회를 개최했다. 이 협의회에서는 교회 내에 인권 문제를 다룰 수 있는 상설기구가 필요하다는 데 의견을 모으고 상설기구의 설치를 KNCC 실행위원회에 건의하기로 했다. 이후 KNCC는 이 건의안을 받아들여 인권위원회를 조직하기로 했다. 1974년 4월 11일, 드디어 인권위원회의 첫 모임이 열렸다. 인권위원회는 매년 인권문제전국협의회를 실시하고, 여기서 나온 의견과 내용을 근간으로 세계 인권선언일인 12월 10일 전 주간을 인권주간으로 정하여 전국적으로 인권주간 행사를 실시하기로 했다.

인권위원회 조직은 위원장 1인(위원장 이해영 목사, 조남기 목사, 조용술 목사, 박형규 목사 등 KNCC 지도급 목사들이 감당했다.) 부위원장 2인(1인은 교회 측에서, 1인은 교회 밖 변호사나 언론인으로 구성했다. 송건호 선생과 홍성우 변호사도 부위원장을 했다.) 그리고 본부에 국장 1명(고환규, 이직행, 이경배 등)과 실무자 약간 명을 두었다. 내가 일할 때는 윤수경 선생, 강구철 선생, 유태선 목사, 성남옥 씨, 박광혜 씨 등이 있었다. 그리고 지역 인권위원회를 두었는데 부산에서는 최성묵 목사, 대구에서는 유연창, 나길동 목사, 광주에서는 윤기석 목사, 전주에서는 신삼석, 이천수, 김경섭 목사, 청주에서는 이쾌재 목사, 춘천에서는 강원하 목사, 대전에서는 박종덕 목사 등이 활동했다. 부산 지역 간사는 고호석 씨, 대구는 사공준 씨였는데, 후반에는 이상익 씨가 맡았다. 전주는 노병관 씨, 전남은 조봉훈 씨, 울산은 박국희 씨 등이 지역 간사로 활동했다.

5·18광주민주화운동을 잔인하게 짓밟고 들어선 신군부는 통치도 잔인무도하게 시작했다. 이에 1983년 한 해 동안만 399명의 양심수들이 투옥되었다. 인권위원회는 이들을 위한 상담활동, 구속자 인권대책활동, 법률구조활동 등을 전개해 나갔다.

인권 문제를 전국으로 확장하다

1983년도 인권문제전국협의회는 "민생과 인권"이라는 주제로 대전 피정의 집에서 10월 10-12일에 실시되었다. 주제 발의는 서남동 교수가 했고, 변형윤 교수는 "한국의 경제구조와 민생"에 대해, 조화순 목사는 "민중의 인권과 교회의 선교"에 대해, 김용준 박사는 "민생과 과학문명"에 대해 각각 발제했다. 이 모임에서 참가자들은 1983년 인권선언문을 채택했다.

우리는 한국기독교교회협의회 인권위원회가 주최한 1983년도 인권문제전국협의회에 참가하여 "민생과 인권"이라는 주제를 가지고 10월 10일부터 10월 12일까지 진지한 토의를 통해 우리의 뜻을 다음과 같이 밝히게 되었다.

이 나라의 경제는 자주적인 경제발전의 가능성을 배제한 채 대외 의존적인 수출 주도형 경제구조를 택한 결과 GNP의 60%에 달하는 외채를 짊어지게 되었고, 더욱이 이러한 경제구조는 대기업 편중의 특혜금융정책으로 말미암아 1982년 현재 이 나라 30개 기업이 GNP의 60%를 차지하는 심각한 빈부격차를 가져왔다.

이런 경제 상황을 유지할 방법은 있을 수 없으며 장영자사건, 명성사건, 영동개발진흥사건 등 우리의 상상을 초월한 거대한 경제교란 사건이 꼬리를 물고 발생하고 있는 것은 바로 특혜 금융과 부패 권력의 결탁에서밖에는 그 원인을 찾을 수 없는 것이다. 이와 같은 경제구조는 노동자, 농민, 일반 서민의 민생에 심각한 위협을 던져주고 있다.

저임금과 과다한 노동시간 및 산업재해 등으로 인권과 생존권을 위협당하는 노동자들, 농업을 경시한 공업 위주 정책에 따른 저곡가와 비민주적 농정과 과도한 부채로 빈곤에 허덕이는 농민들, 도시미관과 거리질서 확립의 명분 아래 생활 수단을 박탈당한 채 이리저리 쫓겨다니는 도시영세민들은 바로 이러한 경제정책의 희생물이 된 민생의 모습을 보여주고 있는 것이다.

우리는 최근 연이어 발생한 KAL기 격추사건과 버어마 랑구운 폭파사건의 놀라운 국제폭력 사태 앞에 분노와 비통을 금치 못하며, 희생자들과 그 유족들에게 깊은 애도의 뜻을 표하는 한편, 어떻게 해서 이러한 비극적 사건들이 연이어 발생함으로 말미암아 온 국민이 충격과 불안에 떨어야 하는가를 생각해보았다. 이 나라는 주변 강대국들의 세력 다툼의 틈바구니에 휩쓸린 나머지 자신의 운명을 스스로 결정짓지 못하는 비극적 역사를 되풀이해 왔는데 이번의 참사 역시 민족분단의 결과임을 생각할 때 우리는 깊은 자성과 함께 이 민족의 앞날을 우려하지 않을 수 없다. 특히 80년대에 들어서 우리는 미증유의 핵 위협하에 놓여 있다. 이제 핵으로 말미암은 사활 문제는 남의 문제가 아니고 바로 우리 자신의 문제가 되고 있다. 우리는 소련이 아시아에 배치하고 있는 SS-20 핵미사일이 한국을 겨누어 우리에게 핵 멸망의 위협을 가지고 있는 사태의 중대성을 주시하고 이의 철거를 요구하는 한편, 정부는 미소강대국에 의한 핵 위협으로부터 국민의 생활과 안정을 확보할 것을 촉구한다. 이와 같이 점차로 높아가는 냉전 분위기 속에서 인류를 절명시킬 수 있는 가공할 핵무기들이 한반도를 둘러싸고 대치하고 있는 현실은 우리가 KAL기 격추사건과 랑구운 폭파사건에서 진정한 교훈을 얻지 못한다면 상상할 수 없는 민족 절멸의 비극을 초래하리라는 사실을 경고하고 있다.

정부와 국민은 이 비극을 통해 전 민족적인 새로운 각오를 가져야 할 것이며, 특히 정부는 이를 전쟁의 논리와 결부시켜 공포와 탄압통치의 구실로 삼지 말기를 충심으로 바라는 바이다. 오히려 이번 일이 계기가 되어 국민의 열망과 지혜를 총동원하여 이 민족 존망의 위기를 극복하는 자세를 가지고, 정치와 경제의 획기적인 민주적 개혁을 통해 도탄에 빠진 민생고를 해결하고 짓밟힌 민족의 자존심을 회복시켜야 할 것이다.

우리는 노동과 농촌, 그리고 학원의 인권현장에서 자행되는 수많은 인권탄압 사례를 접하고 이러한 암울한 현실이 하루속히 종식되기를 바라면서 이를 위해 다음 몇 가지를 제안하고자 한다.

1. 노동자의 인권을 위해 노동 삼권의 보장, 노동 악법의 폐지 및 개정, 민주노조활동의 보장, 퇴직 예고제의 폐지, 해직 근로자의 취업 보장을 요구한다.
2. 농민들의 민생과 관련하여 무분별한 외곡 도입을 중지하고 식량자급정책을 실천할 것, 농가부채의 탕감, 농협조합장 직선제의 실시, 도시 자본가에 의한 토지침탈의 방지 등을 요구한다.
3. 학원의 정상화를 위해 졸업정원제의 폐지, 강제 군입영 중지, 지도교

수제 폐지, 제적학생과 해직교수의 복학과 복직을 요구한다.
4. 나라의 민주화를 위해 사회안전법, 집회 및 시위법, 언론기본법, 사회보호법의 철폐 및 개정과 국가보안법의 악용 중지, 폭력 및 고문의 근절, 자유로운 정치활동의 보장과 해직 언론인을 비롯한 모든 해직 인사의 복권을 촉구한다.
5. 민족의 생존을 위해 한반도를 둘러싼 핵무기의 철수를 요구한다.

우리는 오늘의 현실이 진정 인권존중의 민주국가와는 너무나 동떨어진 상황임을 보면서 이러한 암울한 역사적 현실 앞에서 교회의 사명을 되돌아보았다. 교회는 하나님 앞에 의를 드러내며 그 시대의 불의를 고발하는 예언자적 전통을 구약시대의 예언자로부터 이어받아 왔다.

그런데 지금 이 땅의 교회들은 물량주의적인 외적 팽창에 급급한 나머지 사회의 가난하고 억눌리고 소외된 잃어버린 양들을 외면하고 있다. 교회는 마땅히 교회 중심적인 지금까지의 자세를 하나님 앞에 회개하고, 불의에 담대히 맞서서 말씀을 증거하며 잃은 양을 찾아 나서는 목자로서의 사명을 다하여야 할 것이다.

오늘 우리가 당면한 문제의 궁극적 해결은 진정 국민이 나라의 주인이 되는 민주국가가 확립되고 이것이 민족통일로 이어지는 새 역사의 창조에 있다. 이는 하나님이 함께하시는 의로운 역사의 시작이며 교회에 지워진 사명이다.

우리는 온 국민이 부정한 권력의 기만과 폭력 앞에 굴종하였던 불의의 역사를 떨쳐버리고, 새 역사의 주인으로서 민족의 생존과 긍지를 지켜나가 줄 것을 바라면서 우리 모두가 함께 의로운 역사 창조에 동참할 것을 다짐한다.

1983년 10월 12일
한국기독교교회협의회 인권위원회
1983년도 인권문제전국협의회 참가자 일동

1983년도 인권주간 행사는 12월 4일에서 15일까지 "민생과 인권"이라는 주제로 전국 각 지역에서 실시되었다.

1984년도 인권문제전국협의회는 "인간의 존엄과 선교"라는 주제로 6월 25일부터 27일까지 평창군 지부면 싸리 산장에서 전국 각계각층의 인사 105명이 모인 가운데 진행되었다. 이때의 결의안 가운데 중요한 것은 광주사태 진상조사위원회의 구성이었다. 이 결의의 일환으로 광주인권위원회 조봉훈 간사가 자료를 수집하고 원고를 집필하기 시작했다. 주제 강연은 조용술 목사가 맡았으며, 폭력 문제에 관해서는 현영학 교수, 평화 문제에 관해서는 이삼열 교수가 발제했다. 주제 강연이 끝난 뒤에는 1984년 인권선언문을 채택했다.

1984년 인권주간 행사는 "눌린 자에게 자유를"이라는 주제로 12월 10일부터 16일까지 전국 각 지역에서 인권주간 연합예배를 드렸다. 당시는 전두환 정권이 사람들의 회합을 방해하고 집회를 허용하지 않을 때였다. 다만 종교집회는 허용해주었기에 인권행사에 '예배'라는 말을 붙인 것이다.

1985년도 인권문제전국협의회는 6월 3일부터 5일까지 "하나님의 법과 인간의 법"을 주제로 대전 가톨릭교육회관에서 2박 3일 일정으로 진행되었다. 대전 가톨릭교육회관에서 하게 된 것은, 이곳은 행사를 취소하는 일이 거의 없었기 때문이다. 다른 곳은 행사 하루 전에 갑자기 취소를 통보하기도 했다. 강사로는 김이곤 한신대 교수(구약에 나타난 법정신), 당시 인권위원회 부위원장 홍성우 변호사(법과 인권-직선제, 집시법, 언론기본법 중심으로), 이상수 변호사(법과 인권-노동법 중심으로), 김용복 교수(제3세계의 인권상황과 교회의 대응) 등이 나섰다. 또한 각 지역과 단체에서 〈인권현장에 관한 보고〉가 있었다. 다음은 〈인권현장에 관한 보고〉의 제목과 보고자이다.

1. 노동현장과 인권-이근복 목사(영등포산업선교협의회)
2. 농촌 현장-윤기현 선생(기독교농민회 홍보단장)
3. 도시빈민의 인권-허병섭 목사(수도권도시선교위원회)
4. 공해 문제와 인권-최병철(부산공해문제연구소)
5. 구속자 고문과 인권:수형생활을 중심으로-이정숙(전국노동연맹사건으로 구속된 이태복 모친)
6. 노동자와 인권-유동우 회장(한국기독교노동자총연맹 회장)

참석자 일동은 분과토론과 전체토론을 거쳐 1985년도의 인권선언문과 성명서를 채택했다. 이후 12월 8일에서 16일까지 실시된 인권주간에서는 전국 26개 지역에서 "악법 철폐 하나님의 법 실현-고문 폭력 추방하자"라는 주제로 인권예배가 드려졌다.(참고 〈한국기독교교회협의회 제35회 총회보고서〉, 80-81쪽)

1986년도 사업은 "구조적인 인권침해, 요인이 무엇이고, 이를 어떻게 제거 내지 해결할 수 있는가?"라는 내용으로 전개하기로 했다.

1986년도 계획까지 세우고 나서 나는 KNCC 인권위원회를 떠나 CCA-URM 책임자로 가게 되었다. 후임은 김동완 목사가 맡았다. 1986년 6월 2일부터 4일까지 열린 인권문제전국협의회의 주제를 보니 "민주쟁취와 인권"이었다. 그런데 놀라운 것은 그다음 해인 1987년 6월 29일에 〈6·29선언〉이 있었다는 점이다. 인권문제전국협의회를 오래 하다 보니 관계자들에게 앞날을 내다보는 혜안이 생긴 게 아닌가 하는 생각이 든다. 12월 10일부터 실시한 인권주간 행사의 주제는 "민주쟁취와 인권, 국민의 힘으로"였다.

이와 같이 1970-80년대 인권문제전국협의회의 주제와 인권주간 행사의 주제, 참여 인사, 강사들을 살펴보면 1980년대 반독재 투쟁의 광장과 흐름을 읽을 수 있게 된다. 여기에 종로5가 기독교회관 901호실에 있던 사선의 각종 세미나, 수련회, 송년회의 강사, 참여 인사 등을 함께 살펴보면 이 프로그램 등은 반독재 투쟁의 공간이 되었다고 할 수 있을 것이다. 또한 거의 비슷한 프로그램을 진행한 KSCF와 한국기독교에큐메니컬청년연합(EYC)이 종로5가 기독교회관에 함께 연대해 살았고, 한국교회여성연합회와 교단의 사무실들이 함께 있었기에 '종로5가'라는 이름이 붙게 되었다. '종로5가'는 이후 지역명으로서만이 아니라 기독교운동의 현장으로서의 고유명사가 되었다.

종로5가의 상징 목요기도회

구속자를 위한 기도회인 목요기도회는 종로5가의 상징이 되었다. 정부당국은 종교집회 외에는 일체의 집회를 불허하고, 청년이나 학생 세 명 이상이 모이면 문제시했다. 이런 점을 감안하면 종로5가는 기독교인이나 비기독교인 모두에게 각자의 정보교환, 각 그룹의 조직 점검에 좋은 광장의 역할을 했다 할 것이다. 특히 동아자유언론투쟁위원회(동아투위) 같은 경우는 회의하는 날이 잔칫날이었다. 나는 광장에서 싹트고 형성되어 조직된 힘이 있었기에 이것이 박종철 고문사건을 계기로 일어난 6·10항쟁(1987)을 이끌어내는 데 단초가 되었다고 해도 지나치지 않다고 생각한다.

앞서 살펴본 바와 같이 KNCC 인권위원회는 매년 인권문제전국협의회를 개최하고 인권선언문을 냈으며, 이 인권선언문을 근간으로 인권주간 행사의 주제를 결정하여 인권주간 행사를 실시했다. 또한 인권주간 행사에서 다 수렴하지 못한 사건들은 수시로 성명서를 냈다.

한편 인권위원회는 1985년 10월 7일 김근태 씨 고문사건 청원서를 넘겨받아 고문대책위원회를 조직하고, 위원장에 김상근, 서기에 금영균, 위원에 조승혁, 이우정, 오충일 목사를 선임하여 교회 안팎에서 고문·폭력추방을 위한 조직적인 홍보와 그 대책을 마련했다.

고문대책위원회는 1985년 11월 21일 KNCC 회장단과 20개 교단장 및 총무 연속회의를 개최하고, 대책위원회 5회, 각 교단 교단장 및 총무 초청간담회 4회, 재야대표 초청간담회 등을 실시했다. 그리고 각종 항의서, 탄원서, 목회서신 발송, 대통령 면담 요청, 기도회 개최 등 다각적으로 활동했다.(참고 〈한국기독교교회협의회 제35회 총회보고서〉, 110쪽) 당시 구속자가 너무 많아서 인원을 다 파악하기 힘들 정도였다. 이에 따라 법률구조 활동도 지극히 제한적일 수밖에 없었다.

시대는 암울했지만 인권위원회에 적극적으로 협력하며 변호를 자청하는 변호사들은 전국적으로 계속 늘어갔다. 얼마나 감사했는지 모른다. 이들에게 감사의 표시로 1년에 한 번, 인권위원회 명의로 송년잔치를 열었다. 변호사들 사이에서는 이 송년잔치에 갔다 왔다는 자부심이 대단했다. 우리는 이 흐름이 나중에 민주화를위한변호사협의회(민변)를 탄생시켰다고 보고 있다.

당시 우리와 함께한 변호사로는 서울의 한승헌, 홍성우, 이세중, 이돈명, 이돈희, 유현석, 조준희, 황인철, 조정재, 광주의 홍남순, 부산의 김광일, 노무현 등이 기억에 남는다. 김정남 선생은 변호사는 아니었지만 이돈명 변호사 사무실에 가보면 항상 무언가를 쓰면서 열심히 일하고 있었다. 그 모습이 꽤 인상적이었다. 일과가 끝나면 정보교환을 위해 홍성우, 조정래 변호사, 그리고 김정남 선생과 거의 매일 저녁 식사를 함께했다.

그 당시 양심수 가족모임이 조직되었는데, 가족들의 하소연은 다 들어주지 못하고, 겨우 1년에 한 번씩 담당자가 나가서 가족 위로잔치랍시고 식사를 같이 한 것이 전부였다. 생각하면 아쉽기만 하다. 실무자들이 동분서주하며 뛰어다니던 모습을 지금도 잊을 수가 없다.

『1970년대 민주화운동』 자료집 발간

정신 없이 분주한 가운데 KNCC 인권위원회는 1970년대 민주화운동을 정리하는 인권자료집 발간을 책임지게 되었다. 우리는 이 자료집 준비를 일찍부터 진행했다. 하지만 정보기관원들이 인권위원회 활동을 일일이 직시하고 있어서 어떻게 자료를 수집하고, 어디서, 누가 집필하느냐가 고민이 되었다. 우리는 이 모든 일을 인권위원회의 윤수경 선생에게 맡기기로 했다. 윤 선생에게 맡긴 이후로 나는 그 일에 대해 관여하지 않았다.

   준비가 거의 다 된 상태에서 집필 장소가 천호동 기독교아파트에 있는 진연섭 교수의 집이라는 것과, 윤 선생을 도와 구창완 씨(현재 대만의 대학에서 선교사로 시무)가 집필을 하기로 했다는 보고를 받았다. 나는 자료가 산더미같이 쌓인 방을 두어 번 방문했을 뿐이다. 원래 이 자료집은 1979년 김관석 목사가 KNCC 총무로 재직할 당시 만들기로 결정된 것이었다. 하지만 집필하기로 한 성공회 이대용 신부가 갑자기 유학을 떠나는 바람에 중단되고 말았다. 당시는 이런 자료집을 집필하는 것은 고사하고 자료를 모으는 것도 힘들 때였으나 윤수경 선생과 구창완 목사는 희생을 각오하고 이 방대한 자료를 모으고, 구석방에서 집필하여 마침내 『1970년대 민주화운동』을 탄생시켰다. 나는 이 자료집이 지금은 물론이고 앞으로도 영원히 1970년대 모든 자료집 가운데 가장 중요한 자리를 차지하게 될 것이라고 생각한다. 이 자리를 빌려 다시 한 번 두 분께 감사를 드린다. 당시 인권위원회 위원장인 조용술 목사는 "머리말"을 통해 이 자료집의 발간 의의와 그 과정을 밝혀놓았다. 그 일부분을 옮겨본다.

돌이켜보면, 한국교회가 유신독재정권과 치열한 싸움을 벌일 때, 훗날을 위해서 자료를 보관해야 된다는 생각을 전혀 하지 않은 것은 아니었다. 그러나 상황은 그때그때 대처하기에도 숨가쁠 만큼 돌아갔고 정보원들의 눈초리가 늘 우리를 뒤따랐다. 어느 때 어디서 끌려갈지, 가택수색을 당할지 모르는 판국에 자료의 보관이란 그다음의 문제일 뿐 아니라 피해를 가져다줄 화근이 될 소지가 많았다. 그래서 많은 사람들이 일기나 메모 형식이나마 일체의 기록을 남기는 행위를 기피하였고, 위험이 느껴질 때마다 자료를 소각하는 소동을 벌이곤 하였다. 특히 1975년에 발동되어 1979년까지 지속된 긴급조치 9호는 정권유지에 불리한 모든 언행을 유언비어, 사실왜곡, 반국가행위로 몰아치면서 동 조치를 "위반하는 자는 법관의 영장 없이 체포·구금·압수·수색할 수 있다."라고 위협하고 있는 터였다.

　이런 지경이었으므로 인권위원회는 자료들이 모이면 정리할 여유도 없이 보따리를 만들어 여기저기 감추기에 바빴다. 그리고 그 가운데 몇 개는 끝내 찾지 못하고 말았다. 그러다가 1970년대를 마무리짓는 1979년, 인권위원회는 1970년대 한국교회의 뼈아픈 체험들을 전하고, 그 교훈들을 정리하여 1980년대를 대비키 위해 자료집을 내기로 계획하여 성공회 이대용 신부에게 그 작업을 부탁하였다. 그러나 이 신부가 외국으로 유학의 길을 떠나게 되자 그 작업은 중단되고 말았다.

그 후 1980년대 초반의 격랑 속에서 중단된 작업을 계속할 엄두를 내지 못하고 있다가 1984년 신임 인권위원회 사무국장 권호경 목사가 의욕적으로 이를 재개하였다. 그러나 여러 가지로 제약된 조건 속에서 진행된 이 작업은 결코 손쉬운 것이 아니었고, 이 정도의 책자를 내는 데에도 2년 이상의 기간이 흘렀다. 그러나 마침내 2,000여 면의 방대한 자료집을 내어놓게 되니 실로 감회가 새롭다.

그동안 흩어져 있던 자료들을 모으고 그 낱장들을 정리하여 충실하게 기독교인권운동사를 엮어준 윤수경 여사와 구창완 선생의 노고에 대하여 진심 어린 감사와 위로의 말을 전하며, 지대한 관심을 가지고 이를 뒷받침해 온 김관석 목사와 인권위원회의 직책을 떠난 이후에도 이 작업의 마무리를 위해 수고한 권호경 목사 등 여러분께 각별한 인사를 드린다. 그 외에도 직접·간접으로 관심을 갖고 도와준 국내의 교계 여러분과, 특히 제자(題字)를 써주신 김재준 목사님께 심심한 감사의 말씀을 올린다.

언론·출판의 자유가 제한된 이 상황에서(법적으로 보장되어 있다고 하지만) 이런 책을 만들다 보니 시설 좋은 인쇄소에서 드러내놓고 작업을 하지 못하여 편집·인쇄·제작상에 많은 애로와 문제가 있었음도 아울러 밝히면서 하루속히 이러한 우리의 현실이 타개되기를 간구한다.

앞서 말했듯이, 이 책에 수록된 자료와 사실들은 유신 암흑기에 신변의 위험을 무릅쓰고 발표했거나 행한 것들이다. 또한 기독교인권운동뿐만 아니라 그와 관련된 재야·지식인 운동까지 상세히 기술하여 70년대 인권운동을 전체적으로 조명하는 데 도움이 되고자 하였다. 이 책이 앞으로의 기독교인권운동뿐만 아니라 신학·사회학·정치학을 연구하는 사람들에게도 귀한 자료가 되고 많이 이용될 것을 기대한다.

1986년 10월

한국 소식이 일본 「세카이」에 연재되다

자료집 이야기가 나왔으니 인권위원회와 관련된 자료 이야기를 하나 더 해야겠다. 그것은 '광주민주화운동 자료집' 이야기이다. 당시 인권위원회 광주 간사였던 조봉훈 선생은 자료를 모으고 남몰래 집필하여 이 자료집을 완성했다. 나는 나중에서야 조 선생에게서 완성된 자료집 몇 권을 받았을 뿐이다. 조 선생은 이 작업을 하는 동안 마음 졸이고, 쫓기며, 참고, 기다려야 했다고 한다.

인권위원회는 실무자 수는 많지 않았지만, 직원들이 목요기도회를 준비하고, 인권 소식지도 내고, 또 이것을 세계 각지에 보내기도 했다. 우리의 정보를 기다리고 있는 미국, 캐나다, 독일, 호주, 일본, CCA, WCC 등 많은 나라와 인권단체에 교회와 교회 밖 자료들을 보내는 것은 쉬운 일이 아니었다. 심지어 군부대 배낭까지 활용했다. 일본에 체류 중이던 지명관 교수는 이렇게 보내진 자료들을 모아 'TK생'이라는 필명으로 「세카이」에 연재하기도 했다.

당시 인권위원회는 국내뿐만 아니라 해외기관, 해외동포, 외국인들의 지원과 협력이 없이는 살림과 업무를 감당할 수 없었다. 수많은 기관과 뜻 있는 분들, 그리고 이름 모를 이들의 눈물 어린 성금 덕분에 일을 할 수 있었다. 참 기적 같은 일이었다 싶다. 모든 것이 하나님의 은혜이다. 모든 손길 위에 감사하는 마음이다. 심지어 '한국 인권신장을 위한 북미연합'이라는 이름의 인권단체는 우리를 지원하기 위해 1985년 12월 13일 인권상을 수여해주기도 했다. 같이 일한 분들(윤수경, 구창완, 강구철, 유태선, 성남옥, 박광혜 등)에게도 고마운 마음을 전한다.

1986년 5월, 나는 건강도 좋지 않고, 쉬고 싶기도 해서 CCA-URM 책임자로 오라는 조지 나이난 신부의 제안을 받아들여 KNCC 인권위원회 사역을 정리하고 홍콩으로 떠났다. 그 자리는 오랜만에 내 적성에 맞는 자리를 자청해서 찾아간 일터였다.

9
배고픈 아시아 사람들과 함께한 CCA-URM

아시아 지역 모든 '그라스루트' 사람들의 문제

CCA는 아시아 지역 교회 회원들이 모여 교회 안 상호협조와 선교활동 증진 등을 모색하기 위해 설립된 동아시아기독교협의회(EACC, 1959)를 1973년 확대, 개편한 것이다. 내가 있을 때 CCA에는 네팔, 뉴질랜드를 포함하여 16개국이 회원국가로 들어와 있었다. 인도차이나에서는 라오스만 들어와 있었다.

CCA-URM을 담당하던 인도 성공회 신부 조지 나이난(George Ninan)은 밴쿠버에서 열린 WCC 제7차 총회(1983)에 나를 초청해주었다. 나이난 신부와는 그전부터 친분이 있는 사이였다. 이 총회 후에 오재식 선생과 타드 목사는 내가 한 달 동안 뉴욕, 시카코, 샌프란시스코 지역의 농민, 노동자, 빈민 현장을 돌아다니며 안목을 키울 수 있는 기회를 제공해주었다. 나는 뉴욕에서는 화이트 목사, 시카고에서는 타드 목사, 샌프란시스코에서는 모이어 목사 등을 통해 현장을 둘러보고 실무자들을 만나서 도시농촌선교(URM)에 관한 시야를 넓히게 되었다.

WCC 총회는 정부가 비자를 내주지 않을 때는 갈 수 없었지만, 여건이 되면 다녀오곤 했다. 밴쿠버에서 만난 나이난 신부는 내게 자신의 후임으로 오라고 제안했다. 나는 당시 맡은 업무도 있고, 한국을 떠날 상황도 아니라서 생각할 시간을 달라고 하고 그의 제안을 유보해놓고 있었다. 그러나 심신이 지쳐버린 나는 1986년 초, 이 제안을 받아들이기로 하고 인사 절차를 밟아 CCA-URM 간사직을 맡게 되었다.

1983년 WCC 캐나다 밴쿠버에서 조지 나이난(맨 왼쪽)을 만나 CCA-URM의 책임자로 오라는 제의를 받았다.

CCA-URM은 아시아 지역 도시농촌 선교기관이다. 이 기관이 점점 확대·발전하면서 도시빈민, 노동자, 농민, 어민, 원주민, 소수민족, 산족(말레이시아의 산에서 사는 사람들), 이주노동자 등의 문제를 광범위하게 다루게 되었다. 덧붙여 그들의 문제와 깊이 관련된 신학, 경제, 다국적기업, 환경 문제까지 관여하는 선교기관이 되었다. 아시아 지역 모든 '그라스루트'(바닥 사람들, 풀뿌리)의 문제를 다루게 된 것이다. CCA-URM은 16개 회원국 구석구석에서 일어나는 각종 문제, 그리고 그 문제들과 직접적인 관계가 있는 사람들이 스스로 조직화해 나갈 수 있도록 돕고, 스스로의 조직된 힘으로 자신들의 문제를 해결할 뿐만 아니라 "나도 사람이다."라고 선언할 수 있도록 의식화에 이르게 한다는 목표를 가지고 있다.

CCA-URM의 지도 인사로는 인도 성공회의 해리 다니엘(Harry Daniel) 신부(나중에 WCC-URM으로 자리를 옮겼다.), 일본의 마사오 다케나카(Masao Takenaka) 교수, 한국의 오재식 선생, 그리고 인도의 조지 나이난 신부 등이 있었다. 이들의 배후에는 WCC-URM이 있고, URM을 지원하는 세계 회원단체들이 있었다. 한국에서는 감리교의 조승혁, 조화순 목사, 통합의 조지송 목사, 기장의 이국선 목사 등이 URM 활동을 했다. 선교 방법은 조금씩 달랐지만, 이들은 한국 URM 의 1세대라고 할 수 있다. 2세대로는 인명진, 정진동, 김동완, 김경락, 안광수, 이규상 등을 들 수 있고, 나도 이 세대라고 할 수 있다.

CCA-URM은 CCA 조직 안에서 특별 독립위원회 성격을 지니고 있었다. 그래서 프로그램 예산이 독립채산제와 비슷했다. CCA-

URM은 교회 내부 조직이지만, 선교적 사명을 띠고 아시아의 바닥 운동권에 그 선교의 '자리'를 펴고 있었기 때문이다. 그렇기에 프로그램과 예산이 독립적일 수밖에 없었다고 생각한다.

당시 CCA 본부는 싱가포르에 있었다. 그러나 URM 사무실은 독재정권인 싱가포르에 두지 못하고 도쿄과 홍콩에 두었다. 그 즈음 URM 운동의 내용과 방향은 한국 URM이 주도하고 있었다고 할 수 있다. 당시 한국의 노동 현장, 농민 현장에는 성직자나 학생들이 속속 투입되어 사람들과 함께 고난을 나누면서 조직화됨으로써 한국 인권운동과 민주화운동이 단계적으로 발전하게 되었다. 나는 한국교회의 URM이 한국 사회 발전에 크게 기여했다고 생각한다.

한편 이러한 바닥 운동권에 대한 신학적 해석이 해직신학자들을 중심으로 연구되어 민중신학이 탄생했는데, 이 민중신학은 세계 신학자들을 크게 자극하였다. WCC에도 큰 영향을 미쳐서 WCC 총회나 프로그램 등에도 그 내용이 반영되었다. 민중신학 1세대로는 현장 판자촌의 경험이 있는 문동환, 현영혁, 서남동 등을 들 수 있다.

또한 WCC는 개발도상국의 경제, 사회 발전을 위한 프로젝트를 만들거나 관리하는 '유엔개발계획'(United Nations Development Programme, UNDP)과 같이 교회개발참여위원회(Commission for the Churches' Participation in Development, CCPP) 프로그램을 전개했는데, 이 프로그램은 1960년대 말부터 WCC-URM 프로그램에 비하여 현저하게 규모가 줄어들었다.

나는 유럽 사람들의 개발 프로그램이 아프리카나 남미를 모두 망쳐놓았다고 생각한다. 유엔은 개발 프로그램을 시도했으나 자연환경을 훼손하면서 자신들의 입장에서 개발을 했다. 예를 들어 아프리카 같은 곳에서는 개발이라는 이름으로 벌목을 하고 숲을 황폐화시켰다. 아프리카에 원래 물이 없었던 것이 아니다. 무분별하게 개발을 하다 보니 물이 부족해진 것이다. 그런데 URM 프로그램은 개발 프로그램에서 좀 더 진일보한 것이다. URM에서는 일방적인 개발만 해서는 안 된다고 주장한다. 아프리카 사람들은 자기네 땅을 어떻게 할 것인가를 스스로 결정해야 앞으로 살아갈 방향을 찾을 수 있다. 외국인들이 찾아와 그들 취향에 맞게 개발을 해주고, 그들 상품을 판매하는 그런 사이클로는 안 된다. 그 지역, 그 나라의 상황과 사정은 그 지역의 주민, 그 나라의 국민이 스스로 깨우쳐야 한다. 그런 이유로 URM 프로그램과 개발 프로그램은 다르게 작동한다. 게다가 개발 프로그램으로 인한 환경 문제가 대두되자 URM 프로그램은 세계적으로 더욱 성행하게 되었다.

　나는 1970-80년대 한국 URM 운동이 라틴아메리카의 해방신학을 넘어 민중신학으로 세계교회에 기여했다고 생각한다. 교회는 억눌린 자와 함께 아파하고 함께 기뻐할 때 예수의 몸으로서의 교회가 되어간다고 믿기 때문이다.

　CCA-URM은 북쪽의 네팔에서부터 남쪽의 뉴질랜드에 이르기까지 16개국의 바닥 운동권에 자리하고, 이들 각 나라의 각기 다른 문제들을 가지고 현장 사람들과 더불어 함께 행동했다. 나는 서로 다른 현장의 소리를 듣고 돕는 자의 위치에서 역할을 감당하기 위해 최선을 다했으나 항상 부족하다는 생각이 들었다.

CCA-URM에서 활동하는 동안 나는 농민운동, 노동운동, 여성노동자운동, 마이노리티(원주민, 산족, 소수민족) 운동, 각국 실무자 훈련, 이주 여성노동자 문제(중동, 홍콩, 대만, 일본 등), 긴급 상황 대책 문제(스리랑카 타밀 문제), 대만 원주민 문제, 호주 원주민 문제, 뉴질랜드 땅 문제, 대만 어민 문제(대만 원주민), 경제정의 문제 등을 가지고 협의회도 하고 각기 다른 대책을 세우고 지원도 했다.

지금도 잊을 수 없는 이야기가 있다. 대만의 원주민에 대한 이야기이다. 대만의 원주민은 대개 6개 부족으로 나뉘는데, 1980년대 중반까지 이 부족들의 여자아이들이 초등학교만 졸업하면 도시로 팔려갔다고 한다. 계약 기간은 약 3년이고, 그 대가는 미화로 5-7만달러쯤 되었다. 돈을 받은 부모들은 보다 좋은 집에서 조금 더 나은 생활을 하게 되었다. 정보가 차단된 지역에 살다 보니 부모들은 자신들의 딸이 팔려가는 것이 아니라 도시의 좋은 데로 취직되어 가는 것으로 알았다고 한다. 그러나 그들의 딸들은 3년의 계약 기간이 끝나도 집으로 돌아오지 못했다. 수치심 때문에 고향에 가는 것을 망설였기 때문이다. 결국 고향에 돌아가지 못한 여성들은 일본의 야쿠자에 의해 일본 농촌 등에 또다시 팔려갔다.

이 6개 부족의 신학교가 수도 타이베이에 있었는데, 이 학교의 학생들은 졸업 후에 타이베이 등 도시에서 목회를 하지 못하고 다시 원주민 지역으로 돌아가야 했다. 교단과 정부가 정책적으로 그렇게 만들어놓았기 때문이다. 이해가 되지 않았지만, 더 깊이 파고들 수는 없었다. 당시에 대만 장로교도 정부로부터 여러 불이익을 받고 있어서 "왜 신학교를 졸업한 부족의 신학생들이 도시에서는 목회를 할 수 없는가?" 하고 캐물을 수가 없었다.

한편 원주민들은 대개 어업에 종사했는데 그들은 멀리 인도네시아 근해까지 가서 어업활동을 했다. 사실 그들은 선주에게 팔려가다시피 해서 배를 탔다. 그런데 만일 인도네시아 근해에서 어업활동을 하다 순시선에 잡히면 한 사람당 미화 5,000달러를 내야 석방될 수 있었다. 그러나 상당수는 벌금을 낼 돈이 없어 거의 죽을 때까지 감옥 생활을 해야 했다.

언젠가 인도네시아 근해에서 고기를 잡다가 순시선에 잡혀 재판을 받게 된 한 어부의 웃지 못할 이야기를 들은 적이 있다. 재판정에서 판사가 "왜 인도네시아 구역에 와서 고기를 잡았는가?" 하고 묻자 그 어부는 "아닙니다. 제가 잡은 고기는 대만 고기입니다. 저는 그 고기를 대만에서부터 계속 좇아오고 있었습니다. 그런데 잡고 보니 인도네시아 구역이었습니다. 저는 절대로 인도네시아 고기를 잡은 일이 없습니다."라고 대답하더란다.

자신은 절대로 인도네시아 고기를 잡은 일이 없다고 항변하는 이 어부의 말(원주민어)을 대만어로 통역하고, 이를 다시 인도네시아어로 통역하다 보니 한동안 재판이 제대로 진행될 수 없었다고 한다.

스리랑카에 살고 있는 타밀족 이야기도 기억에 남는다. 스리랑카에는 오래전부터 상할라족과 타밀족이 거주하고 있었으나 1815년 영국이 스리랑카를 지배한 이후 인도에 사는 타밀족을 본격적으로 스리랑카에 이주시키기 시작했다. 차를 재배하는 데 그들의 노동력이 필요했기 때문이다. 그러나 영국이 두 민족을 이간질하는 정책을 쓰면서 갈등이 깊어지기 시작했다. 1948년 스리랑카는 영국으로부터 독립했으나 싱할라족과 타밀족 간의 갈등은 해소되지 않고 오히려 내전으로까지 번져 서로 총부리를 겨누며 살상을 하는 사태에까지 이르렀다. 현재 스리랑카는 차로 유명하지만 초창기에는 영국인들이 차를 재배했다. 차는 산이 높고, 바닷바람이 좋은 곳에서 잘 자란다고 하는데, 사실 영국도 그런 자연 조건을 가지고 있다. 그럼에도 영국이 자기네 나라에서는 차를 재배하지 않고 스리랑카나 인도네시아 등에서 재배한 것은 현지인들의 노동력을 싼값에 이용할 수 있었기 때문이리라. 여기에 자국의 환경을 보존하려는 의도도 숨어 있었을 것이다. 물론 미래에 두 민족 간에 그렇게 심한 갈등이 생기리라는 것을 예상하고 그런 일을 벌인 것은 아닐 테지만 그와 비슷한 사례는 세계 곳곳에서 흔히 찾아볼 수 있다.

홍콩 정부의 보초병은 '골카 솔저'이다. 그들은 지금도 파키스탄, 아프가니스탄에 흩어져 살고 있다. 키가 큰 골카족은 보초를 잘 선다고 해서 100년이 지난 지금도 골카 솔저가 홍콩 정부를 지키고 있다. 보르네오 왕궁은 모든 국민이 일을 하지 않아도 먹고살도록 정부에서 충분히 보장해준다. 그런데 영국이 점령했을 때부터 아직까지 골카 솔저들이 이 보르네오 왕궁을 지키고 있다. 젠틀맨이라는 사람들이 젠틀하게 지배했다고 하면서 사람들 정신을 빼앗고, 이상한 역사 구조를 만들어낸 탓이라는 생각이 든다.

CCA-URM은 이렇게 나라마다 혹은 지역마다 처한 문제들을 직접 접하면서 지역민들이 자신들의 현장에서 스스로 문제를 해결해 나가도록 돕는 것을 원칙으로 했다. 또한 각 현장에 가서 일할 수 있는 사람들을 찾아내 훈련시키는 일을 담당했다.

피플스 포럼-악포 주민조직과 훈련

URM의 중요한 업무 중 하나가 피플스 포럼(People's Fourum)이었다. 피플스 포럼을 통해 현장에 가서 지역에 있는 사람을 발견하고, 악포(ACPO)를 통해 훈련시킨다. 이것은 그라스루트 사건들이 각기 다른 자신들의 문제를 가지고 하나의 큰 광장에 나와서 토론하고 종합하여 해결책을 찾아가는 것이라고 할 수 있다. 그런데 어떻게 조직하여 '힘'(Power)을 형성하고, 이를 통해 투쟁하며 경험을 축적해가고 의식화해 갈 수 있는가가 문제였다.

　이런 점에서 CCA-URM은 모든 나라에 악포 프로그램을 실행하는 것이 중요하다고 생각했다. 악포는 FABC와 CCA-URM이 함께 아시아에서 '조직가'를 배출해내는 훈련 프로그램을 실시하는 기구이다. 편의상 악포의 상임고문은 CCA-URM 실무자가 맡았다. 이 상임고문이 조직훈련 담당자를 찾고 채용해서 예산을 확보하고 훈련 장소를 결정하는 등 예산과 인사권을 가지고 CCA-URM 위원회, 그리고 FABC와 협의하여 일을 진행했다. 오재식 선생이 그것을 처음 시작했다.

CCA-URM 기념행사 때 만난 악포 책임자 라잔(왼쪽에서 두번째)

　CCA-URM의 선임자인 오재식 선생은 일찍이 필리핀에 페코 (PECCO)를 조직하여 한국에서 빈민조직훈련을 담당한 화이트 목사를 초청, 필리핀 톤도에서 이 조직이 훈련 프로그램을 실시하도록 했다. 나중에 화이트 목사가 인도에서 이 프로그램을 실시하려고 했지만, 인도인들이 거부해서 할 수 없었다고 한다. 인도인들은 외부로부터 지원을 받지 않으려고 했고, 특히 미국을 싫어해서 더더욱 지원을 받지 않았다. 결국 인도 전체에서 실시하려던 계획은 실현되지 못했고, 마드라스(현 첸나이) 지역 프로그램으로만 실시되었다. 화이트 목사는 마드라스에 몇 년간 머물며 이 프로그램을 진행했다.

　내가 CCA-URM 실무자일 때는 화이트 목사에게 훈련받은 유싱코 신부를 초청하여 페코를 통해 필리핀에서 조직훈련 프로그램을 실시했다. 그러나 2년 후 파키스탄 카라치에서 빈민 조직훈련 프로그램을 실시하던 중 불행하게도 과격한 무슬림 단체의 공격을 받는 바람에 프로그램이 중단되었다. 하지만 다행히 필리핀, 한국, 태국 등지에서는 지금도 악포 프로그램이 계속 진행되고 있고, 다른 아시아 연대 프로그램도 실시되고 있다. 다만 조직의 이름은 바뀌었다. 내가 CCA-URM 실무자로 있을 때 악포의 코디네이터는 필리핀의 노엘 비랄바(Noel Villalba) 목사였다. 후임은 인도의 라잔 싱(Rajan Singh)이 맡았다.

아시아여성노동자회

아시아 지역에서 여성 이주노동자의 지위를 향상시키기 위한 일환으로 FABC와 CCA-URM이 '아시아여성노동자회'(Asian Committee for Women, ACW)를 조직하기도 했다. 초창기 간사는 일본의 시오자와 선생이었고, 내가 CCA-URM 실무자일 때는 한국의 JOC 출신인 이철순(이마리아) 씨가 담당했다. ACW는 CCA-URM 실무자가 예산도 마련하고, 상임 컨설턴트로서 FABC 의장과 협의하여 인사권을 가지고 일을 했다.

CCA-URM 이철순 아시아여성노동자회(ACW) 총무(앞줄 가운데)

아시아 액션 그룹 자료센터

CCA-URM에서는 관련 자료들을 수집하고 보관하며 이 자료들을 나누는 일도 담당했다. CCA-URM 자료 수집과 보관을 위해 일찍이 도쿄에 자료센터인 'DAGA'(Documentation for Action Groups in Asia)가 세워졌다. DAGA 사무실은 URM 사무실이 홍콩으로 옮겨지면서 함께 홍콩으로 옮겨지게 되었다. 그 후 자료센터가 각처에 많이 생겨 우리는 URM이 필요한 아시아 그라스루트 자료 수집에만 주력하기로 했다.

DAGA 이야기를 하다 보니 CCA-URM 실무자로서 본의 아니게 지극히 사무적인 편지를 보낼 수밖에 없었던 일이 생각난다. 일본에 거주하고 있던 지명관 선생은 한국에서 보내주는 자료들을 받아 'TK 선생'이라는 필명으로 일본의 월간지인 「세카이」에 글을 연재하고 있었다. 지 선생의 수고비가 WCC-URM의 예산과 관련이 있었던 모양이다. 그런데 WCC-URM의 실무자가 아프리카 성공회 신부인 켄 데이비드로 바뀐 데다 마침 지 선생이 기고하는 데 드는 비용을 선생이 근무하던 대학에서 책임지게 되었다고 한다. 데이비드 신부는 이러한 사실을 확인한 뒤 나에게 지 선생에게 지불하는 비용을 삭감하겠다고 말했다. 나는 좀 더 확인해보겠다고 하고는 전임자에게 물었더니 오재식 선생에게 문의하라고 해서 다시 오 선생에게 문의했다. 하지만 오재식 선생은 별다른 말을 하지 않았다. 나는 내가 알아서 하라는 뜻으로 알아듣고, 또 그렇게 하는 것이 당연하다는 생각도 들고 해서 지 선생에게 경비를 이중지급하는 것은 어렵기 때문에 더는 경비를 지급하지 않겠다는 편지를 보냈다.

한국에서 자료를 모아 해외로 보내는 것은 얼마나 중요하고, 얼마나 많은 사람이 관계됐으며, 또 얼마나 많은 사람의 마음을 졸이게 한 일이었던가. 그것은 일본과 한국의 NCC 총무들, WCC-URM 담당자, CCA-URM 담당자, 원조기관, 이외에도 자료와 관계된 여러 사람이 머리를 짜내어 만든, 암울했던 시절의 귀중한 프로그램 중 하나가 아니었던가. 지명관 선생은 아마 그 자료가 어떻게 갔는지 몰랐을 것이다. 언젠가 지 선생이 어느 신문에 연재한 것을 보았는데, 그 자료에 관한 아무런 언급이 없었다. '이 어른이야말로 아무것도 모르지 않았

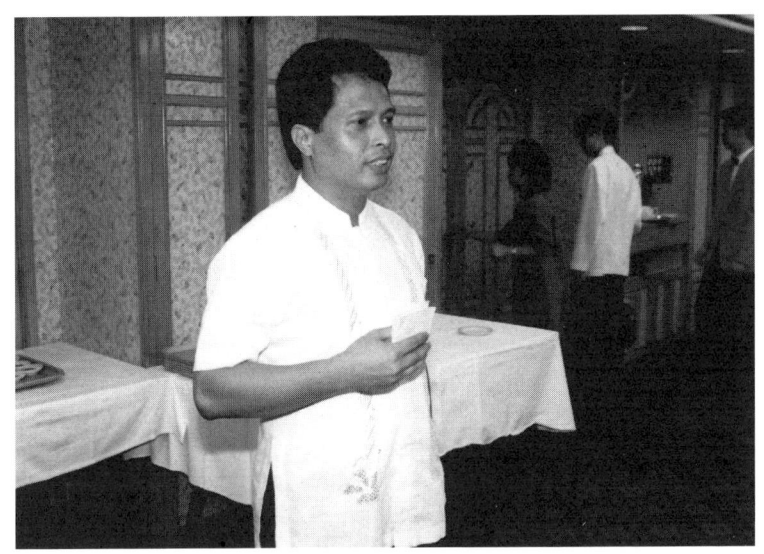

CCA-URM DAGA 책임자 노엘 빌랄바

을까?'라고 생각하니 내 마음이 한결 편안했다.

　DAGA는 CCA-URM 실무자가 위원장이 되어 인사권과 예산 확보, 예산 집행권을 가지고 CCA-URM 위원회와 협의하여 사업을 진행했다. 내가 DAGA 위원장일 때에는 필리핀의 노엘 비랄바 목사가 실무를 맡았다. DAGA의 초창기에는 한국의 김용복 박사와 일본의 구라타 마사히코(Kurata Mashahico) 선생 등이 실무자로 수고했다.

아시아이주여성노동자회를 만들어 메이안 비랄바 선생을 책임자로 세웠다.

아시아이주여성노동자회

CCA-URM의 노동문제협의회 현장에서 건의된 내용 가운데 하나가 아시아 이주여성 노동자 프로그램을 독립적으로 집행하는 기구를 만들자는 것이었다. 그래서 독일 EZE와 협의하여 재정 지원을 받기로 하고 '아시아이주여성노동자회'를 조직했다. 위원장은 탄지경(아시아·태평양 YMCA연맹 총무) 선생으로 하고, 실무자는 CCA-URM 직원인 메이안 비랄바(Mayan Villalba) 선생이 하기로 했다. 아시아 이주여성 노동자를 위한 이 단체는 한국에도 지부가 있다. 이것이 '아시아이주여성노동자회'이다. 이 기구가 여전히 각처에서 열심히 일을 하고 있다는 소식을 듣고 있어 매우 기쁘다.

여기서 1988년 1월 18일에서 23일까지 태국 챙마이에서 열린 제19차 CCA-URM 위원회 회의보고서를 참고하여 한국 URM과 관계된 부분을 잠시 언급하려고 한다. 이는 당시 한국 URM 현황을 파악하는 데 도움이 될 것이다. 이 보고서에 따르면, 한국에서 URM을 하는 단체로는 영등포산업선교회, 한국교회사회선교협의회, 수도권도시선교위원회, 기독교농민회, 청주산업선교회, 한국탈춤선교회, 기독교환경운동연합, 기장 산업선교회, 기독교노동자회 등이 있었다. 이 중에서 기독교노동자회, 한국탈춤선교회, 기독교환경운동연합은 기독교와 관련이 있는 단체가 아니었으나 전술상 기독교단체로 불렸다. 이처럼 CCA-URM은 교회 관계 프로그램뿐만 아니라 교회 밖 단체들의 프로그램까지도 지원했다. 이는 한국 URM이 추천을 했기 때문에 가능했다.

다른 나라의 경우 선교 활동비는 소속 교회나 개인, 기관들이 보존하거나 선진국 원조기관들로부터 직접 모금을 하여 충당했다. 그러나 한국은 정부의 방해로 직접 모금을 할 수 없었다. 그래서 기독교 운동권뿐만 아니라 환경단체, 노동단체, 탈춤단체까지도 CCA-URM 네트워크를 통해 예산을 확보한 것이다.

한국 기독교 운동권은 이러한 예산을 기반으로 폭넓게 활동할 수 있었다. 그 영역은 기독교를 넘어 노동자, 농민, 빈민, 학생, 그리고 일반 청년 등으로 퍼져 나갔다. 그럴 수밖에 없는 것이 정부당국을 비롯한 관계기관들이 민주화에 대한 열망을 억압한 것은 한국 사회 전반이었기 때문이다. 그들은 종교집회 외에는 일체의 집회를 용납하지 않았으며, 서너 명만 모여도 감시를 했다. 그러니 단체를 만들어서 활동한다는 것은 거의 불가능했다. 민주화를 열망하는 이들이 모인 단체는 거의 용공 집단으로 매도당했다.

한국 기독교 운동권단체는 정보기관으로부터는 이념적으로 공격을 받았고, 기독교 내부로부터는 거기에 더해 비기독교인을 상대로 선교활동을 한다고 해서 비난받았다. 그래서 활동비 대부분을 해외의 지원으로 충당해야 했던 것이다. 일례로 1989년도 CCA-URM의 각 나라 예산 배정분이 68만 3,500달러인데 이 가운데 약 30만 달러가 한국 URM으로 지원(참고 〈1988년 챵마이 타일랜드위원회 보고서〉, 95쪽)된 것은 그런 연유에서였다. 이 기록만 보아도 CCA-URM에서 한국 URM이 차지하는 위상은 절대적이었다고 할 수 있다. WCC-URM에서 차지하는 위상 역시 절대적이었다. 왜냐하면 앞에서도 언급했듯이 CCA-URM은 WCC-URM에서 매우 중요한 위치에 있었기 때문이다.

이러한 상황에서 나의 업무 중 가장 중요한 것은 예산을 확보하는 일이었다. 확보된 예산은 CCA-URM의 예산 외에도 악포, ACW, DAGA 등 많은 단체의 예산으로 쓰였다. 나는 확보된 예산을 지원하고 관리해주는 역할에 충실할 수밖에 없었는데, 그것은 한국의 민주화를 위한 밑거름이 되어야 한다는 생각 때문이었다.

그외에 내게 주어진 임무는 일주일에 한 나라씩 방문하여 현장 실무자들을 만나는 것이었다. 그들과 지역 현황에 대해 협의하고, 그들

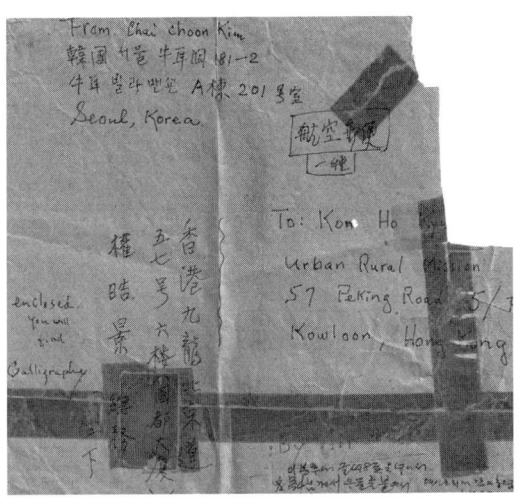

김재준 목사가 내게 부치려던 편지봉투

이 맡은 업무가 원활하게 돌아가도록 지원하는 것은 중요한 일과였다. 주중에는 아시아 지역의 나라를 돌아다니고, 주말에는 홍콩으로 돌아왔다. 가끔 서울에서 한국의 URM 실무자들을 만나기도 했다.

당시 서울에는 오랜 해외 거주를 마치고 귀국한 김재준 목사가 있었다. 김 목사는 캐나다에 있으면서 해외 민주화운동 세력을 규합, 한국 민주화운동을 지원하다가 귀국하여 노년을 한국에서 보내고 있었다. 김 목사는 내가 서울에 갈 때마다 홍콩에서 제조되는 한방약을 사달라고 부탁하곤 했다.

그런데 김재준 목사가 하나님의 부르심을 받고 세상을 떠났다는 소식을 홍콩에서 듣게 되었다. 그가 없는 서울은 쓸쓸함 그 자체였다. 김 목사가 내게 얼마나 큰 영향을 미쳤는지 그를 떠나 보낸 후에야 느

김재준 목사가 써준 글씨는 표구를 해서 가보로 간직하고 있다.

낄 수 있었다. 그러던 어느 날, 서울에 올 일이 있어 잠시 귀국했는데 김재준 목사의 막내며느리인 이정희 장로에게서 만나자는 연락이 왔다. 이 장로는 "아버님이 돌아가시기 전에 이것을 권 목사님에게 부치라고 주셨는데, 미처 부치지 못했습니다."라고 하면서 봉투를 내밀었다. 봉투에는 우표와 함께 김재준 목사가 직접 쓴 홍콩 주소가 적혀 있었다.

나는 신학교에 다닐 때 김재준 목사의 집과 가까운 곳에 살았다. 김 목사는 또한 우리 부부의 결혼식 주례를 서주기도 했다. 그런 인연으로 학교에 다닐 때나 졸업한 후에도 가끔씩 집으로 찾아가서 염치 좋게 밥을 얻어먹기도 했다. 하지만 그와 인연이 있는 사람이 얼마나 많았겠는가. 그런데도 나를 기억하고 병중에 있으면서도 붓으로 글을 써서 홍콩에 있는 나에게 보내려고 했다는 사실 앞에 가슴이 먹먹해졌다. 봉투를 열어보니 글씨가 빼곡히 쓰인 여러 장의 종이가 들어 있었다. 병중에 쓴 글이어서 그런지 글자에 힘이 없었다. 그렇지만 나를 생각하여 힘겹게 한 자 한 자를 써내려갔을 그의 모습을 생각하니 한없이 죄송한 마음과 감격스러운 마음이 교차했다.

나는 그 길로 봉투를 들고 인사동에 있는 후배에게 가서 표구를 부탁했다. 되도록이면 제일 고급스러운 병풍으로 만들어달라고 주문했다. 지금 그 병풍은 우리집 안방에 놓여 있다. 그 병풍을 볼 때마다 김재준 목사와 처음 인연을 맺게 된 신학교 시절, 조용하지만 힘 있는 어조로 강의하던 모습, 그 후로 간혹 만났을 때의 모습들이 떠오른다. 8폭짜리 병풍으로 남은 김재준 목사의 체취는 언제까지나 기억될 최고의 선물이다. 이 병풍은 우리집 가보 1호이다.

10
정부당국의 음모로 흔들리는 한국기독교교회협의회

서울에 가끔 오다 보니 어쩔 수 없이 KNCC에 관한 일과 관계 교단 소식을 듣게 되었다. 안타깝게도 당시 KNCC는 총무 인선 문제로 매우 혼란스러운 상황이었다. 그것은 사실 교회 내부에 의한 갈등이 아니라 KNCC를 좌지우지하려는 정보기관 때문인 것 같았다.

1987년 6월 29일, 민주화를 요구하는 전국민적 항쟁에 직면해 불가피한 정치적 전략으로 〈6·29선언〉이 이루어졌다. 의도가 뻔히 보이는 선언이었지만, 군사독재를 청산하는 하나의 계기가 되었다는 평가와 함께 한국 사회 내부에서는 점차 민주화를 위한 발걸음이 시작되고 있었다. 그런데 〈6·29선언〉 후 거의 2년이 지났는데도 한국교회는 민주화는커녕 여전히 권력기관의 손아귀에서 벗어나지 못하는 것 같아 나는 마음이 몹시 안타까웠다.

당시 KNCC는 김소영 총무가 임기를 남겨놓고 갑자기 대한기독교서회 사장으로 가게 되면서 총무 자리가 공석이 되어버렸다. 다행히 오재식 선생이 공석인 자리를 지키고 있어 현상유지는 되는 것처럼 보였다. 그러나 새로운 총무를 세우는 일은 1970-80년대의 KNCC의 위상을 지켜가느냐, 그렇지 못하느냐 하는 중요한 문제였다. 많은 사람이 KNCC의 새로운 총무 인선을 그런 시각에서 바라보았고, 나도 그중 하나였다.

새로운 총무를 뽑기 위한 인선위원회는 예장통합의 허일찬 목사, 감리교의 표용은 목사, 기장의 신삼석 목사, 구세군의 김광재 사관, 성공회의 김재열 신부, 복음교회의 전병호 목사 등 총 6인으로 구성되었다. 기장의 신삼석 목사는 나중에 박광재 목사로 교체되었다.

총무로 거론되는 사람은 자천타천으로 감리교의 조승혁 목사와 기장의 김상근 목사였다. 그런데 김상근 목사는 조승혁 목사가 KNCC 총무로 나서는 것을 곤란해하는 눈치였다. 어쨌든 우여곡절 끝에 그 두 사람이 최종 후보자가 되어 선거를 치르기로 결정되었다.

나는 앞으로 KNCC의 위상을 세울 만한 사람은 김상근 목사라고 생각했다. 그래서 매주 토요일마다 서울에 갔다. 예장통합과 감리교 인선위원은 이미 조승혁 목사에게 기울어져 있었기에, 나는 복음교단의 어른인 조용술 목사의 조언을 듣기 위해 군산으로 내려가거나 복음교단, 구세군, 성공회의 인선위원회 위원들을 찾아갔다.

1988년 5월, 마침내 단일후보자를 선출하기 위한 인선위원회가 열렸다. 투표를 마치고 나오면서 인선위원 중 한 분이 다른 누군가를 향해 "어이, 이 사람아, 그러는 거 아니야."라며 편잔 조로 얘기하는 것을 들었다. 그 말을 듣는 순간, '아, 저 교단이 깨졌구나.'라는 생각이 들었다. 그는 동률이 나올 경우 새로운 사람을 후보로 세워 인선을 원점에서 다시 시작해야 한다고 주장하던 사람이었다. 그런데 그런 말을 들으니 일단 동률은 아닌 것 같았다. 투표 결과 김상근 목사 4표, 조승혁 목사 1표, 기권 1표로 김상근 목사가 단일후보로 결정되었다. 내 생각에 예장통합이 기권하고 감리교는 조승혁 목사를, 나머지는 김상근 목사를 찍은 것이 아닌가 싶다. 나는 비로소 안심하고, 홀가분한 마음으로 다시 홍콩으로 떠났다.

그런데 얼마 지나지 않아 문제가 생겼다. 단일후보로 결정된 김상근 목사를 추인하는 실행위원회가 소집됐지만, 두 교단이 계속 불참하는 바람에 실행위원회가 열리지 못한 것이다. 그리하여 몇 개월간 새로운 총무를 공표하지 못한 채 혼란만 거듭되고 있었다.

비록 몸은 홍콩에 있었지만, 나는 답보상태에 있는 KNCC 총무 인선 문제에 애가 탔다. 한 교단에서 김상근 목사의 진보적 강성 이미지를 거부한다는 설부터, 특정 지역의 인사 배척, 모 정당의 입김, 정보기관의 공작 등과 같은 여러 소문이 들려왔다. 게다가 KNCC 총무 인선이 그토록 늦어지는 데도 어디 하나 항의하는 곳이 없었다. 그것은 젊은이들의 집합체인 기독 학생단체도 마찬가지였다. 참으로 답답한 상황에서 애꿎은 시간만 흘러갔다.

그해 12월 중순, 서울에 출장을 온 김에 상심하고 있을 김상근 목사를 찾아가 만났다. 차를 마시며 답답한 심경을 토로하다가 다른 일정 때문에 인사를 하고 일어설 때였다. 김상근 목사는 내게 악수를 하며 "12월 말에 다시 서울에 올 수 있겠소?"라고 물었다. 나는 "언제든 필요하면 올 수 있습니다."라고 하며 고개를 끄덕였다. 그러자 김 목사는 "그때쯤 KNCC 실행위원회가 열릴 거요. 그때 권 목사가 서울에 있었으면 좋겠어."라고 하는 것이 아닌가. '어떻게 해서 실행위원회가 열리게 된 걸까? 왜 그동안 실행위원회가 열리게 된 과정을 한 번도 말씀하지 않았을까?' 여러 궁금증이 생겼지만, 길게 얘기할 시간이 없었다. 차를 마시는 동안 그런 얘기를 하지 않고 있다가 헤어질 무렵에야 그 얘기를 꺼낸 것도 무슨 이유가 있겠거니 생각하며 더는 묻지 않았다. 나는 홍콩으로 돌아갔다가 12월 말에 다시 서울을 방문했다.

내가 서울에 온 것을 알았는지 김 목사가 내게 연락을 해왔다. 나는 곧바로 김 목사를 만나러 갔다. 예상대로 실행위원회에 관한 이야기를 꺼냈다.

"실행위원회가 열리면 내가 신상발언권을 얻어서 조건부 추천을 할 거요. 그리고 나는 권 목사를 총무로 추천할 겁니다."

순간 나는 멈칫했다. 김상근 목사의 결단이 한편 이해가 되면서도 내가 나서야 한다는 사실에 망연자실했다. 나의 마음을 아는지 모르는지 김상근 목사는 자신의 계획을 소상히 얘기해주었다.

"나는 실행위원회에 KNCC 총무를 언제까지 공석으로 놓아둘 수 없으니 모든 인선 절차를 유보하고 내가 추천하는 기장 사람을 조건 없이 받겠다는 결의를 하라고 요구할 작정이에요."

나는 법에 따라 인선위원회에서 뽑아놓은 총무 후보자를 원천봉쇄한 이들이 김 목사의 안을 받아들일 것 같지 않았다. 그러면서도

'얼마나 오랜 시간 고뇌하며 내린 결단일까.'라는 생각이 들어 뭐라고 대답할 말을 찾지 못했다. 더군다나 나를 총무로 추천하겠다니 무슨 말이 나올 수가 없었다. 멍하니 있는 나를 바라보며 김 목사도 딱했는지 "KNCC 총무를 언제까지 공석으로 놔둘 수는 없지 않겠소."라는 말만 거듭했다.

　CCA-URM 일을 하기 위해 홍콩으로 가면서 집을 정리한 데다 아내도 홍콩에서 겨우 자리를 잡고 교사생활을 하고 있는 상황이었다. 수입 또한 홍콩에 있는 것에 비하면 비교할 수조차 없었다. 내가 KNCC로 가는 것은 가족들이 볼 때 무모한 짓이었다. 그렇지만 내가 필요하다면 기꺼이 가야 했다. 나는 더는 고민하지 않았다. KNCC는 내가 세상에 뛰어들 수 있게 받쳐준 마당이었다. 그 마당의 잡초를 뽑는 일이라도 주어진다면 마땅히 해야 한다고 생각했다.

　마침내 실행위원회가 열렸다. 오전 10시에 개최된 실행위원회는 12시에 한 차례 정회하고 2시에 다시 속개하기로 했다. 정회 시간에 김상근 목사는 내게 "2시에 속개되면 내가 얘기한 대로 당신을 추천할 겁니다."라고 했다. 하지만 나는 여전히 설마 그럴 수 있을까 생각하며 반신반의했다. 다시 속개된 회의에 들어간 김 목사가 회의를 끝내고 나오면서 "모두 잘 결정됐으니 이제 우리집으로 갑시다."라고 했다. 그날 김 목사의 집으로 갈 때 목사 한 명이 함께 동행했다. 우리는 아무런 말도 하지 못하고, 서로 얼굴만 바라보았다. 김 목사의 집에 들어가니 이미 사모님이 저녁을 준비해놓고 우리를 기다리고 있었다. 식사를 하면서 김 목사는 그동안 각 교단의 상황과 KNCC에 관한 이야기 등을 풀어놓았는데, 내게는 아무런 말도 들리지 않았다. 밥이 어디로 들어가는지 모를 지경이었다.

실제로 이날 열린 실행위원회에서는 김상근 목사를 만장일치로 추대하자는 안과 김상근 목사를 추대하지 않을 경우 기장 측이 내놓는 후보를 조건 없이 수락하는 안, 그리고 투표를 통해 새롭게 총무를 선출하자는 안이 검토되었다고 한다. 토론 결과 기장 측에서 추천하는 후보를 조건 없이 수락하는 안이 채택되었고, 정회 후 속개된 회의에서 김상근 목사가 나를 추천했다. 김상근 목사는 많은 고민 끝에 이와 같은 결정을 내렸을 것이다. 자신을 내세우기보다 KNCC가 역사적으로, 또 선교적으로 해야 할 과제를 충실히 해나가는 것이 더 중요하다는 생각에서였으리라.

다음 날 나는 홍콩행 비행기에 올랐다. 그제서야 내게 주어진 현실이 자각됐다. 비행기를 타고 가는 내내 이런저런 걱정이 몰려왔다. 'CCA에는 뭐라고 말해야 하는가?'라는 생각에서부터 '비상사태인 KNCC를 어떻게 수습해야 하는가? 내가 과연 감당할 수 있을까?'라는 생각까지 수많은 생각이 한꺼번에 밀려와 어떤 생각도 정리하지 못한 채 홍콩에 도착했다.

한 가지 다행스러운 것은 나의 선임자인 나이난이 CCA 부총무로 있다는 사실이었다. 나는 나이난에게 KNCC의 상황을 자세하게 설명했다. 설명을 들은 후에 그는 나에게 "그렇다면 KNCC를 위해 가야 한다."라고 확신을 주었다. 그러면서 "CCA-URM의 후임자는 누가 가장 좋겠는가?"라고 물었다. 나는 미국에 있는 안재웅 선생을 떠올렸다. 나는 안 선생이 가장 적임자라며 추천했다. 그리고 KNCC 총회는 2월에 열리니 인수인계를 위해 길게는 5월 말까지 홍콩과 서울을 왔다 갔다 하겠다고 말했다. 나이난은 부총무로서 최선을 다해 문제가 생기지 않도록 돕겠다고 약속했다. 그리고 실제로 필요한 절차가 속히 마무리되도록 도와주었다. 나는 몇 번이나 나이난 부총무에게 감사하다는 인사를 전했다.

조금은 홀가분한 마음으로 서울로 돌아왔다. 하지만 그런 내가 받은 선물은 내용도 가관인 신문이었다. 신문에는 KNCC 총무에 관한 온갖 추측성 기사들이 난무했다. 그도 그럴 수밖에 없는 일이긴 했다. KNCC 총무를 선임해놓고 1년여 동안 미루다가 엉뚱한 사람을 뽑았으니 말이다. 어쩌면 당연하다는 생각이 들었다.

나는 거의 6개월 동안 홍콩과 서울을 오가며 바쁘게 보내야 했다.

11
한국기독교교회협의회 총무로 취임하다

또다시 돌아온 '종로5가'

종로5가는 내 삶의 모든 것이 묻어 있는 제2의 고향 같은 곳이다. 나는 종로5가의 그늘 아래에서 다시 태어났고, 이곳을 발판으로 젊은 날을 보냈다. 종로5가는 막연히 지리적 위치를 가리키는 곳이 아니다. 그곳은 수많은 선배와 동지들이 반독재, 반민주에 맞서 투쟁한 빛나는 활약과 기쁨이 있는 곳이었다. 또 군사정부의 탄압 아래에서도 옳다고 여기는 신념과 결국에는 하나님 나라가 도래할 것이라는 믿음으로 따뜻한 연대를 잃지 않던 곳이었다. 무엇보다 내가 사랑하는 사람들과 함께 기쁨과 슬픔, 좌절과 고통을 나누며 눈물을 흘린 곳이었다. 나는 그곳을 비빌 언덕 삼아 살아왔고, 그렇게 살아온 내 경험과 신앙 동지들의 지혜를 후배들에게 물려주어야 했다.

그렇지만 다시 돌아온 종로5가는 안개 속에 쌓인 듯했다. 갈등과 분열로 생긴 또 다른 보이지 않은 전선(戰線)은 싸워야 할 대상이 명료했던 지난날보다 훨씬 어지럽게 얽혀 있었다. 나의 발걸음은 무겁고 처연했다. 종로5가를 떠돌며 느낀 기쁨과 정다움의 추억은 잠시였다. 내가 아무리 스스로를 위안하려고 해도 그 느낌은 속일 수가 없었다.

종로5가의 상징인 KNCC는 오랜 진통을 겪은 뒤에 나를 신임 총무로 선출했다. 내가 총무로 선출된 것을 두고 여러 잡음이 들리기도 했다. 내가 김상근 목사보다 더 강성이라는 탄식도 들렸다. 언론에서도 다양한 견해와 논조가 쏟아져 나왔다. 당시 나온 신문기사나 사설의 제목을 보면 "한국기독교교회협의회의 고민, 保·革 갈등" "교단 간 이해관계 얽혀 난항 거듭" "총무 선출 이후 3개 교단의 속사정과 움직임" 등과 같이 KNCC의 총무 선출과정을 진단한 것에서부터 "새로 태어나는 진통을" "급변시대, 능동적 대처를" "한국기독교교회협의회에 바란다" 등과 같이 어려운 상황에서 KNCC를 맡게 된 신임 총무에게 바라는 내용이 주를 이루었다.

나는 여러 반응을 모두 확인하면서 KNCC 선배들이 보여준 비전과 내 몸에 밴 에큐메니컬 운동 본연의 임무를 겸손하게 수렴하여 묵묵히 실천해가면 된다는 생각이 들었다. 그래서 조언과 부탁, 우려까지 모두 귀담아 듣고 수렴해야 한다고 다짐했다.

1989년 2월 10일 기독교회관 2층에서 총무 취임예배가 열렸다. 나는 이날 취임식에서 제13대 KNCC 총무로 단상에 올라 떨리는 마음으로 취임사를 했다.

사랑하는 자매형제 여러분, 저는 오늘 이 자리가 있도록 성령께서 역사해주심에 대하여 하나님께 영광을 드리며 또한 성령께서 역사하실 수 있도록 화답해오시고 실천해오신 여러분께 진심으로 감사를 드립니다. 저는 오늘 두렵고 떨리는 마음으로 이 자리에 섰습니다.

교회는 살아 계셔서 역사해오시는 그리스도의 한 몸입니다. 교회는 하나님이 자기 형상대로 지어내신 사람들이 예수 그리스도를 구세주로 믿고 고백하는 자들의 한 공동체입니다. 이 그리스도의 몸인 교회공동체는 그 공동체에 속한 사람들과 삶을 함께할 때만이 그 가치가 주어집니다. 바울 사도는 이 몸은 하나이지만 많은 지체를 가지고 있고, 몸에 달린 지체는 많지만 그 모두가 한 몸을 이루는 것처럼, 그리스도의 몸도 그렇다고 설명해주고 있습니다.(고전 12:12) 우리는 성서적으로 다양성 속에 일치를 강력히 추구해야 합니다. 바울 사도의 말씀대로 그리스도의 몸도 하나, 성령도 하나, 주님도 한 분, 믿음도 하나, 세례도 하나, 하나님도 한 분입니다. 따라서 교회는 마땅히 하나이어야 합니다.

그러나 지난 근 100년 동안 한국교회는 그 갈라짐의 원인이 근본적으로 교회 내적 요인보다 외적 요인이 적지 않았습니다. 즉 그것은 국내외적인 여러 악령에 의해서 분열과 배타주의의 악몽에 시달려오고 있는 것입니다.

한국교회는 일본제국주의의 침략과 미, 소 등 강대국의 한반도 분단 정책에 의해서 신앙적으로, 정신적으로, 물리적으로 많은 불신과 갈등, 그리고 분열의 동기와 근거를 안게 되었고, 그 조짐은 지금도 상존하고 있습니다. 그리고 우리를 더욱더 아프게 하는 것은 타율적인 권력의 횡포로 우리의 불신이 조성되고 교회의 분열이 조작되어 왔다는 사실입니다. 그럼에도 불구하고 아직은 이와 같은 불신과 갈등, 분열의 조짐이 있을 때마다 성령의 역사하심과 우리 민족의 성숙한 신앙적 행위로 인하여 그 결정적인 위기를 극복해오고 있습니다. 어떠한 악령도 그것이 제국주의 악령이든, 그것이 민족의 허리를 꺾는 분단의 악령이든, 사상과 이념의 차이이든, 특수계층의 권력의 횡포이든지 간에 아직은 우리를 결정적으로 갈라놓지는 못했습니다. 그래서 마침내는 북한에 계신 우리의 사랑하는 자매형제들과 자리를 함께하여 한반도의 평화통일을 위한 글리온회의 선언문을 발표하기도 하고, 또한 민족의 통일과 평화에 대한 한국기독교회 선언서도 발표하는 등 용기 있는 위대한 신앙적 결단과 실천을 해오고 있습니다. 따라서 저는 성서적으로 하나인 교회를 더욱 확고히 해갈 때 회원 교단 간의 협의기구인 우리의 자리와 그 행동반경이 분명해진다고 믿습니다. 저는 성서적으로 하나인 교회를 분명히 하고 우리의 책임과 의무를 다할 때 하나님 선교를 위한 회원 교회 밖의 모든 교회들과의 상호연대는 필연적으로 온다고 믿습니다. 저는 성서적으로 하나인 교회를 더욱 확고히 해갈 때 한국의 복음화의 문이 더욱더 활짝 열린다고 믿습니다. 우리는 자의이든 타의이든 한국교회를 대표해왔음을 겸손히 받아들임과 동시에 우리에게 걸고 있는 교회 안팎의 기대를 기도하는 믿음으로 하나씩 수렴하여 실천해가야 할 것입니다. 다시 강조하거니와 이 실천을 위해서는 무엇보다도 먼저 성서적으로 우리가 하나인 교회를 확고히 해가야 하겠습니다. (중략)

우리는 지난 여러 해 동안 "네 이웃을 네 몸과 같이 사랑하라"라고 하시는 말씀에 걸려 뒤늦게나마 회개하는 심정으로 우리 자매형제와 함께 살 수 있는 길을 모색해오고 있습니다. 우리가 우매하게도 그동안 북한에 계신 자매형제를 증오해왔으면 하나님 앞에서 회개해야 하겠습니다. 우리는 민족 분단이 어떠한 이유에서 되었든지 간에 이제는 우리 자매형제가 함께 살 수 있는 길을 모색해가는 데 성서적인 입장에서 선도적인 일익을 담당해줄 것을 교회 내외적으로 요청받고 있다는 사실을 외면할 수 없습니다. (중략)

오늘 우리에게 슬픔과 번민이 있을 수 있습니다. 저는 감히 "나는 혈육을 같이 하는 내 동족을 위해서라면 나 자신이 저주를 받아 그리스도에게서 떨어져 나갈지라도 조금도 한이 없겠습니다."(롬 9:2-3)라고 하시는 이 바울 사도의 신앙적 자세가 곧 한국교회가 오늘에 취할 신앙적 자세라고 확신합니다. 이 신앙적 자세를 말할 수 있느냐 없느냐에 따라서 예수 그리스도의 복음이 사상과 이념을 뛰어넘을 수 있느냐 없느냐가 결정지어집니다. 이 신앙적 자세를 고수함이 이 민족의 복음화와 새로운 시작임을 확신합니다.

나는 총무 취임 후 가진 첫 기자회견을 통해 취임사에서 밝힌 것처럼 교회일치운동의 중요성을 강조하는 한편, 교회 차원에서 남북교류를 적극적으로 추진할 것임을 알렸다.

내가 KNCC의 총무로서 수렴하고 추진해야 할 중요한 과제 중 하나가 KNCC가 어떻게 민족의 평화통일에 기여할 수 있는가였다. 어떠한 종교이든지 그 종교의 근간이 되는 백성들이 기뻐할 때 함께 기뻐하고 슬퍼할 때 함께 슬퍼하는 종교만이 그 존재가치가 있다는 것이 나의 평소 생각이었다. 예수의 삶의 형태가 바로 그러했다. 나는 예수를 따르는 자들로서 우리가 그분의 삶을 따라야 한다고 믿었다.

JPIC대회

총무로 취임하자마자 가장 먼저 치러내야 하는 일이 있었다. 그것은 전임 총무가 있을 때 WCC가 결정한 것으로, WCC JPIC대회를 1990년에 한국에서 개최하는 일이었다.

JPIC는 정의(Justice), 평화(Peace), 창조보존(Integrity of Creation)의 약자로 WCC에 속한 회원 교회들이 서로 협력하여 해결해야 할 문제를 공동으로 인식하고, 그 해결책을 모색하여 함께 대처해 나가기 위해 전개하고 있는 세계적인 기독교운동이다. JPIC를 위한 첫 번째 세계협의회는 1986년 스위스 글리온에서 개최되었는데, 이듬해 제네바에서 개최된 WCC 중앙위원회가 1990년 서울에서 이 대회를 개최하기로 결의한 것이었다. JPIC대회는 진보, 보수 할 것 없이 한국교회가 모두 참석하는 대회였는데, 그 실무를 KNCC가 담당해야 했다.

JPIC대회는 KNCC 역사 이래 한국교회가 처음으로 받아들인 WCC의 중요한 대형 행사였다. 그래서 김형태 WCC 중앙위원을 비롯하여 KNCC 지도자들의 걱정이 많았다. 특히 대형 행사인 터라 정부 관계기관의 협력이 많이 필요했는데, 관계기관 모두 KNCC에 비협조적이었다.

세계 각국의 많은 대표들이 참석하는 대회라 비자 문제부터 시작해 공항 입국 문제, 숙소 문제 등 산적한 문제가 너무나도 많았다. 그렇지만 KNCC 직원들이 이를 위해 최선의 노력을 다하고 서로 협력함으로써 어려움을 극복해 나갔다. 이에 더해 한국교회의 적극적인 협력과 지원으로 JPIC대회를 무사히 마칠 수 있었다. JPIC대회가 끝난 뒤 이 행사 내용에 관한 보고서를 한국기독교사회문제연구원에서 발간했다.

KNCC 음영위원회와 CBS의 관계 정립

KNCC에서 해결해야 할 또 다른 현안은 KNCC 음영위원회 문제였다. 음영위원회는 1987년 스스로 해산할 권리가 없음에도 불구하고 자진 해산한 상태였다.

그러나 해산 결정 권한이 있는 KNCC 총회에서는 이를 승인하지 않아 정관에는 음영위원회가 존재하고 있었다.

KNCC 음영위원회는 일찍이 기독교방송인 CBS를 설립한 모체였다. CBS는 한국방송 역사상 제일 먼저 창립된 기독교 재단이 운영하는 일반 방송이다. CBS는 창립 이후 언론사로서 본연의 임무를 수행하고 있었다. 그런데 정치 권력이 CBS를 억압하기 위해 종교방송이라는 카테고리에 묶어놓고, 보도국을 폐쇄하라는 등 간섭하기 시작했다. 나는 음영위원회를 없애려는 움직임도 단순한 것이 아니라고 생각했다.

당시 KNCC는 음영위원회가 CBS의 모체임을 명시하고자 하는 확고한 의지를 가지고 있었기 때문에 나는 CBS 이사회가 열렸을 때 이 문제를 정식으로 제기했다. 그리고 KNCC와 CBS가 공동 대책위원회를 구성하여 교회 내부에서 이 문제를 해결해야 한다고 제안했다. 하지만 CBS 사장은 이 의견에 반대했다. 그러나 이사회에서는 CBS 사장의 의견을 제지하고, 대책위원회를 구성하기로 합의했다. 이후 이 문제에 관한 대책위원회가 여러 번 열렸다. 여러 차례 협의 끝에 CBS 정관에 'KNCC 총무를 CBS 당연직 이사로 한다.'와 만일 'CBS가 해산될 경우 KNCC 실행위원회의 결의를 거쳐야 한다.'라는 것을 명문화했다. 그리하여 KNCC가 CBS 창립의 모체임을 분명히 하게 되었다.

해외 교회에만 의존하는 재정 문제 해결

산재한 문제들을 하나씩 풀어나가고 있는 동안에도 늘 내 발목을 잡는 것이 있었다. 그것은 KNCC의 고질적 문제인 재정 문제였다. 그동안 KNCC는 재정의 대부분을 해외 교회에 의존해오고 있었다. KNCC를 불손한 과격 단체 내지 용공단체로 몰아붙이는 정부당국의 홍보와 공격 때문이었다. KNCC는 하나님의 정의가 이 땅에 선포될 수 있도록 불의한 체제에 맞서 온몸으로 항거해온 교회선교기관이었다. 그러나 독재정권은 KNCC에 대해 중상모략을 일삼았고, 한국교회를 분열시키기 위해 혈안이 되어 있었다. 그러한 술책으로 인해

KNCC는 한국교회의 적극적인 지원을 받지 못했으며, 재정적 지원도 받지 못했다. 적어도 나는 그렇게 생각했다.

재정을 살펴보니 초창기에 결정한 각 교단 의무 지원금이 계속 현상 유지되고 있었다. 그동안의 물가상승과 당해년도의 경제상승 수치에 비교하여 매년 인상을 해야 했는데도 지난 수십 년간 단 한 번도 인상을 하지 않은 것이다.

나는 취임과 동시에 그동안 KNCC를 도와준 해외 교회, 그리고 각 원조기관들과 협의를 통해 KNCC의 재정 문제를 논의하기로 했다. 이에 그동안 KNCC를 지원해온 해외 교회들과 각 해외 외원기관들을 덴마크의 한 수도원으로 초청하였다. 이른바 KNCC 지원을 위한 '라운드 테이블 회의'를 실시한 것이다.

이 회의에서 나는 먼저 한국의 경제성장 수치를 생각하고 한국교회의 부흥을 고려할 때 우리 스스로 서지 못하는 것에 대하여 대단히 죄송하다는 말로 포문을 열었다. 물론 그 이유는 한국의 독재정권이 한국교회를 탄압했기 때문이라고 밝히며, KNCC가 기독교의 본래적 책임을 다하려고 민주화와 인권에 관한 활동을 하다 보니 결국 독재정권과 갈등 구조가 형성되었다는 사실을 알렸다. 그리고 더 나아가 한국의 독재정권이 KNCC를 억압하고 용공단체로까지 몰아붙인 한국의 특수한 상황을 이해시키려고 노력했다. 그뿐만 아니라 한국 정부는 WCC를 용공시하는 것까지도 주저하지 않고 있다며 그동안 한국의 정치적 상황을 자세히 설명했다. 그러고 나서 KNCC 스스로 회원 교단과 협의하여 최단 시일 내에 재정 자립을 위해 최선을 다하겠으니, 지금까지 지원해주었듯이 계속 지원을 바란다는 부탁을 했다. 그런데 이런 부탁을 하면서 수치스러운 마음이 드는 것은 어쩔 수 없었다. 이날 열린 라운드 테이블 회의는 WCC의 박경서 박사와 한국에서 같이 간 박종화 교수 덕분에 잘 마칠 수 있었고, 우리가 원한 계속 지원이라는 목표도 달성할 수 있었다.

그러나 나는 KNCC가 지원 요청을 위해 해외 교회와 기관을 향해 라운드 테이블 회의를 주재하는 일은 다시는 하지 말아야겠다고 생각했다. 한국교회의 규모나 내용을 볼 때 한국교회 스스로 재정 문제를 해결해 나가지 못하는 것은 부끄러운 일이었다. 하지만 당장 시급한 불은 꺼야 했기에 창피함을 무릅쓰고 라운드 테이블 회의를 통해 지원 요청을 한 것이다.

이 회의 이후 KNCC는 '재정자립대책위원회'를 가동하였다. 먼저 관계기관의 허락을 받아 KNCC의 기본 재산을 기독교회관에 투자했다. 또한 1993년도 말에는 '재정자립대책연구위원회'를 구성하여 각 교단의 회비를 약 300% 올리는 안을 실행위원회에 제안하여 결의했다. 이 결의과정에서 모든 KNCC 실행위원들이 긍정적으로 협력해주었다. 특히 예장통합과 감리교단의 실행위원 일부는 교단 내부의 의견 조율 등을 위해 지도력을 발휘해주었다. 이에 지금도 감사한 마음을 간직하고 있다. 그들은 에큐메니컬 운동에 큰 기여를 한 것이다. 이러한 노력 덕분에 KNCC는 1994년부터 직원들의 인건비와 경상비를 교단의 회비로 충당할 수 있게 되었다.

내가 보기에 세계 각 나라 교회협의회 가운데 한국처럼 각 교단

회비로 인건비와 경상비를 충당하는 나라는 거의 없을 것이다. 현재 각 나라의 에큐메니컬 운동은 재정적 어려움에 처해 있다. 특히 세계 에큐메니컬 운동단체들은 외원기관이나 선임자들의 과거 유산에 의존해오다가 재정적 어려움을 겪고 있는 것이 사실이다. 나는 이처럼 재정적 어려움을 겪고 있는 에큐메니컬 운동기관들이 각 회원기관들의 회비로 운영되는 방향으로 나아가야 한다고 생각한다.

평화통일을 향한 꾸준한 발걸음

KNCC가 집중해야 할 또 다른 당면 과제는 평화통일 문제였다. 나는 KNCC가 추구하는 민주화와 평화통일에 대한 뿌리가 1970년대의 민중신학에 근거한다고 생각했다. 이와 관련 1981년 6월 8일부터 10일까지 서울 아카데미하우스에서 제4차 한독교회협의회가 개최되었는데 이 협의회의 건의에 따라 KNCC 내에 분단된 한반도의 통일 문제를 연구해 나갈 '통일문제연구원'이 탄생하게 되었다. KNCC는 1982년 2월에 열린 제31차 총회에서 '통일문제연구원 운영위원회' 설치를 결의하고, 같은 해 6월 29일 정기 실행위원회를 거쳐 1982년 9월 16일 위원회를 정식 조직했다.

그 후 KNCC는 통일문제연구원을 통해 한반도 평화통일협의회를 수차례 계획하였다. 그렇지만 실천 단계에서 당시 전두환 정권의 온갖 방해공작과 저지로 인하여 번번이 무산되고 말았다. 그럼에도 불구하고 KNCC는 통일을 향한 열망을 놓지 않았다. 방해하면 할수록 더 집요하게, 더 긴 호흡으로 평화통일로 가기 위한 반석을 놓고 있었던 것이다.

그러한 노력의 결과 1983년 7월 15일부터 17일까지 열린 한미교회협의회를 통해 한반도의 분단은 미국과 관련이 있으며, 미국에 그 책임이 있다는 선언을 이끌어냈다. 1984년 10월에는 WCC 국제위원회 주관으로 일본의 도산소에서 '동북아시아의 평화와 정의에 관한 협의회'가 개최되었다. 이 협의회에는 아시아, 중동, 유럽, 북미 지역 등 20개국에서 65명의 교회지도자가 참석했는데, 안타깝게도 북한교회는 자료만 보내고 참석은 하지 않았다. 하지만 KNCC는 통일을 향한 행보를 멈추지 않았고, 그 결과 1986년 드디어 남북교회가 처음으로 만나는 역사적 경험을 이루었다. WCC의 주선으로 스위스 글리온에서 그토록 기다리던 남북교회의 만남이 성사된 것이다. 역사적인 이 만남으로 비로소 한반도 평화통일협의회가 개최될 수 있었다. 한반도 평화통일협의회에서는 죄책 고백과 함께 화해를 위한 상징적인 성찬예식도 진행되었다.

1988년은 평화와 통일을 향한 KNCC의 발걸음이 뚜렷한 족적을 남긴 해이다. 1988년 KNCC 총회에서는 남북통일과 평화를 위한 〈한국기독교회 선언〉이 발표되었으며, 또한 1995년을 희년으로 선포하였다.

우리는 다시금 이 한반도 역사 안에서 활동하시는 하나님의 해방사역에 감사를 드리며 어려운 상황 속에서도 꿋꿋하게 신앙을 지켜나가고

위 1991년 WCC 총회에서 만난 북한의 고기준 목사(왼쪽)
아래 단상에 선 고기준 목사(왼쪽)와 권호경(가운데)

있는 북한에 있는 믿음의 형제자매들에게 하나님의 은총과 축복이 함께하시기를 기원한다.

이와 같은 고백에 입각하여 한국기독교교회협의회는 평화와 화해의 선교적 사명을 다하기 위하여, 그리고 민족 분단의 고통에 동참하고 통일로써 이를 극복해야 한다는 역사적 요청에 응답하기 위하여 회개하고 기도하는 마음으로 평화와 통일을 위한 희년선포운동을 다음과 같이 전개하고자 한다.

1) 한국기독교교회협의회는 1995년을 '평화와 통일의 희년'으로 선포한다. (중략)

―〈민족의 통일과 평화에 대한 한국기독교회 선언〉 중에서

1988년 4월에는 WCC와 협력하여 인천 송도비치호텔에서 세계대회가 개최되었다. 같은 해 9월, 남북교회는 스위스 글리온에서 또다시 만남을 가졌다. 남북교회는 평화통일협의회를 개최하면서 공동선언문을 채택하고 1995년 희년 선포를 재확인했다.

그 후로 남북교회는 일본, 미국, 캐나다, 독일, 호주 등지에서 여러 차례 공식적인 만남을 가졌다. 그 결과 1990년 12월 글리온 3차 모임에서 희년 5개년계획을 수립할 수 있었다. 남북교회가 자주 만나게 되면서 그 기쁨만큼 서글픈 마음이 들기도 했다. 남북교회가 만날 수 있는 곳은 일본, 미국, 캐나다, 독일, 호주 등과 같은 해외였다. 정작 우리

땅 한반도에서는 만날 수 없었다.

남북교회의 만남이 잦아지고, 그 만남의 기운이 진해질수록 KNCC는 남북교회가 한반도 내에서 정기적으로 교류를 해야 한다고 생각했다. 더욱이 남북교회가 직접 교류를 해야 민족의 평화통일에 기독교가 기여할 수 있는 길이 열린다고 보았다. 그런데 남북교회의 관계를 개선하기 위해서는 많은 걸림돌이 있었다. 가장 큰 문제는 우리가 북한을 너무 모르고 있다는 것이었다. 그리고 다른 문제는 보수교단들이 북한교회와의 교류를 어떻게 받아들일까 하는 것이었다.

공산권 성경찬송보내기운동-49개 교단 연대

남북교회가 정기적으로 교류하기 위해서는 주변 교회인 공산권교회와의 관계개선이 우선되어야 한다고 판단했다. 그런 점에서 동구권교회를 통해 북한교회의 실상을 보다 자세히 알아봄과 동시에 한국의 보수교회가 동구권교회를 바르게 이해하는 것, 즉 공산권교회의 실상을 바르게 아는 것이 필요하다는 생각이 들었다.(예를 들어 한국교회는 공산권에 교회가 없다고 생각했다.) 특히 중국교회, 러시아정교회 등 우리와 전혀 교류가 없던 동구권교회와의 관계개선이 필요하겠다고 생각했다. 우리에게는 이들의 협력과 조언이 필요했다. WCC를 통해 들어보니 북한교회는 이미 WCC에 가입 청원서를 냈고(1974), 이것이 보류된 후 일찍이 동구권교회와 비엔나 등지에서 한반도 평화통일협의회 같은 모임을 가졌다고 한다.

한편 동구권이 갑자기 붕괴되면서 러시아정교회의 재정적 상황이 어려워졌다는 소식도 들려왔다. 교회 문이 좀 더 자유롭게 열리게 되었지만 재정적으로는 어려워진 것이다. 중국교회 역시 1980년대 갑자기 자유화가 이루어지면서 재정적 어려움을 겪게 되었다. 그래서 KNCC는 실행위원회 결의로 '공산권 성경찬송보내기운동본부'를 범교단적으로 조직하게 되었다.

공산권 성경찬송보내기운동은 KNCC 회원 교단이나 비회원 교단 모두에서 호응이 아주 좋았다. 이때 합동교단의 대표적 큰 교회인 충현교회가 개교회로서는 제일 많은 헌금을 냈다. 전국적으로 모아진 헌금과 몇몇 교회가 협력하여 중국의 대표적 신학교인 '남경신학교'의 도서관과 심양의 '동북신학교' 재건을 지원했다. 그리고 이와 같은 협력관계로 중국교회 대표단이 한국교회를 방문했고, KNCC가 연세대에 청원하여 이 방문단 대표인 중국기독교협회 회장 정광훈 주교에게 연세대학교 명예박사 학위를 수여할 수 있었다. 정광훈 주교는 캐나다의 토론토대학에서 수학하고, 일찍이 제네바 세계기독학생연맹 간사로 근무하다가 중국에 문화혁명이 일어나자 조국인 중국으로 들어갔다. 당시 많은 사람의 만류를 뿌리치고 중국에 들어가서 말할 수 없는 고초를 당한 중국 교계의 대표적인 인사였다. KNCC와 중국교회와의 관계는 마침내 1993년 9월 9일, 〈한중교회의 연대와 선교협력〉이라는 역사적인 협약서를 이끌어내는 성과를 이루었다.

러시아정교회와의 관계도 재건되어 러시아정교회 국제담당 책임자인 키릴 대주교(현재 직위는 총대주교)가 한국교회를 방문했으며, 이

공산권 성경찬송보내기운동을 할 때 KNCC를 찾은 러시아정교회 키릴 신부(나중에 러시아정교회의 대주교가 됨)와 인쇄기 전달 문제를 협의했다.

때 KNCC 회원 교단인 그리스정교회가 사용하고 있는 옛 러시아정교회 재산 등을 그리스정교회가 계속 사용할 수 있도록 배려해주었다.

한국교회는 공산권 성경찬송보내기운동의 일환으로 WCC와 협력하여 러시아정교회가 성경·찬송을 인쇄할 수 있도록 그동안 비어 있던 인쇄공장에 기계 일체를 중고로 공급해주었다. 인쇄공장이 비어 있던 이유는 러시아 정부가 인쇄 기계를 모두 가져갔기 때문이었다. 나는 KNCC 총무 자격으로 러시아정교회를 공식 방문하여 이 인쇄공장을 둘러볼 수 있었다.

이 외에도 헝가리, 루마니아, 체코, 베트남, 스리랑카, 말레이시아 원주민 교회 등에 성경·찬송을 지원했다. 이 과정에서 WCC로부터 많은 도움을 받았다.

성경찬송보내기운동은 그동안 관계가 전무했던 사회주의권 교회와 관계를 개선하는 데 큰 도움이 되었다. 게다가 이 운동은 한국교회 일치운동에도 크게 기여했다. 특히 보수 교단들은 이 운동에 찬사를 보내며 계속 지원해주었다. 이 일을 하는 동안 나를 용공이라고 비난하는 사람은 없었다. 전폭적인 지지와 협력이 있을 뿐이었다.

나는 KNCC와 동구권 교회와의 관계개선이 결국 여러 차원에서 남북교회의 교류에도 도움이 된다고 생각했다. 공산권 성경찬송보내기운동의 위원장은 부흥사인 한강교회 정운상 목사가 맡았다. 이와 같은 좋은 기류가 흐르는 상황에서 드디어 북한교회가 KNCC 총무를 평양에 공식 초청했다. 이에 KNCC는 북한교회 대표인 고기준 서기장과 강영섭 위원장을 1992년 2월 17일에 열리는 KNCC 총회에 초청했다.

분단 47년 만에 평양을 방문하다

분단 47년 만에 조선기독교도연맹(이하 조기련, 1946년 설립될 당시 명칭은 '북조선기독교연맹'이었으며, 1974년 '조선기독교도연맹'으로 개칭했고, 1999년 2월 또다시 '조선그리스도교연맹'으로 개칭했다.) 초청으로 KNCC 대표가 북한을 방문했다. 방문 기간은 1992년 1월 7일부터 13일까지였다. 조기련 서기장 고기준 목사에게 초청장을 받은 것은 1991

년 10월 27일이었다. 초청장에는 "신변 안전과 무사 귀환을 담보합니다."라고 쓰여 있었다. 이 초청장은 그동안 KNCC가 지속적으로 노력해온 결과물이었다.

먼저 1984년 일본 도산소에서 열린 '동북아시아의 정의와 평화협의회'에는 비록 북한교회 대표는 오지 않았지만, 자료를 보내주는 등 일말의 성과는 있었다. 한반도의 평화통일을 논의한 이 협의회에서 참석자들은 남북교회의 협의와 만남은 앞으로 서울이나 평양에서 할 수 있도록 노력하자는 원칙에 합의했다. 이 합의에 따라 1990년 스위스 글리온에서 한반도 평화통일협의회가 열렸을 때, 1992년 8월 평양에서 평화통일협의회를 개최하기로 합의한 것이다.

이후 남북교회는 1991년 11월 미국 NCC 총회에서 또다시 만나 이듬해 8월에 열릴 평화통일협의회 평양 개최를 재차 확인했다. 그에 앞서(10월 27일) 이미 KNCC 총무인 나를 평양에 초청한 고기준 서기장은 나에게 "평양에 오시면 금강산 관광을 하시겠어요?"라고 물었다. 나는 웃으면서 "이번에는 저 혼자 방문을 하니 관광은 좀 곤란합니다. 다음에 많은 사람이 방문하게 될 때 관광을 시켜주십시오."라고 말했다. 그리고 "관광 대신에 목사가 북한교회를 방문하게 되니 설교는 꼭 할 수 있게 해주십시오."라고 요청했다.

나는 북한을 방문하여 북한교회 대표들과 만나면 1995년 희년 준비를 하고, 8월에 열리는 평화통일협의회의 예배 순서를 확정한 후 남북교회 교류 문제를 협의하면 되지 않을까 하고 생각했다.

그동안 남북정부는 고위급 회담을 통해 여러 차례 만남을 가져왔다. 1991년 12월 13일에 열린 남북 간 고위급 회담에서는 정원식 총리와 북한의 연형묵 총리가 상호불가침과 교류, 협력에 관한 합의서를 도출해내기도 했다. 그렇지만 민간 차원에서 공식적인 북한 방문은 이루어지지 않았다. 내가 북한을 방문한 기간 동안 모든 언론에서는 나의 방북이 남북합의서 체결 후 첫 번째 민간 차원의 방북이라고 보도하였다. 1992년 1월 9일 자 「중앙일보」에서는 북한 관영 중앙통신이 남북합의서가 채택된 이래 처음으로 민간인이 평양에 도착했다는 소식을 8일 보도했다고도 전했다

1992년 1월 4일 토요일, 나는 김포공항에서 18시 45분에 CX411 비행기를 타고 21시 20분에 홍콩에 도착했다. 홍콩 구룡호텔에서 WCC의 박경서 박사를 만난 뒤 다음날 홍콩에서 17시 15분에 CA211 비행기를 타고 20시에 북경에 도착했다. 북경 비행장에는 중국기독교협회 한완자오 부회장과 실무자가 나를 기다리고 있었다. 이때 한완자오 부회장은 "당신 형제들이 가지고 온 차를 타고 예약한 건국(JIAN-GUO)호텔로 가는 것이 좋겠다"라고 했다. 우리는 북한에서 보낸 차를 타고 건국호텔로 가서 대표들과 함께 저녁 식사를 하며 일정을 논의했다.

다음 날 한완자오 부회장을 다시 만난 나는 점심 식사를 같이하면서 한중교회 사이의 현안 문제를 논의했다. 그동안 KNCC가 다져 놓은 관계 덕분인지 아주 우호적인 분위기였다. 나는 앞으로 중국교회와 남북교회 관계가 원활해지도록 도와달라고 부탁했다. 점심 식사 후에는 북한을 방문하기 위한 마지막 점검을 했다. 화요일인 7일,

드디어 북한의 JS 비행기에 올랐다. 북경에서 15시에 출발한 비행기는 17시 30분에 평양에 도착했다. 비행기를 타고 가는 동안에는 별로 실감이 나지 않았는데 평양 순안공항에 도착해 꽃다발을 받고 나니 무사히 북한 땅을 밟게 되었다는 기쁨으로 가슴이 벅차올랐다. 모든 것이 하나님의 은혜라는 생각이 들었다. 평양에는 마침 조금씩 눈이 내리고 있었다. 마치 남북교회의 만남을 환영하는 듯했다. 나는 내 앞에 떨어져 내리는 하얀 눈을 손으로 받아 안았다. 한편 순안공항의 흙을 밟는 동안 나의 머릿속에는 종로5가가 스쳐지나갔다. 나의 평양 방문은 바로 그곳에 있는 수많은 사람의 기도와 염원 덕분으로 이루어진 것이었다. 그 기도와 염원 뒤에 있는 수많은 사연을 잘 알기에 어느새 나의 발걸음이 무거워졌다.

    북한 요원의 안내를 받아 18시 30분쯤 공항 귀빈실에 도착하니 조기련 위원장인 강영섭 목사와 고기준 목사, 그리고 기관원으로 보이는 사람 몇과 기자 몇이 서 있었다. 해외에서 몇 차례 본 고기준 목사가 내 옆으로 와서 북한에 온 소감을 이야기하라고 일러주었다. 나는 속으로 '아, 이것이 기자회견인가 보다.'라고 생각했다. 그래서 "조선기독교도연맹 초청으로 분단 50년 만에 오게 된 것에 대해 먼저 하나님께 영광을 돌립니다. 이 감격을 1천만 기독교인들과 7천만 민족과 함께 나누고 싶습니다. 그리고 초청해주신 조선기독교도연맹과 관계된 모든 분께 감사를 드립니다. 감사합니다."라고 인사했다. 그러자 기관원처럼 보이는 이가 "다 끝났습니까?" 하고 퉁명스럽게 물었다. 그렇다고 했더니 모여 있던 기자들이 서로 두리번거리다가 이내 밖으로 나가버렸다. 잠시 뒤 기관원으로 보이는 또 다른 이가 "예배 사업 하시겠습니까?"라고 물었다. 무슨 말인지 몰라 망설였더니 고기준 목사가 "12일 주일에 예배를 드리겠냐는 말입니다."라고 통역을 해주었다. 그래서 "물론입니다."라고 했더니 설교 제목과 본문을 물었다. 나는 설레는 마음으로 설교 본문은 에베소서 2장 13-18절이고, 제목은 "우리를 하나 되게 이끄시는 예수 그리스도"라고 답했다.

    그 뒤 승용차를 타고 한 시간쯤 달려 숙소에 도착했다. 숙소는 나즈막한 산자락에 위치한 곳이었다. 저녁 8시가 다 된 시간이라 주변이 어두컴컴했다. 나는 숙소에 짐을 풀고, 선물로 가져온 정장 옷감을 들고 안내를 받아 식당으로 들어갔다. 강영섭 목사와 고기준 목사가 나를 식사 자리로 안내하면서 "이것이 환영 만찬입니다."라고 말했다. 북한에서의 첫 저녁 식사였다. 나와 박경서 박사는 따뜻한 환대의 식사를 하고 난 뒤 선물로 가져온 옷감을 전달했다. 이후 숙소로 돌아와 생각해보니 갑자기 감정이 복받쳐 올랐다. 나는 살아 계신 하나님의 은혜에 감사드리며 기도를 올렸다. 1992년 1월 7일 평양에서 보낸 밤은 내가 살아온 50년의 삶에서 가장 감격스러운 밤이었다. 그동안 통일운동을 위해 수고하고 희생해온 모든 이들이 눈에 어른거렸다. 종로5가 사람들과 한국교회 사람들이 하나둘씩 떠올랐다. 특히 그동안 수고한 KNCC 직원들에게 감사한 마음이 들었다. 하지만 마냥 감격에 겨워 있을 수는 없었다. 감격스러운 기분 못지않게 내가 짊어진 짐이 무겁게 느껴졌다. 이 짐을 잘 감당할 수 있을까 싶어서 한편으로는 두려운 마음이 들기도 했다.

다음 날인 8일 수요일 아침이 되자, 나는 일찍 일어나 기도를 드렸다. 나와 함께 동행하시는 하나님은 늘 옆에서 내게 힘이 되어주셨다. 식사를 마친 뒤인 아침 9시경에 강영섭, 고기준, 김운봉 목사와 중국에서부터 동행한 북한유네스코 주재원인 김정규 씨, 그리고 김철진이라는 기관원과 나이가 좀 들어 보이는 기관원이 나를 찾아왔다. 누군가 내게 방문 목적이 궁금하다며 물었다. 나는 그 자리에서 공개적으로 다음과 같이 말했다.

"제가 온 이유는 첫째, 조선기독교도연맹 강영섭 목사님과 고기준 목사님을 비롯한 북한교회 대표단을 2월 17일에 열리는 한국기독교교회협의회의 총회에 초청했는데, 그 참석 여부를 확인하고자 함입니다. 그리고 8월 9일 통일공동주간에도 북한교회 대표를 초청했는데, 이 역시 참석 여부를 확인하고자 합니다. 그리고 공동 예배에 사용할 공동기도문과 예배 순서를 확정하는 일도 해야 합니다. 또한 1995년 희년을 준비하는 일과 앞으로 남북교회가 정기적으로 교류를 하자는 제안을 드리기 위해서입니다. 이 모든 사항을 조선기독교도연맹 대표님들과 협의하고 합의하기 위해서 제가 온 것입니다."

내가 이야기하는 동안 사람들은 고개를 끄덕거리기만 할 뿐 별말은 없었다. 내 말이 끝나자 고기준 목사는 관광을 하자고 제안했다. 지난번 미국 NCC 총회 때도 그 이야기를 해서 답변을 한 적이 있는데 잊어버린 모양이었다. 나는 한 번 더 "이번에는 저 혼자서 방북을 했고, 또 협의할 과제도 많고 하니 감사하지만 이번에는 사양하겠습니다."라고 정중히 사양했다.

그런데 대화를 하는 동안 이상하게 분위기가 가라앉았다. 어딘가 문제가 있어 보였다. 나는 그런 분위기에 잘 적응이 되지 않았다. 몇몇 질문 외에는 서로 이렇게 하자, 저렇게 하자 하는 의견이 없었다. 질문을 해서 대답을 했는데도 그에 관해 가타부타 말이 없으니 대화의 분위기가 살아나질 않았다. 게다가 식당에는 내가 전날 저녁에 전달한 선물 꾸러미가 그대로 놓여 있었다. 나는 속으로 '뭐가 잘못된 걸까?' 싶었지만 짚이는 것은 없었다. 혹시나 싶어 "저 선물은 정말 약소하지만 주석님께도 드리고, 목사님들도 예복으로 지어 입으시면 좋겠습니다."라고 다시 말을 꺼냈다. 점심 식사를 하고 난 뒤 우리는 평양 시내를 구경했다. 시내 구경을 하며 광복거리와 열사 묘지, 경기장과 5만 세대가 산다는 30층 아파트 등을 보았다.

해가 저물어 다시 숙소로 돌아온 뒤 저녁 식사를 하고 잠자리에 들었는데 잠이 오지 않았다. 낮에 그들이 보인 모습이 계속 눈에 밟혔다. '왜 말을 안 할까? 못 하는 것은 아닐까? 어떻게 협의를 해야 할까?' 나는 내가 북한에서 해야 할 일을 다시 곱씹어보았다. 확인하고 협의해야 할 과제가 있는데 아무것도 하지 못하고 있으니 답답하기 그지없었다.

그러던 중 나의 뇌리를 스치는 것이 하나 있었다. 그것은 함께 따라다니던 김철진 기관원의 말이었다. 그는 얼마 전에 문선명 씨가 평양에 왔는데 김 주석에게 큰절을 하더란 이야기를 했다. 그리고 문선명 씨가 평양 가까운 곳에 자동차 공장을 세운다며 자랑스레 말했다. 그 말을 들을 때 나는 별다른 생각을 하지 않았다. 그런데 곰곰이 생각해보니 김철진 씨가 그런 말을 한 의미가 있는 것 같았다. 어렴풋이 그 의미를 알 것도 같았다. '그렇다면 우리는 어떻게 하나?' 나는 이런 저런 고민으로 밤늦게까지 뒤척이다가 언제 잠이 들었는지 모르게 잠에 빠져들었다. 하지만 아침에 일어나서도 영 개운하지가 않았다. 자꾸만 김철진 씨가 한 말이 맴돌았다. 나는 어쨌든지 간에 조기련 대표들이 KNCC 총회에 참석할 수 있도록 해야 한다는 다짐만 계속 되뇌었다.

5·18광주민주화운동 이후 많은 억압 속에서도 종로5가는 남북의 평화통일에 대해 지대한 관심을 가지고 있었다. 그러한 상황에서 출발한 통일협의회를 위해 그동안 많은 희생을 치렀다. 도산소와 글리온, 어디에서든지 남북교회가 모이는 곳이면 한반도 문제를 앞다투어 이야기해왔다. 그리고 〈88선언〉을 통해 남북의 교회와 세계교회가 인정하는 1995년 희년 선포도 했다. 이런 선언과 선포를 앞당기기 위해서는 통일협의회를 통해 남북교회가 한반도 내에서 정기적으로 만나야 했다.

아침 식사를 하기 위해 식당으로 향하면서도 '어떻게 남북교회의 정기적인 교류가 가능할까?' '이 방북 기회를 어떻게 활용해야 하나?' 하는 생각뿐이었다. 그러니 아침 식사를 하는 동안에도 내내 무거운 마음이었다. 나는 더 이상 참지 못하고 불쑥 고기준 목사에게 물었다. "목사님, 만일 강영섭 목사님과 목사님 일행이 함께 서울에 오시려면 김 주석님의 허가를 직접 받아야 합니까?" 그랬더니 고기준 목사와 강영섭 목사가 마치 기다리기라도 한 듯 고개를 끄덕였다. '아, 바로 이

것이구나!' 일단 왜 그렇게 대화가 진행되지 않았는지 알고 나니 막힌 가슴이 확 뚫리는 느낌이었다.

아침 10시가 좀 넘자 김철진 씨와 조기련 소속의 신학교 교수인 박승혁 교수가 나를 만나기 위해 찾아왔다. 나는 김철진 씨를 보자마자 "주석님을 뵙게 해주세요."라고 부탁했다. 그러자 그는 싫지 않은 표정으로 내게 "왜 주석님을 보겠다는 겁니까?"라고 물었다. 나는 "우리가 오게 된 여러 이유를 직접 말씀드리고 싶습니다. 그리고 이곳에 왔으니 인사를 드리는 것이 당연한 예의라고 생각됩니다. 그래서 뵙게 해달라는 것입니다."라고 대답했다. 그러자 그가 "지금 주석님께서는 지방 순회를 가셔서 언제 오실지 잘 모릅니다. 그러니 좀 기다려봅시다. 언제 오실지, 그리고 뵙게 될는지도 잘 모르겠습니다. 그렇지만 연락을 해놓고 기다려봅시다."라고 말했다. 그 말은 조금은 가능성이 있다는 뜻으로 들렸다. 나는 확답은 받지 못했어도 어느 정도 가능성이 있다는 생각에 다행이라고 생각했다.

낮에는 박승혁 교수의 강의를 듣고, 오후에는 쑥섬, 만경대, 을밀대, 모란봉극장 등을 둘러보았다. 저녁 식사는 옥류관에서 했는데, 북한이 자랑하는 옥류관 냉면을 먹으면서도 나의 촉수는 온통 김철진 씨의 말과 행동을 향해 있었다. 그렇지만 별다른 소식은 듣지 못했다. 식사 후에는 〈조선의 별〉이라는 홍보 영상을 보았는데, 나는 너무 졸려서 영상을 보는 내내 졸다가 깨다가를 반복했다. 그러면서도 '김 주석을 볼 수 있는 걸까?' 하는 생각이 머릿속에서 떠나지 않았다.

공식 일정을 마친 뒤 숙소에 들어왔는데도 피곤한 몸과 달리 잠은 오지 않았다. 잠이 오지 않으니 또 마냥 '김 주석을 볼 수 있을까? 본다면 허락을 받아낼 수 있을까?' 하는 생각만 떠올랐다.

다음 날인 10일 금요일은 아침 식사 후 만수대 창작사 상품 전시장을 방문했다. 안내하는 대로 이리저리 둘러보다가 작은 도자기 두 점을 기념으로 구매했다. 고기준 목사의 초대로 다시 옥류관으로 가서 점심으로 냉면을 먹은 후 소년궁으로 향했다. 서울로 돌아갈 시간이 점점 다가올수록 걱정이 태산처럼 밀려왔다. 이대로 어떤 허락이나 협의도 하지 못하고 돌아간다면 그야말로 낭패였다. 나는 개인 자격으로 온 것이 아니라 KNCC의 대표로 역사적인 통일협의회의 개최를 위해 온 것이었다. 나는 불안한 마음을 애써 감추며 소년궁으로 들어가 북한 어린이들이 쓴 글씨와 그림들을 감상했다.

그런데 북한 어린이들의 작품은 막눈인 내가 보기에도 예사 수준이 아니었다. 나는 한 아이로부터 그림 하나를 선물로 받았는데, 제목이 〈날으는 학〉이었다. 그 아이는 내게 그림을 주며 "통일을 위해 힘써주세요."라고 말했다. 나는 기특한 마음에 "방금 한 말을 글로 써줄 수 있어요?"라고 물었다. 그러자 옆에 있던 조금 큰 아이가 대신 글을 써주었다. 글을 쓴 아이의 이름은 주은희였고, 그림을 선물로 준 아이는 6살 한성일이었다.

그곳에서 어린이들이 하는 뮤지컬 〈설 잔치〉를 관람한 뒤 소년궁의 채 국장이라는 사람의 초대를 받아 김정규 씨 동생 집에서 저녁 식사를 했다. 김정규 씨 동생은 채 국장 밑에서 일하는 사람 같았다. 그는 아파트에 살고 있었으나 승강기가 없어 꽤 높은 층을 걸어 올라가야 했다. 거실에는 피아노가 한 대 있고 방은 서너 개쯤 되는 것 같았다. 저녁 식사 메뉴는 집에서 만든 흰 빵이었다. 나는 연로한 김정규 씨 어머니가 수고하여 차린 식사 같아서 무척 미안한 마음이 들었다. 내가 민간인 집에 방문해서 식사를 한번 했으면 좋겠다고 제안해서 이루어진 자리라 더욱 송구했다. 그날 저녁 식사는 아주 감사한 마음으로 먹을 수 있었다. 지금도 그날의 소박한 저녁 식사가 문득 떠오르곤 한다.

다음 날이 되자 아침 일찍부터 김철민 씨와 조금 나이가 들어보이는 기관원, 강영섭 목사와 고기준 목사가 왔다. 우리는 영화를 한 편 같이 보고, 점심 식사로 단고기를 먹었다. 이날 점심은 해외에서 여러 번 만난 김혜숙 씨와 이철민 목사가 함께했다. 반갑기 그지 없는 사람들이었다. 하지만 그들은 식사를 마친 뒤 곧바로 떠났다.

점심 식사 후에는 조기련 사무실에 갔다가 평양신학교를 방문하여 신학교육에 관한 이야기를 들었다. 평양신학교는 1972년 9월에 개원하여 3년 교육과정으로 운영되고 있었다. 평양신학교에서는 매년 10명의 신학생들을 뽑아 교육시킨 후 졸업을 시킨다고 했다. 한 기수가 졸업한 다음에야 다음 기수를 선발하는 시스템이어서 졸업생이 그리 많지는 않았다. 그해 6월 졸업예정자 역시 10명이며, 이 가운데 2명이 여성이라고 했다. 북한에는 현재 목사가 10명이 있고, 1989년에 봉수교회를 헌당했으며, 1990년부터 칠골교회를 짓기 시작했다는 이야기를 들었다.

숙소로 돌아와 저녁을 먹은 다음 나는 준비해 간 설교 내용을 다

기도하는 북한의 김운봉 목사

시 검토하면서 왜 설교 원고를 보자고 하지 않는지 의아한 생각이 들었다. 다음 날은 12일 주일이었다. 나는 일찍 일어나 기도를 드리고 빠르게 아침 식사를 마친 뒤 강영섭 목사와 고기준 목사의 안내를 받아 봉수교회로 갔다. 교회 안은 이미 사람들로 꽉 차 있었다. 어림잡아도 300명은 될 것 같았다. 강대상에는 사회자이자 봉수교회 담임인 이성봉 목사와 나, 그리고 강영섭 목사, 박경서 박사가 올라갔다.

봉수교회에서 사용하는 성경찬송가는 한국교회가 사용하는 성경찬송가와 거의 똑같았다. 예배 순서는 내가 어릴 때 다니던 시골 교

평양 봉수교회에서 남한 목사로는 처음으로 설교하는 영광을 가졌다.

회의 예배 순서와 흡사했다. 그래서 더 친근감이 들었다. 설교할 시간이 되자 나는 에베소서 2장 13-18절을 본문으로 "우리를 하나 되게 이끄시는 예수 그리스도"라는 제목으로 설교를 했다. 그날 행한 설교 전문을 여기에 싣는다.

안녕하십니까? 정말 반갑습니다.
　사랑하는 자매형제 여러분, 그리고 존경하옵는 강영섭, 고기준, 김운봉, 이성봉 목사님을 비롯한 모든 교역자 여러분, 정말 감격스럽습니다.

특별히 우리를 사랑으로 초청해주신 조선기독교도연맹과 봉수교회 여러분, 진심으로 감사드립니다.

우리가 갈라진 지 47년 만에 부족한 종을 이곳 평양에 공식으로 보내주셔서 여러분과 더불어 이 봉수교회에서 예배드리게 된 이 사실, 이것은 하나의 역사적인 사건입니다. 아울러 이것은 우리 반도의 교회사적인 사건입니다. 이 모든 사건을 이끌어오시는 하나님 아버지의 놀라우신 역사에 감격을 금할 길이 없습니다. 이와 같이 우리를 하나 되게 이끄시는 하나님께 한없는 영광과 찬양을 여러분과 함께 올리고 싶습니다.

사랑하는 자매형제 여러분, 오늘 이 영광과 기쁨을 여러분과 더불어 북남 천만이 넘는 기독교인들과 7,000만 민족과 함께 나누고 싶은 이 아침입니다.

예수 그리스도의 사랑과 성령의 역사에 의하여 이곳에 온 부족한 저는 남쪽 교회의 지극히 보잘것없는 한 종으로서, 한국기독교교회협의회의 회장님과 각 교단 총회와 남쪽 교회를 대신하여 여러분께 문안을 드립니다. 또 저는 여러분과 함께 이 만남이 성사될 수 있도록 기도해오시고 협력해오신 WCC를 비롯한 세계의 모든 기독교인들께 감사드리며 아울러 저들을 대신해서 문안을 올립니다.

사랑하는 자매형제 여러분, 무엇보다 먼저 그리스도의 무한하신 사랑으로 저를 용서해주십시오. 할머니, 할아버지, 부모, 자매, 형제 여러분, 저를 용서해주십시오. 저는 예수 그리스도의 한 작은 종으로서 북과 남, 분단 문제를 생각할 때 "하나님 아버지께 제사를 드리기 전에 네 형제와 먼저 화해하라." "네 형제를 위하여 목숨을 바쳐라." "네 이웃을 네 몸과 같이 사랑하라."라고 하신 예수 그리스도의 말씀에 순복하지 못했습니다. 이러한 저의 모습을 용서해주시길 간절히 바랍니다.

저 악령들의 힘에 의해 분단된 민족의 고난과 희생, 민족자존을 위한 이 민족의 몸부림의 현장에서 추한 제 자신을 부정하고 다 버리지 못했습니다. 하나님께서 저에게 지워주신 십자가의 짐을 다 짊어지지 못했습니다. 솔직히 고백하오니 저를 그리스도의 사랑으로 용서해주시기를 간절히 바라며 또한 가르쳐주시기를 바랍니다. 물론 우리는 하나님 앞에서 모두가 죄인입니다. '예수 그리스도께서 여러분을 용서하신 것같이 우리 모두 예수 그리스도 안에서 서로 용서합시다.'(골 3:13)

생각해보면 우리가 이 땅에 한 민족으로 한 피를 받아 태어난 것은 하나님의 섭리요, 하나님의 뜻입니다. 바울 사도께서는 사도행전 17장 26절 말씀에서 '하나님께서는 우리에게 혈통과 거주의 경계를 정해주셨다.'라는 의미의 말씀을 하십니다. 그리고 출애굽사건에서 하나님께서는 열두 지파에 따라서 땅을 골고루 나누어 경계를 지어주셨습니다.

이와 같은 사실을 생각할 때, 우리가 이 아름다운 한반도에 한 아버지와 한 어머니에게서 한 피를 받아 태어난 것은 하나님의 섭리요, 하나님의 뜻이요, 성령의 역사라고 믿습니다. 아직도 하나님을 모르는 이들은 이것을 사주팔자 소관 혹은 운명이라고 하지만, 우리는 아닙니다. 우리에게 이것은 하나님의 섭리요, 뜻입니다.

여러분이 여기 앉아 있는 것, 제가 여기 서서 여러분에게 하나님의 말씀을 대언하는 것, 또 이 민족의 문제를 가지고 발버둥치는 것, 얼마나 감사한 하나님의 뜻입니까! 이 땅에 살면서 문제를 가지고 산다는 것, 얼마나 감사한 일입니까! 그러나 우리에게는 인간이 감당할 수 없는 아픔과 고뇌가 있습니다.

우리 모두가, 여러분 한 분 한 분이, 성령의 역사에 의해 이 세상, 이 우주 속에서 오직 하나밖에 없는 유일무이한 귀중한 생명을 지닌 존재로서 이 반도땅에 태어났습니다. 따라서 예수 그리스도의 삶의 형태를 따르겠다고 고백한 기독교인들에게는 하나님께서 이 땅에 주신 이 민족의 고난과 기쁨, 생과 죽음을 끝까지 함께해야 합니다. 한 걸음 더 나아가서 우리와 더불어 함께 이 민족의 신음소리에서 하나님의 말씀과 명령을 듣고, 이 민족을 구원하기 위하여 죽으라면 언제든지 죽음의 십자가까지 질 수 있어야 예수 그리스도를 믿고 따르는 사람입니다.

아버지 하나님의 독생자 예수 그리스도께서는 우리를 구원하시려고 이 땅에 오셔서 우리의 신음소리를 들으시고, 우리의 고난과 기쁨을 함께 나누시고, 끝내는 우리의 고발에 의하여 우리의 죄를 대신 지시고, 십자가에서 생명까지 바치셨음을 우리는 믿고 있습니다. 오늘 이 민족 분단의 현장에서 이러한 예수 그리스도의 삶의 형태를 믿고 좇아 살려는 이들이 바로 예수 그리스도의 자매요, 형제요, 부모들입니다. 이 사람들이 예수 그리스도를 믿는 기독교인들입니다.

이러한 의미에서 평양 봉수교회 여러분 앞에 선 저의 초라한 모습을 보니 목사로서 저는 죽을 수밖에 없는 죄인 중의 죄인입니다. 그럼에도 불구하고 아직도 저의 생명을 연장시켜 주시고 봉수교회에서 여러분과 더불어 하나님께 예배드릴 수 있도록 허락하여 주시니 그분의 사랑, 그분의 은혜가 얼마나 감사합니까? 우리의 짧은 안목으로는 헤아릴 수가 없습니다.

민족 분단이란 구조적인 악, 내 사랑하는 자매형제들이 온갖 시련과 희생을 피할 수 없는 이 거대한 구조적인 악 앞에서 우리는 모두 다 예수 그리스도의 삶의 형태를 따르지 못한 죄인들이지 않습니까? 자매형제 여러분, 우리가 죄인임에도 불구하고 오늘 우리를 끝까지 하나 되게 이끄시려고 우리의 생명을 연장시켜 주시고, 우리를 이 역사적인 예배에 초대해주신 하나님 아버지의 말씀에 귀를 기울입시다.

오늘 이 분단의 현장, 북쪽의 봉수교회 여러분과 남쪽의 부족한 저와 WCC 박경서 박사님이 함께한 이 현장, 7,000만 민족이 통일을 염원하는 이 현장에서 이 민족의 구원을 위하여, 이 민족의 통일을 위하여 어떠한 십자가를 어떻게 짊어지고 오늘도 우리를 부르시는 그리스도의 부름에 응답하실 것입니까?

오늘날 세계 역사는 눈에 띄게 변화하고 있습니다. 때로는 이데올로기로, 무기로, 경제력으로, 여러 민족을 여러 명분으로 묶어서 지배하고 착취하던 세력들이 점점 쇠퇴하고 있습니다. 이에 반하여 성숙한 민족은 진리를 추구하며, 타민족을 진심으로 존중하고 사랑하되, 지배받기를 단호히 거부하고 있습니다. 이제는 제 역사, 제 뿌리, 제 민족, 제 핏줄을 찾아 온 힘을 기울이고 있습니다. 아프리카에서, 북미대륙에서, 유럽에서도 그렇습니다.

이것이 오늘날 역사의 도도한 흐름의 한 면입니다. 다른 말로 바꾸어 말한다면, 이것은 제국주의 시대가 쇠퇴해가고 인간의 자주권과 생존권, 그리고 자유권과 존엄권이 보장되는 민족해방의 시대가 하나님 앞에서 실제적으로 전개되고 있다고 할 수 있겠습니다. 그러나 물론 여기에도 언제나 악령들의 장난이 없지는 않습니다. 여하튼 우리는 이 역사의 흐름 속에서 기회를 놓치지 말고 우리 민족의 평화통일을 자주적으로 확고히 정착시켜야 할 것입니다. 너와 내가 다시는 싸워서는 안 되겠다는 것입니다.

우리는 이미 〈7·4 남북공동성명〉 이후 늦게나마 예언자적인 사명감을 가지고 88년에 〈민족의 평화와 통일을 위한 한국기독교회 선언〉을 발표했고, 또한 같은 해 북남 기독교가 글리온에서 함께 모여 〈평화통일을 위한 글리온 선언〉을 발표하였으며, 90년 말에는 북남 기독교가 글리온에서 이 선언을 어떻게 실천할 것인가를 위하여 '1995 평화통일 희년 5개년 공동사업계획'을 수립하여 진행하고 있습니다.

우리는 이제 어떠한 모습이든지 수난과 희생, 그리고 자기 기득권을 조금씩 양보하고 비우며 이미 휴전선을 넘나들기 시작했습니다. 이와 같이 민족의 평화통일은 다가오고 있습니다. 이것은 우리를 하나 되게 이끌어오시는 성령의 역사입니다. 지난해는 북과 남이 46년 만에 자주적으로 〈남북 사이의 화해와 불가침 및 교류·협력에 관한 합의서〉와 〈비핵화에 관한 공동선언〉을 도출해냈습니다. 이 합의서에는 그동안 기독교적 입장에서 민중의 통일요구를 수렴하려고 북남 기독교가 선언해온 내용의 대부분이 담겨 있다고 봅니다. 이 합의서가 우리 민족의 역사적인 문건이 될 것임에 틀림없습니다.

이제는 어떻게 하면 7,000만 자주민족이 민족의 자존과 인류의 평화에 기여하기 위해서 이 합의서들을 자주적으로 실천해가느냐 하는 과제가 바로 여러분과 제 앞에 놓여 있습니다. 이 과제가 북남 간의 최우선적 과제요, 따라서 남북의 천만이 넘는 기독교인들이 짊어져야 할 십자가입니다. 그리스도께서는 "누구든지 나를 따라오려거든 자기를 부인하고, 자기 십자가를 지고 나를 따르라." "누구든지 나를 위하여 자기 목숨을 잃으면 찾으리라."라고 하십니다.(마 16:24-35) 민족 분단으로 인한 모든 악을 제거해가기 위해서는 기독교가 그리스도의 말씀에 따라 우리의 모든 기득권을 포기하면서 우리의 몸으로 산 제사를, 이 예배를 드려야 하겠습니다. 일찍이 일제치하에서 우리의 신앙 선배들은 이것을 우리에게 분명하게 보여주셨습니다.

오늘 본문 말씀에서 바울 사도께서는 유대인과 이방인으로 갈라져 싸우는 에베소 교우들에게 자기 생명을 바쳐서 유대인과 이방인을 이끌어내신, 승리하신 예수 그리스도를 소개해주고 있습니다. 그리스도께서는 이방인과 유대인의 일치를 위하여 하늘보좌를 버리시고 인간의 온갖 고통과 고뇌가 그치지 않는 이 세상 속으로, 유대인과 이방인 속으로, 갈등의 한복판으로 오셨습니다. 그분은 거기에서 스스로 십자가에서 피를 흘리심으로 자기와 같은 유대인이 아니라 저 이방인들을 하나님과 가까워지게 하셨습니다.

예수 그리스도께서는 자신의 몸을 바쳐서 유대인과 이방인이 서로 원수가 되어 쌓아올린 탑을 헐어버리고, 그들을 화해시켜 하나로 만드시고, 또한 하나로 만드는 데 걸림이 되는 모든 법조문과 규정을 폐지해 버리셨습니다. 그분은 자신을 희생하여 유대인과 이방인, 각기 다른 두 민족을 하나의 새 민족으로 만드셨습니다. 그분은 끝내 십자가에서 죽으심으로 이 둘을 한 몸으로 만드셔서 하나님과 화해시키시고, 원수 되었던 모든 요소와 협정을 없이하셨습니다. 결국 그리스도께서는 이방인들에게나 유대인들에게나 평화의 기쁜 소식을 전해주셨습니다. 그래서 이방인들과 유대인들은 모두 그리스도로 말미암아 같은 성령을 받아 하나님께로 가까이 나아가게 되었습니다.

여러분, 예수 그리스도의 십자가의 희생, 이것이 이방인들에게나 유대인들에게나 다 같이, 누가 손해보고 누가 이익을 얻고, 누가 지고 누가 이기고가 아닌, 저들 모두에게 평화의 기쁜 소식을 가져다주었습니다. 우리를 하나 되게 이끄시는 예수 그리스도의 희생으로 말미암아 유대인들과 이방인들은 모두 같은 성령을 받아 하나님께로 나아갔습니다. 여기에서 분명한 사실은 예수 그리스도의 피 흘리심과 그분의 죽으심이 없이는, 그분의 십자가의 공로가 없이는 이방인과 유대인이 하나가 될 수 없었다는 사실입니다. 여기에 우리 기독교인의 자리가 있습니다.

이와 같이 우리가 예수 그리스도의 삶의 형태를 따라 휴전선 한복판에서 천만 기독교인들이 그리스도의 십자가의 희생을 감수할 때 이 민족의 평화통일은 앞당겨질 것을 확신합니다. 민족의 자주적인 평화통일은 십자가의 희생 없이 그냥 오는 것이 아닙니다. 이 길은 결코 순탄치 않습니다. 아시다시피 탈냉전 시대에 또다시 역사를 역행하려는 악령들이 악행을 꿈꾸고 있습니다. 유럽은 군사적·경제적으로 통합하여 거대한 유럽을 제형성해가는가 하면, 제2차 세계대전의 전범국가인 독일은 해외파병을 꿈꾸고 있습니다. 또 하나의 전범국가인 일본 역시 핵무기를 개발할 능력을 기반으로 재무장을 하는가 하면 해외파병을 노리고 있습니다. 미국은 유엔을 비롯한 세계 대부분 국제기구에서 강권을 행사하고 있으며 '세계 새 질서'라는 미명 아래 새로운 제국주의를 위하여 식량무기화를 진행시켜 가고 있습니다. 이 악령들은 항상 역사의 흐름을 거역하고 있다 할 것입니다.

여러분, 기회는 우리를 기다리지 않을 것입니다. 시간은 결코 길지도 않습니다. 이제 1995년 평화통일 희년도 앞으로 3년이 남았습니다. 예수 그리스도께서 갈등이 있는 이 세상에 오시듯이, 우리는 민족 분단의 현장으로 과감히 나아가 민족통일에 저해가 되고 있는 모든 법조문과 규정들을 폐지해가는 데 십자가를 져야 합니다. 우리는 서로 나누고, 서로 교류하며, 상대의 모습에 비추어 잘못된 것을 과감히 지적하고, 고치고, 서로 배워 나가는 데 희생을 감수해야 합니다. 평화통일 희년 5개년 공동사업을 하나하나 실천해냄으로 북남 기독교의 영적 일치와 7,000만 민족의 정신적 일치를 이룩해 나가야 하겠습니다. 우리 기독교인의 입장에서는 이 희년사업의 구체적인 실천이 곧 북남합의서를 실천하는 것이 되겠습니다. 반드시 분단 50년이 되는 해에는 너와 내가 함께 더불어 살아야 하겠습니다.

우리를 하나로 이끄시는 예수 그리스도의 뜻을 따라 민족의 자주적 통일을 위해 모든 것을 버립시다. 그것이 명예이든, 재물이든, 재주이든, 지식이든 더 이상 버리려 해도 버릴 것이 없도록 민족의 자주적 통일에 몸과 마음과 생명을 다 바칩시다. 이 길만이 이 민족이 살길입니다. 이

길만이 여러분의 손자와 후손들에게 다시는 쪼개진 나라를 물려주지 않게 될 길입니다.

　이 반도의 모든 기독교인들이 대동단결하여 하나님의 말씀에 따라 기독교의 모든 기득권을 가차없이 민족의 자주적 평화통일의 길에 바칠 때, 민족도 통일되고, 기독교도 이 민족의 사랑 가운데 예수 그리스도의 섭리에 따라 다시 생성되고 확장되어 오히려 기독교의 본래적인 자리를 확고히 해갈 것을 확신합니다.

　우리를 하나 되게 이끄시는 예수 그리스도의 삶의 형태를 따라 우리가 지닌 모든 것을 민족의 자주적 통일에 바칩시다. 그래서 우리를 하나 되게 이끌어오신 예수 그리스도와 영원히 함께 동행하시기를 간절히 바랍니다. 그래서 생의 승리자가 되십시오. 우리를 하나 되게 이끄시는 예수 그리스도께서 반드시 우리에게 평화의 기쁜 소식을 전해주셔서 1995년 우리 모두 그리스도 안에서 한 몸이 되어 민족의 평화통일 희년을 맞이하게 될 것을 믿습니다.

　존경하옵는 부모, 자매, 형제 여러분, 하나님의 무한하신 사랑 가운데 안녕히 계십시오. 항상 하나님께서 여러분과 함께하실 것을 믿고 기원합니다. 또 뵙게 될 것을 믿습니다. 이제는 영원히 떨어지지 않을 것을 믿습니다. 저는 이 순간을 잊을 수 없을 것입니다. 여러분 모습 하나하나를, 눈동자 하나하나를 간직하고 다시 남쪽에 가서 여러분의 문안을 전해드리겠습니다. 우리 서로 민족이 더불어 살 수 있기를 기도합시다.

　예배가 끝나자 모두 함께 〈우리의 소원은 통일〉을 합창했다. 몇 번을 반복해서 불렀는지 모른다. 그때 일을 생각하면 지금도 그 노랫소리가 귀에 쟁쟁하다. "우리의 소원은 통일 꿈에도 소원은 통일"을 다 함께 소리 높여 부르던 그 순간, 그 노래는 어떤 말보다도 우리를 하나 되게 만들었다. 그러다 어느 순간 모든 사람이 밖으로 나가는 것 같았다. 나는 재빨리 강대상에서 내려와 할머니들에게 다가가 인사를 했다. 일일이 손을 잡고 인사를 하는데, 그분들의 눈시울이 붉어져 있었다. 나는 그들의 손을 쉽게 놓을 수 없었다. 놓기가 정말 어려웠다.

점심 식사는 조기련 직원들과 같이 하고 숙소에 잠깐 들렀다가 영화 〈안중근, 이등박문 쏘다〉를 보고 다시 숙소로 돌아왔다. 숙소에서는 김철진 씨와 늘 함께 오던 나이 많은 기관원이 기다리고 있었다. 그들은 우리에게 13일 북경행을 14일로 연기할 수 없겠느냐고 물었다. 나는 "그건 곤란합니다, 남한교회 대표로 왔기 때문에 이미 모든 사람이 기도하고 있는 스케줄을 제 마음대로 고칠 수는 없습니다."라고 대답했다. 그리고 중국교회와의 약속도 문제요, WCC와도 약속된 스케줄이라고 했다. 그랬더니 한 사람이 말하기를 "중국교회는 알아보니 특별한 프로그램이 없다."라며 머뭇거렸다. 그들은 잠시 후 그러면 점심 식사 시간을 30분 정도 앞당길 수 있는지 물었다. 나는 즉시 "그것은 좋습니다."라고 대답했다. 그제야 내일 김 주석이 방문을 허락해주실지 모른다는 답변이 돌아왔다.

그런데 이야기를 나누는 동안 나는 이상한 광경을 목격했다. 기관원 한 사람이 "내일 입고 가실 양복을 내놓으시면 다려드리겠습니다."라고 하면서 박경서 박사의 양복 윗옷 목 부위부터 아래까지 훑어

내리는 것이었다. 나는 속으로 일종의 검열이구나 싶었다. 그것은 내가 여러 차례 정보기관에 끌려들어가다 보니 본의 아니게 습득하게 된 감이었다. 나는 '내일이면 김 주석을 볼 수 있겠구나.' 하고 직감했다. 정말 감사했다. 그날 밤 잠자리에 들어 많은 상상을 했다. 지금까지 KNCC는 물론 한국교회의 많은 성도가 기도하고 희생해온 평화통일을 위한 교회의 역할이 곧 이루어지겠구나 하는 생각도 들었다. 교회가 할 수 있는 가장 첫 번째 일은 우선 남북교회가 한반도에서 정기적인 교류를 하는 것이었다. 이제야 남북교회의 정기적 교류의 길이 트인다고 생각하니 가슴이 벅차올랐다.

13일은 북한을 떠나는 날이었다. 나는 서둘러 아침 식사를 끝내고 짐을 정리했다. 김일성 주석과의 만남에 대해서는 여전히 구체적인 이야기를 전달받지 못했으나 전날 숙소를 찾아온 기관원들의 행동을 보면 가능성이 충분했기에 일말의 희망은 놓지 않고 있었다. 나는 숙소 의자에 앉아 그동안 북한에서 있었던 일들을 하나둘씩 반추해보고 있었다. 잠시 후 노크 소리가 나서 나가보니 계급이 높아 보이는 군인 한 명이 문 밖에 서 있었다. 아침 8시경이었다. 그는 나에게 김 주석에게 모셔다드리기 위해 왔다고 했다. 드디어 기다리던 소식을 듣게 된 것이다. 나는 서둘러 로비로 내려갔다.

차에 타기 전 그에게 "그런데 왜 강영섭, 고기준 목사님은 왜 보이지 않나요? 같이 가셔야 하는데요."라고 물었다. 그러자 그의 얼굴에 아주 난감해하는 표정이 그대로 드러났다. 아무래도 강영섭, 고기준 목사의 동행은 허락이 떨어지지 않은 모양이었다. 하지만 우리에게는 그 두 사람의 동행이 꼭 필요했다. 나는 "북한교회 목사님들과 함께 주석님을 뵈어야 합니다."라고 간곡한 어조로 말하면서 "그래야 이 만남이 의미가 있게 됩니다."라고 덧붙였다.

나는 차에 올라타지 않은 채 그 자리에 서서 김 주석을 만나야 하는 이유를 다시 한 번 강조했다. "북한교회 지도자들을 한국기독교교회협의회 총회에 초청한 사실을 말씀드리고 북한 목사님들도 한국을 방문할 수 있도록 허락받기 위한 만남입니다." 내가 간곡하게 부탁하는 동안 시간은 이미 8시 30분을 지나고 있었다. 시간이 지체되자 박경서 박사도 안절부절못하며 걱정하기 시작했다. 그 군인은 다시 한 번 알아보겠다며 숙소 안으로 들어갔다. 초조하게 기다리고 있는데 얼마 지나지 않아 그가 빠른 걸음으로 우리에게 다가와 차문을 열며 말했다.

"그 목사님들은 직접 오시게 되었습니다. 그러니 빨리 가십시다."

"좋습니다. 하지만 만약 그 목사님들이 오시지 않으면, 저는 그냥 돌아올 수밖에 없습니다."

나는 겉으로는 태연하게 말했지만, 속으로는 좀 겁이 났다. 하지만 내가 세게 나가지 않으면, 북한교회 지도자들이 그 자리에 참석하지 못할 것이고, 그렇다면 김 주석과의 면담도 별 의미가 없다고 생각했다. 실랑이 끝에 시계를 보니 9시가 다 되었다. 차를 타고 가는 동안 나는 김 주석을 만났을 때 해야 할 말들을 되새겼다. 30분쯤 지났을까. 차는 대성산 주석궁이라는 곳에 멈춰 섰다. 차문을 열고 나가자 찬바람이 획하고 지나갔다. 영하 10도는 되는 듯했다. 그런데 그 추운 날씨에 김일성 주석은 출입구 밖까지 나와서 우리를 기다리고 있었다. 김 주석은 허리를 숙이며 깍듯하게 인사를 했다. 나는 순간 당황했는데, 김 주석은 나의 표정에는 아랑곳없이 "잘 오셨습네다."라고 하며 환한 표정으로 손을 내밀었다. 나는 김 주석을 만난 일본의 어느 기자로부터 김일성 주석의 매너가 참 좋다는 말을 전해 들은 적이 있었다. 그 소리를 듣고는 반신반의했는데, 그의 말대로 김 주석이 우리를 따뜻하게 맞아주는 것을 보고 깜짝 놀랄 수밖에 없었다. 지금까지 우리나라 대통령도 몇 명 만나보고 독일의 바이제커 대통령도 만나봤지만, 이번 경우는 전혀 다른 느낌이었다. 이제까지 만난 대통령들은 모두 내가 기다리다가 만났고, 또 들어오면 벌떡 일어나 인사를 하는 형식이었다. 그런데 김 주석은 그 추운 날씨에 밖에 나와 기다리다가 우리를 환영해주었다. 나는 그런 상황이 오히려 당황스러웠다. 아니, 압도당했다는 말이 맞을 것이다.

안내를 받으며 안으로 들어가니 입구 가까이에 폭포수가 흐르는 큰 그림이 걸려 있었다. 김 주석은 우리에게 그 그림을 배경으로 사진을 찍자고 제안했다. 폭포수 그림을 배경으로 박경서 박사와 내가 나란히 섰는데, 김 주석이 몸을 움직이더니 나를 그의 오른쪽에 서게 했다. 또 한 번 김 주석의 배려를 느낀 나는 왠지 모르게 약간 긴장이 되었다.

사진을 찍은 뒤 우리는 곧바로 회의실로 향했다. 김 주석은 우리를 조금 앞세우는 것 같은 태도를 취하면서 걸어왔다. 큰 회의실을 향해 함께 걸어 들어가는데, 그는 나에게 먼저 들어가라는 손짓을 하며 안내했다. 회의실에는 직사각형 테이블이 놓여 있었다. 김 주석은 입구 중앙에 앉았고, 나와 박경서 박사는 그 맞은편에 앉았다. 미리 와 있던 강영섭 목사와 고기준 목사도 함께 착석했다. 그리고 우리는 9시 40분부터 11시 30분까지 대담을 했다. 주로 김 주석이 이야기하고, 우리는 거의 듣기만 했다. 내가 여기서 밝히는 대담내용은 당시 내가 메모한 것을 근거로 주제별로 간추린 것이다.

김일성 주석과의 대담

김일성 주석은 1991년 12월 13일에 채택된 상호불가침과 교류, 협력에 관한 합의서에 정원식 총리와 연형묵 동지가 만나 수표를 한 이야기부터 꺼냈다. 합의서가 어떻게 될지 모르지만 잘되어야 한다는 바람을 전하고, 합의서 내용에 있는 세부사항까지 합의되고 잘 지켜져야 하며, 이를 통해 경제 교류와 문화 교류를 잘하면 된다고 말했다. 이때 내가 "이 합의서에 종교 교류가 빠져 있습니다."라고 하니 곧바로 김 주석은 옆에 있던 윤기복 비서에게 이 합의서에 왜 종교 교류가 빠져 있는지 확인해보라고 지시했다. 잠시 뒤 온 수행원은 "이미 수표한 것이라서 합의서에 다시 삽입할 수는 없으나 현재 이 합의서 내에서도 종교 교류는 할 수 있습니다." 하고 대답했다. 그 뒤로 김 주석은 여러 주제에 관한 이야기를 했다.

"우리도 할 수 없이 들어갔는데, 만일 안 들어가면 우리가 재야인사 된다. 이제 유엔은 상설위원회를 두고, 유엔에는 한 석만 차지해야 한다. 애국자라면 두 개의 민족처럼 하면 안 된다. 민족이 통일되어야 한다. 제도는 조선인민공화국과 대한민국이 이대로 있으니 부수면 불상사가 생겨서 독일처럼 실업자가 생긴다. 통일은 후대에 맡기고 우리 대에는 연방제만 하자. 하나는 사회주의, 하나는 자본주의, 그리고 장사, 내왕, 교류하자. 군대도 둘을 두자. 단 숫자는 같아야 한다. 10만까지 줄이자. 러시아, 중국, 일본을 상대로 우리가 20만 정도 있으면 된다. 문익환 목사는 외국 군대를 당분간 그냥 두자고 했다. 그럼 중립국가가 된다. 주변 국가가 크다. 어떤 국가의 위성국가가 아니다. 통일해 가지고 두 개 나라란 죄를 후손에게 주지 말자. 노태우 대통령은 선진국을 원하더라. 통일이 되어야 선진국이 된다. 인력, 국력, 모든 것이 잘된다. 노태우 대통령과 합의 후 군사 문제 합의하면 된다. 연설만 잘하면 선진국 되냐, 함께 살아야 선진국 된다. 고르바초프는 연설 잘하더니 망하더라. 일본 재무장 남과 북이 합하여 막자. 미군이 남한에 있을 필요는 없다. 일본 가까운 곳에 있는 자기네 땅에 있어라."

"우리는 핵이 없는데, 영변에 소련 사람들이 해준 핵물리 연구소에 소련 두부라에서 공부하고 온 학생들이 있는데 소련이 자료를 제공해준 것 같다. 남쪽은 핵무기가 있다, 없다 말 못하다가 부시 대통령이 핵무기 철수한다고 하니 핵무기 없는 나라를 만들겠다고 하더라. 미국이 한반도가 걱정이 되면 태평양 자기 땅에 핵무기를 갖다 놓으면 된다. 미군 주둔할 필요 없다. 소련이나 중국도 필요 없다. 일본의 군국화는 막는 것이 좋다. 이제는 미국이나 남한하고만 하지 말고 우리하고도 하자. 우리와 직접 하자. 뉴욕에서 국무성과 1월 말경에 고위급

회담을 하자 한다. 일본에서 가네마루가 왔을 때 '미국은 거지다. 너희도 채무국이다.'라고 했다. 심술 바르지 못한 말로 '쌤통'이다. '너희는 군비 경쟁 하지 마라. 군비 증강하면 망한다.'라고 했다. 미국이 코흘리면 감기는 일본이 든다. 이향란이란 일본 국회의원이 오다카 요시코, 야마구치 요시코라고도 하는데, 그 사람이 나더러 일본에 오셔서 총리대신 해주십사 해서 제 코도 못 씻는 주제에 남의 나라 수상은 무슨…."

"미국이 정책 전환을 하려 한다. 그래서 조선 정책도 내리눌러서는 안 된다라고 생각하는 것 같다. 1월 말경 대표단이 미국에 간다. 남쪽에서 정상회담 원한다. 나도 원한다. 신년사에서 노태우 대통령을 초청했다. 노태우 대통령이 정상회담 할 의사가 있다면 소소한 것, 무엇 때문에 문익환 목사를 못 내놓는 건가. 고위급 회담 할 때 방북 인사 석방, 문익환 목사, 임수경 처녀, 그리고 팀스피리트 훈련하려면 회담 기간이라도 연기하라 했다. 그런데 이번에 부시 대통령이 한국 가려니 연기하더라. 그러니 회담 역시 하기 힘들다."

김 주석은 잠깐 그 특유의 눈빛으로 위를 응시하더니 "연세 많으신 문익환 목사님이 감옥에 계신 것이 생각나서 며칠 전 목사님이 여기 계실 때 사용하던 방을 내가 가보았다."라고 했다. 그리고 김 주석은 다시 말을 이었다. "일본의 가네마루가 법 어기고 들어온 일본 선원 한 명 내주라 했더니 탄복하더라. 일본 선원 한 명을 우리가 나포했다. 그래서 가네마루가 석방을 요구하러 왔었다. 놓아주라 했지. 그래서 감탄한 것 같아. 법은 자기 정치에 맞게 만들면 된다."

"우리는 종교 반대 안 한다. 내가 왜! '조선의 하나님 믿어라.'이다. 천도교 수운대사도 민족 대단결 말씀하셨다. 기독교가 일제시대 때 애국운동을 했다."

내가 알아들을 수 있을까 말까 한 이런 이야기를 할 때 나는 가만히 듣고만 있었다. 그런데 기독교에 관한 이야기를 꺼내자 이때가 바로 기회다 싶어 실례를 무릅쓰고 끼어들었다. "좀 전에 주석님께서 종교 교류가 현 합의서 내에서도 가능하다고 말씀하셨는데, 실질적으로 종교 교류를 공히 현실화해야 하겠습니다. 남북교회는 지난 80년대 중반부터 스위스 글리온에서, 미국에서, 일본에서 조선기독교도연맹과 한국기독교교회협의회가 여러 번 만나왔습니다. 그러나 단 한 번도 한반도 내에서는 만나지 못했습니다. 남북 내에서 남북교회가 정기적인 교류를 하기로 서로 합의했고, 또한 이것을 간절히 원합니다. 남북합의서 채택 후 처음으로 남쪽 대표로 제가 평양을 방문할 수 있도록 허락해주셨으니 이제 남한에 북한교회 대표를 보내주십시오. 남측이 92년 2월 17일 총회에 북측 교회 대표를 초청했으니 2월 14일 꼭 보내주시기를 간절히 바랍니다. 그리고 가능하다면 8월 9일에 통일협의회를 서울에서 개최하기로 했으니 이때도 북측 대표를 보내주십시오." 며칠을 고민하며 준비한 내용이었다. 그러자 김 주석은 생각해봤는지 내 말이 떨어지기가 무섭게 "2월 14일은 보내지. 그런데 8월 9일은 그때 가서 봐야 하지."라고 대답했다. 기다리던 대답을 듣자, 나는 나도 모르게 벌떡 일어나 "감사합니다."라고 인사했다.

그때 문밖에서 누군가 문을 열고 들어오는 것 같았다. 분위기가 누그러지자, 나는 다시 용기를 내어 "1995년이 분단된 지 50년이 됩니다. 구약성경 레위기에 보면 희년이란 말씀이 있습니다. 남북교회가 1995년을 희년으로 선포하고 함께 기도하기로 했습니다. 우리가 하나의 민족인데 너무 오래 떨어져 살아서 마음도 멀어지고 모든 것이 갈라졌는데, 이제 하나 되기 위해서는 구체적인 노력이 있어야겠다고 생각했습니다. 레위기 말씀대로 서로 모든 것을 평평하게 하기 위해서는 남북이 서로 귀하다고 생각되는 것을 서로 나누어 마음이 하나 되는 운동을 했으면 합니다. 서로 귀한 것을 나누다보면 서로를 좀 더 이해하게 되고 마음도 가까워지지 않을까 생각합니다. 우리가 서로 마음이 하나 되고 민족이 하나 되는 일을 찾아서 남북나눔운동을 생활화하면 좋겠다고 생각하고 있습니다."라고 내처 생각해오고 있던 것을 다 말해버렸다. 그랬더니 김 주석도 레위기 말씀을 잘 안다고 하면서 긍정적으로 호응해주었다. 참으로 감격스러운 순간이었다.

그렇게 이야기를 하는 동안 11시 30분이 되었고, 그제야 김 주석은 이야기를 멈추었다. 점심시간이 되자 우리는 식당으로 자리를 옮겼다. 식당에는 둥근 식탁이 있고, 그 위에 명패가 놓여 있었다. 명패에 따라 김 주석이 중앙에 앉고 내가 오른쪽에 앉았다. 그리고 강영섭 목사, 고기준 목사, 박경서 박사가 순서대로 앉았다. 김 주석은 식사 전에 건배를 하려고 위스키 잔을 들면서 나를 바라봤는데, 그 순간 나는 나도 모르게 김 주석이 들고 있는 것과 같은 위스키 잔을 들고 말았다. 내가 놀라면서 다시 포도주잔으로 바꾸어 들었더니 김 주석은 기다리고 있다가 건배를 했다. 그러고는 "요즘도 십계명 지키나요?"라고 말하는 바람에 모두 한바탕 웃을 수 있었다.

　테이블에는 음료로 위스키, 포도주를 비롯하여 물과 주스가 놓였고, 식사로는 칠면조구이, 쏘가리회, 배밤채, 뱀장어구이, 소갈비옥돌구이, 언감자깨국수, 녹두지짐, 김치 등이 나왔다. 음식이 나올 때마다 김 주석은 우리에게 꼭 먼저 권했다. 흥미로운 것은 김 주석이 음식이 하나씩 나올 때마다 일일이 설명을 하는 모습이었다. 김 주석은 언감자국수를 권하면서 "이것은 내가 개발한 것이지. 옛날 만주에서 내가 손정도 목사님의 주일학교에 다녔어. 손정도 목사님이 어느 곳에 가면 감자밭이 있으니 가서 캐어 먹으라고 하면 캐어 먹곤 했거든. 그리고 남은 감자는 봄에 캐서 녹말을 만들어 국수를 빼면 이렇게 된단

김일성 주석과의 대담 뒤 함께한 식사

말이야. 이게 내가 개발한 국수야."라고 하면서 우리가 먹는 모습을 따뜻하게 바라보았다.

그러면서 문득 생각이 났는지, "얼마 전에 손 목사님 막내아들이 미국에서 와서 이 식탁에서 같이 식사를 했지." 하고 말했다. 내가 알기로 손정도 목사는 만주에서뿐만 아니라 서울 동대문감리교회에서도 목회를 했다. 손 목사의 큰아들이 바로 우리나라 손원일 해군 제독이다. 손정도 목사의 사모는 우리나라 적십자 부총재였고 정동감리교회 권사이기도 했다. 그렇지만 김 주석은 이런 사실에 대해서는 전혀 언급하지 않았다.

식사를 하는 동안 김 주석은 강영섭 목사에게 "목사님, 아주머니가 편찮으시다는 말을 들었는데, 어떠신가?" 하고 물었다. 그러자 강 목사는 벌떡 일어나 "예, 좋아졌습니다. 어제 봉수교회에서 권호경 총무님이 설교하셨고, 300여 명이 모여서 은혜스럽게 예배를 드렸습니다."라고 주일예배 상황까지 자세히 보고했다. 김 주석은 또 위를 응시하더니 고기준 목사에게 "고기준 목사는 올해 연세가 어떻게 되시죠?"라고 물었다. 고기준 목사도 역시 벌떡 일어나 "지난해 진갑을 해 먹었습니다."라고 대답했다. 그러자 고 목사의 말이 끝나기도 전에 김 주석은 "고 목사, 나하고 천당이나 같이 갈까?" 하고 말했다. 식사가 거의 끝날 무렵 김 주석은 내게 "오늘 가셔야 합니까?"라며 아쉬움이 가득한 음성으로 물었다. 마치 연세 많은 친근한 할아버지와 같은 음성이었다. 그는 12시 40분쯤 식사를 마치고 걸어 나가는 내 손을 꼭 잡고는 "이제 구면이니까 또 오시라요." 하고 큰 소리로 말했다. 그래서 나도 "감사합니다. 안녕히 계십시오."라고 인사를 하고 뒤돌아섰다. 김 주석의 나이는 당시 82세였다. 우리는 그 길로 고기준 목사와 함께 공항으로 향했다. 가는 차 안에서 나는 궁금한 것이 있어 고기준 목사에게 "고 목사님, 아까 식사 후 나오실 때 김정규 씨가 큰 소리로 뭐라고 김 주석님께 말씀을 올리시던데, 그게 무슨 소리예요?"라고 물어보았다. 그랬더니 고기준 목사는 "네, 대를 이어 충성하겠다는 소립니다."라고 대답했다.

공항에 도착하니 또 눈발이 휘날리기 시작했다. 올 때도 눈발이 휘날리더니…. 이 눈발은 무슨 의미일까? 나는 눈발을 헤치며 걸어가는 동안 잠시 생각에 잠겼다. 헤어질 시간이 되자 고기준 목사는 "한국기독교교회협의회 총회 때, 그리고 부활절 때, 8월 평화통일예배 때 사용해주십시오." 하며 선물로 가져온 포도주를 내밀었다. 나는 고 목사와 악수를 하면서 감사 인사를 전했다. 그런데 손을 잡으니 너무 아쉬웠다. 나는 노구의 고기준 목사를 얼싸안았다. 몇 번이고 안고 떨어지기를 반복했지만 아쉬움은 쉽게 가시지 않았다. 고기준 목사의 주름진 얼굴에 눈시울이 붉어졌다. 나도 울컥하는 마음에 눈시울이 붉어졌는데, 금방이라도 눈물이 떨어질 것 같아 두 눈을 꼭 감아야 했다.

평양에서 CJ904기를 타고 오후 14시 35분에 출발하여 북경에 15시 15분에 도착했다. 우리는 한완자오 부회장과 함께 건국호텔로 가서 담소를 나누다가 다음 날 아침 식사를 같이하기로 하고 헤어졌다. 다음 날 한완자오 부회장과 함께 아침 식사를 하면서 중국교회와 한국교회 관계에 관한 이야기를 나눈 뒤 우리는 공항으로 향했다. 북경에서 12시에 출발하는 KA329기를 타기 위해 수속을 하고 있는데, 공항 안내소에서 안내방송이 들렸다. 우리를 찾는 소리였다. 가보니 북한대사관 직원으로 보이는 사람이 평양에서 전해 드리라고 해서 가지고 왔다면서 봉투 하나를 건네주었다. 봉투를 열어보니 사진 세 장이 들어 있었다. 도착했을 때 찍은 사진 두 장과 식사 때 찍은 사진 한 장이었다. 식사 때 사진은 엉겁결에 위스키 잔을 든 사진이 아니고 포도주 잔으로 건배하는 사진이었다. 이런 소소한 부분까지 세심하게 배려를 해주는 것을 보고 나는 또다시 놀라지 않을 수 없었다.

   15시 10분에 홍콩 공항에 도착해서 16시 20분에 CX420기를 갈아타고 김포공항에 도착하니 20시 20분이었다. 공항 출입구는 취재진들로 북새통을 이루고 있었다. 취재진들이 입구를 꽉 막아서는 바람에 나는 간신히 빠져나올 수 있었다. 그 후 여러 기관, 즉 안기부, 보안사, 청와대에서 찾아와 내게 김 주석의 근황을 물었다. 나는 잘 모르겠다고 대답했는데, 그래도 집요하게 캐묻기에 생각한 그대로 말했다. "제가 뵙기로는 그냥 마음씨 좋고 예의 바른 할아버지 같은 인상이었습니다. 그리고 건강은 잘 모르겠으나 점심 식사를 하실 때 위스키를 몇 잔 하실 정도로 좋아 보였습니다."라고 했다. 그랬더니 어떤 사람이 "그렇게 말씀하시면 곤란한데요."라고 했다. 그래서 나도 퉁명스럽게 대꾸했다. "그러니 묻지 마시오. 잘 모르겠다고 하지 않았습니까?" 나는 1월 16일 오전 11시 30분에 기자회견을 열어 방북을 통해 합의한 내용을 발표했다.

1992년 1월 7일부터 13일까지 한국기독교교회협의회의 총무 권호경 목사가 조선기독교도연맹 중앙위원회 서기장 고기준 목사의 초청으로 북한을 공식 방문하였다. 교회협 총무 권호경 목사의 이번 방북은 조선기독교도연맹과 남북 평화통일 선교협력 및 1995 희년 5개년 공동사업의 실천에 관하여 협의하기 위한 것이었다. 우리는 희년 5개년 공동사업계획을 실천해가는 것이 〈남북 사이의 화해와 불가침 및 교류, 협력에 관한 합의서〉와 〈한반도의 비핵화에 관한 공동선언〉의 내용들을 구체적으로 실현하는 데 일익을 감당하는 것이라 믿는다. 이번 방북의 성과를 요약하면 다음과 같다.

1. 1992년도 〈남북 평화통일 공동기도주일〉(금년 8월 9일)의 공동예배문과 기도문을 공동으로 작성하여 확정하였다.
2. 한국기독교교회협의회는 조선기독교도연맹이 교회협의회의 총회에 정기적으로 참석해줄 것을 초청해놓고 있는데, 조선기독교도연맹은 금년 2월 17일에 서울의 동광교회에서 "우리는 한 민족, 한 교회"라는 주제로 열리는 한국기독교교회협의회의 제41차 정기총회에 5-10명이 참석할 수 있도록 노력하겠다는 긍정적인 답변을 하였다. 조선기독교도연맹 대표들의 서울 방문에 관한 협조를 얻기 위해 곧 통일원과 협의를 가질 예정이다.
3. 한국기독교교회협의회의 총무 권호경 목사는 금년 8월 중순에 한반도 평화통일을 위한 남북교회의 협의회를 평양에서 개최할 수 있도록 해달라고 요청하였고, 조선기독교도연맹은 이것의 중요성을 재확

인하고 긍정적으로 검토하기로 하였다. 앞으로 이 협의회 역시 매년 정기적으로 개최할 것이며, 개최 지역은 평양과 서울을 번갈아가며 열리게 될 것이다. 1990년 12월에 스위스 글리온에서 열린 제3차 한반도 평화통일협의회에서 남북교회의 대표들은 1984년 일본 도잔소 회의의 원칙에 따라 "통일성취를 위한 남북교회의 대화 및 만남을 평양과 서울에서 개최할 수 있도록 공동으로 노력"하기로 합의한 바 있다.

4. 남북교회는 1995년을 통일의 희년으로 선포하고 희년 5개년 공동사업을 벌이고 있다. 한국기독교교회협의회 총무 권호경 목사는 이 희년정신의 구현을 위해 남북의 교회가 귀한 것을 서로 나누는 운동을 전개하여 남북 간 영적·정신적 일치를 높여가자고 제안하였고, 조선기독교도연맹은 이를 긍정적으로 연구하기로 하였다.

5. 한국기독교교회협의회 총무 권호경 목사는 1월 12일 오전 10시부터 평양의 봉수교회에서 열린 주일예배에 참석하여 설교하였다. 교회협 총무 권호경 목사는 에베소서 2장 13-18절을 본문으로 하여 "우리를 하나 되게 이끄시는 예수 그리스도"라는 제목으로 설교하였다. 이 예배에는 약 300명의 신도들이 참석하였다.

6. 한국기독교교회협의회 총무 권호경 목사는 위의 모든 사항을 요청하기 위해 1월 13일 10:00부터 12:40까지 김일성 주석을 접견하고 오찬을 함께하였다. 이 자리에서 권호경 목사와 동행한 WCC 아시아국장 박경서 박사와 조선기독교도연맹의 중앙위원회위원장 강영섭 목사, 서기장 고기준 목사가 함께하였다. 이 만남은 시종 진지한 분위기 속에서 진행되었으며, 김일성 주석은 이 자리에서 자신은 종교를 반대하

지 않으며, 과거 자신이 주일학교를 다닌 것과 젊을 때 만주에서 손정도 목사님의 도움을 받았다는 것을 회상하는 등 기독교에 대한 깊은 관심을 나타내었다.

남북교회 대표, 판문점에서 만나다

1월 30일, 북한의 고기준 목사가 전화통지문을 보내왔다. KNCC 총회 참가 문제와 관련한 실무를 협의하기 위하여 2월 6일 오전 10시에 판문점 중립국 감독위원회 회의실에서 접촉을 갖자는 내용이었다. 하지만 우리는 그날 이 전화통지문을 받지 못했다. 통일원이 이 통지문을 하루 동안 가지고 있다가 다음 날 오전 기자들에게 먼저 배포한 다음 우리에게 전달했기 때문이다. 통일원에서는 북한이 우리에게 요구한 실무회담 날짜 2월 6일 오전 10시를 2월 10일 오후 3시로 연기해달라고 요청했다. KNCC는 정부의 요청을 받아들여 2월 10일 오후 3시로 연기하자는 전화통지문을 북한으로 보냈고, 2월 6일에서야 실무회담 연기를 수락한다는 고기준 목사의 전화통지문을 통일원으로부터 받았다.

그리하여 2월 10일 오후 3시, 드디어 남북의 교회 대표들이 분단의 한복판인 판문점에서 만나게 되었다. 우리 측에서는 KNCC 총무인 나와 통일문제위원회 위원장인 장기천 감독이 나갔고, 북한은 조기련 대표로 고기준 목사와 김운봉 목사가 나왔다.

나는 그동안 분단된 한반도에서 살아오면서 이 땅 위에 교회가 서야 할 자리가 어디인가를 자문해왔다. 그 대답은 명료했다. 그곳은 바로 분단의 한복판이었다. 나는 분단의 한복판에서 남북의 교회가 서 있는 꿈을 꾸며 나를 다듬어왔다. 하지만 판문점은 엄중한 곳이었다. 남북교회 대표가 판문점에서 처음 만난다는 사실에 들떠 있었기에 나는 그 자리가 얼마나 무서운 자리인지, 또 얼마나 많은 희생과 죽음을 있게 했고, 또 앞으로 언제까지가 될지 알 수 없는 비극의 자리인지 깊이 생각하지 못했다. 나는 그저 모든 것이 잘 풀릴 것으로 기대하고 있었다. 그러나 그것은 너무 안일한 생각이었다. 우리는 녹음기 한 대 준비하지 않고 그 회담에 임했다. 지금 생각해도 아무런 준비 없이 회담에 임한 것은 큰 실수였다.

실무회담 자리에 선 우리는 반갑게 인사를 나눈 뒤 곧바로 일정에 관한 의견을 나누었다. 그런데 북한의 고기준 목사가 "2월 15일은 북한의 명절이라 갈 수 없고, 17일에 갈 수 있습니다."라고 하며 남한 방문 시기를 변경했다. 내가 "목사님, 지난번 주석님 앞에서 15일에 오시기로 합의하지 않았습니까?"라고 반문하자 고 목사는 퍽 난감해하며 곧바로 나의 말에 응수하지 못했다.

그런데 갑자기 회담장 뒤에서 고 목사에게 쪽지 한 장이 급히 전달되었다. 회담장 뒤로 가림막이 있었는데, 그 안에 통일문제위원회 국장인 김영주 목사를 비롯해 우리 쪽의 몇몇 실무자가 앉아 있듯이 북한 쪽에서도 실무자가 앉아 있었던 모양이다. 쪽지를 읽은 고기준 목사는 나를 바라보며 "그러면 약속대로 15일에 가겠습니다."라고 대답했다. 방문 날짜가 신속하게 결정되자, 북한 측이 제시한 4박 5일간의

1936년 KNCC 창립 이후 처음으로 남북교회 대표가 판문점에서 만났다.
좌측 시계방향으로 남측의 권호경, 장기천 감독, 북측의 김운봉 목사, 고기준 서기장

체류 일정과 판문점 통과 문제는 별 이견 없이 합의할 수 있었다. 고 목사는 남북이 서로 귀한 것을 나누는 운동의 일환으로 가져갈 짐이 있으니, 그 짐을 싣고 갈 큰 트럭을 준비해달라고 부탁했다. 우리는 좋다고 대답했다. 우리는 북한 측이 제시한 10명의 대표단과 수행원 등에 대해 이야기를 나누고, 북측 대표단의 명단을 13일에 전달받기로 합의했다.

그다음으로 나눈 의제는 통신 문제와 기록 문제였다. 우리는 북측

대표단에 기자가 포함되는 것을 반대한다는 남측 당국의 입장을 전달했는데, 고기준 목사는 "역사적인 방문의 기록 보존을 위해 촬영을 하는 사람과 기록요원으로 기자 두 명을 포함할 수 있도록 해주십시오."라고 요청했다. 나는 "조선기독교도연맹에서 기록을 책임질 사람이 오면 되고, 해외통신 문제는 WCC나 일본 NCC를 통해서 하면 되지 않겠습니까?"라고 동의를 구하면서 "서로 양측 연락관을 통해 협의하면 되지 않겠습니까?"라고 말했다. 그런데 나의 이 대답이 경솔했던 것이다. 북한 측에서 연락관에 대해 질문했을 때는 남북 통신관을 의미한 것이었는데, 나는 해외 통신관이라고 생각하고 그렇게 대답한 것이다. 하지만 오해가 생겼더라도 남북이 열 번이고 스무 번이고 직접 만나 해결했어야 했다. 물론 지나고 보니 그렇게 했어도 우리 정부당국이 막으려고 했다면 막았을 일이었다. 어쨌든 그날의 실무회담은 순조롭게 진행되었고, 우리는 2월 15일에 다시 만나기로 하고 헤어졌다.

 2월 13일 오전, 북한 측에서는 실무회담에서 약속한 대로 대표단 및 수행원 10명의 명단을 남측 통일원에 통보하였다. 그런데 통일원은 이날 4시경에서야 팩스로 출처 미상의 명단을 KNCC에 전달해왔다. 그것도 북한 측의 명단을 그대로 전하지 않고, 명단 중 두 명은 기자라고 명기한 것을 보내온 것이다. 북한 측에서 보내온 명단에 이의가 있다면 알려달라는 별도의 통지도 전해주지 않았다. 게다가 KNCC에 명단을 전달하기도 전에 기자회견을 열어 북한교회 대표의 한국교회 방문이 무산되었다고 일방적으로 발표해버렸다.

통일원은 다음 날인 2월 14일 오전에 KNCC와 일체의 협의도 하지 않고 일방적으로 북측에 전화통지문을 보내 북측 수행원 중 기자가 포함되어 있는 것은 판문점 예비회담 합의사항을 위반한 것이며, 직통회선 3회선도 절대 제공할 수 없다고 통고했다. 우리는 북측에 보낸 이 전화통지문을 보여달라고 통일원에 강력하게 요청했으나, 통일원은 전화로만 그 내용을 불러주면서 기록은 남기지 않았다고 답변했다.

오후가 되자 고기준 목사는 전화통지문을 통해 KNCC 제41차 총회에 참가하는 것을 보류한다는 내용을 나에게 전해왔다. 팩스로 보낸, 사인이 없는 두 장짜리 문서였다.

한국기독교교회협의회 총무 권호경 목사 귀하

이미 알려진 바와 같이 우리 조선기독교도연맹 대표단은 귀 기독교교회협의회의 요청에 따라 15일 오전 10시 판문점을 통과하여 서울에 나가 귀 협의회 제41차 총회에 참가하기로 되어 있었습니다. 그동안 우리 대표단은 모든 준비를 완료하고 13일 오전에 이미 합의된 절차에 따라 대표단 명단을 귀측에 주었으며, 귀 당국으로부터 신변안전담보각서를 넘겨받았습니다.

그런데 귀측 당국은 오늘 오전에 갑자기 8·15 후 처음으로 이루어진 우리 대표단의 서울 방문을 역사기록으로 남기기 위해 촬영기자가 동행하고, 우리 대표단의 체류 기간 동안 서울·평양 사이의 통신을 보장해줄 것에 대한 우리의 요구를 절대로 받아줄 수 없다는 통지를 보내왔습니다. 이것은 지금까지 있은 북남관계의 전례에 심히 어긋나는 것이며, 더욱이 북남 사이의 합의서가 채택되고 화해와 완화의 기운이 조성되고 있는 오늘의 변화된 정세에 비추어볼 때 부당한 처사라고 하지 않을 수 없습니다.

우리 조선기독교도연맹은 남조선당국이 북남 기독교인들의 자유로운 래왕 문제에 간섭하여 우리 대표단의 서울 방문을 방해하고 있는 데 대하여 깊은 유감을 표시하는 바입니다. 아울러 우리는 남조선당국이 우리 대표단에 포함되어 있는 촬영기자도 정치적 이유를 붙여 받을 수 없다고 하고 통신도 같은 이유를 들어 보장해줄 수 없다고 하는 조건에서는 부득이 귀 기독교교회협의회 제41차 총회에 참가하는 것을 보류하지 않을 수 없다는 것을 알리는 바입니다.

나는 우리 대표단이 비록 예정대로 서울에 나가지 못한다고 하여도 귀하와 귀 협의회가 우리 대표단을 위하여 모든 성의를 다해 훌륭한 준비를 갖추어준 푸근한 정에 대하여 잊지 않고 감사히 여길 것입니다.

우리는 귀하와 귀 협의회의 아낌없는 노력으로 이번 귀 협의회 제41차 총회가 나라의 평화와 평화통일을 위한 훌륭한 회합이 되어줄 것을 기원해 마지않는 바입니다.

1992년 2월 14일

조선기독교도연맹 대표단 단장 고기준

나는 우리 정부의 연락관을 통한 채널을 믿고 회의에 참석했다. 하지만 이것이 실수였다. 문제가 있으면 연락관이 아니라 남북교회가 직접 만나서 협의할 수 있도록 조치했어야 했다. 지금 생각해도 당시 그렇게 하지 못한 것이 한스러울 뿐이다.

역사에는 가정이 없다지만, 그때 북한 대표단이 방문하여 남한교회 지도자들과 만나고, 이로 인해 남북교회가 서로 교류하기 시작했다면 어떠했을까? 아마도 남북교회만이 아니라 이 나라에도 많은 변화가 있지 않았을까? 당시 한국교회는 진보, 보수 할 것 없이 모두가 북한교회의 남한 방문 소식을 반기는 분위기였다. 물론 처음에는 비판하는 이들도 있었지만, 막상 방문한다는 결정이 내려지자 모두들 기대하면서 좋아했다.

우리는 조기련 대표단의 방문이 무산되자 통일문제위원회를 긴급 소집하여 성명서를 발표했다.

본 협의회는 오늘 오후 정부당국을 통해 본 회의 제41차 총회 참석을 보류할 수밖에 없다는 조선기독교도연맹의 전화통지문을 전달받고 심한 당혹과 안타까움을 금할 수 없다.

우리는 본 협의회 대표가 지난 10일 오후 판문점 실무접촉을 통해 조선기독교도연맹 대표와 나누고 합의한 모든 사항이 쌍방에 대한 신실하고 성실한 신뢰에 기초한 것이었음을 의심하지 않고 있다.

한국의 1천만 성도들은 이러한 믿음 위에서 북측 대표들을 따뜻하게 환영할 준비를 갖추어가고 있으며, 이러한 남북 기독자들의 뜻에 따라 본 협의회는 지금 이 순간도 우리가 할 수 있는 최선의 환영을 하기 위하여 만반의 준비를 다하고 기다리고 있다. 따라서 북측이 원하는 통신과 취재활동 부분은 실무회담에서 합의한 대로 우리가 할 수 있는 최선의 노력을 다할 것이다.

우리는 15일 오전, 47년 동안 갈라졌던 상처를 치유하고 한 지체가 되고자 방문하는 조선기독교도연맹 대표단을 맞이하러 예정대로 판문점으로 나갈 것이다.

끝내 방문이 성사되지 못할 경우 앞으로를 위해 실무 접촉을 재개하거나 양측 정부의 연락관을 통해 의사소통을 계속해주기를 기대하고 있다. 우리는 양측 정부가 이제까지 남북교회가 만날 수 있도록 적극적으로 협력해준 것에 대해 감사하고 있으며 이 같은 협력 의지가 계속될 수 있기를 기대한다.

1992년 2월 14일
한국기독교교회협의회 통일문제위원회 위원장
장기천

2월 15일, 정부당국은 판문점에 나갈 차량을 보내지 않았다. 우리는 신라호텔에서 북한교회 대표자들을 맞이할 준비를 하다가 오전에 철수하였다. 그리고 평화통일희년준비위원회 집행위원회를 긴급 소집했다. 집행위원회에서는 통일원 장관 앞으로 보내는 질의서를 만들어 기자회견을 가진 후 통일원을 방문하였다.

나는 2월 18일 고기준 목사에게 편지를 써서 팩스로 보냈다. 앞으로의 남북교회의 교류를 위해서도 한 번은 점검해야 할 내용이라고 생각했다.

고기준 목사님께

주님의 은혜 가운데 평안하시리라 믿습니다.

금번 조선기독교도연맹 목사님 일행의 서울 방문은 1천만 기독교인들의 심금을 울려 민족통일에 더 한층 심혈을 기울이게 될 절호의 기회가 될 것으로 믿었습니다. 그러나 하나님께서는 우리를 더욱 연단시키시려고 '보류'라는 충격과 시련을 주신 줄 알고, 우리의 부족을 깊이 반성하며 아픈 상처를 달래고 있습니다. 사실 우리는 오래 떨어져 살다 보니 달라진 것들이 많아서 지적해주지 않으면 무슨 실수를 했는지도 모를 수 있습니다.

지난 10일 오후 3시, 민족의 평화통일을 위해 목사님과 김운봉 목사님을 이 나라 이 민족의 상처라 할 수 있는 분단선 한복판에까지 이끌어내주신 하나님께 영광을 돌리며 감사를 드립니다. 저는 항상 이 나라 1천만이 넘는 기독교인들이 민족통일을 위해 십자가를 지고 생명을 다해 한 알의 밀알이 되어 썩어야 할 자리가 바로 민족의 상처인 분단 한복판이라고 되새기며 살아왔습니다.

신을 벗고 옷깃을 여미고 서야 할 귀한 자리에 특히 목사님과 함께 설 수 있었다는 것은 최대의 영광이었습니다. 아직도 이 감회로 용기를 가지고 금번 47년 만에 역사적인 행사준비에 따른 문제점들을 해결하기 위해 부탁과 우리의 총회 소식을 알려 드립니다.

부탁

1. 보류된 우리의 초청을 빠른 시일 내에 다시 오실 수 있도록 고려해주십시오. 그리고 앞으로 가능하면 모든 내용을 그쪽 언론에 공개해주시고 한 장을 복사하셔서 WCC나 일본 NCC 등을 통해 우송해주십시오.
2. 연락은 계속 판문점으로 공식화하는 것이 좋다고 생각합니다.
3. 가능하면 판문점에서 대표 접촉을 재차 요구해주셔서 직접 만나 이 문제를 해결해갈 수 있기를 바랍니다.
4. 13일 연락관을 통해 우리에게 주신 명단과 내용, 그리고 14일에 우리 당국으로부터 받으신 전통문을 꼭 우송해주십시오. 우리는 아직도 무엇을 어떻게 보냈는지 모릅니다. 이것은 금번 저희 총회가 목사님 일행 대표단을 못 모시게 된 조사와 대책을 수립해가는 데 매우 중요한 사항이 되겠습니다. 그리고 앞으로도 판문점을 통한 남북교회 접촉이나 당국에 연락관계를 맡기는 일 등 민간교류사업 전반에 정확성을 기하기 위해서도 중요합니다. 우리는 아래 첨부된 명단만 보고 환영한다고 우리 당국에 분명히 밝혔습니다. 그러나 목사님께 간 문건 내용은 아직도 모르고 있습니다.

금번의 많은 실수에 정말 많은 것을 배우게 되었습니다. 그래도 형제를 신뢰해야 하는 기독교인의 신분이고 보면, 우리 스스로 더욱 조심할 수밖에 없다는 생각이 들면서도 이 허탈한 심정을 내색하지 않을 수 없습니다. 우리를 기억해주시고, 우리를 위해 기도해주시며 민족의 평화통일을 위해 노력해오시는 모든 분들의 강령을 빌며, 목사님의 평안을 기원합니다.

1992년 2월 18일

권호경 드림

＊소식 첨부: 1. 총회선언문, 2. 질의서, 3. 총회성명서, 4. 13일 오후 4시 이후 당국으로부터 받은 명단

남북나눔운동-49개 교단 연대

KNCC는 1992년부터 남북나눔운동을 시작했다. 북한교회 대표단의 방문 보류로 남북교회는 한반도에서 정기적인 교류를 실현하기가 사실상 어려워졌지만, 그 와중에도 남북이 서로 나눌 수 있는 것을 나누어 영적·정신적 일치에 다가서보자는 열망의 문은 조금씩 열리고 있었다. 남북나눔운동이나 남북인간띠잇기대회 등은 남북이 합의한 희년운동의 일환이었다.

남북나눔운동은 KNCC가 공산권 성경찬송보내기운동의 경험을 살려 범교단적으로 조직하여 실시한 것으로, KNCC 실행위원회가 건의하고 KNCC 총회가 결의하여(1992) 진행되었다. KNCC는 49개 교단의 교단장과 총무들을 초청하여 여러 차례 회의와 협의를 거쳐 마침내 1992년 12월 8일 남서울교회에서 남북나눔운동 창립 준비대회를 열었다. 그런데 KNCC에 가입하지 않은 교단의 교회인 남서울교회에서 창립 준비대회를 열게 된 데는 특별한 사연이 있다.

남북나눔운동 창립대회를 준비하기 위해 각 교단 총무들과 여러 차례 회의를 하면서 합동 측 충현교회 담임목사를 책임자로 세우기로 합의했다. 그런데 마지막 준비 모임을 위한 조찬회의에 책임자가 되기로 한 목사가 오지 않았다. 참석자들은 서로 난감해하며 시계만 바라보고 있었다. 그때 처음 참석한 남서울교회 홍정길 목사가 입을 열었다. "저에게도 기관원이 KNCC 조찬회의에 가지 말라는 전화를 했습니다." 홍 목사는 그렇지만 자신은 그 전화 때문에 오히려 참석을 하게 되었다고 말했다. 그리고 충현교회 담임목사는 그 교회의 원로 목사가 가지 말라고 했기 때문에 오지 못할 것이라고 덧붙였다.

나는 조찬회의에 참석한 사람들을 둘러봤다. 그런데 다들 홍정길 목사가 책임자가 되면 좋겠다는 눈빛이었다. 나는 주저없이 홍정길 목사를 사무총장으로 추천했고 만장일치로 통과되었다. 그리하여 홍정길 목사가 남북나눔운동 준비 책임자가 되고, 그가 시무하는 남서울교회에서 창립 준비대회를 하게 된 것이다.

홍정길 목사는 그해 2월까지는 나와 아무 일면식이 없었다. 다만 장애인학교를 설립하는 등 장애인 사역에 헌신한다는 소식은 들어서 마음속으로 참 훌륭한 분이라는 생각을 하고는 있었다. 그를 처음 만난 것은 1992년 2월 15일 한국을 방문하기로 한 조기련의 대표자들 때문이었다. 그들은 한국 방문 시 남서울교회 새벽예배에 참석하기로 했다. 이때 서기장인 고기준 목사가 새벽기도회를 인도하기로 약속되어 있었다. 그렇지만 결국 그들은 오지 못하게 되었고, 나는 죄송하다는 말씀을 드리기 위해 홍 목사를 찾아갔다. 그런데 초면인 홍정길 목사가 대뜸 "일이 성사되지 않으면 재정이 더 어려울 텐데, 우리 교회가 얼마를 헌금하면 될까요?"라고 묻는 것이 아닌가. 나는 너무 고마웠지만 괜찮다며 사양했다. 하지만 홍 목사는 잊지 않고 이후 많은 헌금을 보내주어 나를 놀라게 했다. 홍 목사의 마음씀씀이에 반할 수밖에 없었다. 그 후로 홍 목사는 나에게 특별한 목사로 존재했다. 이러한 홍정길 목사가 남북나눔운동 책임자를 맡게 되어 내심 얼마나 기뻤는지 모른다.

남북나눔운동을 계획하던 초기에는 KNCC 안에서도 이 일에 반대하는 목소리가 적지 않았다. 남북나눔운동을 KNCC에서만 진행했다면 그처럼 성공적일 수 없었을 것이다. 홍정길 목사는 가장 앞장서서 대북지원사업을 하면서도 겉으로 내세우지 않았다. 남북나눔운동에는 홍정길 목사의 수고와 헌신이 아주 지대했다고 할 수 있다.

이 운동을 시작할 무렵, 민간에서는 북한 관련 일을 공개적으로 하지 못했다. 북한교회에 대한 한국교회의 관심은 조금씩 높아지고 있었지만, 사회적 분위기는 여전히 보수적 시선을 유지하고 있었다. 게다가 교회의 남북 평화통일 논의와 교류에 관한 일을 정부의 정보기관에서 간섭하거나 방해하는 일이 수시로 벌어졌다. 이러한 상황에서 남북나눔운동이 이루어지기까지는 홍정길 목사와 같은 용기 있는 분들과 어떤 정치적 목적 없이 오로지 신앙으로 이 일에 헌신한 분들의 수고와 애씀이 있었기에 가능했다.

나는 남북나눔운동이 진보와 보수를 떠나 한국교회 전체가 참여하는 대중 통일운동이 되면 좋겠다고 생각했다. 그렇기 때문에 홍정길 목사에게 고마운 마음과 더불어 빚진 마음이기도 하다. 지금이야 여러 단체에서 대북 민간교류에 참여하지만, 당시 교회가 주도적으로 나서지 않았다면 적십자만의 단일사업 내지 독점사업으로 그치고 말았을 것이다. 홍정길 목사는 한 인터뷰에서 "통일은 손해 보는 운동이어야 합니다."라고 말했다. '손해 보는 운동'이지만 해야 할 일, 가야 할 길이었다. 이러한 홍 목사의 인식은 나뿐만 아니라 많은 사람에게 감동을 주었다.

평소 북한 식량 문제에 있어 적극적이던 홍정길 목사에 관한 또 하나의 에피소드가 있다. 『화해와 평화의 좁은 길-남북나눔이 걸어온 20년』에 수록된 나의 글을 그대로 옮겨본다.

내가 CBS 사장으로 있을 때 대우그룹 비서실 H씨가 찾아온 일이 있다. 당시 금강산 개발권을 따내기 위해 대우와 현대가 경쟁을 벌였는데, H씨가 황장엽 전 북한 노동당 비서를 잘 안다는 K여사와 함께 찾아온 것이다.

"사장님, 북한 황장엽 전 노동당 비서를 아시지요? 그분 심부름으로 김덕홍 씨라는 인물이 저를 찾아와서 현재 북한의 식량 사정이 어려우니 도와달라고 하길래, 이렇게 사장님을 뵈러 온 것입니다."

"그런데 왜 저를 찾아오셨습니까?"

"황장엽 전 비서가 김덕홍 씨에게 그랬다는군요. 권호경 목사를 찾아가면 된다고요."

전적으로 그 말을 믿긴 어려웠다. 그럼에도 다른 일도 아니고 식량

사정이 어렵다니까 도와주긴 해야겠는데, 언론사 대표로서 함부로 드러내놓고 움직일 수도 없는 노릇이었다. 그래서 CBS 이사인 감리교 감독회장에게 부탁하여 7개 교단을 통해 후원금을 모았다. 옥수수를 보내달라고 했기에 그 돈으로 옥수수를 사서 보내주기로 했다. 토요일에 옥수수를 전달하기로 했는데, 목요일에 김덕홍 씨 쪽에서 전화가 와서 옥수수 지원을 정기적으로 해달라는 게 아닌가. 그렇게는 못 하겠다고 일단 거절했다. 그런데 H씨가 월요일에 다시 연락을 해와 황장엽 비서 쪽에서 내 말을 듣고 격한 반응을 보였다고 했다. 그 얘기를 들으면서 어떤 위급함 같은 게 느껴졌다. '다른 것도 아니고 먹을 것이 없다는데…' 하는 생각에 마음이 아파왔다. 그래서 한국기독교교회협의회 총무 김영주 목사를 통해 홍정길 목사님에게 의견을 물었다.

"홍 목사님, 북의 황장엽 씨 쪽에서 옥수수를 정기적으로 보내달라고 요청하라고 했다는 사람이 권호경 목사에게 찾아왔었는데, 거절한 상태입니다. 아무래도 느낌이 이상해서 그쪽 말이 신뢰할 만한지도 의심스러워서 목사님 의견을 한번 들어보려고 연락드렸습니다. 이 일을 어떻게 생각하십니까?"

"네, 그러셨군요. 그러면 제가 황장엽 씨를 한번 만나 봐야겠습니다."

그저 의견을 한번 물어본 것인데, 평소 용감하기로 유명한 홍정길 목사가 직접 황장엽 씨를 만나보겠다는 게 아닌가. 그리고 자신의 말대로 황장엽을 중국에서 만나 옥수수 지원 문제를 논의했다. 그 만남이 있던 날, 홍 목사와 동행했던 김영주 목사가 이상하다며 전화를 해왔다. 황장엽 씨가 '우리가 언제 그랬냐'고 했다는 것이다. 하는 수 없이 다음 날 아침에 다시 만나기로 했다면서 자기들이 자주 가는 호텔 커피숍에서 보기로 했다고 덧붙였다.

그 전화를 받고 나서 자꾸 의심이 들었다. '뭔가 이상하다. 황장엽 씨가 왜 그런 걸까?…'

다음 날 오전 10시경 다시 전화가 왔는데, 황장엽 일행은 오지 않고 북한 대사관에서 지프차가 와서 황장엽 씨를 찾더라는 것이다. 그 연락을 받고 깜짝 놀랐다. 잠시 기다려보라며 전화를 끊었는데, 곧바로 우리 방송국 보도국장에게서 전화가 왔다.

"사장님, 지금 청와대에서 12시에 긴급 기자회견을 한다고 연락이 왔습니다."

'이거 무슨 큰일이 벌어지고 있구나.' 하는 생각이 들었다. 다시 김영주 목사에게 전화가 왔기에 다급하게 말했다.

"김 목사, 지금 낌새가 이상하니 주변에 황장엽을 만나기로 했다는 얘기는 일절 하지 마세요. 그리고 홍 목사님 모시고 바로 자리를 떠서 곧바로 비행기를 타세요. 지금 뭔가 큰일이 벌어지고 있는 모양이야."

보도국장에게 다시 연락이 왔다. 황장엽 씨가 한국대사관으로 피신해 있다는 것이었다. 북한 고위관리가 중국 주재 한국대사관에 피해 있다는 것은 망명을 뜻하는 것이었다. 황장엽 씨가 숙소에서 나올 때 어느 호텔에 가서 누구를 만난다고 했는데, 그 자리에 북한 정보기관원들이 들이닥쳤다가 황장엽 씨가 안 보이자 그냥 돌아갔다는 얘길 뒤늦게 들었다. 자칫 굉장히 위험한 상황이 벌어질 수도 있는 순간이었다. 그때는 휴대전화로 연락할 수도 없는 시절이어서 황장엽 망명 소식을 급히 홍정길 목사에게 전할 수도 없었다. 내가 대북 옥수수 지원 문제로 연락하여 홍 목사가 황장엽 씨를 만나보겠다고 했고 일이 거기까지 진행되었으니, 자칫 본의 아니게 홍정길 목사에게 큰 위험을 안길 뻔했던 것이다. 무탈하게 귀국했다는 소식을 듣고 하나님이 그를 사랑하신다는 생각이 들어 절로 감사가 나왔다.

판문점에서 임진각까지, 남북인간띠잇기대회

1993년 8월 15일 오후 6-7시 남북인간띠잇기대회가 열렸다. 독립문에서 임진각에 이르는 48km의 길을 6만 5,000여 명의 참가자들이 손에 손을 잡고 인간띠를 이으며 통일운동을 몸으로 실천하는 역사를 만들어낸 것이다.

인간띠는 서구에서 '휴먼 체인'(Human Chain)으로 알려져 있으며 평화운동, 환경운동, 생명운동의 방식으로 사용되어 왔다. 우리 역사에서도 왜구의 잦은 노략질에 경상도 지역 어민들이 인간띠를 만들어 우리 땅을 지키고자 한 기록을 찾아볼 수 있다. 또한 왜군의 침략에 맞선 선조들의 지혜로운 행동인 강강수월래도 인간띠의 모습이라고 할 수 있다. 인간띠의 이런 유래에 걸맞게 남북인간띠잇기는 우리 민족의 평화통일을 향한 작지만 소중한 실천이라고 할 수 있다.

남북교회의 교류와 평화통일을 염원해온 KNCC는 1995년 한반도 평화통일 희년을 향한 행보를 계속해왔다. 남북인간띠잇기는 KNCC가 제안하여 교회를 중심으로 시작되었지만, 우리나라 모든 구성원

남북인간띠잇기대회 모습

에게 개방된 행사로 평가받았다.

    KNCC가 남북인간띠잇기운동을 처음 구상할 때는 서울의 독립문에서 판문점까지 총 61km의 길을 기독교인뿐만 아니라 온 국민이 손에 손을 잡고 평화와 통일을 염원하는 인간띠를 만들고, 남북교회가 합의한 공동예배문으로 예배를 드리고자 했다. 북한에서 동참할 경우 1994년에 이를 전국 방방곡곡으로 확산하고, 마침내 1995년 8월 15일에는 남과 북, 해외의 모든 민족구성원까지 참여시켜 한라에서 백두까지 3,000리를 잇는 평화와 통일의 인간띠를 만들고자 했다. 그런데 진정 왜인지는 모르겠으나 여러 이유로 북한교회는 동참하지 않았다. 간절히 부탁을 드렸는데도 말이다.

이 대회는 평화통일을 바라는 남북인간띠잇기대회본부가 주최하고, 통일원, 문화체육부, 기독교방송(CBS), 국민일보, 한국방송공사(KBS), 문화방송(MBC) 서울방송(SBS)이 후원하여 성대하게 치러졌다. 이 대회에 참여한 인원은 총 6만 4,480명이고, 46개 개신교 교단을 비롯해 60개의 일반 단체가 참여했다. 원래 5만 명이 동원되면 가능한 대회인데 예상을 훨씬 넘어섰다. 신문과 방송 등 모든 언론이 나선 덕분이기도 했다. 이는 내가 주민조직 관계를 하면서 처음으로 경험한 큰 조직이었다.

남북인간띠잇기운동은 평화통일을 향한 교회의 의지에서 비롯되었지만, 교회 안에만 머물지 않고 시민단체뿐만 아니라 여러 타종교 단체, 이산가족이나 일반 시민 등 그 참여의 폭이 넓었다.

남북인간띠잇기의 성패는 사람들의 참여가 관건이었다. 이에 행사 준비위원회에서는 사람들을 동원하는 데 가장 큰 공을 들였다. 기본적으로 참여해야 할 행사노선에 위치한 1,168개의 지역교회를 섭외하고, 그 지역 주민들의 참여를 독려하기 위해 홍보활동을 벌였다. 그리고 YMCA와 YWCA, 한국선명회 등의 단체와 평화통일희년 준비위원회에 속한

남북인간띠잇기대회에 참가한 시민들에게 나눠준 라디오

49개 교단 소속 교회들을 동원하기도 했다. 많은 인원이 함께 참여하는 행사이다 보니 미리 준비할 것도 많았다. 무엇보다 행사 참가자들 사이에 원활한 소통이 이루어져야 했다. 이를 위해 CBS에서는 생방송으로 라디오 중계를 했고, 행사 진행요원을 곳곳에 배치하여 진행을 도왔다. 준비위원회에서는 남북인간띠잇기 행사에 참여한 사람 모두에게 소형라디오를 지급했다. 인간띠를 완성하기 전, 사회자의 안내가 소형라디오를 통해 울려퍼졌다.

이제 우리가 손에 손을 잡고 인간띠를 이어보겠습니다. 여러분 앞의 평화리본을 잠시 놓으시고 옆 사람과 손을 잡아주십시오. 서울의 독립문에서 구파발을 지나 통일로를 달려 임진각까지 뻗어온 우리들의 통일 염원을 인간띠를 만들어 완성해봅시다. 손을 잡고 〈우리의 소원〉을 두 번 반복해 부르시겠습니다.

1m 간격으로 늘어선 참가자들의 인간띠 물결이 마침내 완성되었다는 소식이 라디오를 통해 들려오자 사람들은 환호성을 지르기 시작했다. 그에 맞춰 1,300여 교회에서는 일제히 평화와 통일을 바라는 종을 울렸다.

교회의 타종 소리에 맞춰 일곱 가지 무지개색으로 된 촛불을 점화하면서 6시 30분부터 임진각에서 평화통일 기원예배가 시작되었다. 이 예배는 KNCC 평화통일위원회 위원장인 박봉양 목사의 사회로 선명회합창단의 찬송과 남북나눔운동 사무총장 홍정길 목사의 구약성서 봉독에 이어 강문규 한국YMCA전국연맹 사무총장과 대한 YWCA연합회 이종경 사무총장이 인도한 〈93남북공동기도문〉을 모두 함께 낭독하는 순서로 진행됐다. 이 〈93남북공동기도문〉은 내가 북한을 방문했을 때 고기준 목사와 합의한 내용이었다.

자신의 형상대로 지으신 인간을 지극히 사랑하사 영생과 평화의 계약을 맺어주신 하느님, 우리의 감사와 찬양을 받으시옵소서.

주님은 평화의 종으로 이 세상에 오셔서 사랑과 정의, 평화가 하나되게 하심을 약속하셨습니다. 주님은 우리로 하여금 갈라져 싸우지 말고 서로 사랑과 용서로 화해하고 단합할 것을 명령하셨습니다. 주님께서는 우리로 하여금 조국분단의 상처를 치유하고 평화와 통일을 위하여 일하는 사도로 불러주셨습니다. 그러나 주님의 명을 아직도 실현하지 못한 우리의 허물을 용서하여 주시옵소서.

주여, 외세에 의하여 분열되고 반세기 동안이나 온갖 불행과 고통을 당하여 온 우리 민족이 오늘은 열핵전쟁의 참화까지 입게 될 위협에 처하여 있습니다.

오, 주여, 평화와 통일을 바라는 우리의 간절한 기도를 들어주시옵소서. 삼천리 금수강산 이 나라에 핵무기가 없고 전쟁이 없는 평화의 강산이 되게 하여 주시옵소서. 민족의 슬기와 영예를 떨치게 하는 민족의 정신인 민족애와 민족자주정신을 바탕으로 전 민족이 단합되도록 하여 주시옵소서. 동족 사이에 주의주장과 제도가 다르다고 불신하고 원수로 여기는 일이 더는 없게 하며 공존, 공영, 공리를 도모하고 나라의 통일을 위하여 모든 노력을 기울이도록 하여 주시옵소서.

주여, 우리 민족은 북과 남으로 갈라져 있어도 하나의 핏줄을 이은 동족입니다. 사상과 이념은 달라도 하나의 강토에서 살아야 할 형제들이며 언제나 생사고락을 같이하여야 할 하나의 민족입니다. 우리 민족의 단결된 힘으로 이 나라 강산에 평화의 종소리, 통일만세소리 높이 올리게 하여 주시옵소서. 해방의 50년 통일희년의 은혜의 그날을 환희와 감사로 맞게 하여 주시옵소서.

성령이여, 오시옵소서. 북과 남의 성도들이 마음과 힘과 지혜를 하나로 모아 막힌 담을 헐어버리고 민족의 절박한 소망인 조국통일을 이루어 나가도록 하여 주시옵소서.

우리 주 예수 그리스도의 이름으로 기도드립니다. 아멘.

공동기도문 낭독이 끝나자 한국교회여성연합회 김희원 회장의 통일기원 묵상기도, KNCC 회장인 최희섭 목사의 말씀 선포, 감리교 표용은 감독회장의 축도, 예장통합 증경총회장인 김윤식 목사의 통일만세 삼창이 이어졌다. 나는 폐회사를 통해 남북인간띠잇기 행사의 종료를 알렸다. 사람들은 〈나의 살던 고향〉을 부르며 아쉬운 마음을 달랬다.

남북인간띠잇기는 통일에 대한 단순한 열망뿐만 아니라 통일을 바라는 사람들의 구체적 실천과 행동이었다고 생각한다. 이처럼 통일을 향해 모든 국민이 할 수 있는 행동과 실천을 해나가면 언젠가는 민족의 마음이 하나로 모아질 것이라고 믿게 되는 행사였다.

남북인간띠잇기대회에서 폐회사를 하는 모습

　　남북인간띠잇기대회는 예상 외로 여러 곳에서 많은 지원을 받았다. 그럼에도 불구하고 4,700만 원 정도의 부채를 져야 했다. 나로서는 이 돈을 갚기 위한 고민이 클 수밖에 없었다. 그러다가 생각난 사람이 기독학생운동 선배인 김정문 알로에 회장이었다. 나는 미안한 마음을 감추지 못하고 그에게 조심스럽게 이 고민을 털어놓았다. 그러자 그는 한참 동안 나를 응시하더니 미소를 지으며 말했다. "좋습니다. 내가 그 돈을 주겠소." 그 뒤 얼마 지나지 않아 김정문 회장은 현금으로 일시에 이 빚을 모두 갚아주었다.

KNCC를 갑자기 떠나게 되면서

KNCC에 있는 5년 동안 여러 일들이 있었다. 내가 KNCC 총무로 오자마자 T교단 어르신들이 나를 검증하겠다고 나서기도 했다. 교단 총무가 정확한 이유는 말하지 않고 머뭇거리는데 왜 그런지 알 것 같았다. 언론을 통해 나에 대한 부정적 유언비어가 많이 유포되고 있었기 때문이다. 나는 이 제안에 흔쾌히 응했다. 회원 교단 어르신들에게 인사도 드릴 겸 내 모습을 있는 그대로 보여드리는 것이 좋겠다고 생각되었다. 내 예상대로 이 만남은 청문회 비슷한 간담회로 잘 끝났다.

KNCC에 처음 출근하던 날, 어느 연합 단체에서 일한다는 장로 한 분이 찾아와서 용공 운운하며 나를 공격하고 KNCC를 공격한 일도 있었다. 별일 아닌 듯 싶어도 크게 보면 교회 내부에서 빚어지는 일이라 걱정이 되었다. 어쩌다가 한국교회가 이렇게 되었을까?

KNCC는 우리 교회가 서야 할 자리, 그 자리를 지키기 위해 노력해왔다. 오랜 독재정권 치하에서 한국교회와 함께 민주화운동, 인권운동, 평화통일운동을 해왔다. KNCC는 휴전선 한복판에 선 입장에서 성경 말씀에 따라 민족의 평화통일운동을 게을리 하지 않았다. 그런데 KNCC가 성경에 근거해서 백성들과 함께하려고 하면 할수록 독재정권은 수단과 방법을 가리지 않고 더욱 억압해왔다. 그들은 우리를 억압하고, 이간질하고, 분열시키기 위해 KNCC와 비슷한 도구를 필요로 했다. 그 대표적인 것이 박정희 정권에서는 '한국지도자협의회'(한교협)였고, 전두환 정권에서는 '한국기독교총연합회'(한기총)이다. 당국은 이 조직을 내세워 이슈가 있을 때마다 교회를 분열시키고 억압했다. 창립 초기에는 한기총을 이용해 마치 한국교회가 노태우 정권 창출에 앞장선 것처럼 보이도록 했다.

한기총을 조직하는 데 필요한 재정 모금은 예장 합동과 예장 통합의 두 기업인을 통해 이루어졌다. 여기에 한국교회의 어른인 한경직 목사를 창립위원장으로 내세웠다. 그리하여 '이제는 한국교회가 하나로 통합되어야 한다.'라는 명분을 내세워 1988년 12월, 36개 교단이 참여한 가운데 출범했다. 사무총장으로는 과거 한 언론사를 폐쇄시키는 데 공헌한 고신 교단의 김경래 장로를 내세웠다. 군사정권과 보수 기독교 세력의 상호 필요에 의해 탄생한 한기총은 한때 KNCC와 더불어 한국교회 대표연합기관으로 자리매김했으나 시간이 가고 국민의 정부, 참여정부 등 민주화가 진행되면서 몰락하기 시작했다. 최근 연동교회(통합) 원로목사인 김형태 목사는 젊은 목회자들이 모인 자리에서 "한기총이라는 조직은 있어서는 안 될 조직이었다. 그런데 다행히 그 수명이 다해 간다고 하니 이제 해체되어야 한다."라는 취지의 말을 하여 많은 지지를 받기도 했다. 나중에 안 일이지만 출근 첫날 나를 찾아온 용공 운운한 장로도 한기총 실무자 중 한 사람이었다.

KNCC는 온갖 수난을 겪으면서도 5·18광주민주화운동 이후 민족 분단의 벽을 허무는 데 더욱더 노력을 기울였다. 왜냐하면 민족의 평화통일이 이루어져야만 진정한 민주화가 이룩되고, 인권이 보장되며, 이 민족의 미래가 열린다고 믿었기 때문이다. 그래서 1988년 온갖 비방과 어려움을 겪으면서도 마침내 WCC와 함께 남북교회가 평화통일선언과 1995년 희년을 선포하게 된 것이다.

앞에서 언급했듯이 KNCC는 WCC의 JPIC대회를 수용하여 이것을 집행했고, 자체적으로 공산권 성경찬송보내기운동을 통해 중국교회, 러시아정교회와의 관계도 돈독히 했다. 마침내는 방북을 성사시키고, 북한교회 지도자들을 초청하는 데까지 성공했다. 그리고 휴전선 한복판 판문점에서 남북교회 지도자들이 마주 앉아 북한교회 지도자들의 한국 방문 문제를 놓고 협의를 하기도 했다. 그로 인해 남북교회가 정기적으로 상호 방문할 수 있는 길이 열리는 듯했다. 희년을 향한 행진은 멈추지 않고 계속 진행되고 있었던 것이다. KNCC 주변의 모든 그룹이 희년을 향한 프로그램을 집행했고, 특히 여성위원회는 이 희년운동에 총력을 기울였다. 이때 신선, 이예자 국장이 참 많이 수고했다.

KNCC는 남북교회 간 교류의 좌절을 겪으면서도 남북인간띠잇기대회와 남북나눔운동 등을 계속 진행했다. 인간띠잇기대회의 경우 국민들이 자발적으로 참여하여 우리와 함께했다. 1995년 희년을 향한 행진도 국민들에게 많은 호응을 받았다. 그런데 나는 이 희년을 1년 남짓 남겨놓은 1994년 2월, 갑작스럽게 KNCC를 떠나게 되었다.

1994년 초 어느 날, CBS 사장을 지낸 김관석 목사(기장)가 점심이나 같이 하자며 나를 불렀다. 가끔 점심을 하자고 연락을 해오던 터라 그날도 별다른 생각 없이 점심 식사 자리에 나갔다. 식사를 하는 동안 김 목사는 "CBS 표용은 이사님이 무슨 말씀 없었어?"라고 물었다. 나는 표 이사에게서 특별한 연락을 받지 못한 데다 김 목사의 말투도 평상시와 다름없어 무심히 "네, 없었습니다."라고 대답하고는 별로 마음에 담아두지 않았다. 그런데 며칠이 지나자 표용은 이사가 급히 나를 보자며 연락을 해왔다. 그 자리에서 그간 있었던 CBS의 상황을 들을 수 있었다. 표 이사는 어려운 상황에 처한 CBS 사장을 언급하며 "사장이 (자리를 지키기가) 매우 어렵게 되었다. 그러니 KNCC 총무가 어떻게 해야 하지 않겠느냐."라는 요지의 말을 했다. CBS가 KNCC의 산하조직이니 KNCC 총무인 내가 나서서 해결해야 한다는 말이었다. 그러면서 나에게 CBS 사장을 맡아보라는 뜻을 내비쳤다. 뜻밖의 말을 들은 나는 '여기에는 정부와 무슨 정치적 문제가 있는 것 같다.'라는 생각이 들었다. 그래서 "사장의 사표는 받으면 안 됩니다. 그 일에는 정치적인 이유가 있는 것 같은데, 그럴 경우 사표를 받으시면 CBS가 더더욱 곤란해집니다. 이것은 우리 교회에도, 문민정부에도 결코 좋은 일이 아닙니다. 그리고 저는 KNCC 때문에 움직일 수 없습니다."라고 답하고 헤어졌다.

그 뒤 CBS의 상황이 어떠한지 나름 알아보았다. 알아보니 정부가 CBS 건축과정에서 늘어난 부채에 대한 기채승인을 조건으로 사장 교체를 요구하는 중이었다. 상황이 예상보다 좋지 않은 듯하여 CBS 이재은 사장(감리교단 목사)을 직접 찾아가 "어떻게 된 일입니까?" 하고 물었다. 이재은 사장은 "여러 어려움이 있기는 하지만 견뎌봐야지."라고 말했다. 나는 표용은 이사에게 '사장님이 견뎌보겠다.'고 하시더라는 말을 전했다. 내 말을 듣고 헤어질 때까지 별다른 언급을 하지 않던 표용은 이사는 그날 오후에 다시 만나자는 연락을 해왔다. 그 자리에서 표 이사는 "이재은 사장과 가깝게 지내는 한 이사의 말을 들어보니 총무님이 전해준 말과 다릅니다."라고 했다. 이재은 사장이 그 이사에게 "더는 버틸 수 없다."라고 말했다는 것이다. 그 일이 있고 나서 얼마 지나지 않아 CBS 재단이사회로부터 긴급 이사회를 소집한다는 연락을 받았다. 급히 소집되는 이사회를 보면서 상황이 매우 긴박하게 돌아가고 있음을 느낄 수 있었다. 나는 표용은 이사를 다시 만났다. 표 이사는 CBS 사장직을 맡아보라고 다시 권유하였다. 나는 "KNCC는 어떻게 하고요?"라고 하면서 답변을 피했다. 그랬더니 표 이사는 "다음 KNCC 총무는 우리 감리교단이 맡을 차례입니다. 맡을 만한 분이 두어 분 있습니다. KNCC의 사정은 현직 총무가 제일 잘 알 테니 그분들 중에 한 분을 추천해주면 고려하겠습니다."라고 말했다. 그러면서 "지금은 무엇보다도 CBS 문제가 시급합니다. 그러니 이 문제부터 먼저 해결합시다."라고 덧붙였다.

나는 즉시 김관석 목사를 찾아가 그동안의 일을 소상히 말씀드리고 내 고민을 털어놓았다. 김 목사는 CBS의 모든 상황을 이미 잘 알고 있는 듯했다. 하지만 특별한 말씀은 하지 않고, 다만 CBS 김인한 재단이사장을 직접 만나보라고 권유하였다. 그동안 교류가 별로 없었지만 김관석 목사의 권유도 있고 하니 혹시 방법이 있을까 싶어 그를 찾아갔다. 김인한 이사장은 "이사회는 소집해야 했습니다. 사장의 사표가 반려되면 모르지만, 아니면 인선위원회를 조직하여 즉시 사장 선임 절차에 들어갈 수밖에 없습니다."라고 말했다. 그는 또 CBS 직원 출신과 목회자 한 사람이 사장 출마를 준비하고 있다고 알려주었다. 그들 모두 이사장과 같은 교단이었다. 그의 얘기 중에 '사표가 수리되면 즉시 사장 선임 절차에 임한다.'라는 말에 많은 궁금증이 생겼지만 더는 묻지 않고 돌아섰다.

사무실로 돌아오자마자 CBS 김인한 재단이사장과 같은 교단에 속한 대형 교회의 담임목사이자 교계의 어른으로부터 전화를 받았다. 'CBS에서 오래 근무했고 자신이 시무하는 교회의 장로이자 군 생활을 같이 한 전우가 CBS 사장에 출마하니 잘 부탁한다.'는 내용이었다. 큰 교회 어른이 나에게 이런 전화를 할 정도라면 이사장과 같은 교단에 소속된 후보로 이미 낙점되었을지 모른다는 생각이 들었다. 항간에는 CBS 부도설과 함께 정부가 신임 사장 후보로 생각하는 사람이 있다는 소문도 돌고 있었다. 사장 선임이 의외로 쉽게 끝날 수도 있겠다는 생각이 들었다.

그러나 다른 한편으로는 김관석 목사가 CBS 김인한 재단이사장을 왜 직접 만나보라고 했는지도 짐작되었다. 정치적 경질이 의심될 만한 CBS 새 사장 선출이라면, 더더욱 정치적 고려는 물리쳐야 한다는 것으로 나는 받아들였다. 결국 마음을 굳힌 나는 표용은 이사를 다시 만나 KNCC 총무 선임을 부탁드렸다. CBS 재단이사회는 예정대로 1994년 2월 1일 오전 11시에 개최되었다. 이재은 사장의 사표는 이사회 개회 즉시 수리되었다. 그리고 CBS사장인선위원회를 구성한 뒤 곧바로 정회하였다. 이후 점심 식사를 겸한 의견조율 시간을 가진 뒤 오후 1시 40분에 회의가 속개되었는데 여기에서 나를 사장으로 선임하였다. 불과 며칠 사이에 일사천리로 이루어진 CBS 사장 선임이었다. 이러한 이유로 나는 유감스럽게도 재신임 1년 만에 급히 KNCC를 떠나게 되었다. 감리교단에서는 김동완 목사를 KNCC 총무로 추천했고, KNCC 실행위원회에서는 김 목사를 새로운 총무로 선임했다. 이후 1994년 2월에 열린 총회에서 김 목사를 새로운 총무로 인준했다.

CBS 사장으로 선임된 이후 나는 CBS가 기독교 재단이 운영하는 일반 언론사임에도 불구하고 오랫동안 여러 불이익을 받아온 것으로부터 원상회복시키기 위해 직원들, 나아가 한국교회와 함께 온 힘을 기울였다. 그리고 2002년 2월, 마침내 CBS에서 두 번의 사장 임기를 마쳤다. 사장 임기를 마친 후에 나는 사실상 목회 은퇴를 하고, 2007년 4월 서울노회에서 정식으로 목사 자원 은퇴를 했다.

12
마지막 시간을 함께하고 있는 NGO 라이프오브더칠드런

CBS 사장 임기를 마친 후 처음으로 1년여 동안을 쉬게 되었다. 그때 젊은 목사 한 사람이 찾아와 자기가 섬기는 NGO에서 함께 활동해 달라고 요청했다. 사실 내가 늦은 나이에도 불구하고 신학을 하고자 한 것은 사회사업을 하기 위함이었다. 하지만 그의 요청에 쉽게 응할 수가 없었다. 사회사업은 너무 오래된 이야기가 되어버렸기 때문이다. 그런데 그는 쉽게 물러서지 않았다. 또다시 찾아와 "젊었을 때 빈민운동을 하신 분이 어떻게 빈민의 소굴에서 일하고 있는 저의 부탁을 거절하실 수 있으십니까?"라고 도전적으로 말했다. 나는 차마 그 청을 거절하지 못하고 내가 할 수 있는 일이 있다면 3년만 봉사하겠다고 약속했다. 그곳이 권태일 목사가 설립한 NGO '함께하는 사랑밭'(이하 사랑밭)이었다. 사랑밭에서는 제도상의 문제로 정부나 기관으로부터 도움을 받지 못하는 고아, 장애인을 포함한 불우 이웃, 거동이 불편한 어르신들을 돕기 위한 다양한 활동을 펼치고 있었다. 사랑밭의 뿌리는 판자촌에서부터 오갈 데 없는 노인들과 많은 어린이를 돌보는 데서 비롯됐다고 한다.

당시 그곳에서 사무를 총괄하던 이사가 있었는데, 나는 그와 함께 권 목사가 진행하던 개교회 사회선교 프로그램을 모두 법인화하는 일, 미국 LA에 NGO를 설립하는 일, 그리고 다시 국내 외무부 산하의 NGO를 설립하는 일 등을 도와주었다. 그리고 오재식 선생이 설립해 운영하고 있던 시교육위원회 허가 법인의 하나인 '아시아교육문화원'을 맡게 되어 이 아시아교육문화원을 사랑밭에서 운영할 수 있도록 주선했다. 또한 한국사회사업미래경영협의회에서도 이사장을 잠깐 하다가 사랑밭에서 운영하는 방향으로 주선했다. 그러는 동안 3년만 하겠다는 약속이 어느덧 11년이 되어버렸다. 나는 마지막으로 오재식 선생에게 물려받은 법인이 스스로 자립할 수 있도록 기초를 다져주고, 2014년 말 그곳에서 나오게 되었다.

나는 홀가분한 마음으로 나의 마지막 인생 스케줄에 대해 고민하기 시작했다. 어떻게 여생을 보내야 하는가에 대한 고민이었다. 그러던 차에 돈이 좀 생겼다. 1973년 내란예비음모사건과 1974년 긴급조치 위반사건 등에 대한 재심이 진행되었는데, 다행히 무죄가 선고되어 형사보상금을 받은 것이다. 내란예비음모사건은 민사보상금까지 받았다. 1975년 수도권 선교자금 배임 및 폭력사건도 내가 홍콩에 거주하고 있을 때인 1987년에 무죄가 났으나 이 사실을 너무 늦게 알게 되어 손해배상 청구는 하지 못했다. 한편 1976년 수도권 용공사건만은 당시에 내려진 기소유예 처분 상태 그대로였다. 그 자료들은 검찰청에 그대로 남아 있었다. 아무튼 생각지도 못한 돈이 생기는 바람에 어떻게 여생을 보낼까에 대한 나의 고민은 의외로 쉽게 해결되었다.

나는 평소 좋은 NGO를 만들어보겠다며 함께 일하고 있는 너댓 명의 사람들을 알고 있었다. 그들은 적게는 4년, 많게는 20년 정도의 NGO 경험을 가지고 있었다. 나는 그들을 다른 NGO에 소개한 적도 있는데, 그 일이 성사되지 않아서 미안하게 생각하던 차였다. 나는 그들을 만나 나와 같이 좋은 NGO를 설립하자고 제의했다. 그랬더니 모두 기다렸다는 듯이 반기는 것 같았다. 그리하여 설립한 것이 '라이프오브더칠드런'(Life of Children)이라는 NGO 단체이다. 라이프오브더칠드런은 2015년 1월 9일 설립됐다.

2018년 기준으로 우리나라의 세계 경제대국 순위는 11위이다. 그런데 다른 나라를 돕는 해외원조는 아주 부끄러운 수준이다. 우리나라의 해외원조 순위는 경제협력개발기구(OECD) 개발원조위원회(DAC) 29개국 가운데 15위이지만, 국민총소득(GNI) 대비 비율은 24위이다. 이는 OECD 국가 중 최하위에 속한다. 한편 세계적인 NGO 단체인 크리스천에이드펀드(Christian Aid Fund)에 따르면, 가난한 나라를 도와주는 나라 순위에서 우리나라는 전 세계 60위이고, 낯선 사람을 도와주는 순위는 92위라고 한다. 우리나라에 있는 NGO 숫자도 현재 1만 8,000개 정도밖에 되지 않는다. 우리의 경제 규모나 인구 비례 등을 감안하면 우리나라의 NGO의 숫자는 지금보다 열 배는 더 늘어나야 한다고 생각한다. 물론 이들 NGO 단체의 내용도 보다 충실해져야 할 것이다.

라이프오브더칠드런은 전 세계 가난한 나라의 버림받은 어린이들이 마땅히 누려야 할 권리를 되찾고, 존중받는 삶을 살아갈 수 있도록 돕는 국제구호 NGO 단체이다. 라이프오브더칠드런은 현재 남미, 아프리카, 아시아, 중앙아시아의 판자촌 어린이, 형편이 어려운 국내 이주노동자 가정의 어린이, 그리고 새터민 어린이 등 정부 지원이 미치지 못하는 어린이들을 지원하며 돕고 있다. 우리에게 이 어린이들을 도울 수 있도록 후원하는 사람들은 2019년 말 현재 약 4만 명에 이른다. 우리는 이 후원자들의 뜻에 합당하게, 그리고 도움을 받는 어린이들이 스스로 살아갈 수 있도록 세세한 부분까지 놓치지 않으려고 노력하고 있다. 하지만 여전히 많은 과제를 안고 있는 것이 사실이다.

나는 1960년대 말부터 서울의 판자촌 어린이들과 필리핀 마닐라의 톤도, 그리고 CCA-URM에서 일하면서 만난 아시아, 아프리카, 남아메리카의 판자촌 어린이들을 통해 깨닫고 배운 바가 많았다. "저 아이들도 모두 하나님의 형상대로 지음받은 아이들이다." 특히 하나님께서 아이들을 세상에 내보내실 때 어느 곳에 누구를 통해 어떻게 내셨든지 상관없이 그들은 본래 충분히 먹고, 마시고, 즐길 수 있도록 모든 가능성을 부여받았다는 사실을 깨달았다. 성경 말씀대로 "하나님이 보시기에 좋았더라."였다. 그런데 현장에서 아이들을 만나면 만날수록 그 아이들에게는 헤아릴 수 없이 많은 비본래적인 것들이 후천적으로 덕지덕지 붙어 있음을 느낄 수 있었다. 그리고 그것들은 아이들을 옴짝달싹하지 못하게 만들었다. 나는 그러한 것들 때문에 오늘

빈민촌의 아이들도 하나님의 형상대로 지음받은 아이들이다.

날 이 어린 생명들이 5초에 한 명씩 지구상에서 사라지고 있다고 생각한다.

　이 비본래적인 것들의 대부분이 서구적 문명, 문화, 개발, 발전, 종교 등에 붙어서 모든 빈민 현장의 본래적인 것들을 파괴해왔다. 본래적인 것일 수 있는 순수한 것들, 그것이 자연환경이든, 생활습성이든, 언어이든, 노래이든 간에 모든 것을 말이다. 외지인들은 이 현장을 두고 '미개척지'라는 이름을 붙였고, 심지어 조상 대대로 내려온 음식 문화까지도 존중하기는커녕 무시하고 묵살하고 파괴했다. 각 나라와 지역에 이 비본래적인 것들이 침투하였고, 바로 이 비본래적인 것들로 말미암아 이제는 가장 약한 어린이들이 각종 전염병에 시달리고 고

라이프오브더칠드런을 통해 만난 아프리카 카메룬 지역의 어린이

통당하며 죽어가는 것이 아닌가 하는 생각이 든다. 그러나 그럼에도 불구하고 나는 여전히 어린이들이 우리의 미래라고 생각한다. 우리에게 실낱같은 희망이 있다면 바로 이 아이들이 아니겠는가. 그렇다면 우리가 그들 스스로 살아갈 수 있도록 돕는 일은 우리 모두에게 주어진 과제가 아닐까? 라이프오브더칠드런은 어떻게 그들을 도와줄 수 있을지에 대한 고민의 자리에 먼저 들어가 우리에게 주어진 과제를 현장의 사람들과 함께 하나씩 풀어나가려고 노력한다.

라이프오브더칠드런의 활동을 시작한 지도 이제 5년 정도 지나고 있다. 시간이 지나면서 처음 시작할 때 함께한 실무자들에게서 각자의 특성을 보게 되었다. 그것을 보면서 나는 좋은 NGO를 더 많이 확

대해야 한다는 평소의 생각을 확장시켜 가고 있다. 거기에는 현재 추진하고 있는 많은 프로그램을 한 조직에서 모두 감당하기 어렵다는 현실적 고민도 들어 있다. 그래서 나는 좋은 NGO는 더 큰 것을 추구하기보다 관리 가능한, 작지만 내용이 있는 것이 더 바람직하다고 생각해왔다. 그리하여 앞으로는 실무자 개개인의 특성에 맞는 NGO를 설립해가기로 합의하고 이를 추진 중에 있다. 이렇게 특성화된 NGO는 모두 연대해서 수혜지역과 수혜자를 가능한 한 드러내놓고, 각 기관이 수혜자의 인권을 침해하지 않는 차원에서 서로 존중하며 함께 협의하는 구조로 만들어가려고 한다. 그리하여 도움을 주는 후원자와 도움을 받는 사람들의 의견을 최대한 수렴하는 좋은 NGO를 꾸려가고자 한다. 이것이 바로 남은 생애 동안 내가 고민하며 짊어지고 가야 할 과제라고 생각한다.

13
그래도 역사는 사람들이 원하는 방향으로 흐른다

기회가 되어 지난 일들을 하나씩 정리하다 보니 이제야 나를 향해 '종로5가 사람'이라고 부르는 여러 사람의 지적과 평가가 조금 이해가 된다. 나의 모습에서 긍정적인 것이든, 부정적인 것이든 그것들은 전부 종로5가에서 비롯되었구나 하는 생각이 든다. 지금껏 한신대를 졸업하고 서울의 판자촌, 시민아파트, 청계천, 광주대단지(성남시), 수도권도시선교위원회, 한국교회사회선교협의회, 한국기독교교회협의회, 기독교방송 등을 거쳐왔다. 그러면서 배우고 훈련하고, 감옥에도 가고, 석방도 되고, 기쁨도 만끽하고 분노와 슬픔도 겪어보고, 미워도 하고, 다퉈도 보고 괴롭혀도 보았는데, 그것들이 전부 종로5가와의 관계 속에 얽혀 있다. 종로5가의 어르신들, 동료들, 후배들의 도움과 기도와 지도 편달에 의해 만들어진 사람이 바로 나, 권호경이다.

종로5가는 내가 살아오는 동안 형성된 나의 의식에 끊임없는 밑거름이 되어주었다. 종로5가는 무형의 공간이면서 또한 실재의 공간이어서 지금도 종로5가를 거닐 때면 어느 길, 어느 골목, 어느 건물의 기억이 되살아난다. 그 기억의 실타래를 감으며 따라 걷다 보면 저 멀리 고향을 떠나 서울에 정착한 젊은 날의 내가 보인다. 젊은 날의 나는 열정에 차 있는 것만큼이나 서툴렀다. 기백은 넘쳤으나 그만큼 미성숙했다. 성경 말씀에서도 젊은이들이 지식과 분별력을 갖고 있지 못함을 우회적으로 표현했듯이(잠 1:4) 젊은 날의 나 역시 지혜롭지 못했다. 박형규 목사도 그 점을 내게 말하고 싶었던 걸까. 남산 부활절연합예배사건으로 감옥살이를 하고 나온 뒤인 어느 날 내게 건네준 종이에는 이런 글자가 적혀 있었다. "知·仁·德·愛" 그것은 아마 스스로 깨달아 젊은 날의 내게 부족한 것을 채우라는 의미였을 것이다.

나는 목사가 되기 위해 23살의 나이에 고등학교 2학년에 편입했다. 그리고 거의 30살이 되어서야 신학교를 졸업할 수 있었다. 내게 신학교는 목사가 되기 위한 공부만 하는 곳이 아니었다. 사람을 배우고 연대를 배우고, 사랑을 배우고, 인생을 배울 수 있는 곳이었다. 특히 모든 면에서 노련한 모습을 보여준 김재준 목사와 문동환 박사의 '자아확립'이라는 가르침은 지금도 잊을 수 없다. 신학교에서 어렴풋하게 형성된 이러한 공부와 배움은 나를 이끌어주고 도와주고 가르쳐준 여러 사건 현장의 가난한 사람들과 선배, 동료, 후배들을 통해 더 넓은 세상으로 나아갈 수 있었다. 그중에서도 1970-80년대 사건 현장에서 먼저 희생된 사람들의 가르침은 지금도 가끔 내 가슴 밑바닥을 흔들어 나를 똑바로 서게 만든다. 그들의 희생과 나는 따로 떨어진 것이 아니다. 그들 희생의 뒤끝이 바로 나일 수 있기 때문이다.

그 희생을 생각하다 보면 보이는 사람들이 있다. "세상은 이렇게 살아가야 해!"라는 듯 삶의 모범을 보여준 김관석 목사와 박형규 목사, 오재식 선생 등이 그들이다. 그리고 무엇보다 나를 나 되게 일깨워주고 가르쳐주고 사람답게 살라고 의식화한 여러 사건 속의 수많은 사람이 있다. 특히 시청 앞 광장에 모여서 서울시 시민아파트 골조공사비 일시불 상환 반대를 외친 진산전 씨를 비롯한 시민들, 필리핀 마닐라의 산토스 추기경에 도전하기 위해 몬테디피다 은행 앞에서 '톤도 판자촌 절대 사수를 꿈꾸며' 질서 정연하게 10센타불짜리 은행 통장을 요구한 톤도 판자촌 주민들, 또한 1970년대 서울시 청계천 판자촌 철거 반대를 외친 가난한 사람들…. 그들의 함성 속에서 나는 많은 것을 깨닫고 배울 수 있었다.

나에게 배움과 성찰을 준 것은 또한 '사건'이기도 하다. 남산 야외음악당 부활절연합예배사건(1973), 긴급조치사건(1974), 수도권도시선교위원회 선교자금사건(1975), 수도권도시선교위원회 용공사건(1976, 기소유예) 등 이러한 사건을 겪을 때마다 나는 또 한 단계 올라선 배움과 깨달음을 경험했다.

돌이켜보면 경찰서, 검찰청, 재판정, 심지어 계엄령 치하의 군사 재판 등을 거치면서 나는 자극받고 배우고 터득했다. 억만 년 갈 것 같던 군사독재정권도 그들 스스로 총질하며 삐걱대더니 끝내는 무너지고 말았다. 그렇다. 모든 사건 현장 속에 살아남은 것은 권력이나 돈이 아니라 사람들이었다. 역사는 사람들이 원하는 방향으로 흘러가고 흘러왔다. 역사는 결코 돈과 권력이 지배하는 것이 아니다. 역사는 역사학자 이기백 교수의 역사관대로 왕족사가 아니다. 역사는 백성사이다. 역사는 그래도 고난당하고 희생당한 사람들의 편이다. 그들의 꿈틀거림이 바로 역사이다.

우리 모두 스스로 두 발로 똑바로 서서 겸손히 우리의 올바른 평화를 추구해 나갈 때 우리도 그 언제인가 반드시 손에 손잡고 함께 살아갈 날이 속히 오리라 믿는다. 역사는 사람들의 것이기에 말이다. 이것이 내가 믿는 하나님의 은혜요, 섭리이다.

에필로그

그는 외치지 아니하며 목소리를 높이지 아니하며 그 소리로 거리에 들리게 아니하며 상한 갈대를 꺾지 아니하며 꺼져가는 등불을 끄지 아니하고 진리로 공의를 베풀 것이다.(이사야 42:2-3)

내가 하나님의 종으로 사는 동안 이 성경 구절처럼 목소리를 높이지 않고 살아왔는가 하고 생각해본다. 세상을 살아오면서 나는 배운 대로 함부로 나서지 않고, 최대한 나의 목소리를 높이지 않으려고 노력했다. 모든 현장에서 억눌린 사람들, 가난한 사람들로 하여금 스스로의 목소리를 내게 하도록 노력했다. 그 길에서 상한 갈대를 꺾지 아니하고, 꺼져가는 등불을 끄지 않으려고 했다. 내가 그동안 배우고 닦아 온 것은 가난한 사람들이 그들 스스로 일어설 수 있도록 풀무질하는 것에 있다고 지금도 확신한다.

며칠 전 추석을 앞두고 조카들과 벌초를 다녀왔다. 선산에 모신 부모님과 형님의 묘소를 찾아 웃자란 풀을 다듬고 주변을 정리했다. 앞으로 내가 살아갈 날들은 이제껏 펼친 일들을 정리해 나가는 시간일 것이다. 내가 회고록을 쓰게 된 것도 그중 하나이다. 나는 한사코 아무것도 남기지 않으려고 했다. 하지만 후배들을 비롯한 여러 사람의 독려로 시작한 이 일을 통해 지난 내 삶을 반추할 수 있는 귀한 시간을 얻게 되었다.

여러 자료를 찾아 정리하고, 메모하고, 글을 쓰면서 나는 내가 만난 시간, 사람, 현장, 사건들과 다시 만날 기회를 얻었다. 어쩌면 그것은 책 한 권으로는 모두 담아내지 못할 일일지도 모른다. 하지만 내가 경험한 그 사람들, 그 현장들, 그 사건들의 이름을 다시 불러봄으로써 그 이야기와 그 역사가 다시 현재진행형으로 살아가기를 바랐다.

지난 태풍에 거목이 쓰러진 것을 보았다. 오랜 세월을 견뎌온 나무가 비바람에 꺾인 것을 보니 안타까운 마음이 앞섰다. 그렇지만 그 쓰러진 자리에는 새로운 싹이 돋아날 것을 믿는다. 어쩌면 그 나무가 내어준 자리 덕분에 새 생명이 자랄 수 있는 환경이 만들어지는 것일 수도 있다. 그것이 바로 자연의 이치이다. 내가 떠난 자리에도 새로운 사람과 새로운 일이 생겨날 것이다. 그것이 바로 인생의 이치이다. 내가 정리한 이 책이 그 새로운 사람과 새로운 일에 도움이 되기를 바란다. 커다란 나무가 쓰러질지언정, 그 땅의 밑거름으로 쓰이듯이 말이다.

팔순의 나이에 이르고 보니 내가 지금껏 살아온 것은 많은 사람의 기도와 도움이 있었기에 가능했다는 사실을 깨닫는다. 특히 내 삶을 더듬어 올 수 있었던 것은 최성균 회장, 진산전 장로, 손학규 대표, 이해학 목사, 박종렬 목사, 나상기 씨, 천영초 씨, 구창완 목사, 황인숙 씨, 이철용 전 의원, 오영식 목사, 최종덕 씨 등(무순)이 각각 오래전에 남긴 자료, 사건 진술 등이 있어서 가능했다. 이 책이 세상에 나오게 된 배경에는 안재웅 목사, 김영주 목사, 윤길수 목사의 자극과 배려가 있었기에 가능했다. 이에 감사를 드린다. 아울러서 출판위원장을 맡아주신 안재웅 목사에게 진심으로 감사를 드린다.

가족에 대한 고마움도 빠뜨릴 수 없다. 나는 가족을 제대로 돌보지 못하고 살아왔기에 아내를 비롯해 딸과 아들에게 늘 미안한 마음이다. 1970-80년대 어려웠던 그 시절에 모두 그러했듯이 나도 가정적일 수 없었다. 그런데도 아내는 일을 하면서도 두 아이를 잘 키워내고, 우리 가족을 잘 지켜주었다. 이제라도 용서를 빌면서 항상 고마운 마음으로 살아가려고 노력하고 있다. 그 당시 나는 아이들과 놀아주고 돌봐주기는커녕 집에도 들어가지 못할 때가 많았다. 지금 생각해보면 그런 나 자신이 밉기도 하고 어이가 없기도 하다. 그런데도 아이들은 잘 자라주었고, 지금은 행복한 가정을 꾸려 주신 생명들을 잘 키우며 살아가고 있다. 두 아이를 생각하면 자랑스럽고 고마운 마음뿐이다.

끝으로 나의 말솜씨, 글솜씨 등이 모두 엉터리인데도 불구하고, 나를 추슬러주고, 채근해주고, 또 끝까지 정리해준 이영란 작가에게 고마움을 전한다.

부록 1

한국교회사회선교협의회 세미나 보고서

노동 문제의 현안에 대한 우리의 견해

일시 : 1981년 2월 10-11일

장소 : 수원 크리스찬아카데미 사회교육원

주최 : 한국교회사회선교협의회

후원 : KNCC, 도시농촌선교위원회, 가톨릭정의평화위원회

본 보고서는 근로자들과 비교적 가까이 접촉하고 있는 선교 실무자의 입장에서 노동 문제의 당면 현안이 무엇이며 동시에 해결방안은 무엇인가를 밝히기 위하여 지난번에 개최된 사회선교 세미나의 내용을 중심으로 하되 실행위원회에서 이를 보완하여 작성된 것이다. 우리의 관심은 일시적인 현상에 대한 단순한 비판에 있는 것이 아니라 그것을 넘어서서 국가적이고 장기적인 안목에서 진정한 평화를 추구하는 데에 있다.

노동 문제는 단순한 노동 문제로 국한될 수 없다. 그것은 인간의

문제요, 전 국민적 경제 문제이며 아울러 사랑에 토대를 둔 하나님의 공의의 실현과 관련된 문제이다. 따라서 이 보고서의 참뜻은 하나님의 공의라는 선교적 차원에서 교회의 입장을 밝힘으로써 기독교인의 신앙 양심에 충실하고자 하는 데 있다.

목차

  1. 노동법 개정에 대하여
    1) 노동법 개정의 취지 및 특징
    2) 제삼자 개입 금지
    3) 전근대적 노사관계의 강화
      (1) 산업별 노조의 기업별 노조에로의 전환
      (2) 노동조합의 약화
      (3) 노사협의회의 활성화
    4) 행정력 개입의 강화
    5) 근로기준의 악화
    6) 단체행동권의 지나친 규제
    7) 노동법 개정에 대한 평가
  2. 임금정책에 대하여
    1) 임금정책의 중요성
    2) 생계비와 임금실태
    3) 임금과 수출경쟁력과의 관계

4) 임금과 노동생산성과의 관계

　　5) 임금정책의 방향

3. 청계피복 근로자 농성사건에 대하여

4. 해고근로자 복직 문제에 대하여

5. 교회선교단체에 대한 불온시 및 탄압에 대하여

6. 기업의 근로자 감원사태에 대하여

7. 근로자를 상대로 한 순화교육에 대하여

8. 사업장 정화위원회에 대하여

9. 국가보위에 관한 특별조치법에 대하여

1. 노동법 개정에 대하여

　본 세미나에서 참석자들은 먼저 정부의 개정안 제안 이유를 검토한 후 노동관계법을 개정 전의 법과 비교하면서 법 개정의 성격과 내용을 검토하였다. 참석자들은 이러한 과정에서 새 노동관계법이 일부 개선된 반면, 상당히 많은 부분에 있어서 그대로 실행되거나 혹은 남용될 경우 심각한 문제를 야기시킬 것이라는 점을 깊이 토론하였으며, 현 노동관계법 개정의 필요성을 광범위하게 논의하였다.

　노동관계법에 대한 상세한 검토는 노동법 관계학자나 전문기관에서 보다 깊게 다루어야 할 문제이므로, 여기서는 노동관계법 중 세미나에서 중요하게 논의된 부분 및 개정의 필요성이 제기된 부분 등을 중점적으로 다루고자 한다.

1) 노동법 개정의 취지 및 특징

정부는 노동법의 제안 이유를 노동조합 조직 운영상의 불합리와 미비점을 개정 보완하여 노동조합이 조합원의 총회에 의하여 민주적으로 운영되도록 하고, 근로조건의 유지개선과 조합원의 경제적·사회적 지위향상이라는 본연의 임무를 다할 수 있도록 함으로써 노동자의 복지증진 및 경제사회의 안정에 기여코자 함에 있다고 밝히고 있다. 요컨대 기업 내 종업원 관계를 전제로 한 노사관계를 확립하고 조직과 운영에서의 국가 감독을 철저히 하여 근로기준의 안정 및 현실화를 기하려는 데 그 목적이 있다 하겠다. 그리하여 이번 법 개정의 특징을 살펴본다면 다음과 같이 말할 수 있을 것이다.

(1) 산업별 노조 형태를 기업별 노조로 전환시키고, 노동조합을 약화시키는 대신 노사협의회를 활성화하여 전근대적 노사관계를 강화하고자 했다는 점

(2) 노사 당사자 간의 관계를 무시하고 행정력의 개입강화를 통해 정부 주도형의 노사관계를 확립하고자 했다는 점

(3) 분쟁을 극단적으로 억제하는 한편 사회여론화를 통한 합리적 해결을 배제하고 관 주도로 해결방식을 일원화했다는 점

(4) 근로기준을 완화했다는 점

(5) 과거의 1년 이하를 5년 이하로 벌칙을 크게 강화하여, 위반했을 경우 중형을 언도할 수 있도록 했다는 점

그리하여 근본적으로 이번 노동법 개정은 기업의 편의와 치안유지라는 차원에 입각해 있다고 말할 수 있다.

2) 제삼자 개입금지

노동조합법 제12조 2항, 노동쟁의 조정법 제13조 2항, 노사협의회 제27조는 노동조합의 설립과 해산, 가입과 탈퇴, 단체교섭, 쟁의행위, 노사협의회운영에 영향을 미칠 목적으로 개입할 수 없도록 하고 특히 쟁의행위에 개입할 경우 5년 이하의 징역 또는 1천만 원 이하의 벌금에 처하도록 되어 있다.

이러한 조항은 세계입법상 그 유례를 찾아볼 수 없는 예로서, 노동 문제의 발생이 외부 세력의 개입에서 오는 것이 아니라 저임금 등 열악한 근로 조건에서 오는 것이라는 점을 생각할 때, 이 조항은 애당초부터 문제를 잘못 파악하고 있는 데에서 비롯되지 않았나 생각된다.

노동관계법이 만들어진 과정을 더듬어 보면, 자본주의 성립 이후 노사 간의 불평등한 관계가 조성되자 근로자들의 자신의 권익옹호 및 이익실현을 위한 노동운동이 발생하게 되고 이로 인한 사회적 여론에 의해 법적 보장이 뒤따르게 되었다는 점을 알 수 있다. 이렇게 볼 때 근원적으로 노동 문제는 사회적 여론과는 불가분리의 관계에 있는 것이라고 할 수 있다. 그리하여 노동 문제는 그 성격상 노사 당사자 간의 문제로 끝나는 것이 아니라 국민경제적 문제이며 사회구조적 문제이고 보다 근원적으로는 인간의 문제인 것이다. 특히 한국과 같이 자본주의 경제가 상당히 발전하여 천만에 가까운 노동자계층이 존재하는 나라에서는 온 국민의 문제라 할 수 있다.

따라서 노동 문제는 노사 당사자뿐만 아니라 정부, 언론, 정당, 사회단체, 교회, 여성단체 등 사회 각 분야의 참여하에서 형성된 사회적 여론에 의해 결말지어질 때에만 합리적 해결이 가능한 것이며 또한 비로소 산업평화를 기할 수 있는 것이다.

따라서 노동 문제에 관한 사회 각 분야의 관심과 참여는 지극히 당연할 뿐만 아니라 필수적인 요소인 것이다.

그럼에도 불구하고 현행법에 의하면 해당 근로자와 사용주 그리고 법률로서 정한자를 제외하고는, 이를테면 언론, 학자, 정당, 교회, 법조인, 민간단체 등 어떤 사람도 노사문제에 개입할 수 없게 되어 있다.

최근의 사례에 의하면 과거 계엄하에서 중앙노동위원회가 계엄사령부, 국보위까지도 개입해서는 안 되는 "제삼자"로 해석을 내린 바 있다. 그런가 하면 최근에 기업금융단이 임금동결안을 낸 바 있는데 이 점도 엄격히 말하면 제삼자 개입으로서 현행법을 위반한 것이라 말할 수 있는 것이다. 이렇듯 제삼자 개입금지는 제삼자의 범위 규정이 불가능하기 때문에 형평의 원칙을 지켜 법을 적용한다는 것 자체가 원칙적으로 불가능한 것이다.

그런데 노동관계법 개정 당시 신문에 보도된 해설기사에 의하면, 이러한 조항은 동일방직, YH 사건 등에서 비롯되었으며 제삼자는 주로 산업선교를 중심으로 한 종교단체를 지칭하는 것이라고 한다. 만일 이러한 해설기사가 사실이라고 한다면 이 조항들은 교회의 선교 활동에 대한 중대한 침해를 의미하는 것이 될 것이다. 왜냐하면 교회에 나오는 근로자가 신부 혹은 목사에게 억울한 사정을 호소했을 때 성직자가 억울한 근로자의 문제 해결을 돕는 것이 불가능해진다면 그 법은 기독교 복음의 진수 그 자체를 부정하는 것이 되기 때문이다.

종교인에게 있어서 하나님의 법은 세상의 법에 우선하는 것이기 때문에, 기독교인이 법에 저촉된다고 하여 억울한 근로자의 호소를 외면하고 사랑의 실천을 유보한다면 그 사람의 신앙적 자세는 의심받아 마땅한 것이 될 것이다. 따라서 이 법조항은, 사회의 다른 분야와도 마찬가지겠지만, 특히 교회와 심한 마찰을 불러일으킬 수밖에 없도록 되어 있다는 데에 심각한 문제점이 있다. 그러나 더 심각한 문제는 교회와의 관계보다 더 근본적인 데 있다.

중재 및 감독기관들이 그동안 공정한 입장에 서 있지 않았고 앞으로도 그렇게 될 보장은 전혀 없는 것이기 때문에 근로자가 억울한 일이 생겼어도 아무 곳에도 호소할 길이 없을 때 근로자는 훨씬 더 큰 좌절감에 빠지게 될 것이다. 이러한 좌절감이 일반화될 때 근로자들은 최후의 보루로써 보다 과격한 방법에 호소하게 될 것이고 계급투쟁적 견해를 자신의 견해로 취하게 될 위험성이 크게 증대되는 것이다.

우리는 근로자들이 자신의 문제를 합리적이고 평화적인 방법으로 해결할 수 없을 때 과격한 방법을 취하였다는 사실을 잘 알고 있다. 따라서 사회 여론을 통한 평화적인 문제 해결 방법을 차단하는 것은 국가안보와 산업평화에 심각한 위협이 될 수 있는 것이다.

제삼자 개입 문제와 관련이 되는 조항으로서 노동쟁의조정법 제12조 3항은 근로자가 사업장 이외의 장소에서 쟁의행위를 할 수 없도록 하고 있다. 이 조항은 헌법상에 명시된 단체행동권을 제약한 조치이며 근로자가 자신의 억울한 사정을 교회나 혹은 타 단체에 호소하는 행위를 금하는 것이 된다. 만일 타 장소에서의 쟁의로 인한 부작용이 발생한다면 이러한 문제는 사회 여론에 의해 자율적으로 규제할 성질의 것이지, 법적 규제를 필요로 하는 것은 아닐 것이다.

사업장 내에서의 쟁의가 근로자에게 납득이 갈 수 있는 합리적인 방법으로 해결된다면 타 장소에서의 쟁의는 있을 필요도 없는 것이며 반대로 근로자의 불만이 전혀 해소되지 않았다고 하면 어떤 법적 규제조치가 있다 하여도 그 조치는 실효를 얻지 못하게 될 것이다.

모든 쟁의행위는 사전에 주무관청의 조정을 받도록 한 국가보위법도 노동쟁의의 발생을 방지하지 못하였다고 하는 과거의 경험이 이를 충분히 입증하고 있는 것이다.

3) 전근대적 노사관계의 강화

현행법은 산업별노조를 기업별노조로 전환시키고 노동조합을 크게 약화시키는 대신 노사협의회를 활성화하여 전근대적 노사관계를 확립함으로서, 근대적 노사관계로의 발전을 외면하고 있다는 점에서 또 하나의 중요한 특징을 찾을 수 있다.

⑴ 산업별노조의 기업별노조에로의 전환

노동조합법 제13조에 의한 노동조합의 설립요건 강화 및 동법 제33조의 단체교섭 담당자 위임금지 및 허가제는 산별노조의 실질적인 기능을 부정하고 기업별노조로 일원화시킨 것이며 청계피복노조와 같은 지역지부조차도 인정하지 않는 것이다. 노동조합의 조직형태를 법으로 규정하고 단체교섭 담당자의 위임을 금지한 사례는 세계에서 그 유례를 찾아볼 수 없는 일이다. 원래 노동조합은 자유롭게 조직될 수 있어야 하는 것이며, 단지 법적인 특혜를 받을 수 있는 자격요건만을 규정하는 것이 입법통례이다. 이러한 점에서 노동조합과 노동 문제의 본질을 근본적으로 무시하였다고 말할 수 있다.

근로조건과 임금이 기업별로 결정되는 것은 60년대 초라면 몰라도 요즈음처럼 노동시장의 횡단화가 보편화되고 있는 상황에서는 국제적 추세에 역행하는 것이며 따라서 기업별노조에로의 환원은 오히려 사회 혼란을 가중시킬 소지가 있는 것이다. 기업별노조를 기본으로 하고 있는 일본의 경우에조차 춘투(춘계임금인상투쟁)를 통하여 산업별이나 지역별로 단체교섭을 진행하고 있는 것이 현실이다. 따라서 기업별노조는 교섭력의 약화를 초래한다는 점에서 근로자에게 불리할 뿐만 아니라 정부나 기업주에게도 결코 도움이 되지 않는 제도인 것이다.

⑵ 노동조합의 약화

노동조합법 제13조 및 39조 2항 삭제로 인한 설립요건의 강화, 동법 19조의 총회 결의요건 강화, 동법 제23조의 임원자격제한, 동법 제33조의 단체교섭담당자 위임금지, 동법 제35조의 임금을 제외한 단체협약의 3년 유효기간 설정 등은 교섭력을 크게 약화시키며 설립요건을 까다롭게 함으로써 노동조합의 힘을 약화시키고 있다.

특히 동법 제13조로 인해 청계피복노조와 같은 지역지부가 해산되어야 하고 미용사, 이발사, 요식업소 종업원 등에게도 직종별 노동조합을 결성할 수 있는 길이 막히게 되었음은 중대한 문제이다.

노동조합법 중 제17조의 서류보존, 동법 제23조의 2개 이상 전임금지조항은 노조활동을 공개하고 노조지도자의 부패 요인을 제거하였다는 점에서 환영할 만한 일로 평가할 수 있겠으나, 제13조의 경우는 그 시행과정에서 노동조합 신고제의 한계를 넘어서 사실상 허가제가 될 우려의 소지가 있다.

(3) 노사협의회의 활성화

이번 개정법에서는 종전의 노동조합법 제6조를 노사협의회법으로 개정하여 조문은 많아지고 체계도 방대해졌으나 동법 제21조의 기업공개에 관한 사항을 제외하면 내용상의 특별한 변화는 없는 편이다. 이번 노사협의회의 강화가 내포하고 있는 문제는 법 자체보다는 법 제정의 취지에 있다 하겠다. 원래 노사협의제는 노동조합의 교섭력을 기반으로 단체협약을 실현하고 그 전제 위에서 노사협의체를 도입하는 것인데, 우리나라의 경우 노동조합을 약화시키면서 생산성의 향상을 강구하려는 방안으로 도입되었다고 하는 데에 큰 문제가 있는 것 같다. 요컨대 친권적 노사관계의 강화에 그 제정취지가 있는 것이다.

노사협의회법이 아무리 잘 되었다 하더라도 노동자의 교섭력이 미약한 상태에서는 대등한 노사협의가 불가능한 것이다.

4) 행정력 개입의 강화

현행법은 또한 노사 당사자 간의 자율적인 교섭 기반을 약화시키고 행정력의 개입을 강화하여 일원화된 행정체계를 통한 정부 주도의 노사관계를 모색하고 있다.

금번 개정된 노동관계법 전체를 통하여 관의 개입, 조정기능이 크게 강화되었다. 그중에서도 특히 노동조합법 제34조의 경우, 행정관청은 단체협약 중 위법이거나 부당하다고 생각되는 내용을 노동위원회의 결의에 의해 변경 혹은 취소를 명할 수 있도록 되어 있다.

이러한 단체협약 내용 변경권은 노사 간의 자율적 교섭 기반을 근본적으로 약화시키는 것이며 산업질서의 근본을 뒤흔들어 놓는 것으로서 헌법에 명시된 단체교섭권 자체를 부정하는 것이 아닌가 하는 문제를 제기하고 있다.

산업 질서의 안정은 당사자 간의 협약을 근간으로 한 당사자주의를 존중함으로써 이루어질 때 타당한 것이며 노사 간의 문제는 이를 표면화시켜서 사회적 양식에 의해 조정, 해결하는 것이 가장 바람직한 것이다. 이 경우 정부는 어디까지나 중립을 지켜야 하는 것이 노사관계의 절대적 요청이다. 그럼에도 불구하고 정부 개입 강화는 정부가 반드시 견지해야 할 공정성을 상실하게 될 위험을 크게 증대시켰으며, 이로 인해 근로자 노사 문제의 결과에 불복할 경우 정부당국을 향해 공격의 화살을 퍼붓게 되어 사회적 불안을 가중시킬 위험도 함께 증대되었다고 볼 수 있다.

5) 근로기준의 악화

이번 법 개정의 다른 하나의 특징은 근로기준의 악화에서 찾을 수 있다 하겠다. 즉 근로기준법이 우리의 현실에 맞지 않는다는 기업인들의 불평을 받아들여 기업 편의를 도모하였다는 데에서 그 특징을 볼 수 있다.

즉 근로기준법 제28조의 퇴직금 지급율 차등제 폐지는 사실상의 임금인하를 초래하게 되었으며 동법 제42조의 1주 48시간 이내의 범위에서의 근로시간 연동제의 경우, 한국의 임금구조가 기본급은 형편없이 적고 특근수당, 잔업수당 등에 의해 간신히 생계를 연명하는 경우가 보편적이기 때문에, 연동제가 실시되면 기업의 편의에 따라 잔업시간을 대폭 줄일 수 있으므로 실질적인 인금인하를 초래하게 될 위험이 크다. 따라서 근로기준의 커다란 악화를 가져오게 되었다.

근로기준법 제30조의 임금채권 우선순위 향상과 제31조의 도급사업에서의 직상수급인의 연대책임 부분이 근로기준 향상으로 인정될 수 있으나 문제되는 기업의 경우 거의 다 저당 잡혀 있으므로 질권, 저당권, 다음의 제3순위가 실효를 갖기 어려운 것이며, 연대책임에 있어서도 귀책사유가 없을 때는 책임을 지지 않으므로 실효성이 없는 것임을 지적하고자 한다.

다만 법 해석의 문제가 있었던 것을 이번에 어느 정도 정비하게 되었다는 점에서는 의의를 찾을 수 있다 하겠다. 또 한 가지, 근로기준법 자체는 아니지만 동법 시행령 개정안에 따르면 개정령 제10조에서 범법행위를 하여 형사상 소추를 받은 자와 고의 또는 중대한 과실로 사업의 위신을 추락시키거나 사회적 물의를 일으킨 경우, 기타 사회통념상 근로를 계속할 수 없다고 인정되는 경우 등을 근로자의 귀책사유로 명시하고 있다. 죄의 유무와 관계없이 형사상 소추만으로도 귀책사유가 된다는 점, 또 사회통념상 근로를 계속할 수 없다고 하는 경우 그 사회통념의 기준이 대단히 모호함으로 인해서 그러한 경우들은 근로자에 대한 심각하고도 직접적인 권익침해라고 말할 수밖에 없다.

6) 단체행동권의 지나친 규제

노동쟁의 조정법을 검토해볼 때, 동법 제4조, 제12조의 방위산업체까지의 쟁의행위금지, 제12조 3항의 사업장 이외에서의 쟁의행위금지, 제14조의 냉각기간 연장, 제20조의 알선기간 연장, 제47조의 벌칙 강화 등으로 쟁의행위를 극단적으로 억제하고 있다.

방위산업체의 경우에는 그 범위가 넓기 때문에 의외로 많은 기업체에서 쟁의가 불가능해진다. 이를테면 금속계통 사업체의 경우, 방위산업이 아닌 업체가 드문 형편이다. 냉각기간, 알선기간의 연장도 노조에게 불리한 변경이지만 여기서 아울러 지적된 점은 이러한 연장이 노사 간의 불안기간을 연장시키는 좋지 않은 결과를 가져온다는 점이다.

외국의 경우 노사 간에 문제가 발생했을 경우 기업주 측이 오히려 쟁의를 유도시켜 이를 신속히 해결함으로써 근로자가 승리감을 가지고 적극적인 노사협조와 생산성 향상을 위해 노력하도록 하고 있는 점과 비교해볼 때 너무도 큰 차이를 느끼게 된다.

요컨대 노동자들의 단체행동권은 그들의 권익을 보장하기 위한 최후의 수단이며 기본권에 속하는 것임을 절실히 자각해야 한다.

7) 노동법 개정에 대한 평가

노동법 전체를 검토할 때 결국 이번 법 개정의 취지는,

(1) 언론기본법, 집회 및 시위에 관한 법률, 국가보안법 등 국가보위 입법회의가 행한 일련의 입법조치와 같은 성격을 갖는 것으로 정치적·사회적 안정을 위한 기초 작업이라는 인상이 짙다는 점
(2) 근로기준법 완화, 기업별 조합 등 기업의 편의에 적합하도록 수정한 점
(3) 해석상의 혼돈을 배제하기 위해 조문을 분명히 한 점 등에 있는 것으로 말할 수 있다.

원래 노동 문제는 노동시장에서의 공급·수요관계, 노사 간의 교섭력정도, 법제도상의 뒷받침 등 세 가지 함수관계에 의하여 해결되는 것인데 금 번의 법 개정은 노동 문제를 법으로만 규제하려고 했다는 점에서 상당히 단순하고 모모한 처사였다고 보여진다.

이번의 법 개정은 후진국 노동법의 기본 성격을 전형적으로 반영한 것으로서, 입법의 선언적인 효과를 갖는 선진국형과는 달리 근로자의 자각과 조직 그리고 훈련이 부족한 상태에서 노동운동과는 관계없는 다른 목적에 의해 제정된 후진국형의 예라고 말할 수 있을 것이다. 법 개정이 당국이 의도하는 바 사회 안정과 경기부양대책이라는 차원에서 요청된다는 점을 인정한다 하더라도 이는 어디까지나 노사 간의 형평의 원칙하에서 노동자의 권익과 지위가 향상되는 범위하에서 추구되었어야 마땅할 것이다.

그럼에도 불구하고 제삼자 개입금지, 행정력 개입강화 등의 조치가 취해짐으로 인해 앞으로 노동조합의 일방적 약화를 초래하고 노사관계의 자율적 기반을 약화시키며 결과적으로 노동자의 권익이 침해되고 노사 간의 불균형이 심화될 것으로 예상된다.

그 결과 한편으로는 기업의 극심한 횡포를 야기시키고 다른 한편으로는 사회적 불만을 팽창시켜 극한적 대립과 사회 불안의 심화를 초래할 것이 분명하다고 말할 수 있을 것이다. 노동 문제를 치안의 차원에서만 파악하는 태도는 단기적으로는 어느 정도 효과를 볼 수 있겠지만 과거 YH사건이나 사북사태의 경험에서도 알 수 있듯이 장기적으로 얼마마한 효과를 발휘할 수 있을 것인가는 의문이 아닐 수 없다.

따라서 우리는 이번 법 개정이 장기적인 사회 안정과 국가안보에 큰 위해를 끼칠 것이며 오히려 계급투쟁적 노사관계를 야기시킬 위험을 크게 내포하고 있음을 진지하게 지적하고자 한다. 아울러 지적하고 싶은 점은 현행 노동법이 현재 당국이 추구하고자 하는 민주복지국가의 개념과도 전혀 배치되고 있다는 점이다.

사회복지는 민주적 노동운동의 육성과 자율적인 노사관계의 토대 위에서 실현되는 것이라는 점은 이미 세계 역사가 입증하여 주고 있는 바이다. 민주복지국가의 개념이 단순한 이데올로기가 아니라 실질적인 내용을 확보하고자 한다면 그것은 민주적 노동운동의 기반위에 서는 것을 전제로 할 때만 가능할 것이다.

끝으로 1938년 미국이 경제 불황기에 처해 있어서 노동자들이 억울한 일을 당하고 학대받을 때에 미국교회가 발표한 선언문을 아래에 소개함으로써 노동 문제에 대한 교회의 입장을 다시 한 번 확인해 보기로 한다.

미국 노동조합운동은 첫째, 굶주린 영혼에 자극을 주었다. 노동조합은 강력한 사회정의구현을 위해 싸워왔으며 이러한 싸움은 인간을 위한 일로서 영적인 일의 하나이며 명예스러운 일이고 인간의 깊은 요구에 만족을 주는 일이기 때문에 교회는 노동조합운동을 적극 지지해야 한다.

둘째로 실업과 저임금 그리고 나쁜 근로조건은 육체적인 면에서뿐만 아니라 영적으로도 부도덕한 일이다. 정의를 위해 다른 사람과 협력하는 것은 인격자로서 마땅히 해야 할 일이며 더 나아가서는 민주사회의 한 부분에 만족스럽게 참여하는 일이므로 교회는 이 운동에 적극 참여해야 한다.

셋째, 노동운동은 근로조건의 개선과 생활수준의 향상을 도모하고 또 직업의 위험이나 연소자, 부녀근로자들의 과도노동을 보호하려는 것이기 때문에 교회는 이들의 활동을 지지하고 협력해야 한다.

넷째, 노동운동은 상호 간의 협력을 통해 더 나은 인격자로서의 모습을 보여준다는 면에서 이는 바로 하나님이 원하시는 바라는 사실이다. 그러므로 교회는 노동조합운동에 적극적인 찬사를 보내며 지원하여야 할 것이다.

2. 임금정책에 대하여

1) 임금정책의 중요성

임금은 근로자 개인에 대해서뿐만 아니라 국민경제나 사회 전체에 대해서 중요한 영향을 미친다는 견지에서 국민경제 운용상의 주요과제가 되어왔음은 숨길 수 없는 사실이다. 특히 79년 이래 계속된 국민경제 침체 상황을 반영하여 해마다 연례적으로 있어온 임금논쟁이 80년 상반기에는 한층 더 가열된 일면이 있었을 뿐만 아니라 임금인상을 둘러싼 노사 간의 의견 차이는 근로자의 집단 항의, 농성 등의 치열한 대립으로까지 나타났다. 따라서 현재의 임금 문제는 국민 개개인의 생활 문제와 아울러 전체 경제의 방향, 산업평화 등과 직결된 매우 중대한 문제가 되고 있고, 또한 이 중대성과 비례해서 임금 문제를 둘러싼 의견 역시 다양하게 제시되고 있는 형편이다.

노동을 제공하는 근로자의 입장에서 보면 임금은 노동력의 대가, 즉 생활의 기본 원천으로서의 소득임과 동시에 사용자 측에서는 생산요소의 구입에 따른 비용이란 점에서 그 개념상에서부터 노사 간의 대립을 전제하고 있다.

거기다가 우리나라의 경우 71년의 "국가보위에 관한 특별조치법"에 의한 단체교섭권의 제약과 노동조합이 가지는 기업별 조합의 특성으로 말미암아 노사대등의 정상적인 교섭기능을 갖지 못하고 있는 사정을 감안한다면 임금결정에 미치는 정부 정책의 영향은 매우 큰 것이다.

따라서 정부의 임금정책은 노사 당사자 간의 대등한 교섭과 합의를 존중하면서 공정하고 합리적인 선에서 제시되지 않으면 노사 간의 관계에 있어서 근로자의 일방적 희생이나 기업주 측의 우위를 초래함으로써 오히려 악영향을 미치게 될 것이다.

그런데 현재의 임금에 관련된 주장들을 보면 사용자들은 76-78년의 실질임금 상승률이 노동생산성을 능가함으로써 임금코스트가 높아졌으며, 이로 인해 동남아 경쟁 상대국에 비해 수출경쟁력이 약화되고 있고 지나친 임금상승이 물가를 자극한다는 논리하에 임금의 소폭인상을 주장하고 있으며 정부 역시 80년 하반기에 마련한 경제운용 계획에서 10% 내지 15% 선으로 임금의 억제방침을 세우고 금융단을 통하여 정부의 임금 가이드라인을 준수하지 않는 기업체에 대해 융자중지 등 금융상의 불혜택을 강제하고 있다. 그러나 노동조합은 폭등하는 물가로 인해 임금의 실질 가치가 오히려 감소하는 형편에 있으며 생계비에도 미치지 못하는 저임금 실태를 감안하면 대폭적인 임금인상이 불가피하다고 주장하고 있고, 물가상승과 생계비의 대폭적인 증가를 무시한 채 인금만을 일률적으로 억제하려는 기업과 정부의 처사는 근로자에게만 일방적으로 희생을 강요하는 부당한 처사라고 논박하고 있다.

2) 생계비와 임금실태

앞에서 언급한 바와 같이 임금은 근로자의 유일한 생계수단이며 노동력 재생산의 원천이다. 따라서 임금은 근로자의 문화적인 생활은 아니더라도 최저의 생계비는 충족되어야 한다는 것이 임금결정의 중요한 지침이 되어야 하며, 이에 따라 세계 여러 나라에서도 최저임금제를 채택하고 있는 실정이다.

그런데 한국노총이 조사 발표한 이론생계비에 따르면 5인 가족의 월 이론생계비는 1980년 10월 현재 369,000원에 이르고 있다. 그러나 경제기획원이 조사한 1980년 3/4분기 도시근로자가구 소득계층별 가구 분포를 보면 조사가구 중 82%가 노총이 집계한 이론생계비에 미치지 못하는 상태에 있으며, 보건사회부의 사회보장심의회가 설정한 동기간의 절대빈곤선 이하의 가구 수도 18%에 달하고 있다. 그리고 79년의 경우 월 이론생계비 10만 원 미만의 근로자가 전체의 56.1%에 달하고 있다.

이외에도 대한상공회의소가 80년 말 광공업체에 종사하는 생산 및 사무직 근로자 5,085명을 대상으로 실시한 '근로자 의식구조 조사보고서'에서는 "현재 가장 걱정스러운 것이 무엇이냐"라는 물음에 전체의 66.2%가 "물가가 오르는 데 비해 소득이 오르지 않는 것"이라고 응답하고 있다.

여기에서도 보는 바와 같이 물가상승에 따라 생계비는 증가하는 데 반해 임금의 정체가 이들의 실질소득을 감소시켜 서민경제에 커다란 위협으로 작용하고 있음을 알 수 있다.

3) 임금과 수출경쟁력과의 관계

임금이 상품 생산의 비용이란 점에서는 분명히 생산코스트에 영향을 미치고 또 수출경쟁력과 연관을 지니고 있는 것이 사실이다. 기업이나 정부의 임금규제론의 근거도 바로 상품(생산물)의 단위당 임금비용의 증가가 기업의 채산성을 악화시키고 또 상품의 국제경쟁력을 약화시킨다는 데에서 찾고 있다.

그러나 전문가의 분석에 의하면 단위당 임금비용의 증가율은 단위당 생산비, 즉 평균비용의 증가율과는 동일한 것이 아님을 알 수 있다. 예컨대 77년의 경우 제조원가 중에서 노무비가 차지하는 비중이 8.8%에 지나지 않았기 때문에 명목임금의 상승률이 15.8%로 계산될 때, 여타 조건이 일정하다고 한다면 이것이 평균비용에 미친 영향은 15.8%×8.8%로서 겨우 1.4%의 비용증가를 가져올 뿐이다.

특히 1980년 12월 말의 일간 경제신문의 보도에 의하면 사회경제협의회 자료에도 명목임금의 상승이 매우 높았던 76-79년에는 전체 물가인상 요인 중 명목임금의 기여도가 43.8%나 되었으나 80년에 들어서는 다시 10.3%로 하락하고 있음으로 밝히고 있다. 이에 반해 이 해에 물가인상을 주도했던 요인은 환율로서, 물가인상에 30%의 기여율을 보이고 있다.

　이상에서 보는 바와 같이, 임금인상이 수출경쟁력과 전혀 무관한 것은 아니라 하더라도 그 정도는 매우 미미한 것이며, 결코 경쟁력 약화의 주요 요인은 아님을 알 수 있다. 또한 임금상승이 노동생산성을 증가시킬 경우를 생각한다면 더욱 미미할 뿐만 아니라 저가품의 박리다매식의 수출은 이미 한계점에 도달했다는 점, 비가격면에서의 경쟁력이 중요하다는 점 등을 감안한다면 경쟁력의 강화를 저임금에서 찾기보다는 오히려 비교 우위 상품의 계속적인 개발 등의 적극적인 정책에서 찾아야 할 것이다.

4) 임금과 노동생산성과의 관계

　기업이 임금규제를 위해 제시하는 논거 중의 또 하나는 노동생산성 증가율을 능가한 실질임금 상승률로 인해 생산코스트가 급증하고 기업수지가 압박을 받고 있다는 것이다.

　그러나 설혹 실질임금 상승률을 노동생산성 상승률의 한도 내에서 결정지어야 한다는 논리가 타당하다고 하더라도 고도성장과정에서 근로자의 실질임금 상승률이 노동생산성 상승률을 초과한 해는 불과 76-79년의 3년뿐이라는 사실이다.

　경제개발 이후 꾸준한 명목임금의 상승으로 근로자들의 화폐임금이 증가해온 것은 사실이나 심한 인플레 속에서 임금 실질가치는 항상 노동생산성을 밑돌아 노사 간의 소득분배 구조상에서 근로자 소득의 개선은 거의 이루어지지 않고 있는 것이다.

이를 피용자보수비율을 통해 보면 경제성장과정에서 근로자의 수는 절대적으로나 상대적으로 현저히 증가했음에도 불구하고 국민소득 가운데 근로자의 임금이 차지하는 비율, 즉 피용자보수율은 크게 늘어나지 않았다.

고도 성장기에 해당하는 69-79년의 10년 동안 근로자의 숫자는 1.8배나 늘어났고 전체 취업자 중 근로자가 차지하는 비중도 69년의 38.0%에서 79년에는 47.7%로 9.7%가 늘어났음에 비해 국민소득 가운데서 피용자보수의 비중은 69년의 38.6%에서 79년의 46.3%로 7.7%밖에 늘어나지 않았다. 그 결과 피용자보수율(피용자보수/분배국민소득)을 피용자비율(피용자 수/전체취업자 수)로 나눈 피용자보수등가율은 69년 101.6에서 79년에는 97.1로 떨어지고 말았다. 이는 곧 근로자들의 임금이 다른 계층의 소득보다 적게 상승했다는 것을 뜻하는 것이며, 특히 여기서 말하는 피용자 속에는 소득이 상대적으로 매우 높은 고급 경영자, 고급 공무원, 관리자층, 고급 기술자 등이 모두 포함되어 있음을 감안한다면 일반 생산직 근로자의 임금수준은 현저히 낮은 것임을 알 수 있다고 한국노총은 분석하고 있다.

그뿐만 아니라 근년에 들어서는 높은 물가상승에 비해 낮은 수준의 임금상승으로 인해 실질임금은 오히려 감소하고 있는 형편이다. (80년 실질임금 상승률은 마이너스 6.2%이다.) 그리고 경영자 측이 주장하는 76-78년 사이의 높은 임금인상 역시, 이 기간의 임금상승을 주도했던 것이 대기업 상호 간의 경쟁에 의한 대졸사원이나 건설업 또는 수출산업의 기능공 스카우트 열풍이었기 때문에 일반생산 근로자의 실제 수입이 지표상의 상승률만큼 증대되었다고 보기는 힘들고 또 노조의 압력에 의해서 상승한 것이라고 볼 수도 없는 것이다.

그러므로 물가 및 수출경쟁력 약화의 책임을 임금인상에다 돌리려고 하는 것은 매우 설득력이 적은 주장인 것이다.

5) 임금정책의 방향

이상의 사실을 감안할 때 임금정책은 다음과 같은 방향에서 제시되어야 한다.

첫째, 임금은 생산에 참여한 근로자의 노동의 대가이므로 임금의 결정은 곧 생산의 결과로 발생한 잉여에 대한 사용자와 근로자의 분배에 관한 사항이다. 따라서 이는 무엇보다도 당사자 간의 합의를 존중해야 한다는 관점에서 정부의 지나친 개입은 오히려 노사관계의 당사자 원칙을 침해하고 정부와 국민 간의 위화감을 초래할 위험이 있다.

둘째, 높은 물가고 속에서 어려움을 겪고 있는 근로자들의 생활실태를 감안하고 그들의 생계를 보호하기 위해서는 최저생계비를 보장할 수 있는 수준의 임금이 최우선적으로 보장되어야 한다. 따라서 적정수준의 임금인상은 물론 이를 제도화하기 위한 최저임금제 및 임금의 실질가치 유지를 위한 물가와 임금의 연동제 실시가 요청된다.

셋째, 경제불황 속에 있는 기업의 사정을 감안하고 수출경쟁력을 제고하기 위해서는 별 효과도 없는 임금의 규제에서 그 방안을 찾을 것이 아니라 오히려 적정수준의 임금보장을 통해 근로자의 생산 의욕을 증대시키는 한편, 조세 및 금융상의 기업지원, 기술개발, 저임금에 의존했던 종래의 가격 경쟁 위주의 수출전략에서 고임금, 고능률의 품질경쟁 위주의 수출 전략으로의 전환 등 적극적인 정책이 모색되어야 할 것이다.

넷째, 영세근로자들을 생계 위협으로부터 보호하기 위하여 기초생필품값의 안정, 소득세율 조정, 소득세의 면제점 인상, 그리고 영세민을 위한 취로사업, 학비보조, 의료보험혜택 등의 공적부조사업이 절실히 요망된다.

적어도 이러한 조건이 전제되지 않는 한 임금규제는 근로자의 일방적인 희생만을 강요하는 결과가 될 것이다.

3. 청계피복근로자 농성사건에 대하여

청계피복 노동자들이 국제자유노련 한국지부 사무실에서 농성을 전개하다가 당국에 의해 해산 진압되고 노동자 2명이 3층에서 투신, 그중 1명이 척추가 부러져 하반신이 마비되었으며 근로자 11명이 구속되는 사건이 지난 1981년 1월 30일 자정에 발생하였다.

계엄령이 해제된 지 약 일주일 만에 발생한 노동사건으로, 특히 노동관계법 개정 이후 나타난 근로자의 첫 반응이라는 점에서 이 사건은 주목되고 있다. 본 세미나에서 이 사건은 심각하게 토의되었으며 여러 가지 문제점들이 논의되었다.

당국이 청계피복노조에 해산명령을 내리지 않았더라면 이번과 같은 불행한 사건은 일어나지 않았을 것이다.

금년 초에 서울시 당국은 노동조합법 32조에 의거하여 "공익을 해할 염려가 있는 노조"라는 이유에서 청계피복노조에 대하여 해산명령을 내렸고, 이어서 1월 22일에는 노조사무실과 노동교실을 강제 폐쇄시켰으며 1,500만원 상당의 노동조합비를 압수하였다.

그러나 청계피복노조는 고 전태일 씨의 유언을 받들어 조직된 한국의 대표적인 노동조합으로서 노동시간 단축, 임금인상, 작업환경 개선, 10인 이상 업체 퇴직금 지급제도 설치 등 근로조건의 개선과 각종 교육, 문화행사 및 복지후생활동을 전개해온 노동조합으로서 2만여 피복노동자의 권익옹호를 위해 그간 피나는 노력을 경주해온 조합으로 정평이 나 있다. 그렇기 때문에 노조 해산 소식이 접하여지자 기업주들의 고압적인 태도가 재연되고, 근로시간이나 퇴직금, 임금지급 문제 등에 있어서의 부당노동행위가 다시금 유발되고 있다고 한다. 이러한 사례들은 근로자들이 얼마나 노동조합을 사랑해왔으며 노조해산이 근로자들에게 준 아픔이 얼마나 큰 것인가 하는 것을 쉽게 상상케 해주었다.

노조해산은 근로자들에게 "인간답게 살고자 애쓰는 노동자의 권리를 무참히 짓밟은 것"으로 받아들여졌고, 다시 한 번 청춘을 바쳐가며 투쟁하도록 근로자들을 유도한 셈이 되어버렸다. 우리는 이번 사건을 당국의 노동행정이 매우 근시안적이며 문제의 본질을 파악하지 못하고 있음을 드러낸 사건이라고 본다.

노동 문제는 결코 강압적인 방법으로 해결될 수 있는 것이 아니며 근로자들을 치안의 대상으로 "다스리는" 태도가 오히려 사회적 불안을 야기시키고 있다는 점을 우리는 크게 우려하고 있다. 따라서 우리는 당국이 민주노동운동의 육성이야말로 노동자의 과격화를 막고 불안 요인을 해소시키는 것임을 인지하고 노동정책의 전환을 기할 때 비로소 산업평화가 가능한 것임을 역설하고자 한다.

　이번 문제를 정면으로 해결하지 않고 근로 감독관을 증원, 배치하는 것으로 끝내려고 한다면 이는 문제를 장기화하고 근로자들에게 또 하나의 응어리를 남기는 것일 뿐 결코 해결책이 될 수 없을 것이다.

4. 해고근로자 복직 문제에 대하여

　당국은 작년 5월 17일 이후 많은 노동조합 간부들로 하여금 사표를 제출하도록 한 바 있다. 대부분은 어용적이며 부패한 노조간부들로서 그간 유신체제하에서 사회적 지탄을 받아온 사람들이지만, 그 중에는 유신하의 어려운 상황하에서도 민주노동운동을 위해 신명을 바쳐왔던 노조간부들이 상당수 포함되어 있었다.

　또한 지난 80년 12월에도 원풍모방 노조간부 및 조합원 14명과 한일공업, 해태, 롯데제과회사의 조합간부 등 70여 명의 근로자들을 연행조사하고 이들 중 대부분으로 하여금 자의에 반하여 사표를 제출케 한 일이 발생하였다.

　어용적이고 부패한 노조간부로 하여금 사표를 제출케 한 사실은 이를 자율적으로 해결되도록 하지 않고 강제적으로 처리했다는 점에서 방법상의 문제가 있는 것이기는 하지만 국민에게 납득이 갈 만한 조치였던 것만은 분명한 사실이다. 그러나 동시에 그동안 사심없이 자기 회사의 근로자를 위하여 헌신해옴으로써 자기 회사는 물론 모든 사업체의 근로자들로부터 존경을 받아온 많은 사람들이 사실상 해고조치된 사실은 당국이 민주적인 노동운동을 불온시하거나 규제하는 증거가 된다는 점에서 문제가 되었으며 작년 12월 말의 대규모 해고조치는 이러한 문제점을 더욱 가중시켰다.

당국은 계엄이라고 하는 비상사태하에서 사회안정을 위한 불가피한 조치였다고 말할 수 있을지 모른다. 그러나 이러한 해고조치가 근로자들에게는 전혀 납득이 되고 있지 않으며 오히려 노동운동에 대한 탄압으로 이해되고 있으므로 이는 앞으로 사회불안의 불씨로 화할 소지가 많다는 점에서 우리는 이를 크게 우려하고 있다.

따라서 계엄이 해제된 이 시점에서는 근자에 정부가 표방하고 있는 대화합의 방침을 내실화하기 위해서 뿐만 아니라 산업사회의 안정을 도모하고 근로자로 하여금 정부에 대한 신뢰를 회복하도록 하기 위해서도 광범위한 복직조치는 빠질 수 없는 정부 정책이 되어야 한다고 생각한다. 아울러 이 기회에 그간 계엄하에서 본의 아니게 도피하고 있었던 근로자들이나 동일방직 등 과거 유신하에서 부당해고 되었던 근로자들에게도 면책 및 복직의 조치가 취해져야 할 것이다.

5. 교회 선교단체에 대한 불온시 및 탄압에 대하여

과거 YH사건 이후 산업선교가 각 매스컴을 통해 왜곡 보도된 이래로 아직까지도 산업선교 등 교회 선교단체를 불온시하는 경향이 정부와 기업뿐만 아니라 일반 시민에게까지도 팽배해 있는 것이 오늘의 실정이다. 물론 산업선교의 진면목이 사회에 전혀 알려지지 못했고 또한 알려지는 것이 허용되지 않은 상황에서 그러한 선입관은 불가피한 현상일지도 모른다. 근자에 와서 산업선교활동의 정당성이 하나씩 입증되어가고 있는 점은 불행 중 다행이라 하겠으나 아직까지도 사업선교를 불순시하는 문서가 나돌고 있으며 권력층 내부에서도 산업선교 등 사회선교 단체를 불순시하는 경향이 있음은 안타까운 일이다.

그뿐만 아니라 산업선교 회원이라는 이유만으로 근로자를 해고하는 사례가 현재까지도 끊이지 않고 있다. 이를테면 작년 10월 해태제과는 산업선교 회원 한 명을 해고했고, 롯데제과에서도 작년 8월과 11월 2차례에 걸쳐 14명의 근로자를 해고했다. 이들의 해고 이유는 근로조건 개선을 요구한 것에 있었지만 그들 중 몇 명은 단지 산업선교와 관련이 있다는 이유만으로 해고당했다고 한다.

작년 12월에는 영등포에 소재한 대일화학에서 산업선교 회원 10명에게 이루 형용할 수 없는 인간학대와 탄압을 가하다가 급기야는 이들을 사칙위반이라는 명분으로 해고를 시켰다. 그러나 사칙위반의 근거라는 것이 완전히 타당성을 결여한 것으로 드러났다.

요즈음 회사는 해고당한 근로자들의 복직운동을 저지하기 위하여 회사간부들을 부모들이 살고 있는 시골까지 보내고 있다고 한다. 합법적인 정당한 해고였다면 왜 먼 시골 섬에까지 배를 타고 찾아 나서야 하며 퇴직금을 받아가지 않는다고 성화일까를 생각해볼 때 해고의 진정한 이유가 어디에 있는지 납득하기 어려운 일이 아닐 수 없다.

가톨릭 노동청년 회원이나 산업선교 회원이라는 이유만으로 직장에서 인격적으로 학대받고 해고당하는 것은 분명히 선교방해이며 종교탄압이 아닐 수 없고, 이러한 사례들이 당국에 의해 묵인 내지 비호된다면 이는 필연적으로 교회의 반발을 초래할 수밖에 없는 것이다. 우리는 이러한 교회 선교단체에 대한 불온시 내지는 탄압이 단지 교회의 선교활동에 대한 제약이라는 점에서만 문제되는 것이라고 생각지 않는다.

근로자의 인간회복, 산업평화의 유지 그리고 궁극적으로는 국가안보와 민주복지국가의 실현에 결정적인 장애요소가 될 것이라는 점에서 보다 근본적인 문제를 제기하고 있다고 생각하는 것이다.

6. 기업의 근로자 감원사태에 대하여

그동안 기업은 불황을 이유로 많은 근로자를 해고하고 근로자의 자연감소를 보충하지 않는 등의 방법으로 감원조치를 취해왔다. 이러한 감원사태는 불가피한 것으로 인정되는 측면이 있기는 하지만 다른 한편 불황을 구실로 하여 기업이 감원을 행하고 남은 근로자들에게 잔업, 철야작업 등을 시킴으로써 근로자들을 혹사하는 사례가 빈번하게 발생하고 있다.

경영합리화나 생산성 증대는 분명히 달성되어야 할 정책목표이지만 그러나 이러한 목표가 실업의 증대와 노동자 혹사를 대가로 해서 이루어지는 것이라면 이는 분명히 당국의 규제대상이 되어야 할 것이라고 생각된다.

따라서 당국은 실업자의 증가가 사회불안 요인을 누적시키는 결과가 된다는 점을 감안하여, 고용증대라는 현재의 상황적 요청을 외면하고, 이윤의 극대화를 위해 오히려 불황을 악용하는 상당수 기업에 대해 적극적 규제조치를 취해야 할 줄로 안다.

7. 근로자를 상대로 한 순화교육에 대하여

지난 1980년 12월 8일부터 노동조합간부 및 근로자 70여 명이 당국에 의해 연행되어 조사받은 후 이 중 11명이 순화교육을 받은 일이 있었다. 노동조합간부나 근로자들이 순화교육을 받은 일은 그 전에도 종종 발생한 바 있었지만, 여기서 제기되는 심각한 문제는 이들 근로자들이 단순한 '폭력배'로 취급되어 군부대로 인계되었다는 사실이다.

노동운동을 하는 근로자들을 폭력배로 간주하는 시각이 정부당국의 보편화된 시각은 아니라고 믿는 바이지만 그러나 폭력행위와는 아무런 관계도 없는 이들 근로자들이 그러한 방식으로 순화교육에 처해진다는 사실은 정부가 노동운동 자체를 폭력시하는 것이 아닌가 하는 오해를 받기에 충분한 것이다.

더구나 순화교육 자체가 죄형법정주의에도 어긋날 뿐만 아니라 교육적, 교화적 의미를 갖는 것이 아닌, 물리적 강제가 극에 달한 교육으로서 실제로 순화교육을 받은 한 근로자의 경우 갈비뼈에 금이 가 절대안정을 해야 한다는 진단을 받기도 했다. 이러한 사람이 한사람만이 아닐진대 순화교육이 인권유린이라는 차원에서 제기하는 문제는 참으로 심각한 것이다. 이렇듯 공포의 대상이 된 순화교육이 노동 문제를 제기하는 근로자에 대한 제재수단으로 활용되는 문제는 단기적으로는 근로자들이 공포에 못이겨 잠잠해지는 결과를 유도할지 모르나 장기적으로 유발되는 군과 근로자 사이의 위화감의 심화는 국가적으로 커다란 문제를 제기할 것이 명백하다. 따라서 우리는 현재 서민계층에게 공포의 대상으로 등장하고 있는 순화교육의 문제점을 당국이 하루 빨리 파악하여 이를 즉시 중지하여야 함을 진지하게 요망한다.

8. 사업장 정화위원회에 대하여

그간 당국에서는 정화운동을 추진하면서 각 기업단위의 정화위원회를 구성한 바 있다. 그런데 이 정화위원회는 그 본래의 목적을 일탈하여 자의적으로 근로자들을 해고하고 징계함으로서 기업주들의 부당노동행위를 합리화하는 데 이용된 측면이 더 많았다. 종래의 기업 내 인사위원회의 경우에는 근로자 해고 시에 근로자가 자기의 입장을 설명할 수 있는 기회를 허용하는 합리성을 갖고 있었으나 정화위원회의 경우에는 일방적인 해고통고로만 일관함으로서 근로자에게 변명의 기회조차 허락하지 않았다. 정화위원회는 형식적으로는 근로자를 참여시키고 있어서 중립적 외피를 갖추고는 있으나, 실제로는 근로자위원은 들러리에 불과할 뿐이고 중립적 속성을 갖추지 못함으로서 많은 부작용을 야기시켜 왔다. 그러므로 정화위원회 제도는 폐지되어야 한다고 생각한다.

9. 국가보위에 관한 특별조치법에 대하여

근로자 단체행동권의 행사는 미리 주무관청의 조정을 따라야 한다는 사항을 명시한 국가보위에 관한 특별조치법은 1971년 12월 6일에 선포된 비상사태선언을 법적으로 뒷받침하기 위해 제정되었으며 동법에 대한 법적 근거는 유신헌법에 있다. 유신헌법이 폐지된 오늘에 있어서 국가보위법은 마땅히 폐기되어야 하는 법임에 틀림없다. 정부에서도 조만간 이에 대한 조치가 있으리라 기대되지만 구시대의 유물에 대한 조속한 청산이 있기를 바라는 바이다.

부록 2
성명서 _ 부산 미국문화원 방화사건에 대한 우리의 견해

부산 미국문화원 방화사건이 우리 국민 모두에게 준 충격은 너무나 크다. 이 사건이 우리 민족의 내일을 짊어질 세대인 젊은 학생들에 의해 야기되었다는 점, 그리고 그 결과 가톨릭의 사제 한 분이 구속되었다는 점과 또 이 시간에 연루되어 조사를 받는 사람들에게 가해진 수사기관의 고문행위 등은 우리에게 원래의 사건 이상의 충격을 주었다.

신구교 연합선교단체인 본 한국교회사회선교협의회는 냉철한 자세로 이 사건의 발생 원인과 배경을 통찰하고 이 사건이 시사하는 오늘의 현실에 대한 우리 견해의 일단을 밝히고자 한다.

미국을 향해 가한 직접적인 적대행위로 나타난 이번 방화사건의 의미를 규명하기 위해서는 우선 한미관계의 현주소를 인식하는 데서 출발해야 한다고 생각한다.

해방 후 미국이 한반도의 운명에 관여하게 되면서 미국은 한국민의 가장 은혜로운 우방으로 인식되어 왔다. 그러나 1980년 5월, 영원히 치유될 수 없는 상처가 되어버린 광주사태를 미국이 용인함으로써 한국민의 대미인식에 결정적인 변화가 오게 되었다. 그리고 그 후 현 레이건정부 하의 대한 미국 실무자들이 계속 가하고 있는 한국민에 대한 모욕적인 언사나 그들의 경제정책에 대해 유쾌하지 않은 감정을 느끼지 않을 수 없다.

주한 미군사령관 '위컴'은 80년 5월사태 직후인 8월 8일, "한국민의 국민성은 들쥐와 같아서 누가 지도자가 되든 그 지도자를 따라갈 것이며, 한국민에게는 민주주의가 적합하지 않다."는 망언을 서슴지 않았다. 또 최근에는 주한 미국대사 '워커'가 81년 2월 16일 콜롬비아 회견에서 한국의 반체제 인사들과 시위학생들을 철없다고 비난한 내용의 보도를 접한 바 있다.

더욱이 최근 미국산 쌀 도입과정의 뇌물수수 여부로 미국의 쌀 수출업자들 간의 법정 시비가 한국에 비화한 사건과 식중독의 위험이 있는 알래스카산 연어 통조림 수출기도 사건, 그리고 미국업체인 한국콘트롤데이타회사에서 일어난 불법집단해고 사건 등에서도 드러난 바와 같이 미국 기업들의 파렴치한 상행위가 한국민의 분노를 사고 있다는 사실도 지적되어야 한다.

이러한 농정상의 허점 속에서 작년 우리 농민들은 쌀 수매가를 둘러싸고 적자영농이라고 울부짖었다. 그리고 이러한 농민들의 소리가 본 협의회의 회원단체인 가톨릭농민회에서 그래도 비교적 논리적으로 주장되었다고 우리는 자부한다.

그러나 우리는 정부당국과 정치인, 언론기관들이 노동자, 농민들의 소리에 과연 어느 정도 귀를 기울였는지 의문을 가진다.

우리는 미국민과 같은 우수한 민족만이 민주주의를 누릴 수 있는 것이지, 민주주의는 아무나 누리는 것이 아니라는 듯한 미국의 대한 정책 실무당국자들의 오만한 태도와, 1인당 국민소득이 연 1만 불을 넘는 미국민을 위해 1인당 국민소득이 그 10분의 1밖에 되지 않는 한국 농민이 희생되어야 하는 경제관계가 시정되지 않는 한 적어도 국민 차원에서는 양국 간의 진정한 호혜평등의 우정관계가 지속되기는 어렵다고 판단하지 않을 수 없다.

따라서 반미운동의 무풍지대로 불리던 한국에서 5·27사태 이후 학생시위에서 공개적으로 제기되기 시작한 반미구호와 80년 12월의 광주 미공보원 방화사건, 또 최근 교계 인사들이 공개석상에서 행한 미국에 대한 비판적인 발언 등은 모두 이와 같은 원인과 배경에서 연유한 반미감정의 구체적인 표현이며, 이번 부산의 미국문화원 방화사건도 같은 맥락에서 파악되어야 할 것이다.

그럼에도 정부당국은 이 사건에 임하면서 그 원인이나 배경의 규명은 완전히 무시한 채 사건관련자들을 용공주의자로 단정하고 심지어는 구속된 최기식 신부에 대해서는 인신공격적인 음해까지 서슴지 않았다.

그리하여 유신체제하에서도 오원춘 사건이나 YH사건 등을 통해 끊임없이 모략, 왜곡 선전한 바 있는 기톨릭농민회를 비롯한 도시산업선교 등 교회의 사회선교단체들이 마치 불순분자를 양성, 비호하는 불순단체인 양 여론을 오도함으로써 국민과 교회, 신자와 성직자 사이를 이간시키고 교회의 사회선교활동을 봉쇄하려고 획책했으며 학생들의 자유로운 서클활동을 가리켜 지하대학을 통한 좌경의식화 집단이라고 비방하였다.

게다가 거액의 현상금을 걸어 용의자들을 밀고하게 함으로써 사회의 불신풍조를 조장하였고 언론은 이에 편승하여 갖은 용어를 구사하면서 우리 사회의 불안의 온상이 마치 교회와 대학가인 양 앞을 다투어 매도한 사실에 통탄을 금치 못한다. 과연 이것이 정치적 탄압이 없는 사회요, 법이 법으로 지켜지는 사회인가?

차제에 우리는 엄중한 물음을 정부당국에게 제기하고자 한다.

광주사태로 쫓기는 사람을 수사당국에 밀고하거나 내쫓는 것이 성직자의 올바른 자세인가? 광주사태의 책임은 누구에게 있는가? 그리고 방화사건과 같은 폭력사태가 왜 발생했는가?

우리는 부산 미국문화원 방화사건의 여파로 뒤숭숭해진 현실 속에서 마침 그리스도의 사랑의 부활절을 맞고 있다. 이번에 불어닥친 이 무거운 시련을 통해 우리는 갇힌 자, 눌린 자의 자유와 해방을 위해 십자가에 못박히신 예수 그리스도의 정신을 다시 음미하며 이번 사건에 대한 근원적인 진상규명에 앞장설 것을 다짐한다.

따라서 우리는 정부당국, 정치인, 언론기관에 대해 자신들의 소리만을 일방적으로 강요하지 말고 침묵하고 있는 국민과 교회의 소리도 듣고자 노력해주기를 권유하면서 최소한의 국민적 화해를 위한 다음과 같은 조치를 취할 것을 촉구한다.

1. 금번 부산 미국문화원 방화사건의 재판은 공개적이어야 하며 이 사건의 전모를 사실 그대로 발표해야 한다.
2. 정부당국은 매스컴을 통해 자행한 천주교회와 가톨릭농민회, 도시산업선교회 및 대학가에 대한 왜곡, 비방, 편견의 태도 및 일방적 보도를 공개 사과해야 한다.
3. 수사당국은 유신체제하에서 자행해 오던 고문행위를 여전히 답습하고 있는 데 대한 책임을 져야 하며 확실한 물적 증거도 없이 여러 사람들을 진범인 양 단정하고 발표한 사실에 대해 공개 사과해야 한다.
4. 언론기관은 기득권에 편승하여 무책임한 보도로 국민을 우롱한 처사를 깊이 뉘우치고 다시는 그러한 일이 없기를 바란다.
5. 정부는 진정한 국민화합을 위해 모든 정치범을 과감하게 석방, 사면, 복권시켜야 하고 정치적 이유로 수배된 사람들을 전원 수배 해제해야 하며 그동안 희생된 노동자, 농민, 교수, 학생, 언론인 등은 원상으로 회복시켜야 한다.
6. 미국정부는 미국의 대한정책에 대한 한국민의 점증하는 불신감을 직시하고 위컴 주한미군사령관과 워커 대사를 본국으로 소환해주기를 바라며 이들의 발언을 공개적으로 사과 내지 해명해야 한다. 그리고 앞으로 미국의 이익을 위해 한국인에게 경제적 불이익을 강요하지 말아야 한다.

1982. 4. 15. 한국교회사회선교협의회

지학순 박형규 공덕귀 곽동철 김경락 김말용 김병상 김성용 김소영 김영신
김용복 김준영 김찬국 박 홍 서남동 양 홍 오충일 이국선 이재정 이종창
조남기 조승혁 조용술 김승훈 조지송 조화순 함세웅 권호경 김동완 배종열
안광수 이길재 이창복 이해학 인명진 정창복 정양숙 정인숙 정진동 제정구
허병섭 권진관

STATEMENT

Our Viewpoint with regard to the Incident of Arson at the American Cultural Centre in Pusan

All of our people were greatly shocked at the arson incident at the American Cultural Centre in Pusan. But more than our shock at the original incident, we have been even more shocked at the burden being put upon young students who will be responsible for our people's future, the arrest of a Roman Catholic priest as a result of the incident, and the injury inflicted upon those who have been investigated with regard to their involvement in the incident through torture by the investigating authorities.

The Korean Christian Action Organization(KCAO), a joint Protestant-Roman Catholic Organization, in a cool-headed manner, with insights on the origin and background, are going to make clear our views as a single body about this incident which suggests today's reality.

We believe that in order to closely examine the significance of this arson incident, which appears as an act of violence aimed directly toward America. We must first begin by recognizing the present state of relations between Korea and America.

Since Liberation (from Japan), America, while taking part in the fate of the Korean Peninsula, has been recognized as the Korean People's best friend. But in May, 1980, a decisive change was brought about in the Korean People's attitude toward America because America tolerated the Kwangju incident, the scars of which will never heal. Furthermore, we cannot help but feel unhappy about the insulting language that has continued to be used about Korean people by officials of the Reagan Administration, and about its economic and political policies.

Wickham, the Commander of the American Forces in Korea, on August 8, 1980, just after the May incident, did not hesitate to make the absurd remark that "Korea seems to need a strong leader.... lemming-like the people are kind of lining up behind him..." and "I'm not sure democracy... is ready for Korea, or the Koreans ready for it." Further, we recently received a report to the effect that the American Ambassador resident in Korea, Mr. Walker, in an interview in Columbia on February 16, 1982, criticized Korean dissidents and demonstrating students as having no sense of discretion.

Even more recently there was the incident of suspicion that bribes were given and received in the process of American-grown rice being exported to Korea, over which the legal dispute among some American exporters caused the effects to be felt in Korea; the incident of exporting to Korea canned salmon from Alaska in which there is danger of food poisoning; and the incident which erupted in Korea branch of the American Control Data Co., where there were illegal mass firings. It is necessary to point out that such incidents becoming known have kindled the anger of the Korean people at such disgraceful business practices by American business.

With the poor farm policy, last year our farmers bewailed the deficit operations in which they were caught by the selling price of rice. We are proud that this cry of the farmers was advocated in a comparatively logical way by the Catholic Farmers' Association, which is a member body of our Organization. But we doubt whether the concerned authorities, politicians, or media paid any attention at all to the labourers' and farmers' cry.

We wonder why democracy can only be enjoyed by superior nations like America. We feel indignation at the proud attitude of American officials that democracy is not suitable for the Korean people. And our economic relations must be corrected. With the American people's per capita income over $10,000 a year, ten times as much as the Korean people's yearly per capita income, why should Korean farmers be sacrificed for Americans? Until this economic relationship is corrected, it is our judgement that it will be difficult to maintain true reciprocal equality between our two countries' administrative relationship.

The peace and quiet in anti-Americanism was disturbed by public student demonstrations after the May 17th (1980 coup) incident in Korea, which saw the beginning of ant-American slogans. Then there was the arson incident in December, 1980 at the Kwangju American Cultural Centre; and recently remarks critical of American actions have been made publicly by Church leaders. All of this kind of thing must be seen as the background of anti-American feeling which caused the recent arson incident at the Pusan American Cultural Centre. The inter-relation of all of this kind of thing must be grasped.

Yet the government authorities in looking at this case, have completely ignored any examination of the background or origin, and have simply concluded that those involved in the incident are pro-communist. Worse still, they have not hesitated to cause private injury by personal attacks on Fr. Choi Ki Sik, whom they have arrested.

Under the Yushin system also, Through the Oh Won Choon incident and the Y.H. incident, scheming never stopped. Distorted propaganda tried to arouse public opinion against the Catholic Farmers' Association and the Urban Industrial Mission. They said the Church's mission to society was cultivating impure elements and protecting impure groups. Thus plans were laid to cause a rift between nation and Church, and between believers and Church leaders, and to block the activities of the Church in society. Students' free activities in "circles" were slandered as groups fostering a turning to the left through underground colleges.

Moreover, by offering huge sums as reward for informing against a suspect, a tendency to a lack of trust is being promoted in society. We bitterly lament the fact that the media competes in writing articles which denounce the churches and universities as hotbeds for our society's unrest. Is this really a society with no political repression; a society in which the law is kept as the law?

We have some serious questions to ask of the government authorities. Would it be the proper attitude of religious leaders to refuse protection and turn over to the investigating authorities a person being hunted in connection with the Kwangju incident? Who was responsible for the Kwangju incident? And why do you suppose the arson incident and similar violent incidents occur?

It seems highly appropriate to us that Easter, the love of Christ, should come in the midst of the turbulent reality of the aftermath to arson incident at the American Cultural Centre in Pusan. Through this difficult trial with which we are now faced, we pledge that we will once again examine closely the spirit of Christ who died on the cross to bring freedom and liberty to the captives and the oppressed, and that we will be out in front in inquiring into the true situation with regard to this present incident.

We further strongly urge the concerned government authorities, politicians, media not to one-sidedly listen only to their own voice, but exhort them to listen also to the silent voice of the people and the Church, and in order to bring about some small measure of national reconciliation, we request the following;

1. That the trial connected with the American Cultural Centre incident in Pusan be an open one, and that the true facts of the entire story be made public.
2. That the concerned authorities publicly apologize for their use of the mass media to serve their own ends, their one-sided reporting, and their distortion, slander and prejudicial attitude toward the Roman Catholic Church, the Catholic Farmers' Association, the Urban Industrial Mission, and the universities.
3. That the investigating authorities take responsibility for recently following in the footsteps of the Yushin system's unlawful use of torture, and publicly apologize for having publicized the conclusion of the guilt of various persons without any material evidence.

4. That the mass media earnestly repent, and that there be no further instances of the mass media drawing up reports irresponsibly for vested interests, and thus mocking our nation by its handling of affairs.

5. That for true national consensus, the government boldly release, give amnesty, and restore the rights of all political prisoners; that they call off the search for all persons being hunted for political reasons, and that they restore to their original state the labourers, farmers, professors, students, media persons etc. who have been sacrificed during the period.

6. That the American government look squarely at the steadily increasing lack of trust of the Korean people in America's policy toward Korea, and that they recall General Wickham, Commander of Korean and American Force in Korea, and American Ambassador to Korea, Mr. Walker, and make a public apology for or explanation of the remarks made by these two people. That in the future, America not demand an economic policy for America's benefit, which is detrimental to the Korean Economy.

April 15, 1982.

Korean Christian Action Organization

Tji Hak Soun, Park Hyung Kyu, Kong Duk Kwi, Kwak Dong Chul,

Kim Kyung Nak, Kim Mal Yong, Kim Byung Sang, Kim Sung Yong,

Kim So Young, Kim Young Shin, Kim Yong Bock, Kim Choon Young,

Kim Chan Kuk, Park Hong, Suh Nam Dong, Yang Hong, Oh Choong Il,

Lee Kuk Sun, Lee Jae Chung, Lee Jong Chang, Cho Hwa Soon,

Ham Sei Oong, KWon Ho Kyung, Kim Dong Wan, Bae Jong Yul,

Ahn Kwang Soo, Lee Kil Jae, Lee Chang Bok, Lee Hae Hak, Ihn Myung Jin,

Jong Sang Bok, Chung Yang Sook, Chung In Sook, Chung Jin Dong,

Jae Jung Ku, Hur Byung Sup, Kwon Jin Kwan.

참고도서 및 문헌

권호경 엮음. 『가난한 사람들의 함성: 주민조직운동을 통한 선교』. 서울: 한국주민운동정보교육원, 2001.

김동진. 『한반도 평화 구축과 기독교 에큐메니컬 운동 연구』. 서울: 한국신학연구소, 2009.

김정남. 『진실 광장에 서다』. 서울: 창비, 2005.

미래복지경영과 함께한 사람들. 『그래도 걸어라』. 서울: (사)미래복지경영, 2018.

박형규 목사 고희기념문집 출판위원회. 『행동하는 신학 실천하는 신앙인』. 서울: 사회평론, 1995.

손승호. 『유신체제와 한국기독교 인권운동』. 서울: 한국기독교역사연구소, 2017.

이만열 외. 『화해와 평화의 좁은 길: 남북나눔이 걸어온 20년』. 서울: 홍성사, 2013.

한국기독교교회협의회. 『1970년대 노동현장과 증언』. 서울: 풀빛, 1984.

한국기독교교회협의회 인권위원회. 『1970년대 민주화운동 I-III』 서울: 한국기독교교회협의회, 1987.

한국기독교사회문제연구원. 『민중의 힘 민중의 교회: 도시 빈민의 인간다운 삶을 위하여』. 서울: 민중사, 1987.

한승헌. 『분단시대의 법정-한승헌 변호사 변론사건 개요』. 서울: 범우사, 2006.

White, Margaret B. & Herbert D. White. *The Power of People-Community Action in Korea.* Tokyo: Urban Indrustrial Mission, East Asia Christian Conference, 1973.

1988년 아시아기독교협의회 도시농촌선교위원회(CCA-URM) 보고서
한국빈민운동 40주년기념 행사자료집

권호경

1941. 1. 16	충남 부여군 옥산면 홍연리에서 출생
1965	한영고등학교 졸업
1969	한국신학대학교 졸업
1969-1981	새밭교회 전도사, 서울제일교회 전도사, 부목사
1971-1977	수도권도시선교위원회 주무간사, 훈련총무
1980-1983	한국교회사회선교협의회 총무
1983-1986	한국기독교교회협의회 인권위원회 사무국장
1986-1989	아시아기독교협의회 도시농촌선교위원회(CCA-URM) 간사
1989-1994	한국기독교교회협의회 총무
1994-2002	기독교방송(CBS) 사장
2015-현 재	라이프오브더칠드런 회장, 이사장
2017-현 재	한국기독교민주화운동 이사장